*la mémoire de ma mère.*

# La machine judiciaire

Analyse économique et comparative
du fonctionnement du système judiciaire

**Logiques Juridiques**

*Fondée par Gérard Marcou*

*Dirigée par Jean-Claude Némery et Thomas Perroud*

Le droit n'est pas seulement un savoir, il est d'abord un ensemble de rapports et pratiques que l'on rencontre dans presque toutes les formes de sociétés. C'est pourquoi il a toujours donné lieu à la fois à une littérature de juristes professionnels, produisant le savoir juridique, et à une littérature sur le droit, produite par des philosophes, des sociologues ou des économistes notamment.

Parce que le domaine du droit s'étend sans cesse et rend de plus en plus souvent nécessaire le recours au savoir juridique spécialisé, même dans des matières où il n'avait jadis qu'une importance secondaire, les ouvrages juridiques à caractère professionnel ou pédagogique dominent l'édition, et ils tendent à réduire la recherche en droit à sa seule dimension positive. À l'inverse de cette tendance, la collection « Logiques juridiques » des éditions L'Harmattan est ouverte à toutes les approches du droit. Tout en publiant aussi des ouvrages à vocation professionnelle ou pédagogique, elle se fixe avant tout pour but de contribuer à la publication et à la diffusion des recherches en droit, ainsi qu'au dialogue scientifique sur le droit. Comme son nom l'indique, elle se veut plurielle.

**Dernières parutions**

Mohamed KETATA, *Droit du marché financier et droit des contrats. Contribution à l'étude de l'opération de marché en droits tunisien et français*, 2023.

Van Anh LY, *La codification du droit international privé vietnamien à la lumière de la codification québécoise*, 2023.

Ruben AKONO MINLO, *Introduction au droit minier applicable au Cameroun. Une vue synoptique des aspects juridiques de l'exploitation minière*, 2023.

Yao AGBETSE, *La supervision de la mise en œuvre des droits de l'homme à l'épreuve de la volonté politique des États africains. La Commission africaine des droits de l'homme et des peuples dans tous ses états*, 2023.

Golnaz KARIMZADEH MEIBODI, *La subrogation réelle en droit patrimonial de la famille*, 2023.

Rawaa SALHI, *La constitution tunisienne de 2014 et le droit international. Tout ce qu'il faut comprendre !*, 2023.

Philippe DE LADOUCETTE, *Régulation indépendante du marché de l'énergie*, 2023.

Alex Atanasov

# La machine judiciaire

## Analyse économique et comparative du fonctionnement du système judiciaire

L'Harmattan

**5-7, rue de l'Ecole-Polytechnique, 75005 Paris**
http://www.editions-harmattan.fr
ISBN : 978-2-14-048882-5
EAN : 9782140488825

# Préface

Le but de ce travail est d'attirer l'attention sur les principaux moyens d'améliorer le fonctionnement du système judiciaire. Pour différentes raisons, la réforme judiciaire est complètement ignorée comme une possibilité, pas prise au sérieux, ou bien elle est faite par des demi-mesures qui ne tiennent pas compte de la complexité de la réglementation des autres parties principales du système judiciaire. Cette négligence envers la question a souvent des racines théoriques et historiques telles que la relégation de l'analyse institutionnelle en faveur des études de marché aux États-Unis. En France, la question est d'autant plus méconnue que les juges sont censés n'être que le porte-parole de la loi et que les problèmes fonctionnels du pouvoir judiciaire sont presque totalement négligés par les universitaires français et les dirigeants politiques.

Ce travail remet en question cet état de choses. Les règles juridiques qui régissent le fonctionnement du système judiciaire se situent dans un éventail de possibilités pouvant aller d'un extrême à l'autre. Il existe également des possibilités de choix de règles juridiques de milieu de gamme dans cette échelle. Cependant, les règles historiques et existantes dans différents pays indiquent un nombre limité de possibilités principales. L'examen et l'évaluation de ces règles est possible lorsqu'il existe un objectif spécifique que les règles tentent d'atteindre. La difficulté provient d'influences environnementales spécifiques qui définissent la performance des différents systèmes judiciaires. Même cette complication n'est pas insurmontable car au moins certaines tendances peuvent être montrées même si la preuve de la causalité reste hors de portée pour le chercheur.

L'inspiration initiale pour ce travail est venue de mon expérience personnelle en tant que commis à l'aide juridique. Les problèmes des systèmes judiciaires commençaient à apparaître et à prendre forme. Cette première implication dans le fonctionnement du pouvoir judiciaire a mis en évidence de graves lacunes dans le mécanisme d'accès aux tribunaux. Le pouvoir judiciaire est alors devenu un centre d'intérêt de ma carrière universitaire. La recherche considérable de six ans que j'ai entrepris dans le cadre de mon doctorat a montré d'autres problèmes importants et des problèmes de la réglementation du système judiciaire. L'élément le plus important qui se dégage semble être que le système judiciaire traite des informations sociales extrêmement importantes qu'il façonne et qui, encore une fois, affectent considérablement la société mais sont souvent ignorées. Combler cet écart important dans la façon dont le système judiciaire est perçu nécessite une analyse théorique procédurale et organisationnelle.

Mon voyage éducatif et personnel multinational a également donné une saveur distincte à l'écriture de ce travail. Depuis que j'ai été éduqué dans plusieurs systèmes juridiques, je suis devenu à la fois un initié et un outsider dans la façon dont je vois le droit des différentes juridictions. La recherche de ce travail a été néanmoins dominée par le volume de la littérature venant des États-Unis. Trois disciplines poursuivent activement des intérêts de recherche liés au fonctionnement de la magistrature : les juristes, les politologues et les économistes. Étant donné que mes antécédents comprennent des études dans les trois disciplines, j'ai dû examiner les trois perspectives, puis étendre graduellement ma recherche pour inclure les deux autres systèmes qui sont incorporés dans ce travail : anglais / gallois et français.

Le système que j'ai dû examiner principalement en tant qu'observateur extérieur était le français. La raison en est qu'il n'y a pas beaucoup de choses écrites qui correspondent au style de cette analyse. La littérature qui existe est principalement écrite par des personnes ayant une certaine affiliation pratique à la magistrature. Probablement les seules exceptions qui ont gagné assez de traction en France ont été les travaux sur l'histoire et la procédure de la magistrature française. De plus, mon éducation n'a jamais été aussi approfondie dans le style français de l'analyse parce qu'en France j'ai étudié dans des programmes internationaux qui n'étaient pas influencés par l'approche traditionnelle française. Cette lacune informationnelle sur le système français a dû être corrigée avec comme une recherche empirique supplémentaire. L'accès au fonctionnement interne du système judiciaire français s'est avéré une tâche difficile, mais j'ai finalement réussi à mener un certain nombre d'entretiens avec des juges français à travers des contacts personnels et des conférences. Puisque l'analyse de ce travail visant à tirer des conclusions sur le système français et la connaissance des autres systèmes judiciaires n'a servi qu'à illustrer des points sur la France, cette recherche empirique était extrêmement importante et servait de guide à la réalité.

# PARTIE I :

# ANALYSE THÉORIQUE

## SECTION I :

## Les paramètres de base de la machine judiciaire

# Chapitre 1 :

# Introduction

## 1. Nouveau réalisme juridique et analyse institutionnelle comparative

Ce travail présente une analyse comparative des principaux choix réglementaires qui déterminent le fonctionnement des systèmes judiciaires. L'accent est mis sur l'organisation judiciaire, la procédure et la théorie du fonctionnement du système judiciaire. La perspective est celle du Nouveau Réalisme et, plus particulièrement, de l'analyse institutionnelle comparative qui inclut un usage extensif des outils de l'économie du droit. Cette analyse porte sur trois systèmes judiciaires : les systèmes français, américain (États-Unis) et anglais.

Dans un article de 1931, Karl Llewellyn, l'une des figures centrales du mouvement réaliste classique, a tenté de définir certains des objectifs des réalistes juridiques comme des « efforts [...] pour capitaliser la richesse de nos cas signalés pour rendre quantitatif à grande échelle. » Llewellyn a souligné « l'espoir [...] que ceux-ci pourraient développer des lignes de prédiction plus sûres, ou au moins être capables, d'ajouter plus de certitude aux prédictions fondées sur l'étude intensive de petits corps de cas ».[1]

C'est un objectif qui souligne l'importance de mener des études à grande échelle et de recueillir des informations considérables sur le droit matériel. C'était le but empirique des anciens réalistes juridiques. Le nouveau réalisme juridique doit aller plus loin et explorer de nouvelles possibilités. Prendre du recul par rapport au droit positif et étudier les institutions, la procédure et l'organisation judiciaire est aussi pour le résultat juridique.[2] Ainsi, ce travail

[1] Karl N. Liewellyn, *Some Realism about Realism-Responding to Dean Pound,* 44 Harv L Rev 1222, 1243-44 (1931).

[2] Pour une opinion similaire, voir Neil Komesar qui soutient que la poursuite de tout objectif substantiel est nécessairement affectée par les processus institutionnels de résultats. Neil K. Komesar Imperfect Alternatives, Choosing Institutions in Law, Economics and Public Policy University of Chicago Press (1994)

propose une étude à grande échelle des institutions judiciaires de la vie réelle dans trois juridictions majeures. La raison de ce choix étendu réside dans le fait qu'il va permettre une comparaison enrichie susceptible de mettre en évidence les différentes conceptions et les résultats spécifiques qu'elles entraînent. Ainsi, lorsque de tels choix sont à nouveau effectués, il existe un certain degré de prévisibilité du résultat inhérent aux changements de conception institutionnelle proposés.

Une autre source d'inspiration pour ce travail est l'économiste lauréat du prix Nobel, Ronald Coase, dont une observation primordiale décrit parfaitement le cadre de ce livre. Dans son article intitulé « Le phare en économie », [3] Coase affirme que « nous devrions essayer de développer des généralisations qui nous guideraient quant à la meilleure façon d'organiser diverses activités. » [4] Plus important encore était son affirmation selon laquelle la meilleure façon de créer les solutions en droit et en économie consistait à « étudier comment ces activités sont réellement menées dans différents cadres institutionnels. »[5] Cette recherche affirme qu'il n'existe pas de meilleure source de solutions institutionnelles et organisationnelles que des exemples qui existent déjà dans les différents contextes juridiques mis en place par les régimes politiques.

## 2. Les principaux enjeux de l'introduction

Ce chapitre introductif prévoit les étapes suivantes. Tout d'abord, il met en lumière certaines questions problématiques qui se posent dans les systèmes judiciaires. Plusieurs cas seront examinés pour démontrer la nécessité d'une analyse systématique des systèmes judiciaires. Deuxièmement, il rappelle l'histoire de ce travail. Troisièmement, il présente un modèle de base pour montrer de façon concrète le fonctionnement du système judiciaire. Quatrièmement, il clarifie l'objectif de cette étude. Cinquièmement, il définit les objectifs et les limites du projet.

### 2.1 Affaires

Plusieurs cas pratiques ont été une source d'inspiration pour ce travail. Ils ont un double usage dans le cadre de cette recherche. Premièrement, ils démontrent que le modèle traditionnel du système judiciaire – qui met l'accent sur les décisions judiciaires fondées sur le droit matériel – est insuffisant pour comprendre la complexité de ce système. Deuxièmement, les cas proviennent

---

[3] Ronald Coase, "The Lighthouse in Economics." *Journal of Law and Economics* 17, no. 2 (1974): 357–376.
[4] *Ibid.*
[5] *Ibid.*

aussi de domaines spécifiques du système judiciaire, dans lesquels le nombre des échecs est généralement élevé.

Certains des cas énumérés ci-dessous n'ont pas été publiés dans les bases de données officielles en raison de leur soi-disant « insignifiance. » Cependant, l'expérience personnelle de l'auteur en tant que commis à l'aide juridique a permis de comprendre les problèmes qu'ils pouvaient soulever. Des cas importants, notamment concernant des problèmes parmi les plus pressants des systèmes judiciaires, sont ignorés au lieu d'être résolus. Certains des cas qui n'ont jamais été portés devant les tribunaux ou n'ont pas laissé de traces substantielles peuvent également apporter un éclairage puissant à la compréhension des systèmes. Ainsi, il est suggéré que certains d'entre eux sont capables de signaler les échecs des systèmes judiciaires, qui seraient autrement ignorés. Ce travail va essayer d'exploiter les leçons de quatre cas de ce genre. Cette méthode qui consiste à rechercher des cas ayant réellement existé est l'une des caractéristiques du Nouveau Réalisme juridique qui tente de faire entrer dans la recherche académique des événements issus de procédures judiciaires qui se sont déroulées. Cela inclut non seulement des cas célèbres, mais aussi une expérience authentique de la salle d'audience aux plus bas niveaux du système judiciaire.

### 2.1.1 Affaire du lait : rejetée avant le procès, aucun appel accueilli (États-Unis)

Ce cas est important parce que le procès a cessé dès le premier obstacle procédural. L'affaire présente aussi un intérêt pour un autre sous-élément du système judiciaire : la théorie qui détermine la population pour laquelle doit fonctionner le système judiciaire. Ainsi, il met en évidence l'impact sur la société de certains paramètres de la machine judiciaire. Plus précisément, cette affaire concerne l'effet de la machine judiciaire quant à l'accès aux tribunaux pour les indigents qui ne bénéficient pas d'une protection judiciaire en raison de formalités procédurales.

L'affaire concerne la cliente d'une clinique de droit *pro bono*, une femme qui se décrivait comme « une travailleuse pauvre. »[6] Elle avait un travail, mais ce n'était pas suffisant pour payer ses factures de base. Elle a déclaré que, si elle gagnait sa procédure, elle voulait réaliser son rêve d'acheter une tasse de lait au chocolat, d'où le nom de « Milk Case ».

Les faits de cette affaire étaient simples. La demanderesse était une personne mentalement sous-développée qui avait été déshéritée par ses parents. La loi était claire. Elle protégeait les personnes souffrant de troubles mentaux et interdisait qu'elles soient déshéritées. Cependant, sur un point technique (dépassement de la date limite de dépôt d'un document), l'affaire a été rejetée avant le procès. L'erreur technique était due à l'incapacité du demandeur à

[6] Le cas n'a jamais été signalé et tous les détails du cas proviennent de l'expérience de travail de cet auteur.

suivre les procédures complexes en l'absence d'un avocat permanent attaché à l'affaire. La demanderesse a refusé un avocat pour honoraires conditionnels parce qu'elle aurait dû lui payer une somme exorbitante compte tenu de sa situation. Elle n'a reçu que des conseils juridiques sporadiques de la part d'avocats bénévoles, ce qui s'est révélé insuffisant pour surmonter toutes les difficultés techniques.

Il s'est ensuivi que la procédure a été respectée mais que la justice n'a pas été rendue. Ici, le terme justice est utilisé dans un sens étroit pour indiquer que la loi n'a pas été appliquée. Personne n'est intervenu pour soutenir cette personne défavorisée. Un appel n'a pas pu être interjeté parce qu'il n'y avait pas eu de procès.

Un système judiciaire moderne doit avoir une théorie de la justice qui traite de tels cas. Nous devons répondre à la question de savoir si le système vas soutenir ces personnes défavorisées et éviter que des situations similaires ne se reproduisent. Les autres questions qui nécessitent une réponse sont les suivantes : selon quelles théories de la justice les personnes défavorisées de la société devraient-elles recevoir le soutien du système judiciaire ? Pourquoi le pouvoir judiciaire n'a-t-il pas appliqué le droit substantiel ? Quelles sont les alternatives procédurales et de représentation qui peuvent assurer l'application du droit matériel ? En résumé, il convient de s'interroger sur l'organisation d'un système judiciaire correspondant aux résultats attendus pour éviter l'exclusion des personnes défavorisées.

### 2.1.2 Affaire de Subway : jamais atteint les tribunaux officiels (France / États-Unis)

À l'instar de l'affaire du lait, cette affaire est également importante, car elle soulève des interrogations sur les destinataires du système judiciaire. Plus précisément, elle pose la question : pour qui devrait-il fonctionner ?

Dans cette procédure tout le système judiciaire a été délibérément évité en raison d'une clause de jugement biaisée. L'affaire a suscité de graves problèmes dans la société, qui n'ont jamais été résolus ; par exemple, des personnes ont perdu leur épargne à vie. Au lieu d'être transformées en investissements viables, les économies ont été englouties dans un arrangement prévisible et désavantageux, des emplois ont été perdus et les impôts n'ont pas été payés. La procédure a été interrompue avant même que le système judiciaire n'intervienne. Il existait donc de multiples problèmes causés à la société par cet arrangement contractuel initial. La question centrale qui intéresse alors cette étude est l'équilibre entre le système judiciaire en tant que bien public et l'arbitrage comme alternative. En d'autres termes, cette affaire dévoile les conséquences néfastes et les défis causés par l'articulation entre les systèmes judiciaires et leurs alternatives privées.[7]

---

[7] Canal + *Le monde selon Subway*, (Special Investigations, 2015), Film. https://www.youtube.com/watch?v=QvwQH5e7A3A

Voici les faits de ce cas franco-américain : Subway est une chaîne de restauration rapide massive qui signe des contrats de franchise dans le monde entier. En France, les franchisés ont signé un contrat de 600 pages. En caractères gras sur la première page, une clause d'arbitrage déclare qu'un arbitre de New York, désigné par Subway, sera compétent pour résoudre tout différend entre les parties. Le contrat contient également une clause de redevance qui est supérieure à la plupart des autres contrats de franchise qui prévoient habituellement 7 %. Au lieu de cela, Subway demande 12,5 %. Le résultat est que les franchisés en France, dans 40 % des cas, rencontrent des difficultés financières très rapidement.

Certaines particularités locales peuvent rendre l'ouverture de ces restaurants de restauration rapide plus onéreuse en France qu'aux États-Unis. Par exemple, les clients français peuvent ne pas considérer Subway comme un restaurant plus sain en comparaison avec les autres possibilités disponibles, de sorte qu'ils sont susceptibles de préférer des vendeurs de sandwichs fabriqués avec de la baguette de pain française. Pourtant, le fait est que des entreprises locales se sont installées mais ont échoué et, quand elles ont essayé de trouver une solution avec Subway, ils devaient recourir à une procédure d'arbitrage à New York. Les entrepreneurs français ne parlent pas souvent anglais. À ce stade, ils sont déjà en faillite, car le prix moyen d'ouverture d'un restaurant Subway est de 200 000 euros, ils ont épuisé toutes leurs économies et ont hypothéqué leur bien immobilier en garantie. Le résultat est bien sûr qu'ils ne peuvent pas mettre en œuvre la procédure d'arbitrage. L'obstacle juridique est la clause biaisée du contrat, qui évite les litiges et garantit la victoire à Subway.

D'un point de vue économique, la première question vise à déceler si les restaurants franchisés mis en échec n'étaient tout simplement pas viables ou si les difficultés étaient plus profondes que cela. Le problème n'est pas que le franchisé perde mais Subway gagne. Les emplois ont été ouverts puis perdus (une grande partie des dépenses dans les restaurants Subway est due à la main-d'œuvre dont le coût est élevé, car chaque sandwich est fabriqué individuellement). Cela ne correspond donc pas à la définition d'un problème économique néoclassique. Cependant, il semble que Subway ne réalise que des profits minimes, car les restaurants franchisés ne fonctionnent pas assez bien pour faire de gros profits. S'ajoute à cela le fait que 12,5 % de redevances provenant d'un petit bénéfice constituent encore une somme non négligeable, alors que 200 000 € représente déjà un investissement substantiel. Il serait donc faux de voir le problème comme un simple transfert. La perte est supérieure aux profits, ce qui signifie qu'il n'y a pas d'efficacité économique. De plus, la perte repose sur les épaules d'une personne sur laquelle elle pèse lourdement (le petit entrepreneur) alors que la grande entreprise n'aurait pas ressenti la perte dans les mêmes conditions. Bien qu'aucun avantage social ne soit produit, l'opération fait apparaître une réelle perte sociale pour les restaurants concessionnaires.

Il convient de s'interroger tout d'abord sur le problème éventuel du fonctionnement du forum. Comment devrions-nous équilibrer la relation entre le règlement privé des différends et le système public des tribunaux ? En d'autres termes, faudrait-il demander aux tribunaux d'attribuer des ressources provenant de contrats lorsque des acteurs du marché victimes d'inégalités sont défavorisés ?

Dans le cas d'espèce, l'histoire ne s'arrête pas là. En effet, tous les bénéfices de Subway en provenance d'Europe sont dirigés vers un paradis fiscal au Liechtenstein. Aucune taxe n'est payée dans l'Union européenne. Tous les profits vont directement à une petite famille américaine qui possède la chaîne de restaurants. Nous pouvons nous demander si cela profite à l'économie américaine. Peut-être, mais un modèle plus viable pour l'économie serait d'avoir des restaurants franchisés qui fonctionnent bien et qui créent des emplois à long terme, en augmentant les profits des franchisés. En outre, il serait préférable de percevoir des impôts sur le revenu de la franchise. Or, tout se résume à un contrat signé entre des parties inégales et exploité ensuite sur le plan juridique de manière inégale.

En résumé, quels sont les problèmes du système judiciaire qui sous-tendent cette affaire ? Les tribunaux peuvent être des fournisseurs d'un bien public, la question est donc de savoir s'il existe un déséquilibre entre le recours au règlement privé des différends et l'utilisation des tribunaux, qui permet aux « nantis » de modifier le droit existant (ou de l'éviter) au détriment de la société. Ainsi, ce travail traite d'abord de la nécessité d'une théorie qui indiquerait à quel moment le subventionnement de cas deviendrait nécessaire pour permettre un accès aux tribunaux dans le but de résoudre d'importantes questions sociales et économiques, susceptibles d'avoir un impact sur l'avenir de la société. Deuxièmement, il est impératif de comprendre la relation entre l'économie et le fonctionnement des tribunaux. Enfin, l'affaire précédemment exposée met en évidence la question de l'équilibre entre les tribunaux en tant que fournisseurs de biens publics et les modes alternatifs de règlement privé des litiges.

### 2.1.3 Affaire d'aide juridictionnelle (procès, audience d'appel, mais l'appel n'est pas autorisé) (Angleterre et Pays de Galles)

Que se passe-t-il lorsque l'aide juridique gratuite est fortement subventionnée par l'État ? Cela élimine-t-il la mauvaise représentation des personnes défavorisées ? Le système judiciaire en Angleterre et au Pays de Galles est une bonne illustration de ce qui se passe sous ce régime. Cette affaire permet de placer le cœur de ce travail au centre d'un autre élément important : le processus d'appel.

L'affaire se résume aux faits suivants : Le plaignant est venu demander conseil à une permanence juridique universitaire. Après la mort de sa mère, il a reçu une lettre contenant une réclamation substantielle de sa banque, portant sur quinze ans de retard de paiements hypothécaires. Plus tard, le défendeur (la banque) a repris possession de la maison. Le demandeur a bénéficié d'une aide juridique gratuite. L'avocat désigné par l'aide juridique n'a pas enquêté sur ces faits inhabituels et bien que le demandeur soit un individu honnête, il a perdu le procès et son dossier a été rejeté avant qu'il puisse interjeter appel (en Angleterre et au Pays de Galles, il existe maintenant des règles plus strictes pour autoriser les appels). Les avocats expérimentés représentant la banque ont utilisé une ancienne procédure de *common law* qui rappelle la procédure de l'acte d'erreur, laquelle donne aux défendeurs l'avantage de solliciter le rejet de l'affaire pour des raisons tenant à l'insignifiance. L'avocat de l'aide juridique n'a jamais réalisé (ou ne voulait pas réaliser) ce qui s'était passé. Or, l'affaire aurait pu être considérée comme importante, non seulement parce qu'elle laissait un individu sans logement, mais aussi à cause de l'étonnante période de quinze ans durant laquelle la banque n'avait pris aucune mesure pour exiger des versements hypothécaires.

La conclusion qu'il convient d'en tirer est que le système d'aide juridique n'a pas fonctionné correctement. Il est à noter que l'aide juridique ne met pas souvent à égalité les parties au procès en relevant la position de la partie la plus faible. Les raisons sont qu'il existe un gouffre d'expérience, de motivation, de capacité et de temps entre les avocats de la banque et celui de la partie adverse - l'avocat désigné par l'aide juridique. Ainsi, il s'est ensuivi que le système n'a pas réussi à permettre une concurrence parfaite entre les moyens attribués à la défense, et a autorisé des manœuvres fondées sur une loi procédurale qui aurait dû être modifiée depuis longtemps.

Cette affaire soulève les problèmes suivants du système judiciaire, qui seront traités dans ce livre : premièrement, l'acquisition d'informations (faits et preuves) de l'affaire doit être examinée. La question se pose par rapport au meilleur moyen de recueillir des informations sur un cas. Deuxièmement, il existe aussi un problème avec le fait de restreindre la possibilité d'interjeter appel, lorsque les cas qui contiennent des informations socialement importantes peuvent être trop facilement rejetés. Or, ce cas renfermait des informations importantes pour la société, car il concernait la protection des droits de propriété, qui sont le moteur de l'économie et de la société modernes. Troisièmement, il demeure un problème évident lié à l'insuffisance d'efficacité du système d'aide juridique, qui n'offre pas une bonne qualité de représentation bien que, dans le même temps, il génère des coûts élevés supportés par les contribuables.

### 2.1.4 L'affaire Bernard Tapie (France)

C'est un cas complexe, mais l'élément à retenir est que l'accès aux tribunaux peut être tributaire d'une question d'argent et de pouvoir. Devrions-nous restreindre l'accès au système de justice ? Et comment ? Des critères clairs pour l'accès aux tribunaux sont nécessaires.

Les faits suivants sont importants pour ce travail. Le milliardaire français Bernard Tapie a été impliqué dans de nombreux scandales de corruption au cours des années. Le litige initial a été soumis à un tribunal arbitral qui aurait dû prendre la décision finale dans cette l'affaire. Cependant, un tribunal a refusé d'exécuter la sentence du tribunal. Bernard Tapie a alors intenté une action en justice contre ce refus d'exécution. Cette procédure devrait désormais être poursuivie à tous les niveaux de la hiérarchie judiciaire.

La France est le système le plus égalitaire pour les assujettis au moins sur le papier, mais le renvoi d'un tel cas devant les tribunaux soulève la question suivante : la justice est-elle un bien qui peut être payé ? Quel serait l'avantage social ? Le millionnaire français a perdu le droit d'utiliser le système judiciaire lorsqu'il a choisi une procédure d'arbitrage finale. Néanmoins, son cas est maintenant accepté dans le système judiciaire et il est plus que probable que M. Tapie utilisera toutes les possibilités d'appel pour se faire justice.

Au regard de ce travail, l'importance de ce cas réside dans les éléments suivants. Premièrement, se pose à nouveau la question la théorie des destinataires du système judiciaire et des restrictions qui devraient s'appliquer à l'utilisation des tribunaux. On relève un impact négatif sur la société lorsque le pouvoir judiciaire est utilisé au détriment des contribuables pour le bénéfice de quelques-uns. De plus, ce cas est important parce qu'il montre que la relation entre les « nantis » et les « démunis » ne constitue pas un problème exclusivement américain, comme beaucoup de gens le pensent.

Il est tentant de concevoir un critère simpliste sur l'utilisation des tribunaux, par exemple en donnant aux pauvres un accès aux tribunaux plus facile qu'aux riches. Cependant, comme ce travail tente de le montrer, le problème est beaucoup plus compliqué et implique la détermination de critères autres que ceux basés sur le revenu. Le but ultime de toute réglementation ou restriction doit être la bienfaisance sociale et la création d'une véritable concurrence entre les parties.

Deuxièmement, l'affaire, tout comme l'affaire Subway, traite de la relation entre les systèmes alternatifs de règlements privés des différends et les tribunaux officiels en tant que fournisseurs de biens publics. Troisièmement, elle intervient également sur la façon dont les tribunaux hiérarchiques sont utilisés pour restreindre ou autoriser les affaires.

Ces cas convergent vers des sujets théoriques communs : 1) les destinataires du système judiciaire ; 2) la disponibilité de la collecte d'informations pour les tribunaux, afin de conserver le résultat socialement bénéfique ; 3) les difficultés procédurales et organisationnelles survenues indépendamment du système judiciaire ; et 4) la façon dont le système judiciaire traite de la relation entre les systèmes de justice privés et publics, et la fourniture de biens publics. Ces affaires s'intéressent également au filtre que le système judiciaire utilise pour traiter les informations recueillies et pour mettre sa structure complexe, y compris les appels, à la disposition d'un résultat socialement bénéfique. Les difficultés exposées dans les quatre cas nous aideront à définir la portée de ce travail.

## 3. Définir la portée de ce travail

Si les problèmes surviennent régulièrement, c'est qu'il existe une faille dans la façon dont nous pensons au système judiciaire. Nous définissons habituellement le système judiciaire comme un système juridictionnel. Ainsi, nous considérons les tribunaux comme des institutions publiques qui résolvent les différends dans la société en appliquant le droit préexistant comme critère d'adjudication.[8] De ce fait, nous en sommes venus à considérer que le système judiciaire est principalement influencé par la décision judiciaire rendue à la fin du processus judiciaire. Donc au départ nous avons un problème dans la société qui devient une action en justice, le tribunal applique la loi en rendant une décision judiciaire.

Cependant, bien qu'il soit techniquement correct, ce modèle du système judiciaire n'est pas suffisant pour expliquer une réalité complexe. Le système judiciaire peut influencer la société et les problèmes qui existent entre les individus indépendamment des décisions judiciaires qu'il produit. En d'autres termes, la façon dont nous organisons le pouvoir judiciaire peut avoir autant d'influence que les décisions judiciaires elles-mêmes. Cette complication appelle une définition différente du système judiciaire, fondée davantage sur la procédure. Le point de départ est encore la société et les problèmes entre les individus qui la composent. Cependant, le filtre qui décide de l'orientation d'un différend entre des particuliers n'est pas nécessairement le droit matériel préexistant. Ce devrait être le système judiciaire tel que défini par Jeremy Bentham comme une théorie directrice, une procédure et une organisation judiciaire. En conséquence, il est fait le choix d'appréhender le différend à travers un cadre complètement procédural et organisationnel. Le traitement du différend peut ainsi se présenter de façon autonome par rapport au droit matériel et à la décision judiciaire rendue par le tribunal.

La procédure judiciaire et l'organisation dépendent de la théorie qui fixe le cadre dans lequel le régulateur a décidé du fonctionnement du pouvoir judiciaire. En d'autres termes, ce qui manque dans le modèle susvisé, c'est l'élément de cadrage représenté par la procédure judiciaire, l'organisation et la théorie directrice. Les deux modèles ne représentent pas deux volets d'une alternative ; ils sont gratuits. Parfois, le résultat du système judiciaire dépend

---

[8] Le terme « adjudication » est utilisé dans cet ouvrage pour désigner l'acte de juger une affaire. Le terme vient de latin ad+ jūdicāre ( *adjūdicātus*, participe passé de *adjūdicāre*) An Angleterre le terme est utilisé en première fois en 14eme siècle et ça vient de l'anglo-français. En France le terme a perdu son sens originel. C'est un obstacle dans la manière d'expliquer ce que fait le système judiciaire si bien que cet ouvrage se permet cet usage latin original du mot.

presque entièrement du droit matériel et de la décision judiciaire qui en résulte. Toutefois, il arrive que le résultat dépende complètement de la procédure, de l'organisation et de la théorie qui donne la direction. La portée de ce travail est strictement limitée au second scénario qui comprend les éléments suivants : Au début nous avons un problème de société qui devient une action en justice, le tribunal applique la loi mais ici nous avons une implication du système judiciaire qui peut être considéré comme théorie, procédure, organisation et seulement après les interactions complexes le système se produit, une décision judiciaire. Cette décision judiciaire produit alors un effet sur la société.

## 4. L'histoire

Après avoir défini le cadre dans lequel ce travail évolue, il est essentiel d'en expliquer le contenu. Ce livre est l'histoire de la performance du système judiciaire. L'histoire sera racontée en deux parties. La première partie s'inspire du modèle de Jeremy Bentham qui considérait le système judiciaire comme un mélange de trois éléments : la théorie, la procédure et l'organisation. Le but de cette partie est de créer des généralisations théoriques sur le fonctionnement du système judiciaire. La deuxième partie reprendra les idées de Ronald Coase utilisant les régimes réglementaires concrets des trois systèmes judiciaires examinés ici (France, États-Unis, Angleterre et Pays de Galles) comme étant les meilleures sources de connaissance réelle de la manière dont les choses fonctionnent dans la pratique. L'objectif est de tirer des conclusions générales à la fois sur le niveau de comparaison théorique et pratique du fonctionnement des systèmes judiciaires et, éventuellement, sur les moyens de les améliorer.

Pour mieux illustrer le sujet de ce travail, l'analogie suivante sera utilisée pour créer une image visuelle facilement compréhensible. Le système judiciaire ressemble à une machine possédant plusieurs leviers. Chaque levier peut être déplacé dans différentes positions. Les positions correspondent à des visions particulières de la théorie de la justice, de sa procédure et de son organisation. C'est la première partie de l'histoire.

Le chercheur assume la position d'un opérateur de la machine judiciaire. En réalité, ce rôle est principalement joué par le législateur qui est capable d'introduire des changements dans le fonctionnement du système judiciaire. Dans tous les cas, pour améliorer la performance, l'opérateur (ou le législateur) peut déplacer plusieurs leviers réglementaires fondamentaux, qui sont capables de bouger dans un sens ou dans un autre. Ainsi, dans cette partie théorique de l'étude, différentes positions sur chaque levier seront choisies. Ces positions de levier seront basées sur une approximation des positions réglementaires qui ont existé dans le passé, existent dans le présent, ou sont imaginaires, mais qui présentent toutes un intérêt quant à leur effet sur la performance du système judiciaire.

La deuxième partie de ce travail est basée sur le fait que la machine du système judiciaire peut fonctionner dans différents environnements qui ont une influence sur ses performances. Chaque environnement détient ses éléments spécifiques. Pour continuer l'analogie, la machine ne fonctionnera pas de la même manière dans un environnement glacial et froid qu'elle le ferait dans un climat désertique, chaud et poussiéreux.

Plus important encore, la performance de la machine doit atteindre certains objectifs. Elle n'a pas qu'un seul but, mais son fonctionnement peut conduire à une variété de résultats. Ici, le but est de décrire les différentes utilisations de la machine judiciaire et, si possible, de présenter les moyens d'optimiser son fonctionnement afin d'éviter les problèmes relevés dans les cas résumés précédemment.

Les différents environnements dans lesquels opère la machine judiciaire influent sur les résultats obtenus. Pour la machine judiciaire, cela signifie que les traditions juridiques, le développement historique du système juridique en général et le système judiciaire en particulier, ainsi que l'existence d'autres règles juridiques, auront une influence sur son fonctionnement. Il s'ensuit que si nous voulons savoir comment les différentes machines judiciaires fonctionneront, nous devons examiner non seulement la façon dont elles sont organisées, mais tous les facteurs possibles qui peuvent modifier la performance. Une analyse empirique exhaustive dépasse la portée de ce travail. Aussi, les trois systèmes judiciaires examinés ne serviront-ils qu'à fournir quelques exemples de la manière dans lesquels l'environnement juridique affecte le fonctionnement des principaux paramètres tels que la théorie de la justice, la collecte d'informations, la hiérarchie, etc.

Un exemple de ce modèle peut être trouvé dans la réforme de 1992 dirigée par Lord Woolf. Ce dernier a tenté de déplacer le levier réglementaire régissant la théorie du système judiciaire (levier A) du poste A1, ce qui correspond à une justice complète à la position A2, qui est une théorie de la justice (utilitariste) majoritaire. En principe, c'était une position supérieure (les raisons de sa supériorité seront explicitées dans les chapitres suivants) qui aurait dû conduire à un système judiciaire plus performant. Cependant, il convenait de détecter certains problèmes avec précision et de trouver la position exacte du levier. Bien que le mouvement soit allé dans la bonne direction, la position exacte du levier n'a pas été trouvée. La réforme a été considérée comme un échec très rapidement et une nouvelle réforme, visant à appliquer la réforme de Woolf, menée par Lord Jackson a suivi. L'échec n'était pas tellement dans le choix d'un nouveau régime, mais dans l'environnement qui fait l'objet de la deuxième partie de cette histoire. La conséquence en a été que les juges ont simplement suivi les pratiques judiciaires antérieures et n'ont pas appliqué la nouvelle théorie.

## 5. Modèle analytique de base

Cette histoire du fonctionnement du système judiciaire peut être formellement exprimée dans un modèle très simple. De même que l'histoire est présentée en deux parties, l'analyse formelle du système judiciaire sera exprimée sous forme de deux étapes. La première peut être représentée de la manière suivante :

Introduisons une fonction appelée Figure de Mérite F[9] (A, B, C, ...), où A, B, C, ... sont des fonctions (les positions des différents leviers) par exemple le levier A, qui a été désigné comme théorie de la justice, a les valeurs A1 (maximum), A2 (moyen 1), A3 (moyen 2) et A4 (minimum).

L'analyse formelle examine l'effet que les différentes valeurs de A auront sur la performance du système judiciaire, qui sera désigné par P. Les valeurs choisies sur la figure 3 ci-dessus, dans laquelle le levier A est la théorie de la justice, sont : maximum (justice complète), minimum (pas de système judiciaire fonctionnel), et deux postes moyens de justice pour la majorité et pour une minorité.

### 5.1 Effets typiques des fonctions

1) P ne dépend pas de A (P est une constante pour chaque valeur de A). Légiférer pour introduire un changement dans cette situation est inutile, car modifier la réglementation A ne produira aucun changement dans la performance.

2) P est très sensible à un changement de A. C'est la situation idéale pour faire évoluer une réglementation si cela se révèle nécessaire. Le législateur peut adopter une nouvelle loi qui affectera de manière significative la performance du système judiciaire. Cependant, il convient de procéder à une analyse plus poussée pour s'assurer que le changement correspond bien à ce qui est souhaité et qu'il n'affectera pas la performance de façon négative.

3) La performance du système judiciaire (P) peut être légèrement affectée par la modification de cette régulation spécifique du système judiciaire A. Dans cette situation, changer quelque autre élément de la machine judiciaire produira probablement les résultats souhaités plus facilement.

Le deuxième élément environnemental correspond aux influences qui proviennent du système juridique spécifique dans lequel nous avons des valeurs de A.

Chacun dépend de paramètres indépendants qui forment l'environnement juridique dans lequel fonctionne le système judiciaire, à savoir A = À (x1, x2, x3, ...), B = B (y1, y2, y3, ...), C = C (z1, z2, z3, ...). Les exemples de

---

[9] La figure de mérite est une expression numérique prise comme représentant la performance ou l'efficacité d'un dispositif, d'un matériau ou d'une procédure donnée.

paramètres indépendants peuvent avoir pour origine des traditions juridiques, d'autres règles juridiques dans le système juridique, le développement historique, etc.

### 5.2 Objectif du modèle

Quel est l'intérêt de raconter cette histoire et de créer ce cadre analytique pour analyser les problèmes liés à la performance du système judiciaire ? L'objectif est de rechercher un outil de réflexion utile pour résoudre les problèmes des systèmes judiciaires. L'objectif n'est pas de déclarer tel ou tel système plus efficace que les autres. Tous les systèmes rencontrent des difficultés dues aux positions du levier (comment réguler le système judiciaire). Les problèmes et les solutions réglementaires qui sont apportées sont comparables dans tous les systèmes. Ainsi, créer un moyen de réfléchir aux problèmes et aux réponses réglementaires correspondantes sera utile pour améliorer la performance de chaque système judiciaire.

En résumé, la recherche de ce travail vise à appréhender le système judiciaire du point de vue d'un régulateur. Cette recherche a été conçue pour créer une feuille de route initiale sur les moyens de réguler le système judiciaire. Afin d'atteindre cet objectif, ce travail donnera des lignes directrices sur la façon de réfléchir aux éléments du système judiciaire qui devraient être optimisés par la régulation et à ceux qui devraient être minimisés (Amax A min etc.). L'optimisation et la minimisation dépendent des objectifs que nous avons fixés pour la performance de la machine judiciaire.

Ce travail fait une distinction importante entre le litige en première instance et en appel. Cette distinction met en évidence la division des trois parties du système judiciaire établie par Jeremy Bentham. Ainsi, les litiges portent principalement sur des questions de procédure, alors que l'appel se situe dans le domaine de la structure organisationnelle du système judiciaire.

### 5.3 Représentation formelle de l'objectif de ce travail

L'objectif de ce travail peut être formellement exprimé comme une figure de mérite.

Soit la fonction F = A.B.C et trouve les extrêmes de celle-ci. C'est, en fait, la figure du mérite :

F = (A.B.C.D.E) max ou

F = (A.B.C.D.E) min

L'exemple le plus simple : la valeur E max pourrait être l'efficacité et la valeur D min pourrait être le coût. Cela signifie que nous voulons maximiser l'efficacité et réduire les coûts.

B pourrait être l'acquisition initiale de l'information (un exemple dans le système de laisser-faire : B1 max acquisition d'information, B1 min dépenses de l'effort des juges, dans les systèmes de gestion : B2 max acquisition d'informations véridiques B2 coût min)

### 5.4 L'importance de l'objectif

Pourquoi est-il important d'avoir un meilleur cadre pour la performance du système judiciaire ?

Les tribunaux qui fonctionnent bien procurent des avantages économiques. Un certain nombre d'études[10] ont montré l'utilité de systèmes judiciaires solides et efficaces pour une croissance économique rapide et le développement des petites et des grandes entreprises. La raison en est que les tribunaux les plus performants conduisent à des marchés du crédit plus développés. En effet, l'existence de réclamations bloquées devant les tribunaux pendant de nombreuses années empêche la circulation du capital dans l'économie, entraînant ainsi un manque d'investissement et une stagnation de l'économie.[11]

La perspective d'un procès efficace incite à un comportement souhaitable dans la société :

a) corrige les problèmes
b) réduit les conflits
c) canalise les comportements appropriés
d) améliore la fourniture de biens publics
e) assure la stabilité en suscitant la loyauté de la population envers le régime en vigueur

## 6. Limitation de la portée de ce livre

Il existe une autre limitation importante de la portée de ce livre. Cette recherche examine le point d'entrée du système judiciaire (accès aux tribunaux), l'ingrédient principal utilisé par la machine judiciaire (information / preuve), l'information qui est transmettre dans la hiérarchie judiciaire et les alternatives à la machine judiciaire (médiation, arbitrage). Fait important, il y a aussi la théorie sur laquelle repose le fonctionnement de toute la machine judiciaire.

---

[10] Voir par example Feld, Lars P., and Stefan Voigt. "Making Judges Independent - Some Proposals Regarding the Judiciary.". October 02, 2004. Accessed October 13, 2017 https://papers.ssrn.com/sol3/Delivery.cfm?abstractid=597721.); Susan Peck MacDonald, "The Erasure of Language," *College Composition and Communication* 58, no. 4 (2007: 619.

[11] Par exemple, une étude de la Banque mondiale au Brésil et en Argentine montre que les entreprises qui font affaire dans les provinces où les tribunaux sont les plus performants ont un meilleur accès au crédit. L'explication est simple : de meilleurs tribunaux signifie moins de risques, ce qui encourage les entreprises à investir davantage

Pour limiter la portée du projet, il est important de revenir sur la performance du système judiciaire P et la façon dont elle est influencée par différents leviers (régulation politique) A, B, C, etc. L'étude portera sur le degré auquel la performance (P) dépend des différents leviers tels que A. Elle se concentrera uniquement sur les leviers qui ont une influence importante sur P. Il y a d'autres leviers qui ont une influence sur P mais ils ont été jugés non essentiels pour la performance de la machine judiciaire. Par exemple, l'existence de procédures orales ou écrites selon les différents tribunaux peut jouer un rôle dans la performance (P) du système judiciaire. Cependant, des études antérieures ont montré que la corrélation n'était pas simple. Par conséquent, ces éléments ne peuvent pas représenter l'un des principaux leviers du système judiciaire sur lequel se concentre ce travail.[12]

D'autres éléments du système judiciaire, tels que la disponibilité des « précédents », sont très importants pour son fonctionnement. Cependant, le précédent semble être plus étroitement lié aux théories d'adjudication qu'il ne l'est à la procédure et à l'organisation. Par conséquent, la force du système du précédent (ou la jurisprudence constante) dépasse également le cadre de cette étude.

Comme mentionné ci-dessus, la théorie de l'adjudication (la façon dont les décisions judiciaires sont prises) ne fait pas non plus l'objet d'un examen dans ce travail parce qu'elle se situe au-delà de sa visée procédurale et organisationnelle.

---

[12] Voir par example, Lawrence S. Wrightsman, *Oral Arguments before the Supreme Court* (Oxford, UK : Oxford University Press, 2008). L'auteur a soutenu que les arguments oraux influent sur le fonctionnement de la Cour suprême des États-Unis. Selon certains des récits que décrit ce livre, cette influence semble presque inexistante, d'après les déclarations du juge Clarence Thomas : « Je pense que les juges, 99 p. 100 du temps, ont l'esprit confus lorsqu'ils se rendent au banc » (p. 25). D'autres récits de cas hautement politiques tels que Brown v. Board of Education sont probablement plus influencés par la composition de la Cour et l'ajout d'un nouveau juge libéral à la cour. Cependant, la composition de l'argumentation orale et les questions correspondantes des juges semblent avoir un résultat prévisible élevé dans 75 % des cas. Ainsi, il semble y avoir une certaine corrélation entre la plaidoirie orale et la performance du système judiciaire. Cependant, cette corrélation semble insuffisante pour faire de l'argumentation orale ou écrite devant les tribunaux l'un des principaux leviers du système judiciaire.

# Chapitre 2 :

# Méthodologie

## 1. Extension du modèle de base

Ce chapitre étend le modèle de base présenté dans l'introduction. Ce modèle plus détaillé s'enrichit d'une méthode de comparaison et d'évaluation des différentes réglementations du système judiciaire. Il donne également un aperçu de la façon dont l'environnement juridique peut affecter la performance du système judiciaire.

Comme Ugo Matei l'a mis en évident dans l'analyse comparative, il s'agit de : « Traiter les contextes juridiques et institutionnels comme des variables dynamiques et tenter de construire des modèles qui reflètent la complexité stratifiée en constante évolution du monde réel du droit, élargissant l'horizon du discours juridique sous-jacent et conférant un degré de réalisme supérieur à l'analyse théorique. »[1]

Ce chapitre met en application cette méthode. Il vise à démontrer comment les changements dynamiques dans la réglementation affectent la performance du système judiciaire. L'objectif est d'obtenir un modèle méthodologique décrivant la façon d'appréhender le contexte juridique et institutionnel complexe et apportant des possibilités de changement des différents éléments du système judiciaire (les leviers).

### 1.1 Cas réels et non statistiques

Afin d'examiner les problèmes fonctionnels du système judiciaire qui existent réellement et se produisent régulièrement, ce travail n'utilise pas une approche statistique comme point de départ.

---

[1] Mattei, Ugo, and Alberto Monti. "Comparative Law & Economics." *Economia pubblica ed analisi economica del diritto*, October 2, 2003.
http://www.siepweb.it/siep/images/joomd/1399114907291.pdf.

L'avantage de cette approche, qui fait partie de l'agenda du Nouveau Réalisme juridique, réside dans le fait qu'elle est plus approfondie que l'observation des statistiques concernant les affaires portées devant les juges en première instance ou en appel. Elle accorde une grande attention aux cas qui n'empruntent pas la voie du système judiciaire en raison de ses échecs. Cela ne veut pas dire que la recherche empirique et statistique n'est pas nécessaire. Au contraire, il pourrait être utile que des recherches futures s'intéressent aux statistiques qui applicables aux exemples donnés dans le présent travail.

L'approche de ce livre mélange une approche procédurale avec des questions de droit matériel, injectant une dose de réalité en utilisant des cas réels pour illustrer plus clairement les problèmes de fonctionnement des systèmes judiciaires.

L'intensité et les avantages des tribunaux dépendent de la capacité des utilisateurs des tribunaux d'avoir un accès concurrentiel à celui-ci. Si un plaideur ne peut pas comparaître devant un tribunal, le résultat est insatisfaisant et conduit, dans la pratique, à un véritable refus d'accès aux tribunaux. L'importance des questions sous-jacentes ne reflète pas nécessairement l'intérêt porté à ces affaires par l'opinion publique ou même par les tribunaux.

### 1.2 Analyse téléologique

La critique téléologique de l'instrumentalisme pur d'Alasdair MacIntyre[2] (telos [grec ancien] : but, dirigé vers un but) comprend l'idée que les gens ne seront jamais satisfaits d'une activité qui n'a pas de but. L'économie moderne est devenue trop instrumentale, ce qui signifie parfois que nous perdons de vue ce que nous essayons d'atteindre. Ce travail prend en compte une approche instrumentale caractéristique de l'analyse économique moderne tout en gardant à l'esprit que cette approche a réduit les objectifs complexes à de simples préférences. Ce manque de direction peut entraver toute entreprise humaine, y compris les réformes juridiques, car les théories afférentes aux objectifs du régulateur sont ignorées.

## 2. Droit comparé

Ce livre utilise de manière limitée une analyse comparative. Dans un prochain livre, cette analyse sera entreprise de manière plus approfondie. Néanmoins, ce travail utilise une approche de droit comparé en ce qu'il retient de nombreux exemples de positions réglementaires des leviers de la machine judiciaire qui ne pourraient se retrouver dans un système judiciaire unique. La

---

2 Pour plus de détails, voir Alasdair Macintyre, *After Virtue : A Study in Moral Theory* (South Bend, IN : University of Notre Dame Press, 2007).

méthode comparative aide à discerner les différences et les similitudes entre les positions des leviers. Chaque position de levier représente la réglementation actuelle ou passée d'une théorie, d'une procédure ou d'une organisation judiciaire. Ces positions sont ensuite utilisées pour créer un modèle théorique qui utilise certains leviers tout en ajoutant des positions supplémentaires destinées à révéler les spécificités imprimées par le mouvement de ces leviers à la performance du système judiciaire. Ensuite, le modèle donne des exemples de facteurs environnementaux légaux et de leur influence sur la performance du système judiciaire selon les positions des leviers de la machine judiciaire.

L'analyse comparative traditionnelle, à elle seule, n'est pas suffisante pour construire un modèle pleinement fonctionnel. Elle présente seulement les similitudes et les différences entre deux régimes juridiques. Elle peut également démontrer qu'un même processus mis en place ailleurs n'a pas produit le résultat souhaité. Cependant, pour vraiment évaluer et prédire les résultats d'un changement dans la position d'un levier (une nouvelle réglementation du système judiciaire), nous avons besoin d'une analyse économique. L'analyse économique révélera, par exemple, que le passage à un système judiciaire plus managérial ne sera couronné de succès que si les incitations judiciaires sont également améliorées. Pour le dire autrement, l'analyse économique facilitera l'évaluation des conséquences des différentes réglementations concernant le système judiciaire.

### 3. Méthode économique

Bien avant l'apparition des comparatistes, les théoriciens de la théorie juridique ont connu des difficultés pour définir la meilleure règle juridique. Afin de corriger ces défauts de l'évaluation des différentes méthodes juridiques, il est nécessaire de compléter l'analyse par les outils élaborés d'évaluation des différents régimes juridiques que l'analyse économique fournit. Cela nous permet, dans des situations simples, d'affirmer sans conteste qu'elle est la meilleure alternative comparative. Dans des contextes plus complexes, la méthode économique nous donne des lignes directrices pour relever les points positifs et négatifs dans les deux possibilités.

Ainsi que l'indique Florian Faust, lorsqu'on utilise les méthodes traditionnelles du droit comparé, il est souvent difficile de savoir quelle est la meilleure règle juridique.[3] Il a souligné qu'à cet égard, l'analyse économique peut être extrêmement utile. La raison en est que l'analyse économie fournit des outils pour réfléchir la règle susceptible d'engendrer le meilleur fonctionnement. Par exemple, des compromis entre différents objectifs, coûts et

---

[3] Florian Faust, « Comparative Law and Economics, » dans *Oxford Handbook of Comparative Law*, p. 847.

avantages, ainsi que différentes manières d'atteindre un niveau choisi de fourniture d'un bien (justice) peuvent entraîner différents niveaux de coûts de transaction. En conséquence, le comparatiste qui a recours à l'analyse économique peut fournir des choix plus éclairés dans la construction du système judiciaire.

En outre, si la comparaison révèle la supériorité de la règle étrangère, cette règle ne peut pas être simplement introduite dans le droit interne. Il est nécessaire de vérifier si la supériorité de la règle étrangère se maintiendra dans le cadre du droit interne. Autrement dit, la comparaison doit tenir compte des paramètres indépendants du nouvel environnement juridique, qui peuvent influencer l'application d'une règle juridique. Par exemple, elle peut examiner des paramètres tels que les traditions juridiques, le développement historique, la culture sociale, etc. Par ailleurs, la transplantation d'une règle juridique, de même qu'une réforme fondamentale, comporte des coûts de transaction. L'analyse économique peut aider à prévoir le montant de ces coûts de transaction. [4] L'absence de l'évaluation de ces coûts peut être illustrée par l'exemple des réformes anglaises de la seconde moitié du XIXe siècle dont la mise en œuvre s'est déroulée sur une très longue période, faute d'être comprise. La cause en était que personne ne comprenait à l'époque que la modification d'une règle entraînait des coûts de transaction lorsque la culture juridique n'était pas réceptive. Il a donc fallu du temps pour changer la culture juridique. Aux États-Unis, le même phénomène s'est produit avec l'introduction d'une réforme d'un système judiciaire plus gestionnaire.

En résumé, la méthode? Économique fournit les outils d'évaluation des différents niveaux de coûts de transaction, de distribution, d'incitations, d'externalités, de biens publics, d'information et d'avantages sociaux.

### 4. Le modèle comparatif et d'évaluation étendu

Cette section tente de répondre aux questions suivantes : comment devrait-on décider de comparer deux règles ou plus ? Comment peut-on procéder à une évaluation comparative correcte ?

Premièrement, nous devons établir que A (où A = À (x1, x2, x3, ...) dans le système Beta et A1 (où A1 = A1 (y1, y2, y3, ...) dans le système Omega ont une équivalence (structurelle, fonctionnelle ou les deux). Nous recherchons une équivalence politique sur l'un des leviers des systèmes judiciaires. Nous ne cherchons pas la ressemblance comme le prescrivent les modèles de droit comparé traditionnels. Il suffit de montrer que les paramètres examinés (A et A1) sont sur le même levier politique de la machine judiciaire, c'est-à-dire qu'ils correspondent au même type de régulation du système judiciaire : par

---

[4] *Ibid*, p.848.

exemple, dans le levier politique du contrôle du processus judiciaire (qui nous montre comment il est acquis), les deux positions politiques extrêmes du levier sont : 1) le contrôle total de l'acquisition de l'information par les parties et sa présentation devant les tribunaux, et 2) le contrôle de gestion judiciaire. Chaque position du levier politique entre les deux extrêmes peut être comparée et évaluée.

Comme c'est souvent le cas, cependant, A et A1 ne sont pas absolument identiques. La raison en est qu'ils correspondent à des positions différentes sur le levier de la régulation politique. L'un d'eux produit un meilleur résultat selon nos critères d'évaluation en comparaison avec l'autre. Cela peut signifier d'abord que A est supérieur à A1 (A> A1) ou l'inverse que A1 est supérieur à A (A <A1). La conséquence est que nous pouvons avoir une position de régulation (politique) supérieure du levier.

La deuxième étape consiste alors, quand nous suspectons que A est supérieur à A1 ou l'inverse, à tirer des conclusions préliminaires basées sur l'analyse théorique.

La troisième étape a pour objet la vérification de la conclusion préliminaire. La recherche de la supériorité d'une règle sur l'autre peut être fortement influencée par des paramètres indépendants. L'influence peut être positive ou négative sur la valeur de A et A1. En conséquence, l'évaluation est impossible sans considérer autant de paramètres indépendants que possible dans les deux systèmes x1, x2, x3, ... et y1, y2, y3, ... Une analyse complète devrait prendre en compte autant de paramètres indépendants d'un système juridique qu'il en existe. Toutefois, un projet qui tenterait de trouver et d'examiner une gamme complète de paramètres indépendants procéderait d'une entreprise gigantesque en raison de la multitude des normes juridiques, historiques, politiques, sociales, culturelles et éthiques susceptibles d'influencer les valeurs des paramètres dépendants et les leviers réglementaires du système judiciaire. Par conséquent, ce projet se contentera de donner quelques exemples qui ont produit des effets sur la performance de la régulation du système judiciaire.

La quatrième étape consiste à déterminer s'il existe réellement une supériorité de A sur A1 ou l'inverse. La conclusion est conditionnée au fait qu'il n'existe pas de paramètres indépendants importants, dont la présence n'aurait pas été révélée par l'étude comparative. La mise en évidence de tous les paramètres indépendants étant une tâche monumentale, qui mérite une attention particulière, ce livre se limite à énoncer un moyen d'atteindre cet objectif, mais ne prétend pas détenir l'information complète requise pour tirer une conclusion finale.

Si les exemples de paramètres indépendants paraissent incomplets, d'autres chercheurs pourront compléter le modèle et probablement révéler d'éventuelles lacunes dans les conclusions. En d'autres termes, ce travail ne conduira pas toujours à des solutions définitives pour déterminer si les positions de A et A1 sont supérieures dans la pratique. Cependant, nous espérons que cela engendrera d'autres recherches qui révéleront en détail les alternatives politiques (autres leviers politiques, les paramètres dépendants A, A1) et les variables indépendantes dans les différents systèmes dont ces leviers de régulation dépendent (x1, x2, x3,.. . et y1, y2, y3,....)

Les différences de performance des diverses positions du levier dans les systèmes judiciaires retenus sont illustrées par les courbes A1 A2 A3.

La complexité et le nombre de paramètres indépendants (x1, x2, x3, ...) et (y1, y2, y3, ...) peuvent être tels que nous ne puissions pas tous les découvrir et par conséquent prédire leurs interactions. Des paramètres indépendants non répertoriés pourront être ajoutés dans des études futures et changer ainsi notre compréhension de la performance de A et/ou A1. Cela signifie que la recherche juridique comparative ne peut pas facilement atteindre la certitude d'une science exacte. Il ne peut en être autrement que si les paramètres indépendants sont peu nombreux. Ce constat justifie l'argumentation selon laquelle les « greffes » légales ne fonctionnent pas toujours bien dans un nouveau système. Plus le système juridique et la société hôte sont semblables au système juridique des bailleurs de fonds et à leur société, moins il y aura de surprises du fait de variables indépendantes auxquelles le chercheur devra faire face.

Certains des paramètres indépendants ne peuvent pas être décelés, car ils dépendent du comportement humain. Malgré cela, il est possible de rechercher des modèles dans ce comportement, par exemple en utilisant l'analyse d'incitations, basée sur la prémisse selon laquelle les personnes suivent des modèles de comportement quand leurs intérêts personnels le leur dictent. Dans ce cas, l'objectif est d'aligner les intérêts individuels sur l'objectif politique souhaité. Cependant, il y aura toujours des exceptions de comportement imprévisible, qui ne suivent pas les incitations parce que les êtres humains possèdent leur libre arbitre. En de rares occasions, une telle variance peut, en théorie orienter le modèle dans la mauvaise direction.

La recherche peut se concentrer sur les positions existantes du levier ou celles qui n'existent pas encore, mais qui pourraient devenir réalité. Ainsi, A pourrait être une position dans le système □ qui existe réellement (le levier est à cette position). A1 ne doit pas être un poste existant dans le système judiciaire. Il ne peut être utilisé que comme un poste envisagé, ce qui peut être utile à des fins de démonstration ; il pourrait aussi être utilisé comme une proposition de réforme. Une première prédiction quant à la façon dont le système va réagir aux positions du levier A et A1 peut être faite. Pour avoir une évaluation plus précise cependant, il est nécessaire d'examiner les paramètres indépendants (y1, y2, y3, ...) qui peuvent influencer ses performances futures. La conclusion peut être, par exemple, l'approbation d'une proposition de réforme.

Si A = A1, les effets de performance devraient être similaires. Si ces effets ne le sont pas, la comparaison devra se concentrer sur les paramètres indépendants.

Si A et A1 sont différents (ont des positions différentes sur le même levier de politique), alors l'analyse comparative concerne à la fois les paramètres dépendants et indépendants.

Pour procéder à la comparaison, nous devons appliquer la même analyse en deux phases pour chaque système et comparer les deux variables indépendantes x1 x 2 x3 ... avec y1 y2 y3 ... z1 z2 z3 ... puis comparer comment le changement de A1 A2 A3 influence la performance de chaque système P P1 P2 ...Cela permet de comparer les résultats sur le même levier politique A A1 A2.

On s'attend à ce que, si A et A1 sont différents, la différence de performance soit plus grande. Toutefois, ce n'est pas tout le temps le cas. Comme nous le verrons à partir de quelques exemples, les paramètres indépendants ont parfois des valeurs si élevées qu'ils influent considérablement sur les performances. Le résultat en est qu'avec même position du levier, la performance n'est pas identique. Dans de tels cas, trouver le paramètre indépendant ayant une influence massive sur la performance est vital pour une recherche comparative réussie.

Le déplacement du levier peut aussi ne pas conduire à de bons résultats si l'un des paramètres indépendants a une valeur importante. Par exemple, si on remplace un processus dirigé par les parties par un système du management judiciaire on ne peut pas produire les résultats escomptés parce que des paramètres indépendants tels que les traditions juridiques, l'éducation juridique et la pratique judiciaire ne seront pas ancrés aussi fortement dans le fonctionnement du nouveau système judiciaire. Ces paramètres indépendants auront une influence plus importante sur la performance que la position du levier (paramètres dépendants (A et A1), car leur valeur élevée pourra empêcher le nouveau changement réglementaire de produire des résultats.

Cela signifie que les paramètres indépendants peuvent rendre la fonction moins souple (A3 dans le graphique ci-dessus).

## 5. Analyse économique en tant que correcteur des autres méthodes juridiques comparées

Les théories qui considèrent le système judiciaire comme un simple fournisseur de justice passent à côté d'un effet très important des règles juridiques : elles fonctionnent toujours au profit de certains et très souvent au détriment des autres. En pratique, presque chaque nouvelle règle ou régime juridique crée des gagnants et des perdants. Les cas dans lesquels une nouvelle règle fonctionne dans l'intérêt de tout le monde sont assez rares.

Ainsi, nous avons besoin d'une analyse économique pour préciser quels sont les intérêts défendus par la nouvelle règle et au détriment de qui. Si le système fonctionne au profit d'une ou de plusieurs personnes sans qu'un individu en souffre, alors nous sommes en présence d'une situation rare dans laquelle nous reconnaissons l'efficacité de Pareto.[5] Cependant, si quelqu'un est lésé par l'application de la nouvelle règle, nous devons comprendre et ensuite analyser si les raisons qui conduisent à penser que cette règle est supérieure à la précédente tiennent compte de l'équilibre des intérêts entre les différents groupes de la société.

L'idée du comparatiste de la justice est souvent intuitive, mais cela ne suffit pas parce que notre sens de la justice peut se révéler faux. Nous pouvons penser que nous créons une règle qui profite à tout le monde, mais en fait, elle pourrait être préjudiciable à des segments importants de la société. Ainsi, nous devons introduire des concepts tels que le bien-être individuel, les avantages sociaux et les préférences globales dans la société, comme nous le verrons dans le chapitre suivant. Les préférences et les intuitions du chercheur ne suffisent pas.

L'analyse comparative fonctionnelle et structurelle ne peut pas être utilisée pour évaluer et exprimer une préférence pour une règle plutôt que pour une autre. La raison en est que les préférences et les intuitions du comparatiste quant aux critères de choix peuvent être corrompues par un parti pris pour son propre système juridique.

Une autre déficience relevée dans les méthodes comparatives est que leur analyse échoue souvent à identifier puis à évaluer le but d'une règle. Ainsi, il est nécessaire de recourir à l'approche fonctionnelle pour déterminer la meilleure règle parmi celles ayant le même objectif.

Des auteurs comme James Godley ont en outre soutenu que la distinction entre les règles et leur but était artificielle.[6] « Il faut interpréter les règles et les concepts qui les informent en fonction des objectifs qu'ils servent », c'est-à-dire, faire progresser l'analyse dans la bonne direction ; mais ceci est une simplification excessive. Les buts des règles juridiques peuvent être compliqués et produire des effets inattendus. Il convient donc de leur accorder une attention particulière.

## 6. La relation entre la règle juridique, ses buts et ses effets

Le modèle créé dans ce travail est basé sur une triple relation entre une règle, ses objectifs et ses effets. Aux deux extrémités du modèle est la société, qui introduit un problème et est affectée par le système judiciaire. Nous suggérons que Godley a raison de dire qu'il existe un lien très étroit entre une règle et son but. Cependant, le problème est que l'objectif de la règle légale existe seulement dans l'esprit de son créateur ou de son utilisateur. Le but ne

---

[5]L'allocation A est supérieure à l'allocation B si les deux individus sont au moins aussi bien sous A que par rapport à B, et au moins un est strictement meilleur.

[6] Geoffrey Samuels, An Introduction to Comparative Law Theory and Method Hart Publishing Oxford Portland Oregon 2014., p.68.

fait pas partie du monde réel. Il relève du domaine de nos désirs. Ce qui relie une règle à la réalité sociale, c'est son effet. L'évaluation d'une règle ne peut donc pas être basée uniquement sur son objectif mais doit inclure son effet.

Si nous revenons en arrière à la figure 1, nous voyons que de nombreux modèles de droit non conséquentialistes et non sociologiques ignorent complètement les effets sur la société et les individus. Au contraire, leur examen du système judiciaire met uniquement l'accent sur l'objectif de la règle et sur la décision judiciaire elle-même.

## 7. Résumé des défauts d'évaluation

La méthode fonctionnelle traditionnelle favorise une évaluation intuitive (par exemple, l'évaluation est basée sur le sens immédiat de ce qui est approprié), la méthode positiviste évalue des règles basées sur d'autres normes au sein du même système juridique, et le droit naturel repose sur une source ultime de droit en dehors du droit positif. L'analyse économique fait reposer l'évaluation sur des critères économiques qui permettent de mieux mesurer les effets des règles juridiques sur la société (ou au moins d'ajouter un autre ensemble de critères pour évaluer les effets).

### 7.1 Pourquoi la justice ne peut pas être exclue en tant que critère d'évaluation

La justice permet de s'intéresser aux problèmes fondamentaux de la société. Elle nous invite à concevoir des lignes directrices approfondies sur la façon d'organiser notre société. En termes économiques, cela signifie que la justice détermine la fonction de bien-être social. La discipline de l'économie ne peut pas déterminer par elle-même cette fonction. Un bon exemple réside dans l'idée que la justice apporte des réponses aux bénéficiaires des arrangements sociaux. Des problèmes tels que la protection des membres les plus faibles de la société sont essentiels. Ceci est important pour cette étude parce que, sans référence à la justice, personne ne peut décider du dilemme posé par l'affaire du lait, qui a été résumé au début de l'introduction. La question posée concernait l'application d'une loi inspirée d'une théorie exigeant la protection des membres les plus faibles de la société. Dès lors, est-il nécessaire de remplacer la procédure qui a empêché l'affaire d'être jugée ? Des questions semblables sont essentielles à notre compréhension des fondements théoriques du système judiciaire.

### 7.2 Critères d'évaluation : justice ou économie ?

Dans la littérature juridique et économique, il existe deux options pour déterminer si l'économie peut fournir un critère indépendant de la justice en vue de l'évaluation de règles juridiques. Shavell et Kaplow ont soutenu que la justice pouvait être complètement remplacée par le raisonnement économique et conséquentialiste. [7] Michael Dorff, au contraire, a opposé de manière convaincante un argument selon lequel Kaplow et Shavell venaient, selon une expression commune, de « balayer l'analyse de la justice sous le tapis » pour la rendre moins visible.[8] Ce travail se réfère à la fois à la justice et à l'analyse économique. La raison en est que, s'agissant de sujets fondamentaux pour la société, la justice apporte des réponses plus approfondies que l'économie. Cependant, lorsqu'il est question d'évaluer l'efficacité du fonctionnement d'un système, l'économie fournit les meilleurs outils d'évaluation, car elle explicite au moins les aspects positifs et négatifs des différentes solutions juridiques.

Le droit positif a été, profondément influencé par une ou plusieurs théories de la justice. Le droit positif a créé la fonction du bien-être social et les droits des hommes. Il convient de s'interroger sur la façon dont le modèle pourra refléter ce constat? L'évaluation peut se rapporter à la point d'entrée du système judiciaire s'il s'agisse d'un problème de procédure ou d'un problème plus fondamental de droit matériel (justice). L'analyse économique peut être enrichissante pour les questions de procédure, mais pas aussi utile si le problème est fondamental (les droits de l'homme par exemple).

L'évaluation peut être considérée comme une rétroaction qui revient de la sortie du système judiciaire vers la société, jusqu'au début du schéma, à l'endroit où les mesures peuvent être prises pour résoudre les problèmes de la société.

In -Input (problèmes dans la société)

Out -Output (effets des problèmes dans la société après qu'ils ont été broyés par la machine judiciaire

$\Delta$ - Correction (la correction est la ligne bleue qui provient des effets sur la société des problèmes de la société

FB - Feedback (évaluation) cette correction est réalisée grâce à l'utilisation de l'analyse économique et de la théorie de la justice

F ($\Delta$) - Fonction de correction

K - Coefficient

Réf - Référence

FB = K (Ref - Out)

La référence est la situation idéale (valeur) que l'on recherche (but de la régulation - le résultat idéal souhaité par le régulateur).

---

[7] Kaplow and Shavell, *Fairness vs. Welfare* (Boston : Harvard University Press, 2006).

[8] Michael Dorff, "Why Welfare Depends on Fairness: A Reply to Kaplow and Shavell," *Southern California Law Review* 75 (2002):847.

À la sortie, le but est d'obtenir une valeur aussi proche de la valeur idéale définie comme référence (but de la régulation). Donc, si la production est égale à la référence, le système judiciaire atteint le résultat souhaité.

Dans une situation réelle, il n'est pas possible que la sortie soit exactement égale à la valeur de référence. Ce constat n'est toutefois pas compris de la plupart des théories juridiques. Elles supposent généralement que si le but de la réglementation est clairement défini, il est toujours atteint. Si tel était le cas, il n'y aurait pas besoin de feedback (évaluation). Comme cela est incorrect, pour obtenir le résultat souhaité, un objectif réaliste doit d'abord être défini. Cela implique que l'objectif de la politique soit défini en termes réalistes et non idéaux. Il est alors beaucoup plus facile d'avoir une sortie proche de la référence. Si ce but est atteint et si la sortie et la référence ne concordent pas, le système a besoin d'une rétroaction (évaluation) qui peut proposer une méthode pour faire des corrections dans le futur et pour se rapprocher ainsi de l'objectif politique souhaité.

La valeur de la sortie de référence moins est proportionnelle au retour. K est un coefficient montrant que la rétroaction est proportionnelle à la différence entre la référence et la sortie :

$\Delta = In - FB$

$\Delta$ (la correction) doit être à zéro pour s'assurer que l'entrée est égale au retour. La raison est alors qu'il y a une rétroaction adéquate, qui corrige l'entrée.

$Out = F(\Delta)$

La sortie est constante lorsqu'on se situe à zéro. Quoi qu'il arrive à l'entrée, vous disposez d'une rétroaction adéquate qui corrige l'entrée pour que le système fonctionne correctement.

## 8. Qui fournit la rétroaction dans un système judiciaire ?

Dans un système auquel la science dure est appliquée, la rétroaction provient de l'observation et de la mesure des phénomènes naturels. Dans un système avec un fort élément humain, la première option est le gouvernement. Dans le cas du système judiciaire, cette option peut toutefois engendrer de sérieuses préoccupations concernant l'indépendance judiciaire.

Un autre choix peut consister en l'autorégulation du système. Les juges les plus haut placés dans la hiérarchie judiciaire peuvent également prétendre pouvoir évaluer la performance du système judiciaire. Le problème est qu'ils réglementeront dans l'intérêt des juges, pas dans celui de la société. Par exemple, ils trouveront des moyens de réduire les pressions exercées par les tribunaux pour que les juges ne soient pas submergés par la charge de travail à laquelle ils doivent faire face. Cela ne correspond sans doute pas à la solution optimale pour l'ensemble de la société. Comme nous le verrons, l'accès au système judiciaire, tant en première instance qu'en appel, est probablement l'une des questions les plus compliquées auxquelles la réglementation du système judiciaire doit faire face. Ainsi, permettre aux juges seulement de servir leurs propres intérêts et de trouver des moyens de réduire leur charge de travail constitue la mauvaise solution. Or, l'accès au système judiciaire est un problème majeur dans le cadre de ce livre, qui est étroitement lié à l'indépendance judiciaire et à la réglementation du système judiciaire.

Les analyses doivent donc provenir d'analystes académiques. C'est le moyen le plus efficace s'ils sont indépendants à la fois du gouvernement et du pouvoir judiciaire. Dans certains systèmes, ce n'est pas le cas et, en conséquence, la qualité de la rétroaction en souffre.

Ainsi, ce livre tente d'examiner les principaux éléments du système judiciaire et d'élaborer cette rétroaction dans le but afin de faire progresser notre compréhension sur la façon d'améliorer la performance du système judiciaire.

Pour ce faire, ce livre s'inspire grandement de la méthode du Nouveau Réalisme juridique. Cela inclut la recherche empirique, l'attention aux membres les plus faibles de la société, la hiérarchie sociale et judiciaire. Ces travaux partent du principe selon lequel la recherche doit reposer sur la réalité afin qu'elle soit utile à la société dans son ensemble et au fonctionnement de la magistrature en particulier.

# SECTION II :

## Théories

Cette section vise à démontrer que la qualité d'un système judiciaire moderne émane d'une perspective théorique claire de la justice et de l'objectif recherché par la machine judiciaire. Les deux positions de levier réglementaire de la machine judiciaire considérée sont l'utilisation d'une théorie de la justice orientée dans une direction spécifique et une conception de la justice en faveur d'une justice complète (substantielle).

# Chapitre 3 :

# Théories de guidage

## 1. Théories comme guide à une machine judiciaire moderne (premier levier)

Afin de démontrer l'importance d'avoir une perspective théorique claire, la première partie du chapitre examinera plusieurs théories clés qui sont capables d'élucider ce que l'orientation d'une machine judiciaire moderne peut ressembler. Dans le premier levier, que ce chapitre prétend être optimal, les théories clés suivantes seront longuement discutées : téléologique, utilitaire, conséquentialiste et économique. Ces théories ont été choisies parce qu'elles proposent une vision spécifique de la justice qui sous-tend le fonctionnement optimal du système judiciaire défendu par ce livre. Cela signifie que le choix de ces théories est basé sur leur caractère pragmatique et sur le sens de l'orientation qu'elles peuvent donner au fonctionnement de la justice.

## 2. Théorie de la justice complète (substantielle) (deuxième levier)

Il existe une position de levier autre qui propose l'accomplissement de la justice dite complète ou substantielle. Cette façon de voir la justice est rejetée, car elle conduit à des contradictions et à des subventions croisées dans le fonctionnement du système judiciaire. Dans la discussion de la deuxième position de levier, un bref aperçu sera donné des complications trouvées dans la livraison de la justice complète selon les philosophes juridiques depuis sa création jusqu'à nos jours. Le bref aperçu de ce que la justice a signifié pour les plus grands esprits dans la théorie politique et juridique est conçu pour démontrer le caractère controversé du concept de justice et l'impossibilité de mise en œuvre d'une théorie qui vise à rendre une justice complète.

Il faut dire que ni l'une ni l'autre position du levier n'aboutit à des résultats parfaits. Ainsi, il est important de noter les faiblesses et les limites des théories choisies. Ce livre souscrit à l'idée qu'il n'y a pas de façon parfaite de réguler les sociétés humaines et leurs institutions. Par conséquent, toute solution qui propose un moyen d'organiser les institutions est forcément imparfaite, lourde de lacunes et assortie de limites. Il est important d'être conscient de ces aspects négatifs. Quand certaines idées théoriques sont appliquées à la machine judiciaire, les problèmes existants ne seront pas remplacés par de nouveaux mythes d'une machine judiciaire parfaite. En d'autres termes, l'argument ici est que la perfection n'est pas possible mais que l'amélioration l'est.

## 3. Les quatre théories du premier levier théorique de la machine judiciaire

Ce travail combinera l'analyse des objectifs, qui constitue une vaste approche téléologique[1] et centrale à l'analyse juridique, avec la force de l'économie - l'idée de conséquentialisme[2] qui implique que les intentions ne se transforment pas toujours en conséquences voulues. Cette analyse explique la différence entre ce qui est désiré et ce qui est réalisé. L'analyse est également inspirée par la théorie utilitariste parce que l'amélioration institutionnelle est au centre de cette théorie et le but essentiel de ce travail.

Les quatre théories qui forment la majeure partie de la discussion dans ce chapitre sont liées. Elles renferment une série de modèles qui peuvent être séparés pour en révéler un autre avec une certaine ressemblance ou un sujet

---

[1] La téléologie est un mot grec qui signifie « fin » ou but, la fin que nous cherchons. Les théories éthiques téléologiques sont celles qui décrivent nos responsabilités et nos obligations en termes d'atteinte de certains objectifs ou finalités. La téléologie traite surtout de la conclusion de « fins ». C'est une théorie éthique qui juge de la justesse d'une action en fonction d'un but ou d'un but externe. Ainsi, selon une théorie téléologique, les conséquences jouent toujours un rôle, qu'il soit petit ou grand, dans la détermination de ce que l'on devrait ou ne devrait pas faire. Toutes les théories téléologiques ne sont pas conséquentialistes. La théorie de John Rawls de la justice est téléologique, mais non conséquentialiste parce qu'elle prétend que les conséquences ne sont qu'une partie de ce qui doit être considéré pour déterminer quelle politique est moralement juste.

[2] Le conséquentialisme est un type de théorie téléologique ; Les théories conséquentialistes suggèrent que la valeur morale, la droiture morale ou la faute d'un acte sont entièrement fonction des conséquences ou des résultats de cet acte. Selon la théorie, les conséquences qui sont moralement bonnes et celles qui sont moralement mauvaises doivent être précisées. Selon une théorie conséquentialiste, les conséquences d'une action déterminent sa valeur morale. Une question clé dans la théorie conséquentialiste est de savoir comment mesurer la valeur morale des conséquences. Les conséquences peuvent être bonnes, neutres ou mauvaises. Une autre question pertinente est de savoir quelles conséquences comptent (voulues ou réelles). Si seules les conséquences réelles comptent, alors toutes les conséquences comptent-elles ? Les conséquences peuvent être distinguées par les facteurs directs / indirects, les individus / objets affectés, l'influence des facteurs de complication, etc.

commun à l'intérieur. La relation réelle entre trois de ces théories est que l'utilitarisme est un type de conséquentialisme, qui est un type de théorie téléologique. De plus, la théorie économique moderne est une descendante directe de l'utilitarisme et du conséquentialisme. L'approche ici est donc conçue pour voir un système plus large dans lequel chaque théorie est encadrée dans le contexte des autres.

## 3.1 Théorie téléologique

La théorie de l'éthique téléologique a pour tâche de définir explicitement le principe du jugement moral conséquentialiste et de résoudre certaines questions fondamentales concernant son application. L'analyse de l'objectif reste purement sur le plan téléologique, car elle ne s'intéresse pas seulement à l'amélioration de l'utilité. L'attention est portée à un plus large éventail de buts, et pas seulement à l'atteinte d'une certaine utilité-but. La raison en est que ces buts révèlent des éléments inattendus importants qui enrichissent l'analyse conséquentielle et utilitaire.

### 3.1.1 Pourquoi utiliser l'approche téléologique et parler des objectifs ?

La prise en considération des idées de Friedrich Hayek, un juriste qualifié, considéré comme l'un des deux principaux économistes du XX^e siècle, nécessite une discussion sur les idées clés qu'il a développées dans le livre *Law, Legislation and Liberty*.[3] Son argumentation repose sur le fait que l'action humaine entraîne la complexité des résultats. La raison peut être trouvée dans une distinction importante qu'il fait entre l'ordre spontané et le fait humain. L'intention consciente est ce qu'une entreprise ou une bureaucratie gouvernementale se fixe comme but vis-à-vis de la société. Friedrich Hayek appelle ça un « ordre fait ». Cette intention consciente peut changer ou être très difficile à réaliser par rapport à l'ordre naturel spontané (le marché), qui atteint des objectifs qui ne sont pas nécessairement articulés de façon intentionnelle. L'ordre spontané réalise une coordination supérieure des intérêts de chaque individu en suivant la main invisible du marché d'Adam Smith.[4] Cette façon de penser est caractéristique de la philosophie de l'école autrichienne à laquelle Hayek appartenait. L'idée a également été acceptée par l'économie néolibérale et a abouti à une analyse économique purement conséquentialiste. L'idée que l'ordre entraîne des conséquences involontaires et complexes doit être prise au sérieux. C'est en effet une tâche monumentale de concevoir uniformément différents éléments de la société afin qu'ils s'emboîtent et fonctionnent bien sans produire de résultats négatifs. Dans ce travail, cela s'appelle l'Avertissement Hayekien.

[3] Friedrich Hayek, *Law Legislation and Liberty* (Chicago : University of Chicago Press, 1978).
[4] *Ibid.*

Néanmoins, il convient de préciser que cette façon de penser a également eu deux résultats négatifs. Premièrement, elle a arrêté le développement de l'ingéniosité humaine en tentant de répondre à une question importante concernant les institutions humaines. Deuxièmement, il n'y a pas eu assez d'attention accordée à l'analyse du point de vue de l'objectif initial. Ainsi, l'analyse économique moderne oriente très souvent sa recherche uniquement vers les conséquences et très peu vers la complexité des objectifs que les institutions tentent d'atteindre (intentionnellement et non intentionnellement). La recherche institutionnelle a aussi été relativement négligée par rapport au comportement du marché. Cela n'est justifié par aucune bonne raison, mais seulement parce que la tâche est trop complexe et que certains objectifs peuvent être omis ou avoir des conséquences imprévues. En tout état de cause, le résultat a été que la chaîne reliant les quatre théories a été partiellement brisée.

Hayek a également plaidé en faveur des institutions humaines qui ont créé à la suite de « l'évolution, un processus dans lequel des pratiques qui ont été adoptées pour d'autres raisons, ou purement accidentelles, ont été préservées parce qu'elles ont permis au groupe dans lequel elles sont apparues de l'emporter sur les autres. »[5] En pratique, cela signifie qu'il faut attendre mille ans pour constater ce que les institutions vont développer, comment elles vont elles-mêmes évoluer et quelles seront les meilleures. L'autre choix est d'étudier les institutions déjà en place et, en utilisant l'analyse comparative, trouver au moins quelques-unes des raisons pour lesquelles certaines se sont développées mieux que d'autres.

Hayek a formulé une exception très importante à son scepticisme à propos de l'ordre. Il a admis que la conception du système judiciaire était absolument nécessaire pour que tout ordre économique spontané fonctionne.[6] La raison en est que les tribunaux servent de protecteurs au marché. Les droits de propriété et les contrats doivent être respectés. En conséquence, même aux yeux de l'opposant le plus vigoureux de l'ordre établi, qui comprend les institutions, la conception du système judiciaire revêt un caractère primordial. Ainsi, à son crédit, Hayek a clairement compris que le système judiciaire était l'institution la plus importante de l'État.

La faiblesse de sa théorie est qu'il n'élabore rien sur la façon d'organiser le pouvoir judiciaire. Les institutions créées par l'homme sont essentielles pour le fonctionnement de la société. Hayek a donc raison de trouver l'exception la plus importante à sa théorie, mais il a également tort de sous-estimer le rôle que de telles institutions jouent dans la société. C'est là que réside le point discutable, car peu argumenté de sa théorie de l'ordre fait et spontané. Dans une société moderne, toutes les actions ne peuvent pas être coordonnées par les marchés. Hayek n'a tout simplement pas prêté attention au fait que les institutions humaines doivent être créées lorsque le coût de transaction de

---

[5] *Ibid*, p.9.
[6] *Ibid.*

l'organisation des relations humaines à travers les marchés est trop élevé. Dans cette situation, il faut une forme hybride de coordination parce qu'il n'y a pas de marché idéal, ce qui signifie que les prix constituent des statistiques suffisantes pour la prise de décision. Dans de telles circonstances, les organisations doivent intervenir. Les organisations sont caractérisées comme une autre forme de coordination des transactions qui n'utilisent pas les prix pour communiquer des informations entre les parties à l'opération.[7] En réalité, la plupart des transactions (relations individuelles dans la société) sont régies par des formes hybrides de coordination.

Dans une conversation personnelle avec l'économiste lauréat du prix Nobel, Jean Tirole, cette idée de partir des objectifs a reçu un encouragement important. Il s'est ainsi exclamé que l'économie était tout au regard des buts. Cela a du sens par rapport au sujet principal de son enquête sur l'économie, qui n'a pas été le marché mais l'organisation industrielle (organisation de l'entreprise). Il en va de même dans ce livre où le centre d'attention est également organisationnel mais appliqué à une institution politique (le pouvoir judiciaire). Qu'il s'agisse de l'entreprise ou de l'institution judiciaire, les deux sont créées par l'action humaine. On ne peut en effet pas compter sur les forces du marché pour auto-organiser cette création intentionnelle. Tout dépend donc d'une branche de l'économie et dans ce travail, cette branche est l'économie organisationnelle.

Dans tous les cas, les organisations humaines ne peuvent exister sans but ou sans un but défini pour lequel elles sont créées. Ainsi, le but de l'organisation doit s'inscrire au moins dans une analyse comparative qui révèle les succès et les échecs des modèles d'organisation. Dans ce travail, les approches conséquentialistes plus étroites et téléologiques plus larges vont de pair. L'approche téléologique signifie que l'analyse de l'objectif ne conduit pas de façon obligatoire aux conséquences voulues, mais qu'elle est nécessaire pour mettre en évidence les complexités qui peuvent survenir en raison de la différence des objectifs. Le conséquentialisme pur aide à établir la relation de cause à effet entre les objectifs et les résultats, et permet, jusqu'à un certain point (si la causalité peut être établie), d'évaluer les alternatives en fonction de leurs résultats.

En raison de l'Avertissement Hayekien contre l'ordre établi, qui veut que l'action humaine implique nécessairement plus de complexité qu'un seul esprit humain ne peut saisir, ce livre ne sera pas capable d'explorer tous les objectifs et toutes leurs conséquences. Cette observation n'est nulle part plus précise que lorsque l'analyse comparative est concernée. Là, les buts, les causes et les conséquences possibles peuvent être extrêmement complexes. Il faudrait une grande équipe internationale et multidisciplinaire de spécialistes pour étudier certains d'entre eux. Néanmoins, entreprendre une tâche complexe ne doit pas

---

[7] Sytse Douma and Hein Schreuder, *Economic Approaches to Organization* (London : Pearson Education Limited, 2016), p.13.

être évité car il peut y avoir actuellement des facettes que cet auteur ne peut percevoir. Révéler certaines des complexités de l'action humaine dans une organisation judiciaire constitue cependant un succès, même si celles-ci sont discutables. La raison en est que l'ouverture d'un débat sera déjà un pas important vers de nouvelles révélations de la complexité. Les objectifs et les conséquences qui restent « non découverts » par ce travail devraient faire l'objet de recherches plus approfondies. Dans tous les cas, si la variété des objectifs n'est pas explorée, divers effets demeureront complètement ignorés, car ils relèvent d'une relation de cause à effet.

Enfin, il existe une raison, très simple et convaincante, d'utiliser l'approche téléologique : elle est profondément ancrée dans la psychologie humaine. En effet, les gens veulent connaître le but des actions. Ce point de vue a déjà été développé par le célèbre philosophe moderne Alasdair MacIntyre.[8]

Alasdair MacIntyre a critiqué la littérature académique contemporaine sur le fait d'être trop instrumentaliste, en indiquant que les chercheurs en sciences sociales ne pouvaient pas avoir une approche scientifique des moyens et être agnostiques sur les objectifs.[9]

Un point essentiel est que les êtres humains ne seront jamais satisfaits d'une activité qui n'a pas de but.

Pour les humains, les buts sont des instruments cognitifs simplifiés qui leur permettent d'agir dans la vie quotidienne. Si les personnes ne passent généralement pas deux heures par jour à réfléchir aux avantages et aux inconvénients d'un achat de lait, il n'en va pas de même lorsqu'il s'agit de problèmes complexes. Il est nécessaire de dévoiler la complexité et d'exposer les simplifications nécessaires pour fonctionner dans la vie quotidienne lorsque l'on considère des questions plus importantes telles que l'organisation des institutions d'un pays. Prendre des raccourcis dans la réflexion (à des fins de simplification) entraîne des conséquences imprévisibles qui sont loin des résultats escomptés.

Une autre opinion similaire est celle de l'économiste lauréat du prix Nobel, Amartya Sen, qui a développé une théorie économique téléologique basée sur le principe selon lequel les personnes humaines ont du potentiel et, si elles ne le réalisent pas, elles ne seront pas heureuses. La même chose est vraie pour les institutions judiciaires. Si elles ne sont pas développées pour atteindre leur potentiel, elles ne seront pas en mesure de fournir un service de qualité à la société. Cette ligne de pensée suit une longue tradition qui commence avec Jean-Jacques Rousseau qui a considéré, s'agissant de la conception des institutions, que « nous devrions prendre l'homme tel qu'il est et les lois telles qu'elles pourraient être. »[10]

---

[8] Alasdair MacIntyre, *Whose Justice? Which Rationality?* (South Bend : University of Notre Dame Press, 1989).

[9] *Ibid*, 20.

[10] *Ibid*, 20.

Pour conclure sur ce point, Hayek voit un conflit entre la téléologie et le conséquentialisme. Sa motivation en est que la définition des buts consciemment par des humains conduit aux mauvaises conséquences. Il a cependant tort parce que les organisations peuvent parfois faire un meilleur travail et être plus efficaces dans la coordination de l'action humaine. Il admet ouvertement que le système judiciaire doit être bien organisé pour pouvoir servir de protecteur à l'ordre spontané (marchés). L'avertissement de Hayek sur la complexité de l'analyse des actions et des objectifs humains est tout à fait justifié. En l'absence de prise en considération de la complexité lors de la conception d'organisations humaines, ces dernières finiraient par devenir des institutions dysfonctionnelles et déficientes. Enfin, découvrir la cause des évènements est profondément ancré dans la psychologie humaine. Rendre ce processus conscient et en faire un objet de recherches sérieuses nous aidera à échapper aux raccourcis de la vie quotidienne qui peuvent avoir des conséquences désastreuses pour les institutions.

## 3.2 Pourquoi utiliser une approche conséquentialiste ?

Les conséquentialistes considèrent que les choix de politique publique devraient être faits en examinant leur résultat possible.[11] La préférence en faveur d'une politique par rapport à une autre devrait être fondée sur le meilleur résultat obtenu. Les conséquentialistes se concentrent donc sur le bien-être global de la société, quel que soit le degré de réalisation, de mesure ou de définition.[12]

L'analyse conséquentielle apporte une dose de réalité à l'approche téléologique décrite précédemment. La raison en est que la seule façon de rapporter les idées et les désirs à la réalité consiste à tenir compte des conséquences des actions individuelles. Ainsi, il est important de ne pas oublier la faillibilité des objectifs téléologiques, liée au fait qu'ils ne font pas partie de la réalité. Ces objectifs devraient toujours être examinés avec leurs résultats. Pour citer les mots du penseur libéral classique, William Graham Sumner,[13] « Les motivations sont dans le cerveau et le cœur de l'homme. Les conséquences sont dans le monde des faits. Les premiers sont infectés par l'ignorance humaine, la folie, l'illusion et la passion ; les secondes sont des suites de causes et d'effets qui dépendent de la nature des forces à l'œuvre. »[14]

L'argument principal du conséquentialisme réside dans le fait que la bonne chose à réaliser se situe toujours dans l'option dont les conséquences sont les

[11] Les conséquentialistes éminents qui seront examinés ici comprennent Jeremy Bentham, John Stuart Mill et Richard Posner.

[12]Dorff, « Why welfare depends on fairness »

[13] William Graham Sumner a enseigné les sciences sociales à Yale, où il a été le premier professeur de sociologie aux États-Unis.

[14] William Graham Sumner, « Purposes and Consequences, » 1902. Available at http://www.nlnrac.org/critics/social-darwinism/documents/purposes-and-consequences

meilleures.[15] La logique sous-jacente à cette théorie implique que personne ne ferait un choix qui produirait de mauvaises conséquences, surtout quand il existe de meilleures alternatives.

### 3.3 Les folies de l'approche juridique traditionnelle

Imaginez une nouvelle loi conçue dans le but d'aider les pauvres ou de fournir une meilleure qualité de justice. Bien sûr, en présence de toute nouvelle loi, il est essentiel d'en examiner les conséquences, car même les avocats les mieux intentionnés peuvent parfois émettre des interprétations au profit de résultats imprévus. Il peut y avoir beaucoup de suppositions selon lesquelles le but de faire quelque chose est clair, mais en fait, l'avertissement de Hayek est en jeu. Les objectifs peuvent être extrêmement compliqués et entraîner des conséquences inattendues.

Que se passe-t-il alors lorsque les objectifs ne sont pas examinés dans une perspective conséquentialiste ? Les méthodes juridiques conventionnelles semblent avoir des objectifs « évidents », mais les effets peuvent être très différents. La théorie conséquentialiste fait mieux dans la pratique qu'une théorie déontologique rigide. Elle fournit des réponses quant au meilleur état de choses donné. La décision est basée sur l'allocation optimale d'un bien souhaité. Par exemple, en parlant des droits de l'homme, un conséquentialiste pourra décider qu'il est préférable d'assurer la meilleure protection possible du plus grand nombre possible de droits fondamentaux plutôt qu'une protection ayant pour seul objectif déclaré la défense des droits de l'homme, dont le résultat n'en défendrait aucun ou seulement quelques-uns. Cette approche est également utile pour identifier les étapes nécessaires pour atteindre ce résultat optimal.

## 4. La critique du conséquentialisme

La critique de cette approche est qu'elle prend plus en compte la moralité que les conséquences. Il est indispensable de créer des critères sur lesquels fonder l'évaluation de la justesse morale d'une action. Paul Hurley a développé l'une des attaques les plus sérieuses sur le conséquentialisme ces dernières années.[16] Dans son travail, il a plaidé contre le « conséquentialisme normatif », qui évalue les actes plutôt que les « règles ou les motifs ».[17]

Cette critique est fondée. Le conséquentialisme peut seulement évaluer les actes et leurs résultats ; l'effort humain est plus complexe que cela. Il contient

---

[15] Paul Hurley, *Beyond Consequentialism* (London, UK : Oxford University Press, 2011), p.1.
[16] Paul Harvey, *Beyond Consequentialism*, 2011.
[17] *Ibid*, p.10.

des objectifs (motivations) et des règles auxquelles la société adhère. Sans examiner les motivations, il ne peut y avoir aucune analyse de ce que les lois sont censées accomplir. Trois concepts de motivations, de règles et de conséquences doivent exister en tant que chaîne continue produisant des résultats. Les motivations (même mal définies et inconscientes) conduisent à des règles de comportement qui produisent à leur tour des résultats dans la société. Si les deux premiers ne sont pas clairs, il est impossible de comprendre comment évaluer en profondeur les conséquences du comportement humain.

La théorie de Hayek sur l'analyse des motivations et des règles est moins importante quand on parle d'ordre de marché spontané, mais la situation change lorsqu'on traite d'un ordre créé par l'homme. Dans ce cas, la machine judiciaire a besoin d'une connaissance claire des motivations inhérentes à sa création et à sa fonction, des règles mises en place pour atteindre les objectifs requis, et enfin des conséquences qu'elle produit pour les individus et la société. Pour résumer, en langage philosophique, la combinaison des buts et des conséquences que ce livre soutient n'est pas seulement contenue dans l'approche conséquentialiste plus étroite. Une enquête téléologique plus large, qui n'a pas à s'orienter vers la déontologie, révèle également des détails importants.

## 5. Pourquoi utiliser la théorie utilitaire et Jeremy Bentham en particulier

Jeremy Bentham est l'un des principaux philosophes politiques du XIXe siècle et il est aussi le précurseur de l'économie moderne du bien-être. Il a proposé une analyse approfondie ainsi qu'une conception du système judiciaire et a écrit une critique pertinente du système judiciaire en Angleterre. Sa vision des trois composantes du système judiciaire - la procédure, la structure et la théorie de la justice en tant que force motrice de tout le système - demeure aussi actuelle aujourd'hui qu'elle l'était au XIXe siècle. C'est pourquoi son analyse en trois parties constitue la base structurelle de ce travail. [18]

### 5.1 La théorie utilitaire de Jeremy Bentham

La définition de la justice, selon Jeremy Bentham, est résumée dans l'expression puissante, « le plus grand bonheur pour le plus grand nombre ». La théorie de Bentham s'est concentrée sur la maximisation du bonheur général à travers le principe d'utilité. Les êtres humains, dans un sens causal, sont des

[18] Contrairement à Bentham, cette théorie ne concerne que la conception du système judiciaire et non la prise de décision judiciaire (adjudication), qui est une question considérablement plus complexe qui dépasse la portée de ce travail.

chercheurs de plaisir et des *évitants* de la douleur. Le principe d'utilité vise à comprendre et à intégrer ce constat dans la pratique en améliorant les institutions qui régissent la société.[19]

Bentham est aussi le fondateur des conceptions modernes de la valeur. Il a lié le bien à ce que les gens désirent et a cherché une approche plus scientifique en fondant la politique sur la science. Voici une liste concise de sa théorie qui représente visuellement les éléments significatifs de sa théorie.

### 5.1.1 Bref résumé des éléments clés de la théorie de Bentham

Complet : elle englobe toutes les actions humaines, même celles qui semblent altruistes parce qu'elles sont motivées par la douleur et le plaisir.

- Théorie réformiste : elle vise à améliorer le système judiciaire dans l'Angleterre du XIX^e^ siècle.
- Théorie institutionnelle : l'une des caractéristiques les plus utiles de ce travail est l'accent mis par Bentham sur les institutions sociales et plus spécifiquement sur le système judiciaire.
- Théorie déterministe : elle prescrit des solutions dans toutes les situations (la théorie de Kaplow et Shavell suit la tradition de Bentham).[20]
- Doctrine radicalement conséquentialiste : elle s'intéresse à l'être concerné par les résultats des actions et rien d'autre. Les intentions n'ont pas d'importance.
- Égoïste mais pas subjectiviste : les gens sont des chercheurs intéressés par le plaisir et des *évitants* de la douleur.
- Ne dépend pas des préférences : peu importe que ce soit vrai ou non. C'est objectivement le cas lorsque les gens poursuivent le plaisir et évitent la douleur.
- Théorie distributive : l'objectif n'est pas d'atteindre la justice dans les cas individuels mais d'obtenir une justice distributive, la distribution équitable

---

[19] Dans « An Introduction to the Principles of Moral and Legislation » (1789), Bentham déclare : « La nature a placé l'humanité sous la gouvernance de deux maîtres souverains, la douleur et le plaisir. C'est à eux seuls d'indiquer ce que nous devons faire, ainsi que de déterminer ce que nous ferons. D'un côté la norme du bien et du mal, de l'autre la chaîne des causes et des effets sont attachés à leur trône. Ils nous gouvernent dans tout ce que nous faisons, dans tout ce que nous disons, dans tout ce que nous pensons ; tous les efforts que nous pourrons faire pour nous débarrasser de notre sujétion ne serviront qu'à le démontrer et à le confirmer, en des mots un homme peut prétendre abjurer son empire, mais en réalité il y restera soumis tout le temps. Le principe d'utilité reconnaît cette sujétion, et assume pour ce fondement de ce système. Dont le sujet est d'élever le tissu de la félicité par les mains de la raison et du droit. Les systèmes qui tentent de le remettre en question traitent du son au lieu des sens, du caprice au lieu de la raison et des ténèbres au lieu de la lumière. »

[20] Ian Shapiro, Lecture 4.

de l'utilité à travers la société en maximisant la production du système de justice.[21]

- L'utilité avant tout : l'engagement à assurer, partiellement ou absolument, la frustration de la justice substantive afin de maximiser l'utilité.
- Théorie matérielle de la justice : l'engagement à parvenir à une justice substantielle, assurer l'application effective du droit matériel.
- Théorie hédoniste : l'action moralement bonne crée plus de bonheur ou de plaisirs que la souffrance.[22] Une mauvaise action morale produit plus de souffrance que de bonheur. L'évaluation de la valeur morale consiste alors à évaluer la somme des effets.[23]
- La théorie sociale générale ne concerne aucun individu : elle se concentre sur la société entière plutôt que sur les individus.[24]
- Théorie calculatrice : la manière de constater si le principe d'utilité est respecté consiste à agréger le bonheur individuel ou l'utilité pour découvrir ce qu'est l'utilité sociale.
- La théorie de la flexibilité : cette caractéristique permet au système judiciaire de rester flexible dans l'application de la justice. Elle permet de poser la question de la conformité de l'utilisation du système judiciaire au principe d'utilité.
- Sa théorie était aussi profondément intéressée par la valeur de la preuve dans la salle d'audience.

Plusieurs des caractéristiques de la théorie de Jeremy Bentham, décrites ci-dessus, ont été influentes pour ce projet. La première est que sa théorie appelle une réforme du système judiciaire. [25] Depuis Bentham, peu de théoriciens ont eu un agenda aussi déterminé et clair sur le fonctionnement de la justice. Un bon exemple d'une question pertinente aujourd'hui encore est la critique de Bentham selon laquelle le système judiciaire de l'Angleterre du XIXe siècle n'était pas capable de maximiser l'utilité sociale parce que les tribunaux

---

[21] Sorabji, John. *English civil justice after the Woolf and Jackson reforms: a critical analysis.* Cambridge : Cambridge University Press, 2014. p.76

[22] Mulgan, Tim. *Understanding utilitarianism.* Routledge, 2014.

[23] Sorabji, p.76.

[24] *Ibid*, p.77.

[25] Bien que les réformes ici soient considérées comme positives, nous devons être conscients qu'elles nécessitent également des coûts de mise en œuvre. Pour qu'une réforme fonctionne, il ne suffit pas de connaître la règle socialement optimale dans une juridiction donnée, mais de prendre en compte les coûts de mise en œuvre de la réforme que le système judiciaire doit absorber. John Sorabji a fait une observation très vive sur le fait que la réforme du système anglais au XIXe siècle a pris cinquante ans pour réussir. Certaines des raisons sont qu'il y a des coûts à long terme de régler le droit autour d'une nouvelle règle telle que le litige pour tester les limites de la règle. De plus, il y a une lacune dans la formation juridique qui prend du temps à combler. Les avocats formés pour adorer un système ne sont absolument pas préparés à la vérification de la réalité du nouveau système réformé. Parfois, cela peut prendre une nouvelle génération d'avocats formés pour accepter et mettre en œuvre les changements. Et même alors, il peut y avoir une inertie institutionnelle qui empêche les changements de prendre racine.

existaient pour satisfaire l'intérêt financier des avocats et des juges.[26] Ce travail pose la question de savoir si la diffusion du système judiciaire à travers un réseau de tribunaux et de juridictions concurrentes inutilement compliqué entraîne une fonction positive ou sous-optimale des tribunaux.[27] Cette analyse sera développée de plus ample façon dans les chapitres Hiérarchie et Appel de ce livre.

De plus, Bentham a soutenu que la structure des tribunaux devait être simplifiée et que la procédure devait être améliorée. Ainsi, Bentham a eu une influence substantielle sur deux des parties de ce livre portant sur l'organisation structurelle et sur les règles de procédure.[28] Le programme réformiste juridique du système judiciaire existe depuis longtemps et bien que certains chercheurs aient affirmé qu'ils s'étaient basés sur les idées de Bentham, ils n'ont pas produit de résultats probants.[29] Ainsi, un programme réformiste doit être soutenu par une recherche substantielle et avoir une direction claire., que ce livre vise à faire des pas vers.

La deuxième caractéristique importante de la théorie de Bentham est le caractère institutionnel de sa théorie. Bien que l'analyse institutionnelle ait connu un certain développement depuis Bentham, il est surprenant qu'il n'y ait pas eu beaucoup de progrès. L'analyse économique traditionnelle s'est éloignée de l'analyse institutionnelle politique, aboutissant à un nombre limité de nouvelles théories.[30,31]Cela deviendra évident dans les chapitres de la Hiérarchie, de l'Appel et des Biens Publics, dans lesquels les sources utilisées ne sont pas des théories sur le tribunal et sur d'autres institutions étatiques mais sur l'analyse organisationnelle développée uniquement sur les entreprises ; une partie de ce travail consiste à analyser quelles parts de ces théories ont des analogies dans le système judiciaire.

Troisièmement, l'approche utilitariste de Bentham a été très influente sur l'analyse économique du droit et il sera donc utile d'examiner ce point plus en détail afin que les origines des méthodes utilisées dans ce travail puissent être plus claires.

Le quatrième élément utile de sa théorie est qu'elle est déterministe ; le recours au principe d'utilité donne des indications sur ce qui peut être une organisation optimale du système judiciaire.

---

[26] *Ibid*, p.78.

[27] *Ibid*, p.78.

[28] *Ibid*, p.81.

[29] Le projet le plus ambitieux a été celui de l'Angleterre et du Pays de Galles qui s'est exprimé avec la réforme judiciaire de Lord Woolf. Pour en savoir plus, voir Sorabji.

[30] Une partie du problème a été la distinction décrite ci-dessus entre l'ordre fait et l'ordre spontané. Comme nous l'avons vu, Hayek s'est fortement opposé à l'ordre établi et cela a abouti à la négligence néolibérale des institutions.

[31] Pour une exception notable, par exemple, voir le travail de l'économiste institutionnel Douglass C. North.

Cinquièmement, sa théorie est conséquentialiste, car c'est l'une des principales approches théoriques utilisées dans sa recherche. Néanmoins, c'est aussi une faiblesse de sa théorie parce que, comme pour l'utilité, Bentham porte le conséquentialisme à un extrême, ce qui empêche l'utilisation pratique de sa théorie. Toute théorie extrême amplifie aussi ses défauts. Ainsi, les conséquences et l'utilité ne peuvent pas tout mesurer. Le principe d'utilité a profondément influencé l'économie, en particulier l'économie du bien-être, où le principe du bien-être est un descendant direct du principe utilitaire. D'autres concepts tels que l'efficacité sont également basés sur le principe d'utilité. Par exemple, l'efficacité de Kaldor-Hicks - qui prédit que, pour être efficaces, les gagnants doivent gagner plus que les perdants ne perdent et qu'il ne doit pas y avoir de transfert entre eux - est étroitement liée au mantra de Bentham du plus grand bonheur pour le plus grand nombre.

Sixièmement, une autre des idées fondamentales de Bentham concerne l'accès aux tribunaux. Le danger que Bentham voyait dans les plaideurs potentiels qui s'abstiennent d'intenter des poursuites ou qui abandonnent leur demande avant un jugement ou une procédure judiciaire susceptible de donner lieu à une décision non recherchée en raison de l'insuffisance de preuves[32] est un thème central de l'analyse des chapitres sur l'accès aux tribunaux. Le résultat de ces anomalies dans l'utilisation du système judiciaire, selon Bentham, est que le droit matériel n'est pas exécuté et que l'utilité n'est pas maximisée. En cela, il est un précurseur de l'idée de Kaplow et Shavell (largement reprise dans ce livre) selon laquelle la machine judiciaire devrait utiliser différents moyens pour subventionner l'accès des justiciables potentiels à la justice afin de canaliser un futur comportement correct dans la société.

Septièmement, Bentham a également considéré la solution opposée qui permettra au système judiciaire d'être un *maximiseur* de l'utilité, refusant toute poursuite des procédures judiciaires. Si de telles demandes étaient rejetées, le tribunal ne parviendrait pas à maximiser l'utilité en prenant la bonne décision ou en prenant la mauvaise décision.[33] Le critère qui permettrait à une réclamation d'être traduite en justice serait déterminé par la quantité d'utilité et de désutilité en utilisant le calcul félicifique. Cette analyse félicifique a été très controversée, car il est difficile de mesurer et de comparer le bonheur de différents individus. Néanmoins, l'idée de rejeter les demandes devant les tribunaux parce qu'elles entraîneraient la désutilité dans la société ou qu'elles nuiraient au bien-être individuel, est quelque chose qui sera longuement examiné dans ce livre.

Huitièmement, l'analyse économique moderne de Bentham met également l'accent sur l'intérêt personnel. La différence dans l'économie moderne est basée sur l'agrégation de l'utilité individuelle alors que Bentham est moins subjectiviste. La raison pour laquelle l'économie moderne s'est concentrée sur

[32] Sorabji, p.86 ;
[33] Sorabji, p.87.

l'individu provient des idées libérales liées à la liberté individuelle. Bentham est plus intéressé par l'ensemble de la société. Cependant, des idées récentes telles que celle affirmée par Kaplow et Shavell, selon laquelle il est crucial de canaliser le comportement souhaité dans la société en promouvant les politiques, est une bonne façon de reconnaître que les perspectives individuelles et sociétales sont importantes.

Neuvièmement, la théorie de Bentham a aussi propagé le principe d'utilité au travers de réflexions sur la rentabilité du système judiciaire. Il a cherché des moyens de réduire les coûts de fonctionnement de la magistrature en évitant les retards, les vexations et les dépenses inutiles. Ce qui est vraiment louable dans son approche, c'est qu'il n'a pas seulement identifié les coûts directs de l'utilisation du système judiciaire tels que les frais de justice. Il a reconnu que les procédures judiciaires pouvaient avoir des coûts indirects. Le temps passé sur les procédures en est un bon exemple. Bentham a ainsi fait valoir que le temps perdu conduit à la désutilité.[34]

Dixièmement, le caractère flexible de la théorie de Bentham a évité les règles absolues qui propagent la justice à tout prix. Il a soutenu que le système judiciaire ne parviendrait pas à maximiser l'utilité dans les cas où le prix à payer pour l'application de la justice substantielle l'emporterait sur l'avantage à tirer de l'application du droit matériel.[35] La clé de cette définition est dans la compréhension de la notion d'« avantage ». Cette caractéristique de flexibilité de la théorie conduit à la discrétion, mais peut également entraîner l'exécution ou la non-application dans les mauvaises circonstances, et ainsi produire la désutilité.[36] Encore une fois, toute la compréhension de cette théorie réside dans la question : quelles sont les circonstances dans lesquelles la désutilité peut découler de la discrétion dans la mauvaise direction ?

Onzièmement, Bentham a examiné les preuves judiciaires en détail. C'est un élément essentiel de ce livre. La preuve ou la possession de l'information est considérée comme l'élément le plus crucial du système judiciaire. C'est le carburant sur lequel chaque partie de la machine judiciaire fonctionne.

Le traitement de la preuve par Bentham incluait des idées telles que l'interdiction d'émettre des règles d'exclusion ou de privilèges contre la divulgation.[37] Toutes les preuves qui peuvent être appelées devraient être acceptées.[38] Bentham a cependant admis qu'il pouvait y avoir des exceptions basées sur un plus grand mal. Ces idées signifient qu'il est favorable à une certaine sélection de l'information qui circule dans le système judiciaire.

---

[34] *Ibid*, p.84.

[35] *Ibid*, p.90.

[36] *Ibid*, p.90.

[37] *Ibid*, p.91 ; Dans Ferraro, l'idée est que, selon Bentham, les juges ont la liberté de procédure mais pas l'application du droit matériel. Franceso Ferraro, "Direct and Indirect Utilitarianism in Bentham's Theory of Adjudication," *Journal of Bentham Studies* (2010): 12.

[38] *Ibid*, p.91.

Bentham a également reconnu qu'un nouvel ajournement pour obtenir des preuves doit être refusé, même si cela augmente la perspective de prendre la mauvaise décision (analyse coûts-avantages)[39] ; dans d'autres circonstances, le contraire serait vrai (selon la valeur de la preuve manquante). Il a déclaré que les retards inutiles ne réduisent pas ou ne détruisent pas toujours la valeur probante des éléments de preuve.

L'élément procédural du système est pertinent pour cette étude. Bentham a indiqué que le pouvoir de la procédure réside dans le lien entre les preuves et les décisions correctes.[40] La procédure prévoit que les tribunaux ont tous les éléments de preuve. Selon Bentham, les juges ont la liberté de procédure mais pas l'application du droit matériel.[41]

### 5.1.2 Problèmes avec la théorie utilitaire de Bentham

Bien sûr, comme pour toute autre théorie, Bentham a suscité de profondes critiques. Toutes les critiques méritent d'être mentionnées et devraient être expliquées :

- Le fait de permettre à une réclamation de faire l'objet d'une action en justice dépendra de l'application du principe d'utilité, qui est à son tour basé sur le calcul félicifique.
- L'équation d'utilité avec bonheur et plaisir est discutable.
- Comment les évaluations du bonheur par les différents peuples sont-elles comparées les unes aux autres ?
- Comment les conséquences d'une action peuvent-elles dicter ce qui est bon ?[42]
- Comment l'utilité peut-elle promouvoir le bonheur quand la distribution des bénéfices concerne peu de membres de la société et est répartie à d'autres avec abondance ?
- L'agrégation simple par Bentham de l'utilité individuelle ne conduit pas toujours à une amélioration globale de la société (optimiser les avantages sociaux).
- Aucune distinction n'est faite entre quantité et qualité.
- La réforme de la société égalitaire est limitée par la sécurité, de sorte que la distribution s'arrêtera lorsque la sécurité sera menacée.

## 5.2 La question de l'agrégation ou comment mesurer l'intérêt social

L'économie traite des préférences résultant en la commande d'alternatives basées sur la consommation préférée des personnes. L'idée d'utilité de

[39] *Ibid*, p.89.
[40] Genn, p. 13.
[41] Ferraro, ibid.
[42] For critique of consequentialism, see Paul Hurley, *Beyond Consequentialism*.

Bentham repose sur une vision hédoniste selon laquelle le plaisir (la satisfaction des désirs) est le bien suprême.

Le premier problème avec les deux concepts est qu'ils vont à l'encontre de la tradition aristotélicienne de comprendre ce qui est vertueux dans la vie humaine. Le concept d'utilité de Bentham est limité dans sa portée et ne comprend pas les difficultés plus complexes qui vont au-delà de la recherche du plaisir et de l'évitement de la douleur. Les questions de bonheur humain ne sont sans doute pas seulement liées au plaisir.[43] Dans l'économie du bien-être, la tentative est d'éviter cette affirmation en incluant dans le concept de bien-être tout ce qui inclut les préférences pour la vertu de style aristotélicien. [44]

Le deuxième problème est la nécessité d'agréger l'utilité (ou les préférences) pour connaître ce que veut la société dans son ensemble ou, en termes plus techniques, pour déterminer le bien-être social. Quelle que soit la manière dont le problème du bien-être social est perçue, il n'existe pas de solution parfaite qui englobe facilement tout ce qui est important dans la vie humaine. Plus important encore, il ne peut y avoir de solutions politiques qui puissent satisfaire tout le monde.

Kenneth Arrow[45] a défini le problème comme étant l'absence d'une règle de prise de décision parfaite. Les préférences ou les utilitaires ne peuvent pas être agrégés de manière parfaite, car des choix doivent être faits. Cela signifie que presque toute règle acceptée sera en faveur de quelqu'un et sera préjudiciable à quelqu'un d'autre. Il s'ensuit que des personnes s'y opposeront. Il sera inévitable que leur objection soit légitime.[46]

Ce qui s'oppose à la règle parfaite est le fait qu'il n'est pas facile de comparer les utilités interpersonnelles ou les préférences. Ainsi, il est difficile de répondre à la question : quelles sont les personnes dont les désirs sont les plus importants ? Le mouvement du droit institutionnel et de l'économie a placé la question au centre de ses théories. Les institutionnalistes ont fait valoir que mesurer le bien-être de différentes personnes (mesurer les utilités interpersonnelles) est possible[47] et se résume à la manière dont la richesse est distribuée.

D'autres économistes, comme l'économiste le plus influent de la London School of Economics, Lionel Robins, ont même renoncé à ces comparaisons d'utilités interpersonnelles comme étant au-delà des frontières de la science économique.[48]

---

[43] Mark A. Sargent, "Utility, The Good and Civic Happiness: A Catholic Critique of Law and Economics," available at https://papers.ssrn.com/sol3/papers.cfm?abstract_id=700684

[44] See Kaplow and Shavell, pp. 18-19.

[45] Kenneth Arrow était le co-gagnant du prix Nobel Memorial en économie avec John Hicks en 1972.

[46] Ian Shapiro, Yale Open Lectures, Lecture 24.

[47] Herbert Hovenkamp, « Coase, Institutionalism, and the Origins of Law and Economics, » *Indiana Law Journal* 86, no. 2, Article 3.

[48] *Ibid.* Lionel Robins later has attempted to deny that he has argued that.

L'hypothèse de Vilfredo Pareto, célèbre économiste italien du XIX$^e$ et du début du XX$^e$ siècle, selon laquelle il n'y a rien de scientifique s'agissant de la comparaison interpersonnelle a eu la plus grande influence sur la question. Son objectif n'était pas d'éviter une telle comparaison. Au contraire, il a démontré avec élégance que la comparaison interpersonnelle ne pouvait pas être mesurée scientifiquement. Pareto a montré qu'il n'existait aucun moyen scientifique de comparer les individus au-delà de l'amélioration de Pareto, qui est réalisée par des moyens privés (contrat). La théorie économique néoclassique reprend son affirmation et évite complètement la question de la comparaison interpersonnelle et de la distribution. Cela a eu un effet dissuasif sur l'esprit réformiste que Bentham a créé. En outre, la recherche institutionnelle a rétrogradé de façon considérable par rapport aux contrats privés comme moyen de parvenir à des solutions efficaces dans la société.

## 6. Le cas du lait comme exemple de comparaison interpersonnelle et d'agrégation

Pour illustrer le problème de la comparaison interpersonnelle, regardons l'affaire du lait qui a été introduite au début de ce livre. La première question est la suivante : en quoi l'utilité de la demanderesse handicapée mentale se compare-t-elle à celle des autres membres de sa famille qui ont effectivement reçu l'héritage dont elle s'est vu refuser une part ? Bien que des arguments utilitaires et économiques soient possibles pour faire ce choix,[49] il s'agit de choix moraux profonds pour la protection desquels le droit substantif et le droit procédural s'appliquent. La question pertinente d'un point de vue sociétal est la suivante : la société veut-elle protéger ses membres les plus faibles et dans quelle mesure ? Comment les intérêts de ces personnes se rangent-ils par

[49] Par exemple, pour le demandeur intellectuellement handicapé, la valeur de l'héritage sera certainement beaucoup plus élevée que pour les autres héritiers. La raison en est qu'elle vivait dans une pauvreté extrême et pour elle, un dollar aurait plus d'utilité que pour ceux qui recevaient l'héritage. Donc, d'un point de vue économique, que se passe-t-il si nous redistribuons les ressources aux plus démunis de la société ? Cela augmentera le bien-être social. La raison en est l'utilité marginale. Cela signifie qu'une unité monétaire supplémentaire (dollar, euro) a plus de valeur pour les pauvres que pour les riches (un individu pauvre valorisera un dollar de plus que les riches ne valoriseront ce même dollar supplémentaire, les pauvres peuvent trouver plus d'utilisations pour cela). Le bien-être social optimal en l'absence de problèmes d'incitation est la pleine égalité. Il est donc logique d'égaliser les chances des pauvres devant les tribunaux parce que si le jugement va dans leur sens, ils vont évaluer ses avantages plus d'un individu riche. La limite de l'explication économique est assez forte. La raison pour laquelle il n'est pas souhaitable d'introduire de mauvaises incitations est que les gens dépendront de la redistribution sociale du bien-être plutôt que d'obtenir des résultats économiques positifs et empêcheront les gens de travailler parce que leurs revenus seront redistribués de toute façon. Il y a aussi l'implication de la production. Les producteurs ne feront rien s'ils savent que leur création sera redistribuée. Le résultat est l'économie ne fournit pas une réponse définitive quant à ce choix est préférable.

rapport aux intérêts des autres dans la société ? La réponse à cette question a été affirmée dans l'affaire Milk ; le choix retenu consistait en une protection matérielle qui n'était pas garantie par la procédure. Ces deux questions se résument à une comparaison interpersonnelle de l'utilité ou des préférences, et de leur agrégation dans la société. Des arguments moraux doivent être considérés pour décider comment distribuer la richesse dans la société. Cette affaire démontre clairement les limites des arguments utilitaires et économiques. Cela signifie que la forte dépendance de Bentham à l'agrégation de services publics individuels est problématique.

### 6.1 Théorie hédoniste de Bentham

La théorie hédoniste de Bentham est également problématique. Il déclare que l'action moralement bonne n'est que celle qui crée plus de bonheur ou de plaisirs que la souffrance.[50] C'est essentiellement une théorie morale qui ignore de nombreux autres aspects du caractère bon et admirable dans le comportement humain ainsi que les objectifs.

Un autre aspect problématique qui sous-tend une différence importante entre l'économie moderne et la théorie de Bentham est que sa théorie est basée sur l'objectivité et non sur des préférences subjectives. La raison en est qu'il est impossible d'évaluer objectivement ce qui réduit la douleur et ce qui favorise le plaisir. Le but de Bentham est une méthode objective qui est extrêmement difficile à mesurer et, par conséquent, rend sa théorie peu pratique.

#### 6.1.1 L'utilitarisme et le conséquentialisme comparés et pourquoi l'ancien ne devrait pas être ignoré

D'un point de vue philosophique, la différence entre Hayek et Bentham est une différence entre deux groupes de pensées : l'utilitarisme et le conséquentialisme d'une part, et entre l'interventionnisme gouvernemental et l'approche du marché libre d'autre part. Les conséquentialistes ne parlent pas de but et de design, c'est pourquoi Hayek ne s'exprime pas sur la façon dont le système devrait être conçu ni sur le but vers lequel il tend. Ce n'est pas le cas pour les utilitaristes.

L'utilitarisme et le conséquentialisme sont des opinions philosophiques différentes mais étroitement liées. L'utilitarisme est généralement conséquentialiste et les deux points de vue se rencontrent dans de nombreux domaines, mais chacun repose sur une revendication différente. Le point de départ de l'utilitarisme est le plus grand bonheur pour le plus grand nombre. Tout le monde essaie de chercher le bonheur et d'éviter la douleur ; par conséquent, l'accent moral devrait être centré sur la maximisation du bonheur et la minimisation de la douleur. Cela concerne à la fois les objectifs futurs et la

[50] Par example voir T. Mulgan, *Understanding Utilitarianism*, 2007.

façon de les atteindre. En d'autres termes, l'utilitarisme définit les objectifs et les moyens d'y accéder. Le conséquentialisme affirme que déterminer le plus grand bien pour le plus grand nombre de personnes (le but utilitaire) est une question de mesure des résultats et donc que les décisions sur les aspects moraux devraient dépendre des coûts et bénéfices potentiels ou réalisés d'une croyance ou d'une action morale. Il s'agit en grande partie de déterminer comment atteindre les objectifs énoncés, qui sont considérés comme allant de soi.[51]

Pourquoi est-ce important pour ce projet ? Une économiste peut se permettre d'être une pure conséquentialiste si elle ne prescrit aucune intervention de l'État dans l'économie et se concentre uniquement sur la recherche de marché. Les juristes ne peuvent pas procéder ainsi. La raison en est que les avocats travaillent toujours dans des cadres institutionnels. Pour que le droit existe, il doit être organisé dans un système consciemment créé. Sinon, il n'y aurait pas de système juridique moderne à proprement parler. En conséquence, nous suggérons que les juristes ont besoin d'un élément utilitaire pour leur approche. Nous soutenons que cela signifie que les avocats doivent tenir compte à la fois des objectifs bien définis de l'action humaine et des conséquences qu'ils produisent. Une approche conséquentialiste pure appauvrit la compréhension savante des organisations institutionnelles juridiques complexes.

En résumé, les arguments ci-dessus attestent que la théorie de Bentham, bien que problématique sur certains points essentiels, lorsqu'il il a poussé sa théorie à l'extrême, demeure d'actualité. Ses idées sont toujours importantes et sans doute même fondamentales pour le bon fonctionnement des systèmes judiciaires. On peut faire valoir que les idées les plus intéressantes pour ce travail sont son programme réformiste, l'attention portée à l'institution judiciaire comme l'une des principales organisations sociales en général, et son intérêt particulier pour la procédure et l'accès aux tribunaux. Ses idées fondamentales sur l'utilité apportent une autre façon de mesurer l'amélioration et de fournir de vraies solutions dans la société.

## 7. Les deux théories du droit et de l'économie

Quelles théories économiques sont les plus utiles pour fournir des critères d'évaluation pour une machine judiciaire qui fonctionnerait bien ? Si le fonctionnement d'un système est amélioré, il produira de meilleurs résultats. La question de savoir si ces résultats sont de plus grande qualité ou de plus grande quantité se résume à deux théories différentes, qui proposent de maximiser des

---

[51] Michael De Dora, "On Utilitarianism and Consequentialism," *Rationally Speaking*, November 18, 2010 http://rationallyspeaking.blogspot.fr/search?q=bentham

valeurs différentes : la richesse ou le bien-être social (utilité). Dans cette analyse, il importe de rappeler quelques concepts sur lesquels l'analyse économique du droit fonde son évaluation de la régulation.

### 7.1 Valeur

Le premier est la valeur qui est essentielle parce que la compréhension commune de ce qui est précieux dans la vie humaine détermine ce qui doit être amélioré (maximisé). Les deux points de vue principaux sont que la valeur est une volonté de payer et de bonheur ou, comme Bentham l'a appelé, l'utilité. Les deux approches pour améliorer la valeur sont la maximisation de la richesse et la maximisation du bien-être (utilité).

### 7.2 Agrégation

Le deuxième concept est l'agrégation qui soulève la question : pour qui l'amélioration est-elle faite ? Ce concept est fondamental, car il détermine si ce qui est important pour les individus est promu, comment les individus sont comparés et comment la façon dont les intérêts de chacun dans la société sont perçus. L'agrégation est la façon dont les économistes évaluent ce qui est dans l'intérêt social. C'est un concept extrêmement important parce que les juristes et les juges, en particulier, déclarent qu'ils déterminent leurs actions ou leurs décisions en fonction de l'intérêt social. C'est une déclaration très floue qui n'a pas vraiment de sens. La raison en est que l'on ignore ce que signifie réellement pour eux l'intérêt social ainsi que leurs modalités d'évaluation de ce qui relève ou non de l'intérêt social.

Ce concept peut être souligné par deux visions diamétralement opposées - individualiste ou collective. Des combinaisons des deux sont également possibles. Le problème est que la liberté individuelle est plus mise en valeur alors que les individus sont, de manière simultanée, complètement dépendants de leur société.

La théorie de Hayek, qu'il a développée dans son ouvrage pivot, *The Road to Serfdom*,[52] favorise un argument important contre le collectivisme. Il a décrit les sociétés totalitaires fascistes et communistes qui utilisent l'approche collective pour introduire des restrictions à la liberté individuelle, lesquelles, à leur tour, produisent des résultats économiques et politiques catastrophiques. Ce concept est profondément ancré dans les théories et la pensée économiques. En conséquence, les agrégations utilisées par les économistes traditionnels sont basées sur les individus comme fondement de l'agrégation. De telles agrégations sont par définition contradictoires, car presque toutes les règles juridiques entraînent un avantage pour certains et une perte pour d'autres. Cela signifie qu'il est important d'équilibrer les intérêts dans la société afin de promouvoir ce qu'est le mieux pour la société sans léser les individus. Les

---

[52] F.A. Hayek, *The Road to Serfdom* (Chicago : University of Chicago Press, 2007).

règles qui améliorent ou aggravent la situation de tout le monde sont faciles à gérer et à regrouper. Le problème est qu'elles sont relativement rares. Dans tous les cas, il est extrêmement important de décider qui seront les profiteurs et qui seront les perdants ; cela est aussi important que de concevoir le fonctionnement de la machine judiciaire. La raison en est que les choix affectent profondément les intérêts individuels et donc ceux de la société dans son ensemble.

### 7.3 Distribution

Le troisième concept est la distribution qui traite de l'allocation globale du revenu ou de la richesse. Il concerne la façon dont les individus sont traités dans la société - avec égalité ou inégalité. Certains auteurs refusent d'accepter la distribution dans la société. Leur point de vue est fondé sur un concept développé par John Locke pour lequel la propriété est basée sur le principe du travail. Celui qui travaille apporte quelque chose à ce qu'il possède. Il ne peut donc pas y avoir une distribution des biens de la personne qui a travaillé dur vers celle qui n'a rien fait. Cependant, la propriété ne peut pas seulement être liée au travail et une société inégale peut produire un effet dévastateur sur sa stabilité et aboutir à la violence.

### 7.4 Efficacité et bien-être individuel

Mesurer si une réglementation fonctionne bien peut reposer sur deux concepts : l'efficacité et le bien-être individuel. Ils ont une signification très proche, mais améliorer le bien-être individuel n'est pas synonyme d'amélioration de l'efficacité. Le premier est un concept beaucoup plus large qui inclut plus de facteurs sur les préférences des personnes. L'efficacité est principalement basée sur la mesure de la richesse.

## 8. Théorie de Posner

### 8.1 H.L.A. Résumé et classification de Hart de la théorie de Posner

Cette introduction à la théorie de Posner est nécessaire pour examiner comment H.L.A. Hart, l'un des géants de la pensée juridique légale du XX^e^ siècle, a correctement résumé sa théorie.

Cette école de pensée prétend avoir mis à nu une relation profonde entre le droit et l'ordre économique. En tant que théorie explicative, on affirme que de grands domaines de la *common law* peuvent être perçus comme imitant un marché économique, car de nombreuses règles juridiques sont compatibles avec la conception du droit comme système d'incitation utilisé pour s'assurer que les ressources économiques sont allouées aux utilisations économiquement les plus efficaces.[53]

Hart a fait deux déclarations qui aideront à classer les deux théories du droit et de l'économie examinées dans ce travail en termes d'interdépendance et d'utilitarisme. Premièrement, il a dit que l'utilitarisme était tout à fait reconnu, de façon explicite, comme l'inspiration de l'analyse économique du droit de Chicago.[54] Deuxièmement, selon la théorie de Posner, « l'efficience est définie comme la maximisation de la satisfaction totale des besoins ».[55] Ces qualifications sont-elles donc correctes ? Posner lui-même a fait valoir que seuls le droit normatif et l'économie sont inspirés par l'utilitarisme et il a distingué son approche juridique et économique de l'utilitarisme.[56]

La première distinction est que la théorie utilitariste de Bentham est interventionniste. Posner, de même que Hayek, considère cela comme la plus grande menace à la liberté individuelle. Posner s'est donc efforcé de distinguer sa théorie de l'utilitarisme. Il a estimé la liberté comme étant en danger non seulement à cause des tendances interventionnistes de l'utilitarisme, mais aussi parce que, selon la théorie de Bentham, la majorité peut dicter ses règles à la minorité et donc supprimer la liberté individuelle. La position de Posner n'est cependant pas absolue ; insister sans concession sur la liberté individuelle sans se soucier des conséquences sur le bonheur des gens est inacceptable.[57]

### 8.1.1 L'élément clé de la théorie de Posner pour ce livre

La caractéristique la plus utile de la théorie de Posner réside dans le fait qu'il pense que les tribunaux devraient servir de marchés hypothétiques lorsque les coûts de transaction liés à l'utilisation des marchés sont trop élevés. C'est une idée qui sera souvent reprise dans ce livre. Nous suggérons qu'en recherchant l'analogie entre les tribunaux et les marchés, ce travail peut utiliser les caractéristiques du marché et les adapter au monde de la magistrature afin de mettre en exergue les problèmes et suggérer des améliorations.

Selon ses propres mots, Richard Posner a assimilé le tribunal à « un consommateur obligé de décider entre des produits similaires de deux vendeurs farouchement déterminés [...] le processus juridique ressemble également au marché dans son impersonnalité [...] la main invisible du marché a son homologue dans le désintérêt distant du juge ... »[58]

---

[53] H.L.A. Hart, « American Jurisprudence Through English Eyes: The Nightmare and the Noble Dream, » *Sibley Lecture Series,* 33 (1977).

[54] *Ibid.*

[55] *Ibid.*

[56] Posner, Richard A. *The economics of justice*. Cambridge, MA : Harvard University Press, 1981

[57] *Ibid*, p. 65.

[58] Posner, *Economic Analysis of Law* (Aspen Publishers, 1986), 321-322.

### 8.1.2 Différence entre le bien-être et la maximisation de la richesse

La principale différence entre les deux approches est la manière dont elles mesurent ce qui vaut la peine d'être maximisé et donc la manière dont elles définissent la valeur qui vaut la peine d'être promue. Pour Posner, la valeur est plus une volonté de payer que la recherche du bonheur que les gens obtiendront par la possession de quelque chose, ce qui correspond au droit normatif et au concept économique et utilitaire.[59] La valeur et le bonheur sont liés parce qu'une personne n'achèterait quelque chose que si elle tire plus de bonheur de posséder cette chose particulière que de détenir des biens ou des services alternatifs. La valeur n'est pas la même chose que l'utilité. Une personne qui aimerait beaucoup avoir des biens mais qui ne veut ou ne peut rien payer pour cela, n'estime pas le bien selon Posner. Par exemple, si une personne démunie veut quelque chose, mais qu'elle est incapable de payer pour cela, la théorie de Posner estime qu'elle ne valorise pas le bien en question.[60]

### 8.1.3 Agrégation

L'agrégation n'est pas seulement une caractéristique de l'utilitarisme et de l'économie du bien-être. La richesse de la société est la satisfaction globale de ses préférences soutenues par l'argent. Cela implique qu'elles soient enregistrées sur un marché.[61] Posner agrégat aussi : Hart a-t-il raison de confondre la théorie de Posner avec l'utilitarisme ?

« La valeur n'est pas la même chose que le prix ... La richesse de la société comprend non seulement la valeur marchande en termes de prix multiplié par la quantité de tous les biens et services produits, mais aussi le surplus total du consommateur et producteur généré par ces biens et services. »[62] Dans la théorie de Posner, il y a donc aussi une agrégation, mais seulement de la richesse.

Comment cela est-il justifiable ? Une transaction de marché volontaire améliore le bénéfice net de la société parce qu'elle alloue des ressources à ceux qui les apprécient le plus, car ces derniers sont prêts et capables de payer le plus pour le bien. De plus, à chaque étape de l'accumulation de cet argent à travers l'activité productive, des avantages nets ont été conférés à d'autres personnes que le producteur.[63] Cette théorie est donc basée sur la notion lockéenne de valeur résultant du travail productif.

---

[59] Posner, The Economics of justice, p.60.

[60] *Ibid*, p.61.

[61] *Ibid*, p.61.

[62] *Ibid*, p.61.

[63] *Ibid*, p.66.

## 8.2 Les problèmes de la théorie de Posner

En pratique, si l'opinion de Posner sur la valeur est acceptée, elle conduira à l'exclusion des personnes qui évaluent un bien mais qui n'ont la capacité de le payer. Les conséquences sur l'accès au système judiciaire sont importantes ; seules les personnes qui peuvent investir dans les dépenses encourues dans le cadre d'un litige peuvent utiliser le système judiciaire civil. Donc, si la version de Posner est acceptée, seuls les honoraires conditionnels[64]peuvent adoucir la dureté d'une telle théorie à l'accès à la justice. La raison en est que les honoraires conditionnels permettent même aux personnes qui n'ont pas les moyens de payer les frais associés à une procédure, de les transférer à un avocat prêt à prendre le risque de l'affaire en échange d'une partie des profits potentiels. Ainsi, la capacité de payer coïncide davantage avec la volonté de payer et l'accès aux tribunaux est quelque peu élargi.

La théorie de Posner est également majoritaire par nature, plus encore que celle de Bentham. La maximisation de la richesse signifie qu'il n'agrège que la volonté et la capacité de payer. Les personnes qui ne sont pas en mesure de payer sont exclues, même si elles apprécient quelque chose de plus que les personnes qui ont la capacité de payer.

Une autre faiblesse de la théorie de Posner est qu'elle ne s'intéresse pas à la façon dont les tribunaux devraient être organisés pour remplir leur tâche vis-à-vis du marché. Sans l'attention interventionniste de Bentham à la réforme et à l'organisation judiciaire, il est impossible de faire fonctionner les tribunaux aussi bien que les marchés. La raison en est l'amélioration de l'organisation des tribunaux et de la procédure qui peut avoir une grande influence sur la façon dont les tribunaux remplissent leur fonction au regard du marché.

De plus, Posner limite les services des juridictions, en tant que marchés hypothétiques, uniquement à l'évaluation de la responsabilité délictuelle ou contractuelle. C'est une vue trop étroite, qui sera exposée dans les chapitres suivants. Il sera démontré que les tribunaux servent de canaux d'information et de distribution dans la société afin de recueillir l'information nécessaire et de distribuer l'accès aux individus (pas seulement à ceux qui veulent et peuvent payer).

En outre, Posner n'a pas reconnu que, comme dans toute structure de type marché, les tribunaux ne fonctionnent pas dans des conditions de concurrence parfaite. Il n'a donc pas traité des problèmes de défaillance du marché qui sont intrinsèques à tout marché dans la vie et, par conséquent, aux tribunaux en tant que substituts des marchés.

Son idée de l'efficacité en tant que promoteur de la richesse n'est pas parfaite non plus, car si l'efficience ne consiste qu'à maximiser la richesse, elle

---

64 Dans les systèmes anglo-saxons ce mode de rémunération d'un avocat s'appelle contingency fees qui sont honoraires subordonnés aux résultats.

n'est qu'une mesure indirecte du bien-être humain. C'est un résultat direct de la théorie de la richesse de Posner, qui est beaucoup trop étroite.

La théorie qui échappe à certaines de ces critiques importantes est l'approche économique de Kaplow et Shavell. La méthode qu'ils utilisent consiste à mesurer tout en termes de bien-être qui est défini pour inclure tout ce qui améliore ou nuire au bien-être d'une personne.

## 9. Théorie de l'économie du bien-être de Kaplow et Shavell

Cette théorie est probablement la plus importante pour ce travail. Elle nous aidera à examiner et à évaluer différents choix politiques dans la construction des positions des leviers de la machine judiciaire. Ainsi, l'importance de la théorie de Kaplow et Shavell réside dans le fait qu'elle préconise une tentative normative d'orienter le choix de la politique juridique. Le point de vue de l'économie du bien-être, comme le déclarent Kaplow et Shavell, est de « guider la société dans son évaluation de la politique juridique. »[65] Le sujet de l'économie du bien-être est le changement juridique et ses effets. Le but de l'économie du bien-être est d'orienter les décideurs vers l'identification et l'élaboration de régimes juridiques qui augmenteront le bien-être individuel. Cette théorie a proposé un moyen d'améliorer la qualité des régimes juridiques en faisant la distinction entre ceux qui apporteront un bien-être individuel et social accru, et ceux qui aggraveront la situation des personnes.

La théorie de Kaplow et Shavell ne nous aidera pas à écarter d'autres théories de la justice. La raison en est, malgré l'opinion des auteurs, qu'ils n'éliminent pas les choix politiques, moraux ou de justice. Cependant, cette théorie reste utile, car elle renvoie à certaines théories de la justice qui sont également nécessaires dans cette entreprise mais qui seront examinées plus tard.

Un autre point fort de cette théorie est qu'elle permet de trouver des solutions imparfaites aux choix complexes que le système judiciaire doit faire. Ainsi, elle prévoit des critères d'évaluation de l'efficience allant de « absolus » à « conditionnels » au bien-être individuel et social. Cette théorie est également utile pour ce travail, car elle traite de certaines questions d'organisation judiciaire.

### 9.1 Classification de la théorie

La différence avec le travail de Posner vient du pedigree théorique qui relie Kaplow et Shavell à la théorie utilitaire de Jeremy Bentham. Toutefois, la théorie de Kaplow et Shavell reste proche des théories de Bentham et Posner

[65] Shavell, p.3.

bien qu'ils rejettent à la fois la définition utilitariste du bien-être (utilité) de Bentham qui maintient que l'utilité consiste en la prédominance du plaisir sur la douleur, et la vision de Posner sur le bien-être qu'il définit comme la maximisation de la richesse de la société.

La théorie de Kaplow et Shavell est une théorie conséquentialiste extrême. La raison en est qu'ils soutiennent que le bien-être devrait être la seule préoccupation des décideurs politiques. Ils affirment que toute théorie alternative fondée sur d'autres concepts de justice est inférieure à leur approche, car elle peut conduire à des politiques qui diminuent le bien-être social et peuvent aggraver la société dans son ensemble.

## 9.2 Définition de bien-être de Kaplow et Shavell

Kaplow et Shavell utilisent une définition très large du bien-être qui élimine la vision étroite préconisée par Posner qui a soutenu que seule la volonté de payer était le fondement de ce qui est maximisé - la richesse. Leur théorie, au contraire, maximise tout ce que les êtres humains pensent être précieux. Ainsi qu'ils l'ont exprimé :

La conception économique du bien-être des individus est une conception globale. Elle reconnaît non seulement le niveau de confort matériel des individus mais aussi leur degré d'épanouissement esthétique, leurs sentiments pour les autres et tout ce qu'ils peuvent apprécier, aussi intangible soit-il... L'économie du bien-être prend donc en compte tous les facteurs pertinents au bien-être des individus et à leur répartition.[66]

### 9.2.1 L'analyse en deux étapes de Kaplow et Shavell

Kaplow et Shavell propagent à la fois l'analyse économique positive et l'analyse économique normative qui est conçue pour évaluer la politique sociale. [67] L'analyse positive vise à déterminer les effets de la politique alors que l'analyse normative propose des solutions politiques afin de déterminer sa désirabilité sociale.[68]

### 9.2.2 Discerner la différence entre Kaplow et Shavell et la maximisation traditionnelle de la richesse

À première vue, la théorie de Kaplow et Shavell est très proche des deux versions de l'agrégation des approches traditionnelles de l'utilitarisme et de la maximisation de la richesse. Il en résulte que les décideurs tiendraient compte de la simple somme du bien-être attendu de chacun dans le cadre d'un éventail de choix politiques afin de déterminer la politique qui sera adoptée dans une loi. Avec la maximisation traditionnelle de l'utilitarisme et de la richesse, les

---

[66] *Ibid*, p.4.
[67] *Ibid*, p. 15.
[68] *Ibid*, p.15.

décideurs politiques sont exhortés à effectuer un calcul similaire, seulement avec la richesse au lieu du bien-être.

## 9.3 Critères d'évaluation

Le plus important pour ce livre est d'évaluer différents régimes de réglementation du système judiciaire. Dès lors, il convient de s'interroger sur les propositions de Kaplow et Shavell concernant les critères d'évaluation entre les différents arrangements juridiques.

### 9.3.1 Similarité et différence entre les individus

Pour faire un choix entre deux régimes juridiques différents, la première question à résoudre est de savoir si les individus concernés par les différents régimes ont tendance à se ressembler. Si tel est le cas, la solution est relativement facile - l'économie du bien-être combinerait des régimes individuels de bien-être afin de procéder à des évaluations globales des deux régimes. Celui qui produirait le plus grand bénéfice net par personne serait choisi.[69]

Le choix entre différents régimes réglementaires devient plus compliqué et il n'y a pas de réponse claire immédiate quant à la supériorité de l'un lorsque les individus concernés sont différents dans des aspects pertinents. L'analyse du bien-être doit alors également prendre en compte les problèmes de distribution. [70] Kaplow et Shavell ne proposent pas une méthode décisive pour faire un choix dans cette situation. Comme l'a soutenu Michael Dorff, un choix de fonction de bien-être social est indispensable pour nous obliger à clarifier le type de justice qui doit être retenu.[71]

Attardons-nous sur la façon dont Kaplow et Shavell comprennent l'efficacité comme critère pour prendre la décision entre différents régimes juridiques.

Tout d'abord, ils considèrent que l'efficience n'est pas le critère ultime du choix entre des régimes alternatifs. Pour eux, l'efficacité est subordonnée au bien-être des individus :

L'efficience est aussi un concept qui capte les effets globaux des politiques sur le bien-être des individus et les invocations d'efficacité devraient donc être comprises comme impliquant le souci du bien-être de l'individu plutôt que l'obéissance à une notion technique ou comptable.[72]

---

[69] *Ibid*, p.17.

[70] Par exemple, pensez à un régime qui produit des gains plus importants pour l'un des trois principaux groupes de la société - la classe moyenne, les riches et les pauvres. Comme nous le verrons dans le chapitre « Accès aux tribunaux », c'est exactement ce que prévoient les différentes modalités d'accès à la justice.

[71] Dorff, p. 849.

[72] Shavell, p.37.

Selon la façon dont elle affecte les individus, l'efficacité peut être un critère facile lorsque tous les individus sont mieux lotis ou que la situation s'aggrave pour tous. Dans ce cas, le jugement final sur la politique est clair. [73] C'est une application de l'optimalité de Pareto qui fait référence à un état d'allocation des ressources qu'il est impossible de réaffecter de manière à améliorer un individu ou un critère de préférence sans aggraver au moins un individu.

Ainsi, pour utiliser le concept d'efficacité comme subordonné au bien-être individuel, Kaplow et Shavell sont obligés d'inclure dans l'évaluation des régimes une autre distribution de concepts.

### 9.3.2 Distribution

Que veulent-ils dire par distribution? « Nous utilisons le terme pour désigner les préoccupations concernant l'allocation globale du revenu ou de la richesse, c'est-à-dire l'égalité économique et l'inégalité. »[74] Qu'est-ce qui devrait prévaloir dans un différend juridique particulier, souvent décrit comme l'économie du bien-être distributif? La situation, mais cela peut affecter le bien-être individuel de plusieurs façons.[75]

Si certaines personnes gagnent et que d'autres perdent en vertu d'une politique, l'économie du bien-être exige de faire un jugement distributif du revenu et du bien-être.[76]

La distribution selon Kaplow et Shavell est principalement basée sur l'argument de l'utilité marginale,[77] qui implique qu'une personne qui possède beaucoup de biens a considérablement moins d'utilité marginale qu'une personne qui n'a rien.[78] Donc, ils plaident essentiellement pour une distribution des plus défavorisés aux plus défavorisés.

### 9.3.4 Agrégation

Les politiques sont évaluées en fonction de leurs effets sur le bien-être des individus. L'économie du bien-être regroupe les informations sur le bien-être de chaque individu pour former un jugement global.[79]

La théorie de Kaplow et Shavell permet de considérer le bien-être de certaines personnes plus que d'autres comme un principe d'agrégation légitime ouvrant la porte à la redistribution en tant que valeur indépendante.[80]

La question est donc de savoir comment Kaplow et Shavell utilisent des mesures d'efficacité traditionnelles. Ils prétendent toujours utiliser l'efficacité de Pareto bien que Pareto ait affirmé qu'il n'y avait pas de façon scientifique de

[73] *Ibid*, p.16.
[74] *Ibid*, p.37.
[75] *Ibid*, pp.37-38.
[76] *Ibid*, p.16.
[77] For more on distribution and marginal utility, see "Access to Courts."
[78] Dorff, p. 915.
[79] Shavell, p.16.
[80] Dorff, p. 1012

traiter la distribution. Néanmoins, Kaplow et Shavell sont concernés par la distribution.

Premièrement, ils soutiennent que « le principe de Pareto peut ne pas déterminer directement les choix politiques dans la plupart des situations réelles. La raison pour laquelle il n'est presque jamais arrivé qu'un changement de politique rende tout le monde meilleur. Cela a néanmoins de fortes implications sur les critères pour faire des choix politiques que l'on peut utiliser de manière plausible. » Si une règle aggrave la situation de tout le monde, elle ne peut pas être normative, car aucune personne rationnelle ne peut favoriser une telle politique. Les politiques qui améliorent la vie de tout le monde devraient toujours être adoptées.[81]

Deuxièmement, ils considèrent que, puisque l'efficience ne reflète pas un souci de distribution du revenu, comme la richesse, elle n'est qu'une mesure indirecte du bien-être social et une mesure incomplète pour un aspect important. [82] Cela va à l'encontre du point de vue de Richard Posner sur l'efficacité en tant que maximisation de la richesse. En effet, pour lui, l'efficacité n'est pas seulement une approximation mais une mesure réelle.

L'efficacité de Kaldor Hicks repose sur une analyse coûts-bénéfices et implique que les gagnants gagnent plus que les perdants ne perdent, de sorte qu'il peut y avoir une compensation entre les gagnants et les perdants. Le test d'efficacité de Kaldor Hicks produit des résultats indéterminés. La raison en est le paradoxe selon lequel le passage d'un régime réglementaire à un autre et vice versa, du second au premier régime, peut être considéré comme efficace. La raison donnée par Kaplow et Shavell est que, lorsqu'un régime change, la répartition du revenu peut également changer. Les évaluations des individus eu égard aux disponibilités sous chaque régime dépendent de leurs niveaux de revenu.[83]

Kaplow et Shavell ont donc fait valoir qu'on ne pouvait pas prescrire de recommandation politique lorsqu'une politique modifie de manière significative la distribution du revenu tout en ignorant les questions distributives.[84]Puisque l'économie du bien-être normatif traite des questions distributives, le paradoxe est résolu. L'exemple qu'ils donnent est qu'une distribution 100 et 50 est inférieure à 75 et 75 parce que cette dernière est plus égale et donc meilleure du point de vue du bien-être individuel.

Cependant, l'approche de Kaldor Hicks en matière d'efficacité n'est pas entièrement acceptable sur le principe bien qu'elle soit très utile, car elle fournit une évaluation presque complète de nombreuses règles juridiques qui ont d'effets redistributifs importants. Le problème avec cette approche, comme le reconnaissent Kaplow et Shavell eux-mêmes, est qu'il est difficile d'évaluer le

---

[81] Shavell, p.56.
[82] *Ibid*, p.38.
[83] *Ibid*, p.459.
[84] *Ibid*.

bien-être des individus sous différents régimes.[85] Même la réduction du paradoxe de Kaldor Hicks ne fonctionne pas si la distribution n'est pas clairement comprise.

### 9.3.5 La puissante critique de l'équité (théories de la justice)

L'une des forces de la théorie de Kaplow et Shavell est la critique fondée des autres théories. La puissance de leur approche provient de leur critique du manque de rigueur analytique de ce qu'ils appellent les théories de l'équité, et de ce que l'on appelle ici des théories de la justice pour la plupart complètes. Kaplow et Shavell soutiennent qu'il existe toujours le cas dans lequel le monde sera pire lorsque les critères d'équité conduisent à la sélection d'une politique sociale différente de la recommandation de l'économie du bien-être.[86]

### 9.3.6 Infériorité des autres théories de la justice

Selon Kaplow et Shavell, d'autres théories de la justice sont basées sur des normes sociales conditionnées. Cela signifie que ces normes sociales sont ancrées dans la conscience humaine parce qu'elles font partie de notre évolution sociale précoce. Elles sont donc très attractives pour nous lors du choix d'une politique sociale. Le problème est que leur origine se situe dans des situations sociales différentes (souvent plus simples) que celles que le droit aborde généralement – des situations comportant des pénalités différentes pour les violations, des coûts administratifs distincts et différentes quantités d'informations disponibles pour les faire respecter. Comme le montre le chapitre sur l'accès à la justice, ce qui fonctionne dans une société simple de chasseurs-cueilleurs est difficile à mettre en œuvre dans des sociétés modernes complexes. Ainsi, la perspicacité de Kaplow et Shavell est profonde. Les divers coûts administratifs, les problèmes d'information, les différentes pressions sociales et les sanctions ont leur importance dans la mise en œuvre de la politique sociale. Par conséquent, pour avoir un régime de travail efficace, il faut une analyse perspicace qui remet en cause les présupposés qui ont évolué dans différentes conditions sociales. Les normes sociales sont encore très importantes mais elles ne devraient être qu'un facteur parmi d'autres pour déterminer quel régime politique choisir.

---

[85] *Ibid*, p.461.

[86] Un bon exemple d'arrangement institutionnel qui aggrave tout le monde parce qu'il a été adopté suivant une autre approche que l'économie sociale est l'attrait en quatre étapes en France qui aggrave tout le monde : les juges ont une charge plus lourde, la résolution du litige est retardée (Seuls les justiciables qui veulent utiliser les longues procédures pour retarder la décision seront mieux lotis), la société et le contribuable doivent payer pour des procédures supplémentaires) ; cependant, certains diront que l'équité et l'obtention du « bon » résultat le justifient, même si la raison de l'introduction des quatre étapes était simplement politique pour réduire le pouvoir de l'échelon supérieur de la magistrature française. En fait, un meilleur résultat ne sera pas atteint ; c'est juste une mêlée de pouvoir entre les cours d'appel et la Cour de cassation.

## 9.4 Critiques de Kaplow et Shavell

Dorff a construit une critique du modèle de Kaplow et Shavell qui met en lumière certaines de ses limites. Il a soutenu que la tentative des deux auteurs de construire une théorie conséquentialiste extrême, qui ne dépend de rien d'autre, n'a pas réussi. Sa critique du point de vue même du conséquentialiste est la suivante.

Afin de connaître quelle politique publique maximisera le bien-être social, Kaplow et Shavell ont besoin d'une méthode pour transformer les fonctions de bien-être individuel en une fonction de bien-être social unifiée. Autrement dit, ils doivent déterminer à qui appartient le bien-être quand il s'agit de déterminer la politique sociale, et combien de personnes il concerne. Comme ils le reconnaissent volontiers, il existe de nombreuses fonctions de bien-être social, peut-être infiniment nombreuses. Une fonction de bien-être social pourrait comprendre le bien-être de tous, ne compter que le bien-être des adultes, seulement celui des enfants aux yeux bruns ou seulement le bien-être produit tous les deux jours.[87]

Voici le problème important de leur argument : le choix d'une fonction de bien-être social implique inévitablement l'utilisation d'une autre théorie de la justice qui déterminera ce qu'une société perçoit comme un bon objectif et les valeurs qu'elle rejette. Il est impossible d'éviter de soutenir ou de rejeter une forme de justice fondée sur des principes tels que l'égalité ou la redistribution aux plus démunis de la société. Une société donnée préférera ou rejettera différentes visions de la justice.

Kaplow et Shavell concèdent que l'économie du bien-être repose sur des piliers de jugements de valeur. Ils pointent au moins trois jugements de valeur critiques pour l'économie du bien-être : le bien-être social est une fonction du bien-être individuel, le bien-être social augmente à mesure que le bien-être augmente et il existe d'autres facteurs que le bien-être.[88]

Leur argument selon lequel l'utilisation de l'économie du bien-être l'emporte sur toute autre théorie de la justice n'est pas tout à fait correct. La raison en est que le choix d'une fonction de bien-être social détermine les recommandations politiques de l'économie du bien-être. Comme l'a dit Dorff, « Kaplow et Shavell balaient simplement [l'analyse de la justice] sous le tapis où il est moins probable qu'on le remarque. »[89]

Kaplow et Shavell ont soutenu que le bien-être individuel est primordial mais le choix de la fonction de bien-être social peut sérieusement affecter le bien-être individuel parce qu'il détermine comment le bien-être social est mesuré, influençant ainsi les choix politiques qui affectent le bien-être

---

[87] Dorff, ibid.,

[88] *Ibid.*

[89] *Ibid.*

individuel. [90]La raison en est qu'ils utilisent des préoccupations distributives dans leur théorie. Même si cela rend la théorie plus réaliste, parce que des préoccupations distributives entrent souvent dans le choix d'un régime réglementaire, le problème provient de la façon dont la distribution est mise en œuvre, distribution qui dépend des valeurs incorporées dans l'analyse économique du bien-être.

Ces valeurs peuvent être différentes et elles viennent décider comment compter le bien-être de différentes personnes. Ainsi que l'a exprimé Dorff :

Nous devons en quelque sorte déterminer quand (ou si) compter le bien-être de tous, [91]de façon égale, quand privilégier le bien-être de certains par rapport à celui des autres, et quand refuser de compter tout bien-être. Toutes ces questions sur les valeurs ou l'éthique sont fondamentales, de sorte que la discussion sur la fonction de bien-être social à adopter impliquera inévitablement les interrogations relevant de la philosophie morale et politique.[92]

Toutes ces préoccupations doivent être agrégées d'une manière ou d'une autre. Ainsi, avant d'évaluer une option politique, il est nécessaire de sélectionner une mesure du bien-être social, une fonction qui va agréger le bien-être individuel dans l'équivalent sociétal.[93]

Cela catégorise la théorie de Kaplow et Shavell comme étant à la fois égalitariste et ralwésienne (que de nombreux auteurs considèrent également comme égalitaire mais en fait distributive). Elle est aussi restrictive parce qu'elle refuse de compter le bien-être dans certaines circonstances.

### 9.5 Résumé des deux théories économiques et juridiques

Les deux théories du droit et de l'économie ont beaucoup à dire sur la façon dont la machine judiciaire devrait fonctionner. La théorie de Posner, si elle est correctement étendue pour tenir compte des échecs des processus judiciaires de type marché, peut mener à une compréhension considérable de la machine judiciaire. En outre, l'influence sur les mesures caractéristiques de l'approche de Posner, telles que l'efficacité, est un indicateur assez important de la manière dont l'organisation et la procédure judiciaires devraient fonctionner. La théorie de Kaplow et Shavell est probablement la plus influente pour ce travail. Ces derniers combinent une attitude normative nécessaire à tout modèle orienté vers la réforme. Ils créent de plus une approche moderne, plus sophistiquée, basée sur les fondements de la théorie utilitaire de Bentham. Plus important encore,

---

[90] *Ibid.*

[91] Pour mettre la même préoccupation dans les termes exacts de Kaplow et Shavell, « le bien-être de chaque individu affecte le bien-être social de manière symétrique, c'est-à-dire que l'idée de bien-être social incorpore une notion de préoccupation égale pour tous.

[92] Dorff, p. 1019

[93] *Ibid.*

leur théorie est une théorie qui tient compte de la complexité des besoins modernes qui diffèrent des concepts humains, lesquels ont évolué dans des conditions plus simples et ne sont plus adaptés aux sociétés modernes. L'attention de Kaplow et Shavell à la magistrature et à la procédure, en particulier, a une grande influence sur ce travail. Enfin, leurs critères d'évaluation sophistiqués sont très utiles pour ce livre. Leur vision du bien-être individuel est également source d'inspiration. Cependant, leur théorie doit inclure d'autres considérations.

## 10. Une autre théorie économique et politique moderne de la justice

Nous suggérons dès lors qu'il est nécessaire d'élaborer davantage une théorie qui donnera des éléments supplémentaires au modèle de Kaplow et Shavell. La théorie d'Amartya Sen[94] est intéressante en ce qu'il a soutenu que les gros problèmes sont difficiles à résoudre et qu'il est préférable de régler le plus petit problème lorsqu'il est connu. C'est une idée très utile parce que même l'analyse la plus profonde ne peut prétendre englober tout ce que recouvrent certains sujets. Dans le cas de ce travail, l'analyse des différentes politiques possibles, qui peuvent être traitées dans le système de justice représente une tâche énorme ; elle ne peut faire l'objet d'une analyse complète, d'un diagnostic et d'un remède en une seule fois. L'objectif ici est de montrer que ce sujet mérite une considération plus profonde.

La vision d'Amartya Sen de la justice est agréablement humaine.[95] Il considère les gens comme des créatures développementales dont le bien-être dépend de la réalisation de leur potentiel de façon saine et satisfaisante. Sen a fonctionné avec une idée plus complète du bien-être humain, épousant l'idée qu'il devrait y avoir une opportunité pour que les gens réalisent leurs capacités.[96] Cela signifie que, bien qu'il ait montré de fortes impulsions égalitaires et qu'il recommande souvent des politiques antiélitistes, Sen a manifesté un fort engagement en faveur d'une liberté humaine au cœur de la justice. Malgré son antipathie pour la satisfaction des préférences en tant que critère moral, il a résisté aux appels visant à identifier de manière externe des « intérêts » qui pourraient l'emporter sur le sens de ses priorités et de ses objectifs.[97] La principale tâche de la théorie de la justice de Sen est d'identifier les obstacles à sa vision de la justice et de montrer la voie à suivre pour les éliminer.[98]

---

94 Amartya Sen, *The Idea of Justice* (Boston : Belknap Press, 2011).
95 Ian Shapiro, Lecture 20.
96 Sen, *The idea of Justice*, pp. 235–37.
97 *Ibid*, 376–79
98 Ian Shapiro, Lecture 20.

Un autre aspect important dans la théorie de Sen est l'impossibilité de tout mesurer ; identifier les problèmes fondamentaux en premier lieu est plus important. La « recherche de justice transcendantale » peut détourner l'attention de questions difficiles (peut-être insolubles) qui ne sont pas pertinentes pour identifier les problèmes graves dans l'application de la justice et décider des suites à leur donner.[99]

Ian Shapiro se réfère à la conférence de Sen dans laquelle il a cité l'image d'un homme enfermé dans un sauna d'une chaleur insupportable, qui appelle d'urgence un ami à l'extérieur pour qu'il abaisse la température.[100] La réponse ressemble à la recherche actuelle sur l'application de la justice, qui se concentre sur les détails et les mesures, mais pas sur des questions générales cruciales. Dans ce cas, l'ami répond que l'homme enfermé doit d'abord lui indiquer la température exacte à laquelle il doit baisser le thermostat du sauna, et refuse d'agir s'il n'obtient pas ce chiffre. Le résultat désagréable pour la personne présente dans le sauna constitue ce que la politique devrait principalement viser à éviter.

Sen a tout à fait raison de dire qu'il faut d'abord voir la situation dans son ensemble, agir et, ensuite seulement, se préoccuper de mesurer les effets exacts des problèmes visibles. Sa théorie a donné une orientation essentielle à ce projet de recherche parce qu'il s'agit d'une critique de la théorie politique transcendantale et qu'elle favorise une approche similaire à celle utilisée ici.

Amartya Sen a également eu recours à une approche comparative pour résoudre les problèmes de justice. Comme l'a dit Sen, la théorie comparative consiste à classer les alternatives. Il n'a pas mentionné les critères exacts mais ce travail utilise une variété de critères économiques tels que les incitations, l'information, l'efficacité, l'optimalité, etc.

### 10.1 Appel de Sen pour une approche « comparative »

Le fondement de son approche comparative est inspiré de l'idée d'Adam Smith d'un spectateur impartial. Il est nécessaire d'adopter une telle perspective pour percevoir la réalité à une certaine distance des idées habituelles. L'objectif est « d'éviter le clocher local des valeurs » en prenant en compte les arguments extérieurs à sa propre culture et à ses propres traditions pour examiner « non seulement l'influence des intérêts acquis, mais aussi l'impact de la tradition et de la coutume ».[101]

Ce travail tente de suivre exactement la perspective du comparatiste qui est un spectateur impartial. Puisque cet auteur a été investi dans tous les systèmes judiciaires discutés, une certaine distance est supposée exister. En effet, il n'y a

---

[99] Sen, *The idea of Justice,* p. 101

[100] Ian Shapiro, Lecture 20.

[101] Sen, *The idea of Justice,* p.45.

pas d'identification avec l'un des systèmes que l'on pourrait appeler le propre système de l'auteur.

## 10.2 Amyra Sen et le conséquentialisme « douce »

Ce travail se revendique de l'approche d'Amyra Sen qui explique que le lien entre l'action et le résultat incite à penser à la complexité du processus, et pas seulement aux résultats :[102]

Nous pouvons faire la bonne chose et pourtant nous pouvons ne pas réussir. Il arrive aussi qu'un bon résultat puisse se produire non pas parce que nous l'avons visé, mais pour une autre raison, peut-être même accidentelle, et nous pouvons être trompés en pensant que la justice a été faite. Il serait sans doute insuffisant (donc l'argument irait) de se concentrer uniquement sur ce qui se passe en réalité, tout en ignorant complètement les processus, les efforts et les conduites.[103]

Plus loin dans son travail, Sen continue à définir cette approche comme « des arrangements et des réalisations » qui ressemblent à « l'ancien contraste entre les approches déontologiques et conséquentes à la justice. »[104] Son concept s'oriente vers une direction très ambitieuse parce qu'il semble vouloir définir une forme de conséquentialisme doux, qui inclut les préoccupations déontologiques. [105] Cela peut être plausible mais ce travail n'a pas une telle ambition. Ici, les objectifs ne montrent que le contexte et les directions dans lesquelles les conséquences se produisent.

La partie importante de la discussion de l'objectif consiste donc à examiner ce qui se passe dans la réalité et ce que les participants au système judiciaire veulent réellement ou font à travers le système judiciaire. Le mouvement vers la réalité est également important d'un point de vue comparatif. Le droit et l'économie ne connaîtront jamais de véritable décollage en Europe s'ils ne sont pas adaptés à la réalité européenne. Or, presque toute la littérature vient des États-Unis. Même si elle est principalement basée sur des modèles abstraits, ces modèles sont nécessairement liés au système judiciaire américain et à son fonctionnement. Sans comprendre les principes de base du fonctionnement de la justice en Europe, les modèles américains resteront étrangers aux Européens.

### 10.2.1 Critiques de la théorie de Sen

Ian Shapiro a critiqué l'approche comparative de Sen au motif qu'elle représente un choix qui ne clarifie pas en quoi des considérations venant

---

[102] *Ibid*, p.22.
[103] *Ibid*, p.22.
[104] *Ibid*, p.22.
[105] La forme complète d'un compte général incluant les processus. Il serait difficile de rejeter la perspective des réalisations sociales sous prétexte qu'elle est étroitement conséquentialiste et qu'elle ignore le raisonnement qui sous-tend les préoccupations déontologiques.

d'ailleurs « enrichiront notre pensée » et qu'elle ne génère jamais de raisons justifiant pourquoi cette pensée enrichie révélera la destination qui devrait être atteinte par la théorie de la justice. C'est une critique importante qui peut également s'appliquer à ce projet. Une explication des raisons pour lesquelles une perspective comparative enrichit la recherche est dans l'ordre. Dans le cas de la machine judiciaire, les leviers sont choisis non pas au hasard mais ont été jugés comme les plus importants pour diriger le fonctionnement de la machine judiciaire. Ils ne sont pas les seuls à avoir une forte influence mais sont fondamentaux. Ce jugement est subjectif cependant. On est bien conscient qu'au moins quelques autres leviers peuvent prétendre se considérer comme des leviers principaux, surtout dans le contexte d'autres systèmes judiciaires.

L'analyse comparative enrichit la pensée d'une grande variété de positions de levier du système judiciaire que même un auteur, avec une imagination substantielle, aura des difficultés à produire. Ces positions de levier peuvent être trouvées à la fois dans les solutions réglementaires passées et dans l'ordre juridique actuel des systèmes judiciaires examinés. De plus, certains des effets que ces positions ont eus dans le passé et ont aujourd'hui sur le fonctionnement du système judiciaire sont un énorme avantage pour décider de la position politique alternative optimale du levier. Les théories de la justice retenues ici sont pertinentes pour le projet parce qu'elles suivent une certaine direction et une cohérence logique par rapport au flux principal des informations présentes dans la machine judiciaire, du point d'entrée où se situent des problèmes sociaux, aux plus hautes cours qui sont les dernières à traiter ces informations et à les transformer avant de les renvoyer dans la société. Tout le but est alors d'améliorer le fonctionnement du système judiciaire et, de là, de la société.

Un autre problème avec la théorie de Sen est qu'il passe beaucoup de temps sur les difficultés de justice présentées comme des valeurs incommensurables. Il a soutenu qu'il n'existait pas une façon convaincante de retenir parmi les appels le bonheur, l'équité économique ou le droit aux fruits de son travail.[106]

Alors que les utilitaristes ou les égalitaristes économiques ou les théoriciens du, comme principal mode d'acquisition de la propriété privée, ou les libertariens peuvent être en désaccord avec certains résultats, il est important de noter que, si tout le monde doit être heureux, chacun doit obtenir le maximum de satisfaction. Pour utiliser l'exemple de Sen qui doit recevoir une flûte imaginaire, il faut qu'il y ait de bonnes raisons de situer la production en premier (parce que sinon la flûte ne viendra pas) et ensuite d'échanger ou de distribuer, de donner une flûte à tout le monde. Il y a d'abord les incitations du marché à produire plus de flûtes, puis à permettre au musicien d'en obtenir une, puis à en produire une pour les pauvres afin qu'il puisse les sortir de leur pauvreté. Cela montre que le processus ne peut pas démarrer à partir de la distribution ; le marché de la production doit être préalable à la distribution.

---

[106] *Ibid*, pp. 14, 201.

La théorie de Sen manque également de critères pour identifier quelles politiques sont préférables et pourquoi. L'argument du sauna est convaincant mais il doit y avoir des directives pour savoir si un réglage de température est supérieur à un autre.[107] Il doit y avoir des critères sur la façon de faire les comparaisons.

En résumé, la théorie de Sen démontre l'importance de trouver les difficultés essentielles et de faire quelque chose à leur sujet. Sen ouvre également la voie à un examen comparatif plus riche des différents choix politiques, tout comme l'a fait M. Coase dans son argumentation selon laquelle il est nécessaire d'examiner et de comparer les véritables régimes de réglementation pour ensuite en tirer les conclusions nécessaires.

## 11. La position de levier alternatif de la justice judiciaire complète

Il est tentant de dire que les théories décrites ci-dessus ne représentent pas vraiment ce qu'est la justice et il vaut mieux le maintenir que la théorie de l'objectif de la machine judiciaire est de rendre la justice entre les parties.

C'est la position alternative du levier qui doit être considérée. La base de cette théorie est alors que les tribunaux ne devraient pas être organisés selon une doctrine spécifique, mais qu'ils devraient suivre une voie qui rende une justice complète pour les parties au différend.

On soutient ici que cette position de levier est complètement impraticable en raison de la complexité et du caractère contradictoire du concept de justice. Si une justice complète est respectée, cela mènera à des subventions croisées à des fins opposées. La raison en est que les concepts de justice développés à travers les âges sont presque toujours des paires de compréhensions contradictoires par rapport à ce qu'ils signifient réellement.

### 11.1 Révéler la complexité et la contradiction des théories alternatives de la justice

Si les tribunaux doivent assurer la justice entre les parties dans le cadre d'un processus judiciaire, le sens réel de la justice doit être clarifié. Afin d'en favoriser une compréhension claire, il sera utile d'examiner le brillant exposé de l'un des philosophes juridiques francophones les plus importants du XX$^{e}$ siècle - Chaim Perelman, qui décrit la justice telle qu'elle a été comprise par les principaux philosophes.[108]

---

[107] *Ibid*, p. 396.

[108] Chaim Perelman. *Justice* (New York : Random House Publishing, 1967).

### 11.1.1 La justice comme valeur universelle

Perelman a soutenu que la justice était une valeur universelle, mais seulement dans un sens très limité. Cela signifie que la justice est simplement reconnue de façon universelle. Selon lui, cependant, cela ne change rien au fait que la justice est une notion confuse.[109]

Il est intéressant de commencer par les premiers théoriciens, les philosophes grecs antiques. Dans son ouvrage pivot, *La République*, Platon a fait valoir que deux parties peuvent soulever des arguments qu'elles prétendent être justes.

La justice est-elle une valeur universelle ? Bien sûr, un premier différend survient en la matière. D'un côté, Perelman cite Platon qui a soutenu que l'existence de la justice universelle doit être reconnue. La position contraire est celle d'Eugène Dupreel, qui, dans son *Traité de morale*, a défendu la liberté de chacun de définir la justice « comme il aime et convient à ses intérêts. »[110]

## 11.2 Aristote

Aristote, dans le cinquième livre d'*Éthique à Nicomaque*, a déclaré que l'idée de justice était ambiguë. Le terme injuste est censé s'appliquer à la fois à l'homme qui enfreint la loi et à un homme qui prend plus que son dû, l'homme injuste. Par conséquent, il est clair que l'homme respectueux des lois et le juste seront tous deux justes. « Le Juste » signifie donc ce qui est légal et ce qui est égal et juste, et « l'injuste » signifie ce qui est illégal et ce qui est inégal ou injuste.[111]

Le point de vue qu'Aristote a juxtaposé implique que « juste » corresponde à tout ce qui produit ou préserve le bonheur pour la communauté politique. Ici, Aristote utilise la vertu dans un sens général comme attribut global d'une société idéale.[112]

Mais la justice peut être une vertu spécifique. Il s'ensuit qu'une personne est juste si elle accomplit le bien prescrit par la loi et évite le mal que la loi interdit. Ici Aristote a soutenu que la justice n'est, au contraire, qu'une partie de la vertu.[113]

Dans la philosophie moderne, ces deux positions peuvent se retrouver dans les vues de la justice des institutions politiques. D'une part, la justice peut être considérée comme le seul nom donné au bien commun.[114] D'autre part, selon la position de Rawls, la justice est l'une des nombreuses vertus des institutions

---

[109] *Ibid.*, p.4.

[110] *Ibid.*, p.5.

[111] Aristote, *Nicomachean Ethics, Book V* (London, UK : Cambridge University press, 2004), p. 81 1129a.

[112] Perelman, *Justice*, p.8.

[113] Aristotle, *Nicomachean Ethics, Livre V*.

[114] Iredell Jenkins, "Justice as Ideal and Ideology," in *Nomos VI*, ed. Carl J. Freidrich and John Chapman (New York : Atherton Press, 1963), pp. 202-3.

politiques et sociales. La raison en est que les institutions peuvent être dégradantes et inefficaces sans être injustes.[115]

La justice est également utilisée pour justifier le changement et la révolte contre les inégalités d'actions, de situations et d'institutions, ou pour la protection du statu quo.[116] L'autre juxtaposition est que certains (Pascal par exemple) identifient la justice au pouvoir[117]et refusent de reconnaître qu'elle possède des éléments distributifs. D'autres appellent à l'égalité et à la distribution de la richesse et du pouvoir dans la société.

### 11.3 Sens étroit et large de la justice

Au sens large, on peut dire qu'être juste c'est être charitable et être injuste c'est être cruel. Au contraire, dans son sens étroit, la justice peut coïncider avec la cruauté et la charité. Comment une décision arbitraire entre-t-elle dans l'argument d'Aristote selon lequel il s'agit simplement d'obéir à la loi ? Quand un juge prend une décision arbitraire (créant une norme arbitraire), crée-t-il une norme de conduite juste ? ou faut-il soutenir le contraire - qu'il faut prendre en compte l'intérêt de la communauté pour préserver son bonheur ?[118]

D'un certain point de vue, on peut dire que l'action juste offre également un traitement égal à tous ceux qui sont égaux. D'un autre point de vue cependant, on peut soutenir qu'un enseignant est cruel mais juste parce qu'il traite tout le monde de la même manière. Est-ce qu'un juge qui a pitié d'un homme coupable et qui le laisse simplement libre, est juste ? Ou un juge qui l'envoie en prison est juste ?

La justice renferme à la fois un appel au changement et une présomption contre le changement. Une justification fréquente du changement est qu'il est juste parce qu'un groupe ou quelqu'un qui a l'autorité de décider, ou même que Dieu, le veut ainsi. Cependant, il existe aussi une présomption contre le changement parce qu'on présume que ce qui est, c'est ce qui devrait être. De plus, le principe d'inertie joue un rôle stabilisateur dans la société. Enfin, le changement n'est possible que s'il s'avère nécessaire.[119]

Les prérequis de la justice peuvent être à la fois des revendications de légitimité d'une part, et des critères objectifs de justice d'autre part. Historiquement, il y a eu quatre sources de légitimité des normes et des commandements : la coutume, la volonté divine, la volonté des individus et la volonté de la nation représentée par l'État. Ce sont toutes des sources qui

---

[115] Perelman, pp.7-8.

[116] Perelman, p.3.

[117] Il est surprenant de constater à quelle fréquence le système judiciaire promulgue ce point de vue, même dans les sociétés démocratiques comme la France et l'autre dans les systèmes judiciaires. Nous avons déjà vu le cas de Bernard Tapie, où exactement cela se passe dans la pratique. (L'affaire sera analysée plus en détail dans le chapitre Accès aux tribunaux).

[118] Perelman, p. 7.

[119] *Ibid*, p. 10-11.

donnent son autorité au droit. Cependant, une condition préalable à la justice peut aussi résider dans des critères objectifs de justice tels que l'égalité et l'efficacité.[120]

Outre la contradiction de la justice, on peut dire qu'il est facile de dire justice et que le système judiciaire doit donc assurer l'égalité et que le système judiciaire doit être utilisé de la même manière par tous. Il est plus facile de l'affirmer en théorie que de le mettre en pratique. Aucune des théories ci-dessus ne nous donne de solutions quant à la façon dont cela devrait être fait ; elles déclarent seulement que c'est souhaitable. Comme nous le verrons dans la section Accès aux tribunaux, dans la pratique, il existe plusieurs obstacles à la prestation de la justice égale pour tous.

En résumé, la justice est une notion extrêmement contradictoire, qui consiste principalement en des opinions diamétralement opposées. Dire que le système judiciaire devrait simplement viser à rendre la justice entre les parties signifie que toutes ces contradictions seront appliquées de manière aléatoire selon les tendances judiciaires. Les fondements organisationnels et procéduraux ainsi que les objectifs du système judiciaire seront également extrêmement contradictoires et conduiront à des subventions croisées et à un manque de direction de la machine judiciaire.

## 12. Déontologie

Les théories utilisées dans ce livre comme fondement font aussi parties de l'une de ces contradictions dans leur compréhension de la justice. La théorie alternative de la justice, qui a longtemps contesté les croyances du conséquentialisme et de l'utilitarisme et donc de l'économie moderne est la déontologie. Le débat fait rage depuis au moins le XIX$^{e}$ siècle.[121] Les déontologues considèrent que les choix politiques potentiels doivent être passés au crible d'un ensemble de règles et de principes moraux, qui ne peuvent pas être remis en question. Leurs principes peuvent provenir de diverses sources telles que la religion, la biologie, la psychologie, la métaphysique, la culture, la langue, etc.

Les déontologues se répartissent principalement au sein de deux ensembles. Le premier groupe estime qu'une ou plusieurs de ces règles sont absolues et donc impossibles à contester. L'autre groupe de déontologistes, « plus souples », considère les principes comme prima facie, ce qui signifie qu'ils ne peuvent être remplacés que par un devoir plus important ou que les règles sont conditionnelles (uniquement dans des circonstances spécifiées). Néanmoins, les

---

[120] *Ibid*, p.11-12.

[121] Pour en savoir plus, voir John Stuart Mill, « On Bentham » et « On Coleridge ». D'abord publié séparément en 1838 (Bentham) et 1840 (Coleridge). Les essais ont discuté des attaques déontologiques sur Bentham.

deux groupes utilisent des règles et des principes pour souligner que certaines actions sont simplement moralement erronées et que les conséquences n'ont pas d'importance.[122]

### 12.1 Un exemple de vue déontologique

Considérez cet exemple : Du point de vue déontologique, la justice n'est pas seulement une valeur parmi d'autres, à peser et à considérer comme l'occasion, mais la plus élevée de toutes les vertus sociales, celle qui doit être appréhendée avant que les autres valeurs puissent être reconnues. Si le bonheur du monde pouvait être atteint par des moyens injustes, ce ne serait pas le bonheur, mais la justice qui prévaudrait. Et lorsque la justice est en cause dans certains droits individuels, même le bien-être général ne peut pas l'emporter sur eux.[123]

Ce point de vue édicte que différents principes et valeurs doivent être pesés, mais il ne dit absolument rien sur la façon dont cela devrait être fait et sur quels critères fonder la décision. Chaque évaluation est juste intuitive.

### 12.2 Origines de la déontologie

Les origines de la déontologie remontent à Aristote dont la liste fixe des vertus humaines[124] et se lit comme une véritable controverse dans les temps modernes.[125] L'argument contre les aristotéliciens va donc dans le sens de l'inexistence de valeurs universelles. Ce type de théorie prétend qu'il y a des caractéristiques dans les actions elles-mêmes, qui déterminent si elles ont raison ou non. Ces caractéristiques définissent la mesure dans laquelle les actions sont conformes aux devoirs moraux reconnus. Les théories déontologiques ne considèrent pas les conséquences comme importantes pour déterminer si une action est morale ou non.

#### 12.2.1 Les critiques de la déontologie

Des auteurs comme Kaplow et Shavell considèrent que l'approche déontologique est intrinsèquement mauvaise. Ils soutiennent que les points de vue moraux doivent être remis en cause parce qu'une inspection plus approfondie peut s'avérer représenter des raccourcis philosophiques non appropriés pour dicter la politique sociale. La raison pour laquelle ils donnent est ce qu'on appelle souvent « l'équité » qui a été créée pour remplir des

[122] Dorff, p. 1012

[123] Michael J. Sandel, *Liberalism and the Limits of Justice* (London, UK : Cambridge University Press, 1998).

[124] Aristote *Nicomachean Ethics*, livre 2.

[125] Un bon exemple est l'une des vertus identifiées par Aristote, c'est l'orgueil. Ce n'est certainement pas une valeur universelle. Par exemple, dans le christianisme, l'orgueil est un péché. Un autre exemple est l'esprit. Il est plutôt douteux que de nombreux systèmes moraux accordent autant de valeur à l'esprit qu'Aristote.

objectifs différents et plus simples. Ce qui est juste dans la vie quotidienne peut être mauvais pour faire des choix politiques compliqués.

Cette vue est partiellement correcte. La force de cet argument réside dans le fait que les perceptions morales intuitives peuvent être remises en cause si on les analyse profondément, lorsque de grandes questions de politique sont concernées. Il n'y a rien de mal à développer des arguments même contre-intuitifs. Cependant, comme l'a soutenu Dorff, on ne peut jamais échapper à des choix moraux même s'ils sont balayés plus loin dans l'analyse. On doit toujours faire un choix à un certain moment, qui implique un argument moral.[126] Par exemple, lorsqu'il s'agit de décider à qui accorder l'accès au système judiciaire, il y a nécessairement un argument moral. Le besoin existe d'examiner les conséquences sur le bien-être, ce qui peut aider à faire le choix, mais le choix moral demeure.

### 12.3 La déontologie ne peut être ignorée

La théorie de Rawls est téléologique, intéressée par des buts, mais non conséquentialiste ou utilitaire. Cette théorie de la justice est un bon exemple de l'importance de la déontologie. Dans ce document, Rawls a proposé une solution à la manière de choisir une fonction de bien-être social, arguant que, lors de la mise en place d'un système social, il devrait donner une chance égale à tout le monde et soutenir les moins favorisés dans la société. C'est une théorie très utile qui montre de manière convaincante sur quels principes la société devrait être organisée. Le problème avec cette théorie est qu'elle met en scène des institutions qui n'existent pas encore. Elle crée simplement une toile vierge sur laquelle Rawls a conçu le système qu'il préfère. La théorie est toutefois difficilement applicable en tant que critère général d'évaluation des systèmes judiciaires existants. Elle ne sera donc que partiellement utile.

Cette théorie se réfère à un concept de justice éventuellement applicable. Un bon exemple est l'affaire Milk citée au début de ce livre. Décider d'accorder au type de demandeur concerné l'accès réel aux tribunaux signifie faire un choix moral. La raison en est le bien-être des individus et le fait que la société ne changera pas de façon radicale si la demanderesse reçoit l'héritage ou si ses frères et sœurs parviennent à le garder. Les arguments peuvent être amassés des deux côtés. On peut soutenir que la valeur marginale d'un dollar est plus élevée pour le demandeur. Lui donner l'héritage peut également conduire à une réduction des dépenses sociales par l'État. Au contraire, on peut soutenir que les autres frères et sœurs seront plus productifs dans l'utilisation de l'héritage. Mais en fin de compte, l'argument est purement moral et l'idée de Rawls selon laquelle les membres les moins avantagés de la société devraient être protégés,

---

[126] Dorff, p. 895

donne la solution et la fonction de bien-être social. Quelqu'un peut-il enlever un droit à quelqu'un qui est défensele.

Jusqu'à présent, l'interprétation de la justice par Chaim Perelman et l'examen de la déontologie ont montré qu'en utilisant de telles théories de la justice, il est très facile de dire que tel ou tel système judiciaire doit changer parce qu'il est injuste ou qu'il favorise l'inégalité. Mais il sera tout aussi facile de démontrer que le système judiciaire fait de son mieux et qu'il devrait être protégé pour que les juges puissent faire le meilleur travail possible, car ils ont l'avantage de connaître leur travail. Les deux arguments manquent de rigueur analytique. Leur mérite est intuitif et ils ne devraient pas être ignorés parce que les intuitions sont utiles comme guide. Cela ne signifie pas que ces intuitions soient exemptes de tout examen intellectuel.

## 13. Conclusion

En conclusion, cinq théories choisies ici contredisent la justice complète en général et la déontologie en particulier. Un système judiciaire fondé sur toutes les théories possibles de la justice, prétendant qu'il fournit une justice complète aux parties, entraînera simplement une subvention croisée. La raison en est que toute paire de ces théories est diamétralement opposée. Ainsi, la paire « manque de vision / direction claire » dans l'application de la théorie de la justice conduit la machine judiciaire à envoyer des signaux contradictoires à la société.

Cependant, il est possible de s'inspirer des cinq théories connexes. L'inspiration pour la réforme est fournie par la théorie utilitaire et, plus spécifiquement, Jeremy Bentham. Au moins dans l'organisation de la construction et de la procédure de la machine judiciaire, il est nécessaire d'analyser avec rigueur comment optimiser le fonctionnement du système judiciaire. Cela ne peut être fait qu'en remettant en cause les présupposés dans la façon dont la société perçoit le système judiciaire. Kaplow et Shavell ont proposé la théorie la plus convaincante qui puisse être appliquée au problème de l'organisation judiciaire. Par ailleurs, beaucoup d'outils et la comparaison établie avec le marché sont issus de la théorie de Posner. Ce livre soutient que les meilleurs critères d'évaluation sont fournis par les théories économiques conséquentialistes. La théorie comparative soutenue par Sen pourra aussi constituer une source d'inspiration pour trouver des solutions politiques multiples.

Il importe de rappeler que le levier de la procédure et de l'organisation n'est pas destiné à rendre justice, mais à utiliser les théories pragmatiques décrites précédemment pour nous aider à améliorer le fonctionnement de la machine judiciaire. Enfin, l'examen des défaillances de la justice complète sera examiné plus en détail dans la section relative à l'analyse juridique comparative et surtout dans son application par le système judiciaire anglais.

# SECTION III :

## Principaux leviers procéduraux de la machine judiciaire

# Chapitre 4 :

# Accès aux tribunaux : chance concurrentielle pour les particuliers de laisser une marque sur le droit

## 1. Introduction

Dans ce chapitre, le levier politique discuté est l'accès aux tribunaux. Ce sujet est axé sur la manière dont la machine judiciaire donne accès à ses services et sur la possibilité laissée aux individus d'imprimer une marque sur le droit positif et de défendre leur position dans la société. C'est le levier qui permet d'étudier les premiers contacts potentiels entre les justiciables et le système judiciaire. C'est l'un des leviers les plus importants de la machine judiciaire car il révèle l'intérêt du système judiciaire.

## 2. Les deux positions de levier principales

La question se pose de savoir où placer le levier - à la position maximale (accès complet aux tribunaux) ou ailleurs ? Dans la plupart des sociétés modernes, tout le monde paie au moins le « droit » au plein accès des justiciables potentiels aux tribunaux. Cet accès complet est la première position de levier de la machine judiciaire. La deuxième position du levier est placée juste en dessous de l'accès complet aux tribunaux. Cette position est basée sur l'idée qu'un tel accès est pratiquement impossible dans les sociétés modernes et que l'optimalité du levier se situe quelque part en deçà du plein accès, tout en s'efforçant de permettre l'accès au plus grand nombre possible de personnes.

### 2.1 L'argument

L'argumentation développée dans ce chapitre vise à ce que la machine judiciaire soit réglée avec soin pour atteindre un niveau d'accès le plus élevé possible. Ce n'est pas une chose facile ou naturelle dans le système judiciaire des sociétés modernes. C'est une tâche complexe qui nécessite des choix réglementaires réfléchis. Ainsi, ce chapitre défend clairement la position selon laquelle la position de levier d'accès complet ne peut pas être introduite avec une simple disposition légale. Au contraire, la machine judiciaire doit être soigneusement conçue pour avoir le meilleur accès possible aux tribunaux avec les ressources disponibles.

### 2.2 Les principales dispositions juridiques concernant l'accès aux tribunaux

Aux États-Unis, il existe une quantité importante de publications qui favorisent un accès complet aux tribunaux. « L'accès des citoyens américains aux tribunaux est l'un des piliers d'un gouvernement de droit »[1] affirment certains auteurs. Autres auteurs disent que la Constitution soutient les parties qui ne peuvent pas se permettre l'accès aux tribunaux.[2]

En France, le droit d'accès à la justice est reconnu comme un droit fondamental mis en œuvre par divers mécanismes juridiques et assorti de garanties. La Déclaration des Droits de l'Homme et du Citoyen de 1789, la Convention européenne des droits de l'homme (CEDH) de 1950 et plusieurs codes tels que le Code civil dans son article 4 soutiennent ce droit.

### 2.3 Identifier le problème du plein accès aux tribunaux

Cet accès complet aux procédures devant les tribunaux est louable. Chaque système judiciaire devrait s'efforcer de parvenir à une situation dans laquelle tout le monde peut ester en justice et résoudre ses problèmes juridiques. En d'autres termes, cela signifie que le plein accès aux tribunaux constitue le but de la réglementation de la machine judiciaire qui intéresse le présent chapitre. Cependant, nous suggérons qu'il est impossible en pratique d'avoir un tel accès total et que cela ne deviendra pas réalité par la seule promulgation de règles juridiques, même si ces règles contiennent des dispositions constitutionnelles fondamentales. Donc, la question posée dans ce chapitre vise à savoir comment atteindre la position optimale du levier qui donne le meilleur accès possible aux tribunaux dans la réalité ?

### 2.4 La position optimale du levier

Ce chapitre montrera que la position maximale est une combinaison de positions du levier d'accès. Pour ce faire, il faut d'abord examiner la question d'un point de vue juridique afin d'établir les problèmes actuels auxquels le

---

[1] Rosenberg, Smith, and Dreyfuss, p. 46; Shavell, p.229.
[2] Brickman, 1973; Leubsdorf, 631 -37.

système judiciaire est confronté. Ensuite, il faudra utiliser une analyse économique pour déterminer un chemin permettant de se rapprocher de la situation idéale dans notre société utopique et de voir comment mieux se rapprocher de l'imitation de son modèle dans la pratique.

### 2.5 La structure de base du chapitre

Ce chapitre a la structure suivante : premièrement, une société idéale sera étudiée, dans laquelle un accès complet aux tribunaux est facilement réalisable. Deuxièmement, cette structure sociale idéale sera observée pour déterminer en quoi elle diffère des sociétés modernes. Troisièmement, il s'agira d'examiner ce qui se passe réellement dans la pratique lorsque le système juridique prévoit un accès complet aux tribunaux. Ensuite, il sera donné une explication de la raison pour laquelle les problèmes se produisent dans des sociétés modernes complexes. Enfin, un modèle susceptible de mieux fonctionner pour un accès plus facile des citoyens aux tribunaux que le système actuel sera présenté. Les critiques éventuelles de ce modèle seront également abordées.

## 3. Les deux perspectives de l'examen

L'analyse juridique montrera la réalité concernant l'accès aux tribunaux. Elle identifiera également les problèmes pour atteindre la situation idéale. La description montrera que la situation réelle est loin de notre société utopique, qui est notre référence pour l'égalité d'accès aux tribunaux.

Pour mieux comprendre cette réalité et les obstacles de l'égalité d'accès aux tribunaux, cet ouvrage utilisera la théorie de Mark Galander qui, dans son ouvrage phare de 1974 intitulé *Pourquoi les havres sortent de l'avant : spéculations sur les limites du changement juridique*,[3] a déclenché une vague de recherches aux États-Unis. De son point de vue, ce travail va s'ajouter aux conclusions les plus récentes de la recherche qu'il a inspirée.

Pour favoriser une meilleure compréhension du sujet, il sera utile d'examiner à la fois la perspective juridique traditionnelle et celle du droit et de l'économie, ce qui nous permettra de mieux évaluer les régimes de réglementation du système judiciaire. Pour ce faire, le modèle de l'auteur le plus influent du mouvement de droit et d'économie, Richard Posner, sera examiné. Dans son modèle, il a soutenu que le système judiciaire pouvait être considéré comme ressemblant à un marché, ce qui sera examiné et une façon de l'étendre sera proposée. Une deuxième partie sera consacrée à l'examen du modèle des professeurs de Harvard, Steven Shavell et Kaplow, qui sont les

---

[3] Mark Galander, *Why the Haves Come out Ahead: Speculations on the Limits of Legal Change* (Quid Pro, LLC, 1974).

auteurs d'un livre important intitulé *Welfare vs Fairness.*[4] Ces deux auteurs développent un modèle d'accès aux tribunaux qui est essentiel pour une compréhension approfondie de cette question.

Ces trois théories constitueront la base théorique de ce chapitre, dans lequel la perspective juridique sera complétée par une analyse du droit et de l'économie.

Dans ce chapitre, la question sera posée de savoir si les différents leviers suivants sont opposés ou non :

- Position maximale : accès complet aux tribunaux
- Position moyenne 1 : accès naturel aux tribunaux
- Position moyenne 2 : subventionnement de l'accès
- Position minimum : restreindre l'accès aux tribunaux.

## 4. Situation idéale par rapport à la réalité

### 4.1 La société idéale

L'exemple imaginaire suivant décrit une situation dans laquelle il semble y avoir une position idéale du levier politique, dans laquelle tout le monde dans la société a un accès égal au système de justice. La question est de recenser quels sont les éléments de cette société idéale qui peuvent servir de points de référence, c'est-à-dire ceux qui peuvent être mis en œuvre dans une société moderne complexe ?

Imaginez un petit groupe de chasseurs-cueilleurs ou une petite communauté agricole avec une contribution égale à la chasse et à la cueillette ou aux activités agricoles. Une telle société se tournera vers une personne sage pour le jugement chaque fois qu'il y aura un conflit. Chaque demandeur récompensera cette personne avec une partie égale de son travail. La condition pour que l'arbitre sage rende des jugements est subordonnée au fait qu'il reçoit des contributions égales de chaque membre de la société de sorte que personne ne puisse influencer indûment le processus décisionnel.

### 4.2 Caractéristiques de la société idéale

Les caractéristiques de cette société idéale sont :

1) la pleine égalité de ses membres en termes économiques et sociaux généraux. Il existe également une égalité complète dans l'accès aux services d'adjudication ;

2) la contribution égale des membres de la société dans l'accès aux services d'adjudication ;

[4] Kaplow and Shavell, *Welfare vs Fairness.*

3) les membres de cette société sont des commères parfaites - tout le monde sait tout de ses voisins à cause de la petite taille de la société ;

4) la simplicité dans les litiges juridiques et le système juridique, parce que les petites sociétés agricoles ou de chasseurs-cueilleurs n'ont pas une économie sophistiquée qui nécessite à son tour des règles juridiques complexes. Cela signifie qu'il n'y aura pas de coûts supplémentaires pour les parties lorsqu'elles présenteront devant l'arbitre leurs cas respectifs, alors que des dispositions juridiques complexes exigent inévitablement de tels coûts ;

5) l'arbitre est facilement remplacé par quelqu'un d'autre. En conséquence, il n'y aura pas de problèmes liés à la représentation légale. Pour le dire en termes économiques, les coûts de transaction pour résoudre les différends dans cette société imaginaire sont faibles.

Cette société est notre point de référence idéal. Cependant, ce genre de situation n'est pas réalisable dans la réalité sociale complexe moderne. La raison en est qu'accorder l'accès de tout le monde aux tribunaux aura pour conséquence d'accroître les ressources de la société dans des proportions impossibles. Ce chapitre tentera d'en expliquer les raisons. Plus important encore, comment les sociétés modernes devraient-elles traiter et comprendre toutes les dispositions juridiques essentielles telles que la clause de procédure équitable dans la Constitution des États-Unis et l'article 6 de la CEDH ? On dit que les tribunaux remplissent leur objectif lorsqu'ils accordent un accès complet à tout le monde. Cependant, dans la pratique, ces dispositions reflètent la réalité autant que notre société utopique. La question est donc triple : comment cette société idéale peut-elle être utilisée comme point de référence ? Comment peut-on élargir cette référence pour prendre en compte la complexité des sociétés modernes ? Comment l'objectif des dispositions peut-il être atteint ? Comment les sociétés participantes à cette étude peuvent-elles se rapprocher d'un accès complet à tous devant les tribunaux ?

Ce chapitre examinera d'abord ce qui empêche l'accès égal de tous au système judiciaire. Cela aidera à trouver une position optimale réaliste du levier, qui ne sera pas équivalente au plein accès mais devrait inclure des subventions pour l'accès et des restrictions d'accès, et permettre une certaine flexibilité quant à savoir si l'accès aux tribunaux est autorisé.

## 5. Perspective juridique

### 5.1 Sources du droit et défi à la perspective descendante

Habituellement, l'analyse juridique commence par les règles juridiques de plus haut niveau disponibles dans un système juridique. Dans le cas du système judiciaire américain, ce serait la Constitution. La clause principale qui concerne le système judiciaire est alors la 14e section de modification, qui contient la clause de procédure régulière. Elle dispose que :

« Aucun État ne peut faire ou appliquer une loi qui restreindrait les privilèges ou immunités des citoyens des États-Unis ; aucun État ne doit priver une personne de sa vie, de sa liberté ou de ses biens, sans procédure légale régulière ; ni refuser à une personne relevant de sa juridiction l'égale protection des lois. »

En Europe, une disposition comparable existe également. C'est l'article 6 § 1 de la CEDH. Dans la détermination de ses droits et obligations à caractère civil, chacun a droit à une audience équitable et publique dans un délai raisonnable par un tribunal indépendant et impartial établi par la loi.

Le « droit à un tribunal », le droit d'engager des procédures devant les tribunaux en matière civile, a été confirmé par la Cour européenne des droits de l'homme dans l'affaire Golder c. Royaume-Uni. Le droit d'accès à un tribunal n'est pas absolu et des limitations sont possibles. Cette restriction ne doit pas réduire l'accès laissé à l'individu de telle manière ou à tel point que l'essence même du droit soit compromise (Philis c. Grèce (n° 1), § 59, De Geouffre de la Pradelle France, § 28, Stanev c. Bulgarie [GC], § 229.[5]

Cette loi, en général, garantit une procédure régulière / une protection judiciaire des droits de chaque personne. Le but de la loi est alors d'atteindre le niveau de protection des droits conférés par le plein accès à un arbitre judiciaire dans notre société idéale. Il implique également des restrictions raisonnables à cet accès qui nous permettront de plaider en faveur d'une meilleure façon de les placer afin d'améliorer l'accès aux tribunaux.

Dans trois des quatre cas examinés au début de ce livre, l'accès aux tribunaux était, dans la pratique, un problème même dans les situations qui méritent pleinement qu'un tel accès soit accordé.

Dans l'affaire Milk, une personne pauvre n'a pas réussi à recourir aux tribunaux pour défendre ses droits. Dans l'affaire Subway, de nombreux demandeurs potentiels n'ont pas du tout utilisé le système judiciaire. Ce n'est que dans l'affaire Tapie que le demandeur a réussi à avoir accès au système judiciaire, même s'il n'aurait pas dû pouvoir le faire. Quelle est l'explication de ces dysfonctionnements du système judiciaire ?

Mark Galander a recherché une explication à ces défauts du système judiciaire. Il a soutenu que « toutes les analyses du système juridique commencent à la fin des règles et se déroulent à travers les mécanismes institutionnels pour voir quel effet les règles ont sur les parties. »[6] Cependant, ce type d'analyse ne nous donne pas la pleine image de ce qui se passe dans la

---

[5] Pour plus de détails, voir le Guide sur l'article 6 de la Convention européenne des droits de l'homme préparé par la Division des recherches et de la bibliothèque de la Cour européenne des Droits de l'Homme, au sein de la Direction du Jurisconsulte 30 avril 2013 disponible sur http://www.echr.coe.int/Documents/Guide_Art_6_ENG.pdf

[6] Galander, 1974.

réalité dans un système judiciaire. Pour expliciter certains des comportements pratiques de la justice, il a complètement changé son angle d'examen : « Je voudrais inverser cette procédure et regarder à travers l'autre extrémité du télescope. Pensons aux différents types de justiciables et à l'effet que ces différences pourraient avoir sur le fonctionnement du système. »[7]

Cette perspective différente a permis à Mark Galander d'arriver à la conclusion de base que tout le monde ne bénéficie pas de la même considération de la part du système judiciaire. Pour ce travail, cette conclusion est importante car elle montre que le modèle de la société idéale, où tout le monde est censé avoir un accès égal aux tribunaux, n'est pas facilement atteint en réalité. Il est donc essentiel d'explorer les façons dont le système judiciaire, dans la pratique, est en deçà de la situation idéale prescrite dans les droits fondamentaux de la CEDH et les normes constitutionnelles américaines.

### 5.2 Problèmes d'inégalité devant le système judiciaire

Mark Galander a mis en évidence les lacunes pratiques suivantes, lorsque différents groupes de plaideurs tentent d'utiliser le système judiciaire. Premièrement, les « nantis » possèdent des ressources supérieures, qui leur permettent d'engager la meilleure représentation juridique disponible. Cela signifie qu'ils subissent moins de pression pour accepter un règlement préjudiciable désavantageux et, s'il y a procès, ils peuvent gérer les retards dans le processus judiciaire et faire face aux autres coûts d'opportunité associés aux litiges.

Deuxièmement, plus souvent qu'ailleurs, les « nantis » sont des « acteurs récurrents » dans le processus légal, alors que les non-possédants ne participent habituellement à un processus juridique qu'une seule fois. Par conséquent, les « nantis » jouissent d'une expérience supérieure dans le traitement des affaires, ce qui leur permet de choisir librement les affaires à porter devant les tribunaux et où les prendre. Ainsi, ils peuvent choisir d'aller en justice dans des cas particuliers et, plus important encore, de choisir leur forum.

Troisièmement, les joueurs à répétition ont des avantages stratégiques dans l'élaboration de la jurisprudence parce qu'ils peuvent régler des affaires susceptibles de conduire à de nouveaux résultats désavantageux. Dans le même temps, ils peuvent se permettre d'encourager des litiges qui pourront faire émerger des règles avantageuses pour eux. Les non-nantis, au contraire, devraient être disposés à échanger la possibilité de faire de la « bonne loi » pour un gain tangible. La question est donc : les joueurs à répétition peuvent-ils dicter les règles ? Peuvent-ils établir des règles de fond ou même de procédure qui leur sont favorables ? Galander a soutenu qu'ils le pouvaient. Dans

---

[7] *Ibid.*

l'ensemble, cela signifie que les joueurs à répétition peuvent mettre en œuvre une stratégie globale pour traiter les cas.

« Nous pourrions supposer que les joueurs à répétition (qui ont tendance à être des unités plus grandes) qui peuvent acheter des services juridiques plus régulièrement, en plus grandes quantités, en vrac (par honoraires) et à des taux plus élevés, obtiendraient des services de meilleure qualité. Ils auraient une meilleure information (en particulier lorsque des restrictions sur les informations concernant les services juridiques sont présentes). Non seulement les joueurs à répétition obtiendrait-il plus de talent, mais dans l'ensemble, il obtiendrait une plus grande continuité, une meilleure tenue des dossiers, un travail plus préventif, plus d'expérience et de compétences spécialisées dans les domaines pertinents et plus de contrôle sur les avocats. »[8]

### 5.3 Qui sont les possédants de Galander et les démunis ?

Galander définit le joueur à répétition comme suit : « une unité qui a eu et prévoit des litiges répétés, qui a de faibles enjeux dans l'issue d'un cas, et qui a les ressources pour poursuivre ses intérêts à long terme. »[9]

D'autre part, le non-joueur, qui est un joueur unique, est une « unité dont les prétentions sont trop grandes (par rapport à sa taille) ou trop petites (par rapport au coût des remèdes) pour être gérées de façon routinière et rationnelle. »[10]

Galander n'a pas suggéré que les joueurs récidivistes devaient être assimilés à des « nantis » (en termes de pouvoir, de richesse et de statut) ou à ceux qui sont des « non-possédants ». La plupart des joueurs à répétition sont plus grands, plus riches et plus puissants que la plupart des joueurs occasionnels, donc ces catégories se chevauchent. Cependant, il n'a décrit que des types idéaux. En réalité, il existe des exceptions évidentes, comme les récidivistes qui sont aussi des joueurs à répétition.

La préoccupation de Galander pour ces catégories a un but : élucider la question de la neutralité formelle des systèmes juridiques entre les deux parties, mais la position avantageuse des « nantis » par rapport aux « démunis » peut être perpétuée et amplifiée par la différence entre ces deux catégories. Ou simplement, ces problèmes n'ont pas été pris en compte lors de la conception du processus juridique.

---

[8] *Ibid.*
[9] *Ibid.*
[10] *Ibid.*

### 5.4 Matrice des cas de Galander

#### 5.4.1 Encadré 1 : une personne pas habitué aux litiges contre une autre personne pas habitué aux litiges

Les occupants les plus nombreux de cette boîte sont les divorces et les audiences de folie. La plupart des litiges aux États-Unis (plus de 90 % des divorces, par exemple) ne sont pas contestés. Une grande partie de ceux-ci sont en réalité de pseudo-contentieux, c'est-à-dire qu'un règlement est conclu entre les parties et ratifié sous forme d'arbitrage. Aucune des deux parties ne s'intéressera probablement beaucoup à l'état du droit à long terme. Ce groupe implique peu d'appels.[11] Cependant, en allant au-delà de l'analyse statistique, comme le fait ce livre, il y a quelques exceptions qui méritent attention, telle que notre étude sur le cas du lait.

#### 5.4.2 Encadré II : Joueurs répétitifs contre une personne pas habitué aux litiges

La grande majorité des litiges se trouve dans cette boîte. Le droit est utilisé pour le traitement routinier des réclamations par les parties pour qui la réalisation de telles réclamations est une activité commerciale régulière. C'est un traitement de masse avec peu d'attention individuelle.

#### 5.4.3 Encadré III : une personne pas habitué aux litiges contre des joueurs répétitifs

Toutes ces situations sont plutôt rares, sauf dans les cas de blessures corporelles, qui se distinguent par l'entrée gratuite dans l'arène qui est fournie par les frais du contingent. En dehors du domaine des blessures, les litiges de l'encadré III ne sont pas courants. Ils représentent généralement la tentative de certains systèmes d'exploitation d'invoquer une aide extérieure pour créer un effet de levier sur une organisation avec laquelle ils ont eu des contacts.

#### 5.4.4 Encadré IV : Joueurs répétitifs contre Joueurs répétitifs

Quand il y a une action en justice entre des joueurs à répétition, on s'attend à ce qu'ils règlent leur conflit à l'amiable dans la plupart des cas, de sorte qu'il n'y ait pas trop de cas de ce genre. Si une telle affaire est portée devant les tribunaux, elle sera extrêmement coûteuse et complexe. Galander estime que ces poursuites visent la création de règles.

---

[11] *Ibid.*

## 6. Méthodes pour étendre l'accès aux tribunaux

La question la plus importante dans cette section est la suivante : existe-t-il des dispositions légales permettant d'élargir l'accès aux tribunaux ?

### 6.1 Le rôle des avocats

Les avocats égalisent-ils les échelles et permettent-ils un meilleur accès aux tribunaux ? Mark Galander a posé la question de la façon suivante : « Que se passe-t-il lorsque nous présentons des avocats ? Les parties qui ont des avocats font mieux. Les avocats sont eux-mêmes des joueurs à répétition. Est-ce que leur présence égalise les parties, dissiper l'avantage du client des joueurs à répétition ? Ou l'existence d'avocats amplifie-t-elle l'avantage du client des joueurs à répétition ? »[12]

### 6.2 Analyse de la règle des frais contingents d'Owen Fiss

Une façon d'étendre l'accès aux tribunaux et de parvenir à l'égalité des armes des parties consiste à introduire une règle sur les honoraires conditionnels. Cela signifie que les avocats prennent en charge une affaire à leurs propres frais afin de partager un pourcentage des profits avec leur client s'ils gagnent l'affaire.

« Je doute aussi que les arrangements institutionnels tels que les honoraires conditionnels, ou la prestation de services juridiques aux pauvres, en fait, égalisent les ressources entre les parties en conflit :

La redevance contingente n'égalise pas les ressources ; cela ne fait que rendre un demandeur vulnérable à la volonté du barreau privé d'investir dans son cas. En effet, la capacité d'exploiter le manque de ressources du demandeur a été transférée des défendeurs riches aux avocats qui insistent sur une tranche importante du recouvrement du demandeur comme frais. De plus, ces avocats ne travailleront que pour les honoraires conditionnels dans certains types d'affaires, comme les poursuites pour blessures corporelles. Et les honoraires conditionnels sont inutiles quand le défendeur est la partie désavantagée. »[13]

Hadfield a soutenu que les règles sur les honoraires conditionnels incitaient les avocats à consacrer du temps et des efforts à une cause.[14] Elle a identifié trois problèmes avec cet arrangement. Premièrement, cette incitation est loin d'avoir une application limitée. L'avocat ne reçoit pas la totalité de la somme qui représente la valeur de l'affaire. Cela signifie qu'il doit évaluer si l'effort sera payé en retour à un niveau d'environ 30 % des enjeux de l'affaire. La

[12] *Ibid.*
[13] Owen Fiss, "Against settlement," *Yale Law Review* 1073 (1984).
[14] Gillian Hadfield, "The Price of Law: How the Market for Lawyers Distorts the Justice System," *Michigan Law Review* 98, no 4 (February 2000), 953-1006.

conséquence sera qu'un avocat d'urgence abandonnera l'affaire non pas lorsque le gain est optimal pour le client, mais bien plutôt lorsque l'avocat n'en tire pas de profit. Deuxièmement, les avocats de l'éventualité entretiennent un portefeuille de cas pour répartir le risque et minimiser les pertes s'ils perdent un procès. Lorsque les enjeux d'une affaire sont élevés, le cas du client recevra beaucoup d'attention. Cependant, si une affaire plus importante, mettant en jeu des profits potentiels plus élevés, survient dans le même temps, leur cas peut être mis sur la touche. Troisièmement, dans le cas des honoraires conditionnels, il est difficile pour les avocats d'estimer la probabilité de réussite qui doit être plus élevée que celle qui est non conditionnelle.[15]

On peut donc en déduire que les honoraires conditionnels ont un impact restreint sur l'amélioration de l'accès aux tribunaux. Ils sont limités à certains domaines du droit tels que les préjudices corporels et ne placent pas les intérêts des clients au-dessus de ceux des avocats.

### 6.3 Aide juridique aux États-Unis

Une autre méthode conçue pour produire un effet d'égalisation entre les nantis et les démunis est l'aide juridique. Aux États-Unis, son influence est faible. La raison en est qu'elle est fournie sur une base volontaire et que, comme on l'a vu dans l'affaire Milk, les avocats ne donnent souvent des conseils qu'une fois et ne donnent plus suite aux procédures jusqu'à leur résolution. Les statistiques montrent que seulement 10 % des avocats américains participent à des programmes *pro bono* organisés par des barreaux. Une étude menée en 1985 par l'ABA montrait que seulement 20 % des avocats américains donnaient plus d'une heure par semaine (50 heures par année) pour travailler bénévolement.[16] Aux États-Unis, en 1988, seulement 1 % des avocats travaillaient comme avocats de l'aide juridique ou défenseurs publics. Les revenus des sociétés d'aide juridique représentent moins de 1 % des recettes totales des services juridiques à l'échelle nationale aux États-Unis.[17]

### 6.4 Extensions du modèle de Galander : nouveaux développements dans les services juridiques après 1974

Les évolutions dans le paysage des services juridiques ont une incidence négative sur les personnes qui reçoivent des services juridiques de qualité. Au cours des dernières décennies, il s'est produit un changement important dans les marchés des services juridiques aux États-Unis. Au cours de cette période, la forte tendance a été double : premièrement, l'augmentation de la taille des cabinets d'avocats, ce qui a conduit à l'émergence du cabinet d'avocats

[15] *Ibid.*
[16] *Ibid.*
[17] *Ibid.*

d'entreprise ; deuxièmement, le travail juridique est devenu de plus en plus spécialisé dans ces grandes entreprises. La taille de l'entreprise est passée de quelques centaines d'avocats en 1970 à des milliers d'avocats aux États Unis.[18]

Cette tendance a également modifié l'équilibre entre les services juridiques et les entreprises d'une part, et les services et les demandeurs individuels d'autre part. Entre 1975 et 1995, les efforts juridiques consacrés aux entreprises et aux organisations ont augmenté de 11 %, passant de 53 % à 64 % de tous les efforts juridiques. En 1995, ce chiffre était passé à 64 %, alors que l'effort juridique consacré aux individus avait diminué de 21 % à 16 %.[19]

### 6.5 Nouveaux désavantages

On relève plusieurs inconvénients plus récents pour les petits prestataires, qui découlent de la modification du contexte des services juridiques. Premièrement, la qualité du service juridique a été affectée. Les meilleurs cabinets d'avocats d'affaires embauchent des diplômés d'écoles de droit de premier rang, alors que les avocats représentant des clients individuels proviennent généralement des facultés de droit locales.[20]

Deuxièmement, les clients organisationnels bénéficient de services juridiques spécialisés de premier ordre. Les avocats qui représentent des clients individuels ne sont pas spécialisés en général et travaillent dans des cabinets individuels ou de petite taille.[21]

Troisièmement, les cabinets d'avocats d'affaires utilisent des économies d'échelle ; les différences dans l'échelle de la pratique ont des implications importantes au regard des ressources que les organisations et les individus investissent dans les litiges. Un niveau élevé dans l'échelle signifie une plus grande disponibilité des ressources pour investir dans un capital humain et organisationnel. Cela, à son tour, conduit à de meilleurs avocats et à une meilleure structure du cabinet d'avocats.

Quatrièmement, les avocats des meilleurs cabinets d'avocats ont des relations privilégiées avec les différents réseaux sociaux, ce qui est également un avantage pour les grands cabinets d'avocats, et donc pour leurs clients, car ils peuvent tirer parti d'un autre type de capital social.

Cinquièmement, le prestige est également différent du fait que les avocats qui travaillent avec des clients corporatifs et organisationnels tendent aussi à établir des niveaux plus élevés d'influence et de prestige au sein de la profession. En effet, le « prestige » est surtout défini dans la profession juridique par rapport à l'éloignement vis-à-vis des clients individuels.[22]

---

[18] *Ibid.*

[19] Heinz and Laumann, *The Changing Character of Lawyers' Work* (Chicago Press, 1975/1995).

[20] Hadfield.

[21] Hadfield.

[22] Heinz and Laumann.

En conséquence, les observations que Hadfield a faites trente ans après le travail séminal de Galander étaient que les tendances de l'influence des ressources sur le résultat du processus légal s'étaient accélérées. Cela signifie que Galander a simplement anticipé un problème croissant.

### 6.5.1 Qui poursuit qui ?

Hadfield a constaté qu'aux États-Unis, trente ans après l'analyse des « démunis » de Galander en 1975, il s'est produit un changement important vers « avoir » des défendeurs contre des demandeurs « démunis », puisque plus de 90 % des causes avaient une organisation en tant que défendeur.

### 6.5.2 Qui gagne des procès ?

Farber et Eisenberg ont recherché si le taux de réussite dépend des différences entre les particuliers, les gouvernements et les entreprises. Ils ont constaté que les demandeurs de même catégorie, quand ils se font face (entreprise contre entreprise ou individu contre individu), ont un taux de réussite de 72 % à 75 %. Il y a une grande différence dans le taux de réussite lorsque les sociétés plaignantes poursuivent des individus. Les sociétés gagnent le procès dans 91 % des cas alors que les individus qui poursuivent des entreprises ne gagnent que dans 50 %.[23]

Une autre étude a conduit à des résultats similaires. Dunworth et Rogers ont également étudié les différences entre les individus et les entreprises « Fortune 2000 ». L'étude a porté sur la période 1971-1991. Les sociétés « Fortune 2000 » atteignent des taux de réussite (contre toutes les catégories de parties) de 71 % en tant que plaignantes et de 61 % en tant que défenderesses, tandis que les parties non commerciales ne remportent le procès que dans 64 % des cas comme plaignantes et 28 % comme défenderesses.

### 6.5.3 Les conséquences des tendances actuelles des poursuites intentées aux États-Unis

Hadfield a énoncé trois conséquences possibles de cette évolution vers une confrontation de plus en plus grande des individus à des défendeurs organisationnels :

1) moins de procès : si les organisations sont plus susceptibles de régler leurs litiges en raison de meilleurs conseils juridiques ou davantage associées aux procédures judiciaires que les individus, les taux d'essai diminueront en fonction de la modification des incitations moyennes influençant les résultats.

2) changement de procédure : si les défendeurs en tant que groupe disposaient de ressources juridiques plus nombreuses et meilleures à mesure qu'ils devenaient plus « organisationnels » en moyenne, ils parviendraient finalement à modifier la procédure civile sous-jacente, par exemple, en

---

[23] Theodore Eisenberg and Henry S. Farber, "The Litigious Plaintiff Hypothesis Case Selection and Resolution," 28 *Rand Journal of Economics* (1996).

augmentant l'obstacle à surmonter pour écarter le jugement sommaire, ou pour faire évoluer la doctrine vers une plus grande acceptation des voies alternatives de règlement des différends, en vue d'une réduction des coûts juridiques ou des indemnisations de dommages.

3) s'il y a procès, la société défenderesse devrait gagner plus souvent. La raison en est qu'elle a des avantages considérables pour rassembler des preuves et des argumentations juridiques dans la grande majorité des cas ; les défendeurs devraient donc gagner plus parce qu'ils ont plus de ressources.

### 6.6 Analyse des conclusions de Hadfield

Un premier point expose les raisons pour lesquelles les taux de procès présentent plus de litiges qui opposent les plaignants individuels aux entreprises défenderesses. Les entreprises utilisent différents moyens pour résoudre leurs conflits.

Le scénario le plus intéressant est probablement le second. Il ressort clairement de l'affaire Subway qu'il y a une évolution vers la recherche de procédures alternatives dans lesquelles les nantis peuvent gagner plus facilement et à moindre coût, par rapport aux procès devant les tribunaux. Cet exemple n'exclut pas la possibilité que, à terme, les règles de procédure changent également. Cela est particulièrement vrai lorsque des avocats expérimentés trouvent des failles à exploiter dans le système. Dans notre exemple, il s'agissait d'une procédure de règlement extrajudiciaire des différends, qui n'équilibre pas de façon égalitaire l'intérêt des deux parties.

Le troisième scénario atteste aussi de la disparité. Les sociétés défenderesses gagnent beaucoup plus souvent que les plaignants individuels parce qu'elles ont la possibilité de recueillir plus d'informations et de mieux apporter les preuves au soutien de leurs réclamations. Autrement dit, les clients d'entreprise bénéficient d'une meilleure représentation. C'est très inquiétant. La raison en est que le droit change en faveur de certains et au détriment des autres au fil du temps parce qu'il n'y a pas de véritable concurrence entre les différents intérêts sociaux dans les tribunaux.

#### 6.6.1 Création de règles

Le cas de Subway montre que cette importante compagnie n'a pas opté pour un changement de règle ; pour elle, il suffisait d'éviter le système judiciaire. Les entreprises s'orientent rarement vers la création de règles. Les hommes d'affaires et les leaders organisationnels ne pensent pas souvent à créer des règles favorables s'ils n'ont pas été formés en tant qu'avocats.[24] La plupart des

---

[24]Harvey Anderson de Mozilla Corporation va jusqu'à affirmer que le travail juridique est souvent inutile : « Les gens d'affaires s'arrangent et nous devons tous nous arrêter pendant quelques heures (ou jours ou mois) pendant que les avocats marchandent la langue et les documents que tout le monde sait sera largement obsolète et inutile.

hommes d'affaires raisonnent de façon à éviter les tracas juridiques.[25] Ce qu'ils font souvent, comme le montre l'exemple de Subway, consiste donc à créer une situation juridique favorable qui écarte complètement les tribunaux. Comme Galander lui-même l'a souligné, les joueurs récurrents utilisent très souvent leurs connaissances antérieures pour structurer la transaction suivante car ce sont eux qui écrivent le contrat. Ils bénéficient également d'économies d'échelle et ont des coûts de démarrage faibles dans tous les cas.[26] Tous ces avantages sont clairement visibles dans l'affaire de Subway.

Un autre élément crucial pour les hommes d'affaires et les autres joueurs fidèles est leur réputation. Ils doivent établir et maintenir leur crédibilité en tant qu'entreprise prospère qui ne doit pas être menacée par des échecs occasionnels même dans les salles d'audience. Ce maintien de l'image est plus important que les stratégies qui permettront une victoire finale au tribunal.[27] Il est donc primordial pour les grandes entreprises d'éviter les procès dans les tribunaux et d'avoir recours à des stratégies de négociation rigoureuses, notamment en se créant une image de négociateur intransigeant. Au regard de ce travail, cela signifie que l'opposition d'un individu inexpérimentée relève probablement plus souvent de moyens qui excluent les tribunaux dans lesquels le risque d'acquérir une mauvaise image peut engendrer une perte potentielle. Par conséquent, il ne suffit pas de regarder les statistiques des tribunaux, qui ne présentent qu'une partie de la réalité. La plupart des affaires ne sont jamais portées devant les tribunaux, principalement parce que, comme Galander l'a

---

[25]Pour en savoir plus sur le style de fossé entre les avocats et les gens d'affaires, voir Hadfield, Infrastructure juridique et Nouvelle économie. Hadfield, Gillian. « Infrastructure juridique et nouvelle économie » I. S. Journal de droit et de politique pour la société de l'information 8, no. 1 (2012). Hadfield utilise deux exemples révélateurs : Kent Walker, avocat général chez Google, qui a déclaré : « Mais je leur envoie les deux pages dont nous avons besoin, et ils rient et envoient dix ou plus. » Il se demande encore s'il peut des incitations justes dans la passation de marchés pour reconnaître que parfois des querelles juridiques ou une aversion pour le risque entraînent des transactions perdues ou de moindre valeur? Harvey Anderson, de Mozilla Corporation : « Nos avocats ne savent tout simplement pas ce que nous faisons, comment une entreprise comme celle-ci fonctionne. Il y a un énorme écart génétique. » La façon de penser des gens d'affaires peut même aller jusqu'à trouver le travail juridique inutile. Des déclarations comme celle-ci démontrent que les gens d'affaires sont moins enclins à penser en termes de création de règles et plus en termes de faire fonctionner leur entreprise sans interruption légale.

[26] Galander.

[27] *Hadfield, Legal Infrastructure*. Un autre exemple utilisé par Hadfield est l'histoire du litige de Cisco avec un concurrent chinois qui, selon lui, avait violé ses droits de brevet. Au début du processus, ses avocats externes ont recommandé de déposer certaines requêtes préliminaires. Chandler a demandé s'ils gagneraient ces motions. La réponse de ses avocats plaidants était non, mais ces motions peuvent être utilisées pour éduquer le juge sur les questions de la réponse de Chandler : « Vous ne comprenez pas? Ce procès était partout dans les nouvelles le jour où il a été déposé. Lorsque nous perdons ces motions, les manchettes de l'heure suivante se lisent : "Cisco perd son premier tour face à la concurrence" et les finances sont devenues fous. » Chandler veut une équipe de litige experte dans la réflexion sur la stratégie au-delà de la salle d'audience.

fait valoir, les non-nantis, qui n'ont aucune réputation de négociation à défendre, profiteront immédiatement d'un règlement.[28]

Lorsque les grandes entreprises optent pour la création de règles, ces dernières concernent des règles procédurales qui donnent plus de pouvoir aux riches que des règles substantielles qui sont, pour leur part, plus souples et soumises à une interprétation judiciaire lors de leur mise en application. Les joueurs récurrents qui ont intérêt à modifier les règles ne sont pas tant les clients, mais sont les avocats qui les représentent habituellement. S'ils changent les règles (procédurales ou même substantives) en faveur des nantis, leur travail dans les procédures suivantes sera beaucoup plus facile.

### 6.7 Les individus persistent avec leurs cas

Il est important de noter que, selon Hadfield, les plaignants individuels écartent volontairement toute procédure dans seulement 3,5 % des cas, ce qui signifie qu'ils sont tout à fait déterminés dans leur poursuite des grandes entreprises. La question est donc : font-ils cela parce qu'ils sont sûrs qu'ils ont raison ou parce que les enjeux d'une réussite contre une entreprise sont si valorisants qu'ils ne veulent pas laisser passer cette occasion ?

L'évaluation de Hadfield pourrait être correcte pour la deuxième raison parce que le fait pour un individu de remporter un procès contre une société peut constituer un enjeu primordial aux États-Unis. La raison en est la possibilité de condamnation à des dommages punitifs qui peuvent représenter un enjeu substantiel pour un demandeur individuel. De plus, l'existence de frais imprévus dans certains cas où il ne coûte presque rien à une personne d'engager un avocat signifie aussi que la barrière d'accès à tout individu qui a subi ou croit avoir subi un dommage grave (blessure par exemple), est peu élevée.

Un très bon moyen de vérifier si Farber et Eisenberg[29] ont tiré les bonnes conclusions consiste à examiner un système dans lequel il n'y a pas de frais imprévus ou de dommages punitifs, tel que le système français, et de constater si les résultats sont identiques. C'est un sujet important pour de futures recherches.

[28] Galander.

[29]Eisenberg, Theodore, and Henry Farber. « The Litigious Plaintiff Hypothesis: Case Selection and Resolution. » 1996. doi:10.3386/w5649.

## 7. Perspective économique

### 7.1 Expliquer le problème d'un point de vue économique

Pour expliquer l'accès aux tribunaux comme levier de la machine judiciaire, deux théories principales seront étudiées, celle de Posner et celle de Kaplow et Shavell.

#### 7.1.1 Théorie de Posner : les tribunaux en tant que marché

Les tribunaux, selon Posner, peuvent fonctionner comme un marché hypothétique qui alloue des ressources lorsque les coûts de transaction sont trop élevés pour utiliser le mécanisme normal du marché.[30] Dans cette déclaration, Posner a identifié deux éléments importants dans l'exposé de ce chapitre. Premièrement, il a soutenu que les tribunaux fonctionnaient comme des distributeurs de ressources dans la société et, deuxièmement, il a dit que les tribunaux se rapprochaient des marchés. Ce premier rôle distributif nous conduira à un moyen d'obtenir un meilleur accès aux tribunaux en utilisant le modèle de subventions et de restrictions de Kaplow et Shavell. Le deuxième élément de fonction de marché des tribunaux nous aidera à montrer en quoi, dans notre petite société utopique, l'arbitre peut fournir un accès complet à ses services et pourquoi il est si difficile d'atteindre le même niveau d'accès dans les sociétés modernes. Cela sera fait en analysant le type de marché pour les services juridiques.

Pour reprendre les termes exacts de Richard Posner, il a assimilé le tribunal à « un consommateur obligé de choisir entre des biens similaires de deux vendeurs farouchement déterminés [...] le processus légal ressemble aussi au marché dans son impersonnalité [...] la main invisible du marché a sa contrepartie dans le désintérêt distant du juge ... »[31]

La théorie de Posner est fondée sur la croyance selon laquelle, dans de nombreux cas, un tribunal peut prendre une décision raisonnablement précise quant à l'allocation des ressources qui maximiserait la richesse. Cependant, la détermination de la valeur par un tribunal est moins précise que celle résultant du marché réel, qui est définie par une transaction volontaire. Posner a posé une limite stricte à une telle utilisation des tribunaux. Ces derniers devraient être compétents seulement dans des cas tels que les accidents, lorsque les coûts de transaction sur le marché empêchent l'utilisation d'un marché réel.[32]

Il s'agit simplement d'un objectif moins commun des tribunaux fondé sur la nécessité d'une répartition institutionnelle qui se produit lorsque le mouvement des ressources d'un endroit à l'autre est coûteux (les coûts de transaction sont

---

[30] Posner, p.62.
[31] Posner, pp. 321-322.
[32] Posner, p.62.

élevés). En raison de ce besoin, les tribunaux sont les dispositifs (institutions) que les humains créent afin d'effectuer ce mouvement.

L'objectif de Posner prend tout son sens dans un contexte théorique néo-libéral qui exclut la possibilité de distribution de la richesse. Les juges ne jouent généralement pas un rôle important dans la distribution mais, quand ils le font, les résultats prennent la forme de règles fortes. Cela explique aussi pourquoi le droit de la responsabilité délictuelle a été créé par les juges (au moins au début) en France, en Angleterre et aux États-Unis, mais d'autres domaines du droit n'ont pas connu un tel niveau d'activité judiciaire

### 7.1.2 Extension du modèle de Posner

Cette section vise à démontrer pourquoi il est si difficile dans une société moderne d'atteindre l'idéal d'un accès complet aux tribunaux, qui existait dans notre société utopique. L'argumentation prend en considération le modèle de Posner qui ne tient pas compte du fait que les tribunaux fonctionnent comme des marchés imparfaitement concurrentiels. Dès lors, comment les tribunaux peuvent-ils fonctionner comme un marché hypothétique qui alloue des ressources lorsque les coûts de transaction sont trop élevés pour utiliser le mécanisme normal du marché ? Posner a limité la fonction d'allocation des ressources des tribunaux aux délits en raison d'une difficulté très importante : le marché des services juridiques n'est pas un marché parfaitement concurrentiel comme c'est le cas dans la société utopique. Cela signifie que le demandeur et le défendeur, qui peuvent être comparés à un acheteur et à un vendeur dans un marché normal, ne fonctionnent pas dans une concurrence aussi parfaite qu'ils le feraient dans un marché réel. Cette différence est la principale raison pour laquelle l'accès complet n'est pas possible dans les sociétés modernes, contrairement à ce qui prévaut dans notre petite communauté idéale.

Les caractéristiques d'un marché parfaitement concurrentiel sont les suivantes :

- Toutes les entreprises vendent un produit identique
- Tous les participants sont des preneurs de prix
- Toutes les entreprises ont une part de marché relativement faible
- Les acheteurs ont des informations complètes sur le produit et les prix
- L'industrie est caractérisée par de faibles barrières ou pas d'obstacles pour entrer et sortir d'une industrie.

Comme l'a dit Hadfield, « Le cadre économique pour analyser le fonctionnement des marchés est essentiellement comparatif : nous évaluons dans quelle mesure le marché s'écarte de la référence hypothétique de la concurrence parfaite ».[33] Dans notre société utopique, la concurrence est parfaite. C'est pourquoi il est indispensable d'utiliser cette société comme repère.

[33] Hatfield ibid.,

Examinons donc chaque point d'un marché parfaitement concurrentiel pour trouver les écarts dans lesquels fonctionnent les tribunaux. Le marché parfaitement concurrentiel est celui où les marchandises sont distribuées par les vendeurs, sans pouvoir influencer le prix du marché, à des acheteurs qui n'ont pas non plus la possibilité d'influencer le prix du marché ; tout le monde est un preneur de prix dans des conditions d'information complète. Si l'on établit une comparaison avec les tribunaux, cela signifie que le demandeur et le défendeur devraient savoir tout sur les faits de l'affaire dans laquelle ils sont impliqués et que le prix est égal au coût marginal et la production est la quantité demandée à ce prix.

La raison pour laquelle des marchés parfaitement concurrentiels sont intéressants pour notre argumentation réside dans le fait que l'analyse économique montre que ces marchés fonctionnent de manière optimale. Ils se traduisent par des prix aussi bas que possible et la production est aussi bonne que possible. Dans de telles conditions, le système d'adjudication fonctionne donc de la façon la moins onéreuse possible tout en produisant le maximum de résultats. C'est exactement le cas dans notre société imaginaire d'agriculteurs / chasseurs-cueilleurs, dans laquelle l'adjudicateur fournissait à tous des services à peu de frais et prenait des décisions fondées sur des informations complètes auxquelles tous les intervenants avaient accès.

Dans la mesure où bon nombre de ces exigences ne sont pas remplies par les tribunaux fonctionnant comme des marchés, il s'ensuit que les décisions prises s'écartent de l'indice de référence parfaitement concurrentiel et qu'elles ne peuvent donc pas être considérées comme produisant le meilleur résultat possible.

Les conclusions exactes sont les suivants : les joueurs à répétition peuvent influencer le prix du marché pour les litiges. Ils peuvent affecter le marché, mettant ainsi en cause la concurrence parfaite. Le prix concurrentiel n'est pas égal au coût marginal de production. Cela signifie que ces joueurs peuvent faire augmenter le coût marginal des litiges futurs. Ils peuvent accroître les coûts futurs des plaideurs potentiels à venir, qui pourraient eux-mêmes engager une action contre ces joueurs à répétition. Il existe aussi un problème d'information parce que ni le tribunal ni les parties ne connaissent tous les faits de l'affaire. Les obstacles à l'entrée peuvent être importants pour certaines parties (les personnes démunies). Les litiges peuvent soulever une myriade d'interrogations, de sorte que le produit offert par les parties n'est pas identique.

À ce stade, il convient de se questionner sur la signification de cette situation pour les nantis et les démunis, selon Galander ? nous suggérons qu'il existe une autre solution hayekienne au problème du traitement des échecs de l'approche du laisser-faire, pour créer une compétitivité entre les parties qui choisissent de s'engager dans le processus légal.

Un auteur clé de l'approche de laisser-faire est Hayek, qui a soutenu que l'économie fonctionne sur l'entrepreneuriat individuel libre, non restreint par l'État. Il a constaté deux limites importantes. La première limite est que les tribunaux sont les protecteurs des différents acteurs du marché et la deuxième limite est que, pour assurer une concurrence effective sur le marché, les règles doivent diriger le marché. Dans le processus juridique, nous suggérons que les deux aspects se rejoignent. Il est à la fois nécessaire de disposer d'un système judiciaire qui protège les acteurs économiques individuels, et de respecter un besoin de libre concurrence entre ces acteurs au sein du système judiciaire régi par les règles de la concurrence. Ces règles sont complètement absentes du processus juridique. Il est d'ailleurs surprenant qu'autant de ressources soient consacrées à l'application du droit de la concurrence dans beaucoup de domaines du droit et qu'aucune ne porte sur le système judiciaire.

Une question importante est la suivante : pourquoi alors n'existe-t-il pas de règles de concurrence procédurales pour protéger les acteurs économiques individuels contre des entités puissantes qui étouffent l'initiative privée en ne lui permettant pas de défendre ses intérêts devant les tribunaux ?

Cette question en entraîne une autre : qu'est-ce qu'une concurrence effective entre les parties d'un processus judiciaire ? Ainsi que l'a déclaré Simon Bishop, seuls comptent les résultats de la mise en œuvre de la concurrence dans un marché donné ; la forme particulière du processus de compétition n'est pas prise en considération. Il ressort de ce point de vue pragmatique et conséquentialiste que le marché concurrentiel dépend du résultat qu'il produit.[34] De toute évidence, on peut déduire de l'exposé de Galander qu'il y a un problème de concurrence dans le marché du processus juridique puisque les « nantis » se démarquent des « démunis ». Cette affirmation a été confirmée trente ans plus tard par une recherche empirique de Gillian Hadfield.[35] Un important corpus de doctrine a été élaboré en première instance et en appel à partir d'études réalisées du point de vue des cours suprêmes de l'État et des cours d'appel des États-Unis. [36] Ce travail mérite un examen attentif.

Outre le résultat, il existe une autre façon de démontrer qu'il n'y a pas de concurrence parfaite entre les parties à un différend juridique. Il convient pour cela de revenir sur les questions de représentation.

---

[34] Simon Bishop and Mike Walker *Economics of E.C. Competition Law: Concepts, Application and Measurement* (Sweet & Maxwell, 2007).

[35] Hadfield.

[36] Songer, Donald R., and Reginald S. Sheehan. "Who Wins on Appeal? Upperdogs and Underdogs in the United States Courts of Appeals." *The Social Organization of Law*, 1999, 323-41. doi:10.1016/b978-012083170-8/50017-1.

### 7.1.3 Représentation indique un manque de marché parfaitement concurrentiel

Pourquoi examiner le marché des avocats ? Est-il important pour la machine judiciaire ? La réponse à cette dernière question est positive parce qu'elle confirme que ce marché n'est pas parfaitement concurrentiel. C'est une réalité avec laquelle la machine judiciaire doit travailler et qui ne peut pas être changée. Si l'on ne tient pas compte de ce facteur, en plus des autres imperfections du marché, il y aura une force d'accumulation qui ira à l'encontre du bon fonctionnement de la machine judiciaire. La force et la direction de cette force doivent être absolument claires. Ainsi, l'examen du marché des avocats est essentiel pour comprendre ce qui entrave le fonctionnement des tribunaux en tant que quasi-marchés.

Après le travail de Hadfield sur les imperfections du marché des avocats, voici une liste des façons dont le marché des services juridiques dévie du marché parfaitement concurrentiel :

- La complexité du droit implique que les avocats ne peuvent pas garantir un résultat car même malgré un travail conséquent de leur part, ils ne peuvent pas assurer que l'objectif sera atteint.
- La complexité du droit reflète la nature amorphe et multiforme du conflit humain et de la résolution des conflits.
- Le droit est sensible au contexte et aux multiples facteurs qui doivent être pris en compte pour prendre une décision sur un cas.
- Le droit résulte d'une symbiose entre le jugement et le comportement humain ; ce processus est influencé par une multitude de considérations - idiosyncrasies, expériences passées, valeurs personnelles, temps, biais cognitifs et limitations, politique, etc. Le processus de résolution de n'importe quel problème, autre qu'une affaire légale courante, implique de nombreux effets cumulatifs. Malgré cela, leur travail est complexe et nécessite l'utilisation de capacités acquises grâce à une formation poussée.

La complexité croissante des relations économiques et sociales conduit à une sophistication accrue du droit. Cela rend les avocats encore plus importants / indispensables. En conséquence, la profession juridique fournit des services à des honoraires de plus en plus élevés pour couvrir le coût de l'adaptation et des connaissances induites par la complexité.

Cela correspond à une observation réalisée par Adam Smith qui a mis en évidence le lien entre les honoraires élevés exigés par de telles professions et les dépenses engagées pour apprendre le métier.

1) L'autre grand facteur qui entraîne une défaillance du marché sur le marché pour un avocat est ce que les économistes appellent des biens de confiance. Ces biens sont fournis par un expert qui détermine également les besoins de l'acheteur. La raison possible est que les acheteurs n'ont pas les connaissances nécessaires pour accéder à la quantité de biens ou de services

dont ils ont effectivement besoin. Ils ne peuvent pas non plus dire si le service a été effectué ou non. Cela met les acheteurs à la merci d'un comportement opportuniste de la part des vendeurs : il peut leur être vendu trop de services, ou les services facturés peuvent avoir été non exécutés ou mal exécutés. En outre, l'avocat peut facturer le prix le plus élevé possible – le prix de monopole. Les services juridiques sont des biens de confiance. La complexité du droit fait qu'il est difficile pour les clients de juger le service qu'ils reçoivent. Ainsi, l'échec du marché est informatif sur le problème réel - la société ne connaît tout simplement pas la valeur du service d'un avocat.

2) Une autre raison pour laquelle le marché des services juridiques n'est pas parfaitement concurrentiel et ne fonctionne pas de manière optimale, c'est son mode de « tournois ». Ce terme illustre le fait que c'est que le gagnant qui remporte tout. Avoir un avocat qui est marginalement mieux payé de façon disproportionnée peut être le résultat d'un faux signalement de cet avocat aux clients et pas nécessairement d'une meilleure capacité d'avocat de sa part. Si un avocat a une influence positive sur l'issue du processus judiciaire, cela dépend dans une certaine mesure de ses qualités professionnelles. Afin de montrer qu'il possède ces qualités, l'avocat peut seulement émettre des signaux vis-à-vis de ses clients potentiels. La conséquence en est que, comme dans le sport, seuls les meilleurs avocats peuvent bénéficier des gains élevés alors que les autres gagnent beaucoup moins. Ces marchés sont caractérisés par des enjeux substantiels : de petites différences de qualité entraînent de grandes différences de rémunération.

Au cours des deux dernières décennies, la taille des cabinets d'avocats a considérablement augmenté et, parallèlement, les réputations de qualité ont eu tendance à s'attacher à l'entreprise plutôt qu'à des praticiens individuels. Comme le soutiennent Galander et Palay, le grand cabinet d'avocats permet à plus d'avocats de partager le capital humain et la réputation des avocats qui réussissent ; les partenaires individuels peuvent agir pour un plus grand nombre de clients lorsqu'une partie substantielle du travail est déléguée à des collègues juniors.

Leurs honoraires refléteront le montant des sommes en jeu et non, comme dans le marché parfaitement concurrentiel, le coût d'opportunité du service. C'est la caractéristique fondamentale des prix du pouvoir sur le marché, déterminée par la valeur que les consommateurs placent sur le bien plutôt que par le coût supporté par les producteurs du bien. La profonde incertitude du droit et la nature « tout ou rien » des enjeux pour les clients donnent aux avocats un pouvoir de marché par le biais d'une dynamique gagnant-gagnant.

Ce n'est pas seulement un tournoi légal, mais plusieurs. Les clients forment des pools différents en fonction des catégories de difficultés juridiques qu'ils rencontrent, des montants en jeu et du prix qu'ils sont en mesure de payer. Les avocats qui ne parviennent pas à obtenir des gains importants dans un pool à enjeux élevés renfermant une clientèle riche auront tendance à rejoindre d'autres pools concurrentiels.

3) Coûts irrécupérables – dès lors qu'un client a choisi un avocat, il lui est difficile de changer et de trouver un nouvel avocat, en raison de l'engagement de coûts initiaux. Si l'avocat a pris des mesures vis-à-vis du client, ce sont des dépenses que ce client doit payer. Plus les dépenses sont importantes, plus le coût irrécupérable est élevé, ce qui signifie que le client ne peut jamais récupérer ses dépenses. Si le client décide de confier l'affaire à un nouvel avocat, des frais initiaux doivent être engagés à nouveau. Ces coûts irrécupérables constituent un autre pouvoir pour l'avocat sur le marché.

Les marchés légaux offrent cependant peu de mécanismes pour contrôler l'opportunisme. Encore une fois, le problème réside dans la complexité et la difficulté de juger de la qualité et de la nécessité du travail juridique. Le fait que les frais juridiques dépassent le montant d'argent en jeu apparaît donc rationnel. Si l'autre partie est disposée à parler de règlement amiable, il est possible alors d'écarter la procédure judiciaire quitter le jeu et de peser sur le coût de la poursuite de façon rationnelle.

### 7.2 Monopole

Le monopole sur le marché des avocats provient de deux sources différentes : les limitations sur le nombre de personnes admises dans les écoles de droit et les barrières artificielles à l'entrée du monopole de l'État sur la résolution coercitive des conflits.

En d'autres termes, la complexité, les coûts irrécupérables, les services juridiques comme biens de créance, un marché de type tournoi pour les avocats et le monopole augmentent les coûts des services juridiques et empêchent le marché des avocats d'être parfaitement concurrentiel. C'est une difficulté difficile à résoudre. Cependant, une machine judiciaire qui ne prend pas ces questions en compte réduira l'accès à une grande partie des plaideurs potentiels.

### 7.3 La société utopique et l'optimalité économique

Cette section explique comment l'analyse économie du droit traite chacune de l'optimalité de la position du levier. Elle vise à démontrer les causes pour lesquelles l'accès complet à la justice, que notre petite société utopique a eu dans la pratique, n'a pas pu être facilement atteint.

Pour rechercher l'optimalité, les économistes ont généralement recours à l'analyse marginale. Ici, l'objectif est de trouver l'optimalité de la position du levier politique pour l'accès à la justice. Le raisonnement consiste à considérer au préalable les positions extrêmes - accès complet ou pas d'accès du tout. Cette dernière est définitivement indésirable. L'accès complet peut être l'idéal ainsi que le prescrit l'objectif du droit matériel, mais comme le montre l'analyse juridique dans la section précédente, dans la pratique, il ne sera pas atteint.

La deuxième raison économique pour que ce soit le cas, outre le manque de concurrence entre les parties et leurs représentants légaux, réside dans la machine judiciaire qui a une capacité maximale de traitement des affaires, contrainte par le niveau actuel des dépenses de ressources.

Les économistes définissent le coût marginal comme l'augmentation du coût total associée à la production d'une unité supplémentaire de production. Par exemple, quatre unités coûtent 4 $, la production de cinq unités coûte 5 $, le coût marginal est de 1 $. L'optimisation de ce levier dépend du coût et des avantages de la marge.

### 7.4 Coût marginal de l'audition - Cas supplémentaires

Cette section examinera le coût marginal de deux manières différentes. La première concerne le coût marginal supporté par le système judiciaire chaque fois qu'une affaire est entendue par les tribunaux. Cette perspective est importante car elle montre qu'il existe un nombre maximum d'affaires susceptibles d'être traitées par les tribunaux du fait du niveau actuel du budget judiciaire. Ce coût marginal est égal à la variation des coûts totaux du système judiciaire divisée par le changement de la quantité totale de cas entendus. Il est un fait que de plus en plus de gens utilisent le système judiciaire au-delà de ce point optimal ; le coût marginal peut alors s'élever de façon disproportionnée pour chaque nouveau cas. En d'autres termes, il y a un point de bascule où le coût de traitement une autre affaire est si élevé que, quelle que soit l'importance de l'affaire, elle ne vaut pas la peine d'être instruite. Avant d'en arriver à ce point, les tribunaux réalisent des économies d'échelle, ce qui permet d'optimiser l'audition des affaires et le fonctionnement global du système. Ce point optimal est l'équilibre du marché réalisé lorsque les ressources données sont le mieux utilisées.

Les tribunaux perçoivent plusieurs catégories de montants :

1) les coûts fixes qui restent les mêmes y compris lorsque la production change ;

2 les coûts variables qui évoluent automatiquement car proportionnels à la production ; ils sont également appelés coûts marginaux à court terme ;

3) les coûts fixes par étape qui restent constants pour une certaine gamme de résultats et les changements lorsque la production dépasse ou tombe en dessous d'un certain seuil ;

4) Les coûts marginaux à long terme, qui sont composés des coûts marginaux à court terme auxquels s'ajoutent les coûts fixes qui changent à long terme, au fur et à mesure que des ajustements sont apportés au niveau de dotation en réponse aux modifications plus importantes de la production.

Il est important de noter que, lorsque le point optimal des auditions correspondant aux ressources disponibles est atteint, les tribunaux doivent augmenter les coûts fixes étape afin d'embaucher plus de juges et/ou plus de personnel de soutien pour intégrer plus d'affaires. En d'autres termes, ils doivent modifier les coûts marginaux à long terme.

Ainsi, lorsque les ressources allouées à l'appareil judiciaire par affaire deviennent inférieures au coût marginal d'une nouvelle audience, les tribunaux cessent généralement de traiter les affaires. Le résultat est que, même les cas importants ayant un impact non négligeable sur le comportement futur des individus dans la société sont rejetés par le système judiciaire ou font l'objet de retard car ils peuvent être reportés sur l'année suivante et dépendante du renouvellement du budget judiciaire. Cet arriéré peut s'accumuler avec le temps.

Le premier effet sur l'ensemble de l'économie au sein de laquelle les tribunaux fonctionnent est la stagnation, car beaucoup de réclamations portant sur des montants élevés sont bloquées devant les tribunaux. Le flux d'investissement dans l'économie en est réduit. Le deuxième effet important est l'absence de traitement des cas susceptibles d'avoir une influence sérieuse sur le comportement futur ; cela aura pour conséquence la poursuite de comportements indésirables dans la société, qui continueront à causer d'autres dommages.

Il apparaît essentiel de retenir que les tribunaux ne peuvent pas gérer plus d'un certain nombre de cas avec les ressources à leur disposition. Entendre plus de causes implique, par exemple, que les juges devraient travailler vingt heures par jour ou qu'il faudrait embaucher plus de personnel. Lorsque cela n'est pas réalisable (lorsque les coûts marginaux ne peuvent pas être modifiés à long terme) parce que les budgets judiciaires ne peuvent pas être étendus à volonté, l'atteinte de la société utopique dans laquelle tout le monde a accès aux tribunaux est impossible.

Il est donc crucial que le système judiciaire trouve un équilibre entre le coût marginal du traitement d'une nouvelle affaire et l'avantage tiré de la résolution des problèmes sociaux. Malheureusement, cet équilibre ne peut pas être pleinement accessible comme dans notre petite société utopique. Ainsi, même si les systèmes juridiques garantissent en théorie un accès complet avec des dispositions importantes comme la procédure régulière dans la Constitution des États-Unis et l'article 6 de la CEDH en Europe, cet objectif est inaccessible ou il est sujet à des retards judiciaires parce que le système judiciaire ne dispose pas de ressources illimitées. Cette raison est aggravée encore par le fait que la machine judiciaire atteint le point à la marge en acceptant un nouveau cas dont le coût devient plus cher que les ressources allouées par cas. L'autre façon de considérer le coût marginal est le changement de coût causé par le changement de politique.

La référence à la performance du système judiciaire de haute qualité est la réalisation de la petite société utopique idéale avec un accès complet aux tribunaux. Étant donné que cet accès complet est irréalisable sans une extension significative et impossible des ressources allouées aux tribunaux, la qualité ne peut être atteinte par la simple imposition d'une règle juridique telle que l'article 6 CEDH. La position de statu quo du levier est loin de fournir le même accès que dans la société idéale. Pour parvenir à un meilleur accès aux tribunaux dans la réalité ou pour déplacer le levier vers la société utopique, le système judiciaire doit mieux fonctionner (utiliser plus efficacement ses ressources disponibles) dans les limites des contraintes budgétaires actuelles. Cela signifie que pour accueillir un plus grand nombre d'affaires importantes, il est crucial que le système judiciaire réduise ses coûts d'exploitation totaux. Kaplow et Shavell ont proposé un modèle qui conduit exactement à ce résultat. Il contient des critères qui permettent à la fois de limiter l'audition de certaines affaires et d'augmenter le nombre de cas importants entendus en utilisant des subventions et des restrictions à l'accès des tribunaux. Selon les termes de la machine judiciaire, cela signifie que la deuxième et la troisième position du levier doivent être utilisées en même temps.

### 7.5 Source d'économies sur l'accès aux tribunaux

Il a été constaté que certaines personnes sont exclues ou très défavorisées au regard du traitement de leur affaire par les services judiciaires. En effet, les ressources du système judiciaire ne sont pas illimitées. Il est impossible d'accorder l'accès à tout le monde au système judiciaire sans avoir des ressources illimitées.

La solution actuelle consiste à ériger des barrières artificielles et des règles qui empêchent les justiciables potentiels d'avoir accès aux tribunaux. Une autre façon est d'adopter des règles qui ont un effet équivalent des restrictions d'accès aux tribunaux. Il y a ainsi des règles qui restreignent discrètement l'accès aux tribunaux en rendant l'accès trop difficile par des voies complexes et alambiquées à la justice que seul un avocat averti peut comprendre. Les personnes qui ne sont jamais entendues au tribunal sont généralement les démunis de Galander.

Mais y a-t-il un meilleur moyen d'accorder un plus grand accès aux tribunaux à divers groupes de personnes, et pas seulement à ceux qui peuvent engager les meilleurs avocats du pays ? existe-t-il un autre moyen de réaliser des économies sur l'accès aux tribunaux tout en permettant l'accès à plus de personnes ? Un modèle est nécessaire, avec des critères qui distinguent les situations dans lesquelles l'accès devrait être accordé de celles dans lesquelles il devrait être restreint. En d'autres termes, le modèle devrait utiliser deux leviers supplémentaires de la machine judiciaire : le levier de subvention pour certains cas et le levier de restriction pour d'autres.

## 8. Une voie à suivre : le modèle de Kaplow et Shavell

Shavell et Kaplow ont créé le modèle suivant qui est important parce qu'il montre comment les tribunaux devraient jouer un plus grand rôle dans l'attribution de l'accès à leurs services.

Les procès pourraient mettre tout le monde dans une meilleure situation, même lorsque le coût des litiges dépasse les enjeux de l'affaire. Dès lors, une règle qui encourage les litiges n'est peut-être pas assez généreuse. Au contraire, les procès peuvent aggraver la situation de tout le monde, même si les coûts ne représentent qu'une petite fraction des enjeux. Une règle générale stricte, qui limite les litiges, serait donc insuffisamment stricte.[37] Le fait est que, lorsque l'on cherche à placer le levier réglementaire de la machine judiciaire, tous les facteurs pertinents doivent être pris en compte. Le facteur souvent omis, qui est crucial pour le bon fonctionnement de la machine judiciaire et peut affecter positivement la société, est l'effet de la poursuite sur le comportement collectif souhaitable pour l'avenir.

Kaplow et Shavell expliquent les problèmes soulevés par différentes règles de procédure. Les demandeurs seront affectés par différents régimes procéduraux lorsqu'ils décident de poursuivre ou non.[38] Il y a trois régimes possibles.

Premièrement, en vertu d'une règle qui dispose que les demandeurs doivent payer leurs propres frais de justice, ils n'engageront une procédure que si le préjudice et les dommages prévus conduisent à une indemnisation supérieure aux coûts du litige. Ils intentent donc une action seulement lorsque leurs frais de justice sont, par exemple, de 10 et les dommages-intérêts attendus de 100. Toutefois, si le coût du litige est de 110, ils ne poursuivront pas s'ils prévoient d'en récupérer seulement 100.

Un autre cas est possible dans lequel, par exemple, une plaignante décide de ne pas poursuivre parce qu'elle ne dispose pas des fonds nécessaires. Pour ce cas, un second régime est possible. Dans ce régime, il existe une subvention (aide juridique, assurance des frais juridiques) qui permettra à la personne d'intenter une action en justice. Ainsi, si le système d'aide juridique couvre ou dépasse les 10 en frais de procédure, elle décidera d'ester en justice. Ce régime est la position du levier qui prévoit des subventions.

Le troisième régime est celui dans lequel le demandeur est disposé à poursuivre, mais il ne peut le faire car il existe une interdiction de poursuivre (par exemple, une taxe élevée sur les poursuites qui dépassent 90). Dans cette situation, il ne poursuivra pas. C'est la position du levier qui prévoit des restrictions sur les cas.

---

[37] Kaplow & Shavell, p.239.

[38] *Ibid*, p. 233.

L'élément le plus important demeure l'introduction d'une amélioration de la société au moyen de la canalisation du comportement futur qui conduit également à l'amélioration du bien-être individuel. Pour y parvenir, Kaplow et Shavell utilisent une idée très puissante : certains cas devraient être subventionnés et certains cas devraient être restreints en fonction de leur influence sur la société à l'avenir. Ils réalisent cette idée en incluant un élément de plus dans leur modèle. Le coût de prise en charge (exécution des contrats, la limitation des accidents) que le défendeur encourt pour éviter le résultat négatif.

Il y a quatre situations possibles selon les coûts des soins et des litiges :

1) Le coût des soins est bas (25) et le coût du procès du demandeur est faible (10). En vertu du premier régime, les demandeurs supportent leurs propres frais de procédure et, en vertu de la seconde, une subvention est accordée pour permettre au demandeur de poursuivre en justice. Dans cette situation, le défendeur prendra soin de lui parce que son coût de prise en charge (25) est inférieur aux frais de procédure qu'il encourt autrement. Donc, dans cette situation, il n'y aura jamais de préjudice, ni pas de procès parce que le demandeur sera incité à être prudent. Cependant, si le procès est interdit, le préjudice subsistera (100) et il n'y aura pas de frais juridiques.

2) Le coût des soins est bas (25) et le coût du procès du demandeur est élevé (110). Sous le premier régime, les victimes ne poursuivront pas parce que les coûts sont prohibitifs. Les dommages se produiront et les coûts totaux seront (100 en d'autres termes, le coût des dommages infligés). Si le procès est subventionné, les préjudices potentiels prendront soin et il n'y aura pas de dommages et donc pas de poursuites, donc les coûts totaux seront seulement 25. Sous le troisième régime qui interdit les poursuites, le résultat est le dommage se produira et total.

3) Le coût des soins est élevé (150) et le coût de la poursuite est faible (10). En vertu du premier régime, le demandeur intentera une poursuite parce que son coût est faible (10) et que l'indemnisation prévue est de 100. Toutefois, le défendeur ne s'intéressera pas au procès car le paiement des frais des procédures et de dommages lui coûtera moins cher que le coût des soins (150). Le coût total sera donc de 120 (100 en dommages et 10 pour les frais de procès de chaque partie).[39] Si le procès est subventionné, le résultat est le même : le défendeur ne sera toujours pas attentionné. Toutefois, si la poursuite est interdite, les coûts totaux seront inférieurs à 100. La raison en est que les frais de litige de 10 sont évités et qu'il ne demeure que le seul coût du dommage.

4) Le coût des soins est élevé (150) et le coût du procès du demandeur est élevé (110). Sous le premier régime, le demandeur ne poursuivra pas car les coûts sont prohibitifs et le défendeur ne sera pas intéressé car le coût des soins est élevé. Compte tenu des dommages engendrés, le coût total sera de 100 (le

[39] Règle américaine / anglaise : les deux règles divergent quant à savoir qui paie les frais d'un litige. Aux États-Unis, la règle est que chaque partie couvre ses propres coûts et, en Angleterre, la règle est que le perdant paie les frais des deux parties.

Si les enjeux sont élevés, trop de combinaisons seront recensées, y compris celles dont les chances de réussir sont faibles. Cela pourrait être le cas en application de la règle des honoraires conditionnels. S'agissant des honoraires à taux horaire, l'avocat est indifférent à l'importance des enjeux. La raison en est qu'il sera payé dans tous les cas, à moins qu'une clause prévoie un paiement supplémentaire en cas de réussite. La conséquence en sera un nombre supérieur de procès méritant d'être portés devant les juges.

Si les enjeux personnels d'un demandeur sont faibles, les poursuites ne seront pas intentées à moins que l'avocat n'ait un comportement non conforme à l'éthique et qu'il aille, pour un gain personnel, à l'encontre des intérêts du demandeur. Dans les cas à faible enjeu, il y a de fortes chances que l'affaire ne soit pas retenue, même s'il y a un avantage social avéré à intenter une action en justice. Il y a donc une divergence entre les incitations privées et les incitations sociales.

En vertu d'un régime à taux horaire, lorsque les personnes entendent le prix annoncé par l'avocat, elles ne maintiennent pas la requête. Il en résulte que trop peu de poursuites sont intentées. Cette attitude renforce le souhait des avocats d'intenter plus de procès qu'ils ne le devraient. Mais ce statu quo s'aligne-t-il sur la situation socialement optimale ? La réponse est non. Les affaires qui auraient dû être portées parce qu'elles contenaient des informations importantes au regard du comportement futur dans la société, ne sont pas déposées. Au contraire, les affaires qui ne contiennent pas de telles informations continuent à bénéficier de la machine judiciaire. Cela nous ramène au modèle de Galander et à son idée selon laquelle les cas qui échouent sont ceux diligentés par les personnes qui peuvent se le permettre (les nantis) ; leurs cas ne sont pas classés alors que ceux concernant les personnes défavorisées le sont. En réalité, la réussite ou l'échec d'une affaire ne dépend donc pas de l'information sociale importante qu'elle contient en vue de l'introduction d'un changement social positif à l'avenir, mais de la possibilité matérielle de déposer une plainte. Ainsi, le résultat final dans la société n'est pas l'amélioration et la résolution des problèmes sociaux, mais un biais favorable dans le droit matériel et procédural.

### 8.2 Critiques possibles de ce modèle

Il importe maintenant de souligner qu'Eisenberg a découvert une cause différente de gagner moins souvent. L'étude qu'il a conduite a mis en évidence la raison du faible taux de réussite des individus à mentir dans la façon dont ils choisissent leurs cas. Cette raison est liée au fait qu'ils sélectionnent leurs cas sur la base de leur coût, étant entendu que leurs procédures sont moins onéreuses pour eux que pour les sociétés. Ils constatent que les demandeurs individuels ont des coûts de litige inférieurs à la moyenne pour ceux qui, le plus souvent, intentent une action en justice.

Il est raisonnable de conclure que c'est la sélection des causes, et non l'accent mis sur les ressources différentielles disponibles pour les plaignants individuels et organisationnels, qui déterminent le résultat. C'est une différence importante car elle remet en cause les fondements du modèle sur lequel repose l'idée de la position plus faible des défavorisés. Ce défi est basé sur la causalité des raisons pour lesquelles les pauvres perdent plus souvent.

### 8.2.1 Critique supplémentaire

L'argument d'Eisenberg selon lequel les plaideurs individuels ont des coûts de litige moindres est vrai seulement pour les honoraires conditionnels ou pour ceux qui poursuivent les sociétés. Dans un contexte de frais imprévus, le demandeur choisira de porter plainte si les enjeux sont élevés. Mais l'avocat ne tentera sa chance que s'il décide que les gains potentiels sont suffisamment élevés et qu'il peut répartir le risque de perdre sur le grand nombre d'affaires contenues dans son portefeuille. Ainsi, le dépôt d'une plainte est relativement moins cher que pour les entreprises et, par ailleurs, de nombreux cas sont motivés par des enjeux élevés tels que les dommages-intérêts punitifs.

Dans le contexte des honoraires horaires, seuls les nantis peuvent se permettre de poursuivre une société. Encore une fois, Eisenberg a raison de dire que le coût de leurs litiges peut être inférieur à celui des sociétés. Cependant, les personnes démunies n'ont pas les moyens de poursuivre une société si elles doivent engager un avocat sur une base horaire. Pour elles, le coût des litiges sera élevé de façon disproportionnée parce que le dollar représente à leurs yeux une valeur si élevée qu'elle ne peut être comparée à la valeur d'un dollar pour une grande entreprise.

Ce livre soutient que la machine de justice devrait utiliser plusieurs positions du levier telles que des restrictions et des subventions aux cas qui affectent directement l'accès au tribunal. La critique la plus forte contre une telle approche relève, bien sûr, de la justification de la théorie des droits. Les lois accordent des droits aux individus. Ils peuvent les revendiquer devant les tribunaux. Comment une théorie économique peut-elle justifier que certaines personnes pourraient se prévaloir de leurs droits alors que d'autres ne le pourraient pas ?

Kaplow et Shavell ont développé un argument convaincant contre une telle critique. Ils ont fait valoir que, si la revendication d'un droit mettait aggravait la situation de tout le monde dans la société, y compris la personne qui revendique ses droits, alors une restriction à ce droit est nécessaire. Cette idée n'est pas nouvelle, même pour les théoriciens des droits de l'homme, car ces derniers sont attentifs à l'équilibre constant entre les droits des individus et ceux de la collectivité. Dans cette perspective, le fait que la société dans sa globalité empire constitue un argument très convaincant.

Il est parfaitement légitime de déclarer que les droits de l'homme devraient l'emporter sur tout, y compris l'aggravation de la situation dans la société.

Cependant, c'est simplement une perspective philosophique différente sur la société (en termes économiques, c'est une fonction de bien-être différente) qui défend une forme extrême d'individualisme. Ce qui est plus important, c'est que la mise en pratique de ce point de vue rencontrera les mêmes difficultés que l'imitation notre société utopique idéale. Cette position se heurtera dans la pratique au problème d'inaccessibilité. Permettre, dans la réalité, un accès aux tribunaux pour tous constitue une proposition extrêmement coûteuse, comme en témoigne l'effondrement de facto du vaste système d'aide juridique britannique.

### 8.3 Critique d'égalité

L'approche proposée ici n'utilise pas l'égalité comme critère pour décider de la façon dont la distribution des ressources devrait être faite par les tribunaux. Au premier regard, cette approche favorise l'inégalité car elle ne donne pas les mêmes droits initiaux à tout le monde pour avoir accès aux tribunaux. Néanmoins, si la question est examinée dans une perspective conséquentialiste, il peut être démontré que cette approche favorise plus fortement l'égalité que celle relative à la revendication des droits. En effet, la première approche conçoit l'égalité par rapport à un critère spécifique qui doit être rempli. Ainsi, toute personne qui accomplit la canalisation d'un comportement souhaitable dans la société reçoit une protection égale de la part des tribunaux. Cette approche a été décrite dans ce chapitre comme correspondant à l'objectif des normes juridiques de plus haut niveau (14e Amendement aux États-Unis et article 6 de la CEDH). Le résultat concret est cependant qu'il implique des différences excessives entre les nantis et les démunis en matière d'accès aux tribunaux.

Les cas subventionnés facilitent-ils plus d'égalité ? Cela dépend des affaires qui seront subventionnées et de la façon dont elles le seront. Le premier type de cas à subventionner est celui qui aura des effets substantiels sur la canalisation des comportements futurs souhaitables dans la société bien qu'il représente peu d'enjeux pour les plaignants, de sorte que ceux-ci auront tendance à ne pas les porter devant les tribunaux. Dans ces cas, l'égalité peut être améliorée, ou non, parce que la distribution peut ne pas provenir des nantis. La raison en est que même les nantis ne peuvent pas engager des poursuites pour des causes bénéfiques pour la société les avantages qu'ils en retirent à titre privé ne sont pas assez importants.

L'autre type de cas qui sera subventionné est exactement celui que Galander a identifié comme étant une affaire qui n'est pas portée devant les tribunaux parce que les demandeurs n'ont pas les ressources pour le faire. Dans cette situation, le modèle de répartition des ressources Kaplow-Shavell, qui étend l'accès aux tribunaux par des subventions, favorisera l'égalité. Ce modèle produit des avantages sociaux substantiels dans les deux types de cas. Ainsi, un droit abstrait à l'accès à la justice, qui peut être nuisible à la société ne sera pas respecté ; si ce modèle est appliqué, il y a toujours un résultat social positif.

### 8.4 Limites du contrôle des naissances et controverses

Un autre exemple de cas dans lequel la canalisation d'un bon comportement devient controversée. Imaginez un couple qui signe un contrat pour compléter des traitements de fertilité coûteux. Avant la fin des traitements, l'un d'eux décide d'arrêter. Les tribunaux devraient-ils faire respecter le contrat? La situation est-elle identique selon que le pays a un taux de natalité extrêmement bas et qu'il engendre d'importantes préoccupations pour l'économie, au regard du vieillissement de la population ? La décision du tribunal sera-t-elle différente dans un pays où le taux de natalité est extrêmement élevé ? Dans la première situation, on peut soutenir que le comportement socialement souhaitable est de remplir le contrat. Est-ce qu'une telle décision doit l'emporter sur le droit individuel de la personne qui souhaite arrêter le traitement et restreindre le droit de cette personne à décider de l'utilisation son corps ? Dans le pays à taux de natalité élevé, le contrat ne devrait pas être rempli. L'application de ce critère en dehors du droit privé (contrat, droit de la responsabilité délictuelle) devient plus controversée et là elle soulève plus de questions qu'elle n'apporte de réponses.

Cependant, on fait valoir qu'en droit privé, l'application de cette approche peut être très utile et améliorer considérablement le fonctionnement des tribunaux. Critique individuelle de la justice : Une autre critique peut aller dans le sens de l'indifférence aux résultats au regard de l'intérêt à canaliser le comportement futur; il conviendrait alors de se concentrer seulement sur le jugement prononcé dans le cas concret.[41]

L'accès à la justice est l'un des leviers les plus fondamentaux de la machine judiciaire. Cela concerne directement la théorie de la justice qui régit tout le processus judiciaire. Il décide des destinataires du système judiciaire. En termes économiques, cela signifie que pour permettre à certaines personnes d'avoir accès aux tribunaux, il faut choisir la fonction de bien-être social qu'une société donnée veut mettre en œuvre.

Si un tel choix n'est pas fait et qu'il existe plutôt une tendance selon laquelle tout le monde devrait avoir un accès égal aux tribunaux, en théorie, le résultat est un système judiciaire qui fonctionnera au rythme de sa propre inertie. En pratique, cela signifie, comme l'a soutenu Mark Galander, que les nantis jouiront de larges privilèges dans l'utilisation du système judiciaire et que les personnes indigentes telles que la personne handicapée de l'affaire Milk ne pourront même pas faire respecter leurs droits substantiels.

[41] Pour en savoir plus, voir le chapitre précédent sur la théorie et les arguments entourant le conséquentialisme.

Les distorsions dans l'accès aux tribunaux sont également possibles dans d'autres variantes et peuvent ne pas concerner uniquement les membres les plus faibles de la société. Dans une société pacifique et harmonieuse, de nombreux groupes et individus doivent avoir accès aux tribunaux pour pouvoir faire reconnaître les actes répréhensibles et les problèmes rencontrés dans la société. Le déséquilibre des sources d'information sociétales par l'exclusion de larges groupes de la société de l'accès à la justice peut conduire à une opposition déloyale au régime politique en place et, finalement, mettre en danger la paix dans la société. Mark Galander a soutenu que cela se faisait à travers le changement du droit matériel. Néanmoins, le cas de Subway montre que cela peut être réalisé par d'autres moyens tels que la mise à l'écart des tribunaux par des contrats privés contenant des clauses d'arbitrage biaisées.

En résumé, les questions primordiales dans la réglementation du système d'accès aux tribunaux portent sur la détermination des acteurs susceptibles d'envoyer des informations sur les problèmes sociaux par le biais du système judiciaire et sur l'importance du nombre de ces groupes et individus qui reçoivent cette opportunité de signalement.

# Chapitre 5 :

# Rassemblement d'informations (preuves) par la machine judiciaire

## 1. Pourquoi l'information est-elle importante pour le système judiciaire ?

Un juge qui a toutes les informations pertinentes pour chaque cas qui lui est soumis doit rendre un jugement parfait à chaque fois. La condition qui est exigée de lui est la capacité cognitive de traiter l'information. La question de la confiance dans la capacité cognitive des juges et dans la prise de décision judiciaire réelle dépasse la portée de ce travail. Tout ce que l'on peut espérer, c'est que les conditions optimales soient créées pour que chaque juge puisse prendre les meilleures décisions possibles. Ici, l'accent est mis sur la quantité et la qualité de l'information qu'un juge reçoit dans le processus judiciaire afin qu'il puisse prendre la meilleure décision possible.

En l'état actuel des échanges, une énorme quantité d'informations est facilement disponible et transférable, ce qui entraîne une simplification excessive de la notion d'information. Au lieu de cela, les sociétés devraient poser des questions sur la meilleure façon de traiter la collecte d'informations. Le problème est que certains flux d'informations peuvent avoir des effets néfastes - toutes les informations ne sont pas de même qualité. Par conséquent, trouver le meilleur moyen d'obtenir des informations est essentiel au bon fonctionnement des tribunaux.

## 2. Quels types d'informations passent par la machine judiciaire ?

À ce stade initial du fonctionnement de la machine judiciaire, l'information sera définie de manière limitée.[1] Le fonctionnement de l'information est supposé être le même que celui de la preuve qui permet aux juges de trancher les affaires qui leur sont soumises. Dans cette section, les informations seront placées dans des catégories de preuves de base afin de déterminer à quel point l'acquisition de chaque catégorie est coûteuse. Le coût déterminera dans quelle mesure le fait d'effectuer une recherche est accessible eu égard à l'intérêt de dévoiler l'information.[2] La raison en est que tout coût doit être supporté par quelqu'un. Si l'acquisition de l'information est coûteuse, le compromis avec la réduction de l'incertitude peut ne pas être pertinent. Le résultat est qu'une recherche approfondie et complète des faits n'aurait de sens que si l'information est disponible à un coût faible.

### 2.1 Deux types particuliers d'éléments de preuve d'un point de vue économique

Deux types d'éléments de preuve écrits et les témoignages d'experts méritent une attention particulière parce que les distorsions du marché peuvent entraîner un prix élevé pour leur acquisition.

#### 2.1.1 Preuve écrite

La preuve écrite peut prendre la forme d'un certain nombre de documents différents avec une variété de sources. En d'autres termes, c'est une marchandise qui peut être acquise de plusieurs façons. Le problème est que ce type d'information représente une marchandise difficilement divisible et mesurable d'une manière économiquement pertinente.[3] La raison en est que ces documents puissent être très complexes ou produits sur demande individuelle à l'acheteur éventuel. L'éventail des coûts liés à l'acquisition de preuves écrites est assez vaste, allant de documents triviaux et facilement accessibles à des documents coûteux et personnalisés.

#### 2.1.2 Témoins experts

Dans ce cas, l'information prend la forme d'un capital humain. Devenir un témoin expert nécessite du temps, de l'argent et des efforts. Le capital humain peut être augmenté ou autorisé à se déprécier ou devenir obsolète. Son utilisation n'épuise généralement pas les connaissances acquises par ce témoin.

---

[1] Plus tard, avec la sophistication accrue de la machine judiciaire, l'information deviendra plus complexe, y compris les décisions des juges de première instance qui remonteront la hiérarchie judiciaire.

[2] Ejen Mackaay, *Economics of Information and Law* (Kluwer Nijhoff Publishing, 1980), p.111

[3] *Ibid*, p.114.

Cette information peut être rendue coûteuse par le fait que les experts s'attendent à un retour sur les ressources qu'ils ont investies dans le développement des compétences d'experts. Cependant, leurs compétences peuvent devenir obsolètes, par exemple, en raison de nouveaux développements technologiques. Compte tenu de cette incertitude sur les rendements futurs, les experts auront besoin de rendements plus élevés sur leur investissement. En d'autres termes, le coût que l'expert a investi dans l'acquisition de ses connaissances constitue un coût irrécupérable. Ainsi, l'embauche d'un témoin expert implique de supporter le coût de son investissement passé et l'incertitude future de la pertinence de ses compétences.

### 2.2 Identifier les deux positions principales de levier : alternatives d'acquisition de l'information

« L'information ne peut être reçue qu'en cas de doute ; et le doute implique l'existence d'alternatives. »[4] La question se pose donc de savoir quelles sont les autres positions de levier de la machine judiciaire concernant l'acquisition d'informations (de preuves).

Dans le levier politique du contrôle des processus juridiques qui nous indique comment l'information (la preuve) est acquise, les deux positions politiques extrêmes du levier sont : 1) le contrôle total des parties du procès sur l'acquisition de l'information et sa présentation devant les tribunaux ; et 2) un contrôle complet des juges dans la gestion du procès et de l'information. Il existe d'autres positions du levier politique dans cette fourchette, qui peuvent également être comparées et évaluées. Ces solutions d'acquisition d'informations ne sont pas similaires en ce qui concerne les modèles de droit comparé traditionnels. Cependant, pour notre propos, il suffit de montrer que les paramètres examinés - contrôle du parti et acquisition managériale - sont sur le même levier politique de la machine judiciaire, celui de l'acquisition de l'information. Cela signifie qu'ils correspondent au même type de réglementation du système judiciaire et qu'ils se situent donc sur le même levier réglementaire de la machine judiciaire.

« L'information est l'ingrédient essentiel du choix, et le choix parmi les ressources sources est la question centrale de l'économie. »[5] Ce chapitre comprend une évaluation des résultats de l'utilisation de différentes positions de levier. L'une des deux positions extrêmes donne-t-elle de meilleurs résultats ? Quelle est notre méthode pour évaluer que le caractère managérial (M) ou la collecte d'information de contrôle de partie (P) est supérieure ? Est-ce que P> M, ou l'inverse ? Dans tous les cas, la position de réglementation (politique) supérieure du levier sera identifiée. Une autre approche serait que les deux manières de rassembler des informations présentent des défauts

[4] *Ibid*, p.107.
[5] *Ibid*, p.107.

suffisants tels qu'ils nous obligent à rechercher une position située quelque part entre les deux possibilités extrêmes.

### 3. Caractéristiques économiques de l'information

L'information est un bien économique semblable aux autres - elle doit être produite et sa valeur ne sera connue qu'après la production. [6] Cependant, les biens d'information peuvent également être différents des autres biens économiques. Un aspect important concerne la rivalité. De nombreux biens économiques sont des « rivaux ». Cela signifie que l'utilisation par un consommateur empêche l'emploi simultané par un autre consommateur. Comparons cela avec l'information. Plus d'une personne peut rechercher une certaine page sur Wikipédia en même temps. L'utilisation d'une personne n'empêche pas celle d'une autre et vice versa.[7]

L'information est aussi un bien public en ce sens que son utilisation par une personne n'en limite pas l'utilité pour une autre (diffusion publique, diffusée à très bas prix). Produire cette information en premier lieu peut être extrêmement coûteux, mais sa diffusion peut ensuite être une activité presque gratuite. L'élimination de l'incertitude est un obstacle majeur à la prise de bonnes décisions, qui nécessite une amélioration de l'environnement dans lequel les juges décident des affaires. D'une manière générale, l'incertitude est une source d'inefficacité ; le remède à cela est l'information.[8]

La quantité d'informations qui doivent être révélées dans les procédures judiciaires dépend de la question de savoir si les informations dont les tribunaux ont besoin dans leur processus décisionnel sont facilement disponibles ou coûteuses à obtenir. Cette distinction aurait un impact primordial sur la façon dont les tribunaux traitent la question. Si l'information est facilement disponible à faible coût, la recherche d'informations sur le contexte des litiges sera importante. Au contraire, si l'information requise est rare et coûteuse, la quantité de recherches à effectuer sera limitée.[9]

---

[6] Sytse Douma and Hein Schreuder, *Economic Approaches to Organization* (London : Pearson Education Limited, 2013).
[7] *Ibid*, p. 87.
[8] Mackaay, p.108.
[9] Mackaay, p.110.

## 4. Objet de l'acquisition de l'information

La question de l'objectif de la recherche d'informations devant les tribunaux est étroitement liée à la quantité d'informations qui devraient être mises au jour dans les milieux judiciaires.

### 4.1 Deux principales approches juridiques de l'information judiciaire

La première approche a pour but de trouver la vérité sur les faits de l'affaire. Elle implique qu'une enquête détaillée et approfondie des faits soit menée. Cette approche concerne en général un système juridique de type managérial dans lequel la vérité est une condition nécessaire à la résolution des affaires. Dans de tels systèmes juridiques, le problème de la recherche de la vérité est notamment considéré d'un point de vue politique et de façon générale. Ceci présuppose l'existence d'un type de gouvernement managérial, qui tente de contrôler les problèmes sociaux qui se sont produits dans la société. Pour légitimer son intervention, ce type de gouvernement gestionnaire voit la vérité comme essentielle.

La seconde approche a pour but, de façon un peu contraire, une acquisition de l'information en vue de dissiper (absorber) les conflits. Elle part du principe que si les tribunaux visent uniquement à trouver la vérité, cela peut entraîner de graves problèmes. Damaska a soutenu que certains systèmes juridiques ne voyaient pas la vérité comme une valeur absolue que le processus légal devrait avoir pour but.[10] La raison en est que la vérité peut engendrer la haine et intensifier un conflit parce qu'elle offense fréquemment. Ces systèmes sont plus dédiés à dissiper le différend qu'à trouver la vérité à tout prix.[11] Souvent, la vision de la gouvernance dans de tels systèmes suit une approche de laisser-faire dans laquelle la valeur de la vérité absolue est diminuée. La vérité est un produit du débat.[12] Puisque seuls les cas difficiles sont plaidés, de ce point de vue, la vérité apparaît insaisissable et ambiguë.[13]

## 5. Clarification des positions du levier principal

La question de l'approche de la recherche de la vérité se rapporte directement au choix de la position du levier de la machine judiciaire. On relève deux positions principales. La première position de levier est l'autonomie des parties dans la recherche des faits, ce qui est caractéristique de

---

[10] Damaska *Ibid.* p.123.
[11] Damaska, p.123.
[12] *Ibid.*
[13] *Ibid.*

l'approche du laisser-faire. La seconde position du levier est l'intervention judiciaire étendue dans la recherche des faits, ce qui correspond mieux au modèle managérial dans l'obtention des preuves.

### 5.1 Les deux mécanismes de coordination

Ces deux positions de levier sont appelées deux mécanismes de coordination différents en économie. Il importe de déterminer lequel est le plus efficace.[14] Puisque l'information a un coût, la méthode d'acquisition doit être déterminée en fonction de ce coût.

La méthode de l'autonomie des parties repose sur le mécanisme de coordination de type marché dans la recherche de l'information. En d'autres termes, ce sont les parties au processus qui jouent le rôle principal dans la coordination parce qu'elles suivent leurs propres intérêts privés pour trouver des informations qui étayent leur cas devant les tribunaux. C'est pourquoi cette approche est liée à une approche gouvernementale de laisser-faire comme mentionné ci-dessus.

Le deuxième mécanisme de coordination dépend du système judiciaire dans la révélation de l'information. Le système judiciaire peut être considéré comme un type d'organisation dans lequel des fonctionnaires désignés enquêtent sur les faits. Cette approche utilise un mécanisme de coordination managériale pour la recherche des faits et est donc caractéristique des gouvernements de style managérial.

Les marchés et les organisations diffèrent essentiellement par la façon dont ils acquièrent de l'information.[15] Le problème auquel font face les deux systèmes est que les informations peuvent ne pas être facilement observables. Le résultat est que le coût de son acquisition peut être substantiel.

Dans le processus dirigé par les parties, l'établissement des faits dépend du système de prix du marché en tant qu'outil de coordination. En d'autres termes, les parties décident qu'un élément de preuve vaut la peine d'être obtenu en fonction du coût que chacune d'elles devra payer pour l'acquérir. Le coût peut être mesuré en temps, en effort ou en valeur monétaire directe.

Dans le modèle managérial, les tribunaux organisent des inspections indépendantes de l'information pour essayer de surmonter le problème d'acquisition de preuves. Cela signifie qu'au sein des organisations, le système de prix est, de l'avis de Coase, remplacé par l'autorité en tant que mécanisme de coordination.[16] La raison en est qu'il existe de nombreuses situations dans

---

14 Douma and Schreuder, *Economic Approaches to Organization*, p. 15.

15 *Ibid*, p.13.

16 Il existe plusieurs autres moyens de communiquer les connaissances et de coordonner les activités économiques que par le biais des prix ou de l'autorité. Cependant, aux fins de la preuve, le tribunal a généralement recours à l'autorité. Un exemple d'un tel mode de coordination est un fonctionnaire judiciaire qui utilise son autorité pour ordonner une production de preuves

lesquelles le prix ne peut absorber toutes les informations nécessaires pour permettre l'exécution des transactions. Par conséquent, les organisations apparaissent comme des solutions aux problèmes d'information. Les organisations sont plus aptes à traiter certains problèmes d'information que les marchés.[17]

Les organisations idéales peuvent être caractérisées comme toutes les formes de coordination des transactions qui n'utilisent pas les prix pour communiquer des informations entre les parties d'une transaction.[18] C'est un modèle irréaliste parce que la plupart des organisations de la vie réelle utilisent des formes hybrides de coordination. Cela signifie que ce n'est pas une activité sans coût pour les organisations d'ordonner la production d'informations.

### 5.2 Optimalité de l'acquisition de l'information

D'un point de vue économique, comme dans le chapitre précédent, l'optimalité de l'acquisition de l'information doit être recherchée. Les économistes évaluent l'optimalité en effectuant une analyse marginale - en s'assurant que les coûts marginaux sont égaux aux bénéfices marginaux. Dans ce travail, il n'y a pas de règle générale lorsque cette position optimale est atteinte. La seule règle à respecter dans le cadre d'un litige vise à cesser la recherche d'informations lorsque le coût d'un effort supplémentaire pour la trouver dépasserait les avantages que l'on pourrait en retirer.

Il apparaît ainsi que l'objectif idéal consistant à trouver toutes les informations sur une affaire judiciaire est irréaliste (voir la section Accès aux tribunaux). À défaut, il est logique de chercher la meilleure solution qui mérite de l'être.[19] Dans notre cas, c'est l'optimalité économique : la position du levier dans laquelle les coûts marginaux doivent être égaux aux bénéfices marginaux. La tâche est complexe, mais nécessaire pour que la machine judiciaire fonctionne le mieux possible. Si cette situation idéale est atteinte, il n'y a pas besoin de correction, comme le montre la figure 7 du chapitre Méthodologie. La raison en est que le système judiciaire fonctionne correctement, c'est-à-dire qu'il fonctionne de manière optimale.

Il existe aussi un élément social dans la recherche d'information comme explicité dans le chapitre précédent. Il consiste à canaliser le comportement futur approprié dans la société. Par conséquent, il peut y avoir des cas où il est nécessaire de dépenser davantage pour la recherche d'informations que l'analyse marginale ne le laisse supposer.

---

documentaires. Les autres modes dont nous ne discuterons pas à ce stade. Quelques exemples sont la communication informelle, la supervision directe, etc.

[17] *Ibid*, p. 15.

[18] *Ibid*, p. 14.

[19] Mackaay, p.111.

Quelle est notre référence en matière de qualité de l'information ? Les informations devraient être disponibles facilement et à moindre coût, et l'investissement dans la collecte d'informations devrait avoir des coûts marginaux équivalents à des bénéfices marginaux. Tout ce qui va au-delà de ce point n'est pas optimal, à moins que le comportement futur dans les questions sociétales ne soit concerné. Peu importe que le but de la recherche d'information soit d'obtenir la révélation de la vérité sur ce qui s'est réellement passé ou que le but du processus légal soit de dissiper les conflits dans la société. Appliquons maintenant le benchmark aux deux positions du levier : processus dirigé par les parties et processus managérial.

### 5.2.1 Levier I, information gérée par les parties

Quels sont les fondements juridiques théoriques de ce poste ? Dans la plupart des systèmes judiciaires, il est essentiel de comprendre le rôle des parties dans un processus juridique pour comprendre le fonctionnement réel de la machine judiciaire. Selon Jürgen Habermas, le processus commence par les parties. Une théorie qui ignore ce fait est trop « monopolistique ».[20] Son opinion est une réponse critique aux théories de Chaim Perelman et Ronald Dworkin. Par « monopolistique », il signifie que les juges n'ont pas le monopole de l'argumentation juridique parce qu'elle ne se suffit pas à elle-même. En pratique, les juges sont arbitres d'un différend contradictoire. Les parties développent les arguments et les juges doivent y répondre par la suite.[21]Au regard de la portée de ce travail, cela signifie que le flux d'informations commence avec les parties et qu'elles ne peuvent pas être ignorées en tant que sources.

Ce qui rend la théorie de Habermas intéressante pour ce livre, c'est qu'il a identifié la source de la qualité du système judiciaire. Il a suggéré que le fondement du processus judiciaire résidait dans les conditions du débat entre les parties. Il rejette l'opinion de Perelman selon laquelle la motivation de la décision judiciaire ou son contenu est la principale source de la qualité du système judiciaire. Cet argument se traduit dans ce travail par le fait que la machine judiciaire doit créer les conditions dans lesquelles il est possible de déclarer que la qualité du système judiciaire provient des informations présentées par les parties pour soutenir leurs positions respectives.[22]

---

[20]Ainsi, il critique Dworkin et Perelman.

[21] Benoît Frydman, « L'évolution des critères et des modes de contrôle de la qualité des décisions, » In Pascal Mbongo (Ed.), *La Qualite des Decisions de Justice* (Council of Europe, 2007). Retrieved from http://www.coe.int/t/dghl/cooperation/cepej/quality/poitiers2007final.pdf

[22] Benoît Frydman, L'évolution des critères et des modes de contrôle de la qualité des decisions de justice dans Qualite de justice.

### 5.3 Incitations pour les parties à révéler des informations de qualité

Quelles sont les incitations informationnelles pour que les parties s'engagent dans un tel débat de qualité ? D'un point de vue économique, pour que cela se produise, l'information que possèdent les parties adverses doit être facilement et économiquement accessible à l'autre partie.

La position générale dans un processus dirigé par les parties consiste à ce qu'elles possèdent de fortes raisons de partager certaines informations entre elles. Elles sont motivées par leur souhait de révéler ce qu'elles savent afin de montrer la force de leurs positions respectives. En d'autres termes, tous les modèles économiques examinés prévoient que les parties partageront l'information qui leur est favorable. Ainsi, la demanderesse essaiera de démontrer qu'elle a des arguments solides pour obliger le défendeur à abandonner l'affaire ou à accepter un règlement favorable. Si la défenderesse révèle qu'elle est dans une position solide, le demandeur peut se désister. Il peut également arriver que les deux perspectives ne soient pas fondamentalement divergentes bien qu'il existe des variances dans les détails. Par exemple, la défenderesse peut ne pas avoir réalisé que les pertes du demandeur sont plus importantes qu'elle ne l'avait prévu au préalable. Ainsi, la défenderesse ajustera sa position. Il est dès lors important que les parties se rencontrent avant que le lancement des procédures pour révéler les informations dont elles disposent et qui constituent généralement des informations en leur faveur.

## 6. Deux questions générales sur les modèles de droit et d'économie

Le premier problème porte sur l'information asymétrique ; les parties possèdent des informations privées qu'elles ne révèlent pas à l'autre partie du litige. Le second est le modèle d'optimisme qui implique que les parties peuvent avoir des opinions différentes sur l'issue du procès.[23] À cause de ce qu'on appelle un parti pris égoïste (les gens pensent qu'ils ont toujours raison), les parties ont tendance à être trop optimistes quant à l'issue de leur procès.

Le modèle de Cooter et Rubinfeld, par exemple, suit cette ligne de pensée et est basé sur le soi-disant modèle d'optimisme qui prévoit que les parties peuvent avoir des opinions différentes sur l'issue du procès.[24] Premièrement, il existe des incitations à révéler des informations afin de corriger un faux optimisme. Cela crée un effet de levier dans les négociations de règlement pour la partie qui révèle l'information. Deuxièmement, il n'y a aucune incitation à

---

[23] Voir, par example, Micelli.

[24] Robert Cooter, Daniel Rubinfeld, "An Economic Model of Legal Discovery," *Journal of Legal Studies* XXIII (January 1994)

corriger le faux pessimisme. Fondamentalement, ce modèle dit que l'information favorable sera partagée et ce qui est défavorable ne le sera pas.

Il existe un autre modèle qui étend ce modèle général à un comportement stratégique plus réaliste des parties. Shavell explique les raisons pour lesquelles les parties ne révèlent pas toutes les informations qu'elles possèdent. Il relève premièrement l'incapacité à partager l'information - il peut être difficile de la partager de façon crédible. L'exemple qu'il donne est celui d'une partie à un différend, dont les pertes sont difficiles à démontrer sans les témoins experts chargés de l'estimation au procès.[25] Le défendeur estime que les dommages sont inférieurs. Il y a un conflit entre ses croyances et la réalité qui ne se manifeste pas seulement pendant le procès.

Une autre possibilité est une stratégie d'imitation. Dans cette situation, les informations ne seront pas partagées délibérément. La partie dont le préjudice est relativement faible peut choisir de ne pas révéler l'information en raison d'un comportement stratégique. Cette partie veut être confondue avec la partie de la situation précédente (une réclamation de haute valeur qui ne peut être révélée) afin d'atteindre un meilleur accord.[26]

Enfin, il faut tenir compte d'un comportement stratégique visant à introduire un effet de surprise qui peut s'avérer avantageux au cours du procès. Les informations peuvent ne pas être partagées, car ce partage peut réduire leur valeur pour la partie qui en a la connaissance si l'affaire se poursuit jusqu'au jugement. La raison en est que la partie adverse pourrait trouver un moyen de contrer la preuve si elle connaissait son existence.

### 6.1 Autres problèmes liés à la recherche d'information dirigée par les parties

Pour le système dirigé par les parties, l'acquisition de l'information a plusieurs conditions qui doivent être remplies.

Le premier est le prix de la preuve doit contenir toutes les informations nécessaires. Selon les mots de Frederick Hayek, le prix doit être une statistique suffisante.[27] Pour que cela soit le cas, l'information doit être homogène, c'est-à-dire une forme normalisée. Sans cette assurance, il y aura des différences de qualité qui ne sont pas incluses dans le prix, ce qui signifie que les preuves judiciaires doivent avoir des exigences d'information limitées pour être « absorbées » dans le prix.[28] Comme on l'a vu plus haut, les types d'information sur les témoignages peuvent être très divers et difficiles à

[25] Steven Shavell, *Economic Analysis of Litigation and the Legal Process* (Working Paper 9697), 2003.
[26] *Ibid.*
[27] Hayek, *The Road to Serfdom*, p. 110
[28] Douma and Schreuder, p. 67.

coût du dommage). Si les poursuites sont subventionnées, les victimes intenteront une action en justice, ce qui entraînera des frais légaux de 120, mais le coût des soins est élevé et les défendeurs ne prendront pas en charge le coût total de 220 (frais juridiques 120 plus 100).[40]

Il ressort de ce qui précède qu'il est beaucoup plus intéressant d'étudier les deux positions moyennes du levier : la position du levier réglementaire qui maintient le flux naturel des affaires devant les tribunaux, et la position du levier qui prescrit de subventionner l'accès au système judiciaire.

## 8.1 Extension de l'approche Kaplow et Shavell en ajoutant une concurrence imparfaite

Kaplow et Shavell ne se réfèrent pas aux enjeux, mais plutôt au coût des soins. Ils considèrent essentiellement qu'une poursuite est intentée parce qu'il existe une responsabilité conjointe pour la survenance de la situation de conflit. Ils s'intéressent peu aux enjeux qui ont une influence plus forte dans les honoraires conditionnels que dans les honoraires horaires. Cela semble être la situation la plus courante. Le procès est donc le résultat de causes communes. Le défendeur a commis un acte répréhensible (il n'a pas pris soin de quelque chose). Le demandeur décide d'intenter une action en justice pour remédier à la situation. La décision d'intenter une action dépend des motivations de la plaignante et de son avocat. Très souvent, leurs incitations ne sont pas concordantes.

Les incitations à intenter une action diffèrent selon la façon dont les avocats sont rémunérés- les taux horaires ou les honoraires conditionnels. En vertu d'un régime de frais horaires, la fréquence à laquelle les poursuites sont intentées est trop élevée ; les gens intentent plus de poursuites qu'ils ne le devraient parce que c'est l'avocat qui décide de le faire. Il est dans l'intérêt de l'avocat d'intenter un procès même si les gains sont modestes ou inexistants. L'individu qui peut déposer une réclamation légale doit accepter cette décision parce qu'il ne connaît pas le coût réel. La raison en est que le marché des services juridiques n'est pas parfaitement concurrentiel.

Qu'est-ce que cela signifie pour le coût de prise en charge ? le défendeur doit être plus attentif car il est plus facile d'ouvrir des poursuites qu'il ne semble ; le coût de prise en charge est donc plus élevé qu'il ne devrait l'être. Le résultat pourrait être qu'il existe plus de combinaisons qu'il ne devrait y en avoir, parce que les coûts des soins sont trop élevés. Le coût évolue en raison du marché imparfaitement concurrentiel des services juridiques.

Pour résoudre ce problème, examinons un modèle plus réaliste dans lequel il y a une différence entre les intérêts des avocats et ceux de leurs clients, lorsqu'une décision d'intenter une poursuite est prise.

---

[40] Kaplow & Shavell, p.234, 235.

catégoriser.[29] Cela signifie que ce n'est pas un bien standardisé homogène. En conséquence, son prix aura souvent des difficultés à contenir toutes les informations nécessaires et ne sera pas une statistique suffisante.

Deuxièmement, il doit y avoir de nombreux fournisseurs et acquéreurs de preuves. La quantité de fournisseurs et d'acquéreurs doit être suffisante pour que, dans une situation donnée, il y ait une certaine concurrence entre les deux parties de la transaction d'acquisition de preuves.[30] Certains tribunaux (principalement dans les pays de droit civil) limitent le nombre de témoins experts à une très courte liste qui sont très bien connus des tribunaux. De tels arrangements détruisent la concurrence pour l'acquisition d'informations et entraînent des distorsions substantielles du marché dans le prix de la preuve.

Troisièmement, comme l'a soutenu Coase, il y a généralement un coût associé à l'utilisation du système de prix.[31] Il y a habituellement un coût impliqué pour découvrir quels sont les prix pertinents. À la suite de l'argument précédent, il est clair que les parties n'ont pas beaucoup d'informations sur le prix de la preuve. Cette information est principalement entre les mains de leurs avocats, ce qui conduit à une autre distorsion sérieuse dans le marché de la preuve.

Enfin, les coûts de transaction liés à l'acquisition de certains types de preuves peuvent être élevés. Ce serait le cas lorsque la preuve est difficilement accessible pour une raison quelconque ou que sa divulgation contredit les intérêts de ceux qui la fournissent. Les quatre problèmes liés à la collecte d'information dirigée par les parties entraînent des distorsions sur les marchés en matière de preuve.

### 6.2 Première position intermédiaire du levier : le droit de découverte (*discovery*)

La question qui se pose alors est de savoir ce qu'il adviendra du modèle accusatoire de base s'il est modifié par l'introduction d'une nouvelle législation traitant de la manière dont l'information est partagée.

Une façon de modifier le modèle consiste à introduire un droit à la découverte. Un tel droit déplace la position du levier de la machine judiciaire. D'une part, la découverte est une approche plus interventionniste parce que le système judiciaire change les règles applicables entre les parties. Cependant, elle donne plus de pouvoir aux parties qu'au tribunal d'intervenir dans la collecte de renseignements. Les juges essaient de faire partager sous la contrainte toutes les informations possédées par les parties. Les moyens utilisés

---

[29]Cela explique aussi pourquoi les tribunaux tentent d'uniformiser et de classer les types de preuves acceptables en cour..

[30] Douma and Schreuder, p. 67.

[31] Coase, R. H. « The Nature of the Firm. » *Economica* 4, no. 16 (1937): 386-405.

sont la divulgation obligatoire et un droit accordé aux parties de « découvrir » les informations détenues par l'autre.

Le problème auquel se heurte cette « découverte » est le caractère privé de l'information ; le propriétaire peut décider de la divulguer ou non. Il n'y a pas d'incitation à le faire lorsque la divulgation porterait atteinte à l'intérêt privé du propriétaire.[32]

*Discovery* change le système d'adjudication purement accusatoire, dans lequel toute tentative de contraindre une partie à révéler toute information à la partie adverse avant le procès est inutile. Ce changement signifie que le droit de découvrir fournit aux juges plus d'informations pour qu'ils puissent prendre une décision plus éclairée.

Il est évident que, dans le modèle accusatoire de base, l'information est incomplète parce qu'il existe des incitations à ne révéler que les informations favorables à la partie qui les détient. De plus, comme le montre le modèle de Shavell, il y a des restrictions à la révélation même de cette information. La question est donc de savoir quels effets ce droit introduira sur les incitations à révéler des informations.

Le but principal de la découverte est d'amener les opposants réticents à divulguer des informations pertinentes pour l'affaire.[33] La découverte peut être utile pour d'autres fins : limiter l'effet de surprise au procès, amener les parties à dévoiler de nouveaux éléments de preuve, faire en sorte que les parties réalisent une évaluation plus précise de leur cas et réduisent ainsi les griefs dans l'affaire en cours.[34]

Il est important de noter que le droit de découverte peut avoir une portée différente dans les différents systèmes judiciaires dans lesquels il est utilisé. Ainsi, les points positifs et négatifs peuvent varier en fonction de son mode de fonctionnement.

On a fait valoir que, du moins en théorie, l'avantage pour les parties réside dans le fait que les causes soient pleinement plaidées et conduisent à un résultat plus exact parce qu'elles réduisent l'asymétrie informationnelle et facilitent le règlement. En plus, le système judiciaire est avantageux, car il permet de prendre des décisions plus précises en raison d'un meilleur exposé des faits et d'épargner des frais de litige avec un taux de règlement plus élevé. Finalement, la société bénéficie de la réalisation de gains de dissuasion grâce à une plus grande précision des résultats et à des coûts de traitement réduits.[35]

Dès lors, quels sont les réels résultats de la découverte selon les différents auteurs et leur modèle. Selon Cooter, il existe des incitations à révéler des informations afin de corriger un faux optimisme. Cela crée un effet de levier

---

[32] Douma and Schreuder.

[33] Robert G Bone, *Civil Procedure: The Economics of Civil Procedure* (Foundation Press, 2003).

[34] Julius Byron Levine, *Discovery: A Comparison between English and American Civil Discovery Law with Reform Proposals* (Clarendon Press, 1982).

[35] Bone, Civil Procedure.

dans les négociations de règlement pour la partie qui révèle l'information. De plus, il n'y a aucune incitation à corriger le faux pessimisme. Ainsi, Cooter a découvert que dans cette situation de faux pessimisme, la découverte diminue les règlements et augmente les procès en contraignant l'échange involontaire d'informations.

Le modèle de Shavell est le plus sophistiqué, car il affirme de façon convaincante que l'information favorable à la partie sera divulguée, mais que cette divulgation sera soumise à la condition du comportement stratégique. Par exemple, il est tout à fait logique que les preuves soient retenues jusqu'au moment où il sera plus difficile pour l'autre partie de les contrer. Le contexte peut porter sur des procès courts de *common law* qui se déroulent pour des affaires simples dans une journée et pour des affaires plus compliquées pendant plusieurs jours consécutifs. Cette caractéristique particulière des procès en *common law* rend la présentation d'un élément de preuve complexe en un jour ou deux.

La question se pose alors de savoir si la découverte réduit ces surprises. En examinant les trois revendications du modèle de Shavell en détail, on relève qu'il prédit que, dans la première situation dans laquelle la partie est incapable de démontrer son information de façon crédible, la découverte ne peut affecter le résultat parce que la partie n'est pas en mesure d'établir des pertes.[36]

Dans la situation d'imitation, les informations pour lesquelles les plaignants à faible perte restent silencieux pour ne pas porter leurs pertes réelles à la connaissance de la partie adverse devront être révélées après y avoir été forcées par la découverte. Dans le comportement stratégique qui compte créer une surprise à l'adversaire, le demandeur sera obligé de révéler ses informations si le droit à la découverte existe. Ainsi, dans deux des trois situations, l'existence d'une procédure de découverte peut être utile. Cependant, ce n'est pas toute l'histoire. Il y a des effets secondaires.

Dans la deuxième situation de simulation, il y aurait un effet complexe indirect sur les offres de règlement qui augmenterait le taux de règlement. [37] En effet, si les demandeurs à faible perte étaient forcés de les révéler, les défendeurs présenteraient leurs offres de règlement aux plaignants qui ne peuvent pas fournir d'informations sur leurs pertes. Cela augmentera le taux de règlement parce que plus les demandeurs sont incapables de divulguer leurs pertes mieux ils accepteront l'offre de règlement pour éviter le procès.

Il y a cependant des effets négatifs de la découverte, notamment dans la réponse à la demande d'information et les coûts administratifs du litige par satellite qu'elle induit. On peut également envisager que les parties utilisent la découverte à d'autres fins que la recherche des faits. Cela peut conduire à un abus du droit destiné à épuiser l'adversaire financièrement.[38] Cooter et

---

[36] Shavell, Economic analysis.

[37] *Ibid.*

[38] Bone, p.203.

Rubinfeld ont fait valoir que la découverte était mal utilisée lorsque le respect des demandes de renseignements coûte plus cher que l'augmentation de la valeur de la demande de la partie demanderesse.[39]

La découverte utilise généralement beaucoup de temps et de ressources pour produire de l'information. Cela soulève la question de savoir si la découverte est socialement optimale et, comme discuté précédemment, si le coût marginal ne dépasse pas le bénéfice marginal. La découverte produit-elle suffisamment de bénéfices marginaux ? Existe-t-il un moyen moins coûteux d'obtenir la révélation du problème d'information causé par un comportement stratégique et imitant ? Est-il socialement optimal de révéler cette information ?

### 6.3 Divergence entre les avantages privés et sociaux

Il existe une divergence entre le bénéfice privé et le bénéfice social. Une partie peut bénéficier d'un gain privé supérieur à celui considéré comme socialement optimal. Ainsi, une partie peut investir beaucoup pour atteindre un résultat positif si les enjeux sont élevés. Cependant, cela ne signifie pas que le résultat soit socialement optimal. Pour être socialement optimal, le cas présent doit canaliser le comportement futur souhaité. Le problème se pose dans l'un des quatre cas examinés au début de ce livre. Dans l'affaire Bernard Tapie, les enjeux pour l'intéressé étaient très élevés et il était prêt à prendre toutes les mesures nécessaires pour avoir gain de cause, même si l'affaire aurait dû être classée en raison de l'impossibilité légale de poursuivre le procès. L'avantage social est assez douteux. Quel comportement futur sera canalisé dans la société si les milliardaires sont autorisés à se faire verser des millions par le contribuable alors que ce versement ne se fonde pas sur un cadre légal ?

La découverte peut produire plus de règlement extrajudiciaire du litige. Parce que les gens essaient de l'éviter. La raison en est qu'elle est trop onéreuse. Dans la situation d'imitation, le fait qu'il y ait plus de règlement extrajudiciaire des litiges peut également constituer un problème parce qu'elles n'augmentent pas le nombre de comportements désirés. Le règlement ne produit souvent aucun résultat au-delà du cas d'espèce. Il ne permet donc guère de canaliser les comportements futurs souhaitables.

Elle peut aussi représenter une menace coûteuse. Les demandes d'informations peuvent être considérées comme une menace, car les coûts de mise en conformité avec les demandes de découverte ne sont pas généralement supportés par l'auteur de la demande. Ainsi, une partie au différend peut simplement être exclue du litige et elle doit admettre la défaite.

On peut soutenir qu'elle affaiblit les limites du système accusatoire. Nous suggérons toutefois que ce n'est pas le cas ; la découverte ne fournit en réalité qu'un autre outil à la disposition des deux adversaires.

---

[39] Robert Cooter and Daniel Rubinfeld.

Cet outil change cependant le caractère du système judiciaire. Le système accusatoire traditionnel est un produit de sociétés régies par des principes de laisser-faire pour lesquels le processus légal est plutôt appréhendé comme un moyen de dissiper (absorber) les conflits dans la société. Ainsi, l'ajout de la découverte à un tel système accusatoire adouci quelque chose que les commentateurs ont qualifié de « théorie sportive » en référence à une théorie de la justice où les parties se battent uniquement pour gagner sur la base de leurs arguments et non sur leurs mérites. Ainsi, la découverte pousse le système judiciaire à suivre un objectif de recherche de la vérité dans le processus judiciaire. En révélant plus d'informations, le processus de découverte, en théorie, conduit à des résultats plus précis.

Cependant, dans la pratique, en raison du coût élevé et de l'utilisation parfois abusive de la découverte, ce qui est réalisé restreint encore davantage l'accès aux tribunaux pour les démunis, comme décrit par le modèle de Galander dans le chapitre précédent. La raison en est que la découverte révèle davantage la vérité, mais rend le processus plus coûteux, surtout lorsque les honoraires des avocats sont calculés sur une base horaire, méthode souvent retenue par les avocats des deux parties pour rendre le processus plus onéreux.

### 6.4 Deuxième position intermédiaire du levier : divulgation obligatoire

Une autre façon de traiter le problème de l'information et d'ouvrir des percées sur le modèle purement contradictoire de l'arbitrage consiste à introduire la divulgation obligatoire. Cela signifie que les parties au début d'un procès échangent volontairement certaines informations de base sans aucune demande formelle.[40] L'objectif est d'échanger des informations dès le début plutôt qu'à un stade ultérieur du différend.

L'introduction d'une telle règle modifie à nouveau la position du levier vers un modèle plus interventionniste. Fondamentalement, le levier s'oriente vers le modèle managérial car ce sont les tribunaux qui supervisent et contrôlent si la divulgation obligatoire a eu lieu.

La question est de savoir s'il existe un avantage par rapport au modèle de demande de découverte. Dans ces cas, les parties sont disposées à échanger des informations qui leur sont favorables. Ce que ce régime peut accomplir, c'est d'améliorer la résolution du troisième problème mis en évidence par Shavell, c'est-à-dire influencer la révélation de l'information qui peut voir sa valeur réduite pour la partie qui la possède et être facilement contrée par l'autre partie. Il en résulterait que l'information pourrait être divulguée en temps opportun alors qu'autrement elle aurait pu rester non divulguée jusqu'à une date ultérieure.

[40] Bone, p. 225.

Il n'y aura pas d'amélioration de la situation d'incapacité à divulguer des preuves et il pourrait y avoir une certaine amélioration dans la situation de la stratégie d'imitation. Certains plaignants ayant des réclamations de faible valeur révéleront leurs informations et cesseront d'avoir un comportement d'imitation. D'autres maintiendront leurs affirmations en vertu de la nouvelle réglementation, au risque de perdre toutes leurs prétentions, afin de recevoir une récompense plus élevée à la fin qu'ils méritent réellement en parvenant à un règlement. Ce qui sépare les deux types de demandeurs réside dans leur aversion ou non à la prise de risque. Les demandeurs ayant une répulsion au risque prendront leur dû alors que les preneurs de risques continueront à imiter les plaignants de grande valeur.

Une donnée supplémentaire peut être la réputation de l'avocat qui représente une réclamation de faible valeur. Si l'avocat présente souvent un comportement de bluff, il peut ruiner sa réputation et rendre sa crédibilité plus critiquable dans le futur, réduisant ainsi son taux de victoires.

Des arguments ont été avancés selon lesquels la divulgation obligatoire réduit l'excédent de règlements par l'effet du coût irrécupérable. [41] En termes économiques, cette opinion est correcte. L'excédent dans les négociations de règlement sous le régime de découverte est plus élevé. Cela signifie que les parties peuvent gagner plus qu'elles ne sont prêtes à accepter par le règlement. Cependant, en révélant plus d'informations dès le début, elles ne parviendront pas à obtenir un gain plus semblable à celui qui leur est dû. D'un point de vue juridique, la divulgation obligatoire est plus proche d'un modèle réaliste de parties obtenant seulement ce qui leur est dû. Ainsi, une revendicatrice de faible valeur, qui ne souhaite pas prendre de risque et qui révèle la vraie valeur de sa demande, n'obtiendra pas un règlement plus avantageux (surplus qu'elle consent à accepter) mais obtiendra un montant plus proche du nombre réel qui devrait lui être accordé. Du point de vue juridique, la divulgation obligatoire permet donc d'obtenir de meilleurs résultats même si la situation est économiquement inférieure.

Un réel danger de la divulgation obligatoire réside dans le fait qu'un accusé, par exemple, puisse révéler trop d'informations non pertinentes pour submerger son adversaire.[42] Le tri entre les bonnes et les mauvaises informations entraînera des coûts élevés. Il s'agit là d'un autre type de comportement stratégique dévoilé en cours de découverte, mais qui peut être amplifié en vertu du régime de divulgation obligatoire, car l'information est alors fournie non sur demande expresse sans que la partie requérante choisisse l'information qu'elle souhaite révéler.

Le régime de divulgation obligatoire peut exister de façon autonome ou peut coexister avec un régime de découverte. Cela signifie que la divulgation obligatoire peut être indépendante de la machine judiciaire ou être combinée

---

[41] *Ibid*, p.227.
[42] *Ibid* p.227.

avec le contexte de la découverte. Le résultat peut en être légèrement différent. Une divulgation obligatoire, lorsqu'elle est utilisée conjointement avec une découverte, ne fait rien pour réduire la découverte abusive. En outre, ce système peut multiplier par deux le coût de la divulgation de l'information qui est produite deux fois.

## 7. Modèle managérial

La deuxième position opposée majeure du levier de la machine judiciaire est le régime est caractérisée par un rôle actif du juge dans la collecte d'informations (preuves). La collecte correcte des faits est au cœur des systèmes managériaux. Ils sont basés sur un modèle épistémologique optimiste qui maintient que la découverte de faits réels n'est pas irréaliste. Or, c'est une exagération utopiste de soutenir que les modèles managériaux tentent d'atteindre la vérité dans tous les cas en raison des coûts excessifs. Donc, ce modèle essaie d'atteindre les normes les plus élevées possible de la recherche des faits dans le cadre de ses contraintes. Un tel modèle a trait au fait que les stratégies d'investigation optimales requièrent un point de vue indépendant des perspectives partisanes étroites. Il considère que les parties ont mené des recherches d'informations en tant que personnes privées qui agissent comme des lobbyistes et qui prétendent élaborer un système de réglementation dans l'intérêt public.[43]

### 7.1 Méthodes d'organisation des modèles de gestion

Dans le modèle purement inquisitoire, la personne chargée de rendre la décision sur le fond domine à la fois la procédure et la constatation des faits. C'est donc le juge des faits qui est responsable de l'obtention du témoignage. Il génère les questions aux témoins et l'ordre dans lequel ils seront interrogés.

Selon Damaska, les aspects négatifs d'un tel modèle sont psychologiques et ils aboutissent à une réalité dans laquelle l'implication du juge des faits réduit l'exactitude du résultat obtenu. Il formule une hypothèse qui favorise une partie de sorte qu'il est facile pour elle de prendre parti dans la prise de décision. Le juge défie parfois les témoins au point que la pondération calme et impartiale des faits peut être affectée.

Une autre manière est de recourir à un fonctionnaire différent, qui n'est pas le décideur qui recueille l'information. Ainsi, le décideur n'intervient que

[43] Damaska, Mirjan R. *The Faces of Justice and State Authority: a Comparative Approach to the Legal Process*. New Haven: Yale University Press, 2005. p.160-161.

progressivement dans la production de l'information et seulement dans une mesure limitée en fonction de ce qu'exigent les besoins cognitifs.[44]

### 7.2 Les négatifs économiques du modèle managérial

Pour analyser ce modèle d'un point de vue économique, il sera utile de revenir à la théorie de Richard Posner, qui assimile les tribunaux aux marchés.[45] Les tribunaux dans lesquels les autorités participent très activement à la recherche d'informations sont comparables aux marchés sur lesquels l'État intervient.

Cette analogie a pour conséquence l'affirmation selon laquelle les fonctionnaires du tribunal possèdent essentiellement les moyens de production dans ce quasi-marché. Les tribunaux produisant de l'information, il en résulte que cette dernière est produite par le tribunal à la place des parties au processus. La bureaucratie assume alors la propriété des moyens de production. Une autre chose que les fonctionnaires font est de fixer le prix de l'information. Ce n'est pas à la partie de décider si l'information vaut la peine d'être acquise au prix de l'acquisition. C'est l'autorité officielle (ci-après « l'officiel ») qui prend cette décision. Le résultat est un choix qui n'est pas optimal pour la partie privée et ses intérêts, mais qui correspond uniquement aux moyens et motivations limités de l'officiel.

Dans cette situation, le bénéfice de ce que Hayek appelle la division du savoir disparaît. Il a fait valoir que les acteurs économiques ne disposent pas de toutes les informations dans le monde pour prendre une décision. Ils peuvent seulement faire une prédiction raisonnable.[46] Dans notre cas, pour les tribunaux agissant en tant que quasi-marchés, cette prédiction est fondée sur leurs propres intérêts, incitations et coûts d'acquisition de l'information. C'est le fonctionnaire du tribunal qui est chargé de trouver l'information présumée représenter toutes les informations dans le monde et qui est incité à faire le nécessaire pour révéler la quantité requise de preuves. Ainsi, au lieu de l'interaction des acteurs privés, une personne décide tout.

Comme indiqué dans la section sur les processus dirigés par les parties, les acteurs privés sont affectés de façon négative par les biais asymétriques d'information et les problèmes d'optimisme / pessimisme. C'est pourquoi il semble raisonnable de recourir à l'intervention d'un fonctionnaire pour résoudre ces problèmes.

---

[44] *Ibid* p.162.

[45] Les tribunaux sont assimilés : « avec un consommateur obligé de décider entre deux biens similaires de deux vendeurs farouchement déterminés ... la procédure judiciaire ressemble aussi au marché dans son impersonnalité ... la main invisible du marché a sa contrepartie dans le désintérêt distant du juge. "Posner, *Economic Analysis of Law*, 321-322.

[46] Hayek, *The Road to Serfdom.*

Cependant, le plus gros problème rencontré par l'officiel a trait à ses motivations. Les efforts des fonctionnaires de la Cour sont généralement répartis sur un grand nombre de cas. La conséquence en est qu'ils sont fréquemment dépassés par le nombre de cas qu'ils doivent traiter. Leurs motivations s'orientent donc vers un moyen de travailler moins, de ne pas prêter attention aux détails de chaque cas et de trouver toutes les informations requises. Cette situation est identique à celle de la police qui serait obligée d'enquêter sur tous les cas qui lui sont signalés. Pour quiconque a déposé une plainte dans un commissariat de police, par exemple pour un vol, il est clair que le nombre de cas qui font l'objet d'une enquête est assez limité. La même chose s'applique aux fonctionnaires de la Cour. Ils ne sont pas rémunérés en fonction du nombre de cas sur lesquels ils enquêtent. Le salaire qu'ils perçoivent, par rapport à celui de leurs collègues, ne les récompensera pas s'ils travaillent de façon plus intensive et s'ils réalisent un travail d'enquête plus approfondi sur plus de cas.

Le problème peut aussi être examiné sous l'angle du coût marginal pour le fonctionnaire de la Cour, lié au traitement d'une enquête concernant une autre affaire. La raison en est que le prix de l'information n'est pas déterminé par les motivations des parties, mais par un facteur externe qui n'a rien à voir avec le cas - le prix pour le fonctionnaire d'entendre un autre cas (coût marginal). Au-dessus d'un certain équilibre, le coût marginal du traitement d'un cas supplémentaire devient disproportionné par rapport au montant actuel des ressources disponibles pour le système judiciaire. Cette restriction est indépendante du fonctionnaire qui collecte l'information sur les parties et qui n'a aucun avantage financier. Donc, à moins que les tribunaux ne puissent embaucher un personnel illimité pour traiter de nouvelles affaires et en supposant qu'il n'existe plus de contraintes budgétaires, le système de gestion connaît très rapidement des difficultés insolubles et obtient des résultats médiocres. Cela démontre qu'une résolution des affaires judiciaires est directement liée au montant des dépenses gouvernementales. De toute évidence, les budgets gouvernementaux ne peuvent pas être dépensés sans limites pour le système judiciaire.

Le système de gestion ne peut alors fonctionner que si les fonctionnaires disposent d'un moyen d'acquérir à moindre coût toutes les informations nécessaires pour résoudre une affaire et qu'ils ont une connaissance supérieure des parties pour savoir où trouver ou comment produire les preuves avec précision et à moindre coût. Dans la majorité des cas, un tel avantage n'existe pas. L'optimisme qui sous-tend la découverte de la vérité supérieure des modèles managériaux a été exposé à maintes reprises comme un faux espoir.

Au mieux, une machine de justice managériale peut être utilisée pour imposer certains points de vue à la société, en particulier ceux qui recèlent des effets oppressifs sur les individus. La raison en est qu'un tel système judiciaire peut essentiellement produire des fonctionnaires qui, en un temps très limité, parviennent à des conclusions et prétendent ainsi avoir effectué les constatations appropriées. Il en résulte que ce système impose un point de vue insuffisamment éclairé aux fonctionnaires sur les différentes parties à une procédure judiciaire.

Comme l'a déclaré Damaska, un tel processus de gestion peut transformer les parties au processus en objets d'action procédurale.[47] Les fonctionnaires imposent des devoirs de coopération aux parties et cessent de les traiter comme des sources d'information indépendantes et autonomes.

Le modèle managérial ne peut être utilisé que dans des circonstances limitées, lorsque les imperfections de la collecte d'informations par les parties sont gravement compromises par les défaillances décrites précédemment. Le problème peut être résolu si les incitations appropriées pour les fonctionnaires sont créées. Ainsi, si les fonctionnaires peuvent bénéficier d'incitations pour intervenir dans l'amélioration de la qualité et de la quantité des preuves et ensuite pour instruire avec prudence, leur intervention n'aura pas pour effet d'assujettir la liberté individuelle.

Le problème quantitatif est facilement résolu. Les fonctionnaires peuvent recevoir des incitations pécuniaires proportionnelles au nombre de cas résolus en remplacement d'un salaire fixe. Le problème principal réside dans l'approche qualitative. Concevoir un système qui assure que les fonctionnaires obtiennent des preuves de qualité est une tâche extrêmement complexe.

D'autres façons d'utiliser le modèle managérial d'acquisition de l'information consistent à réduire les retards lorsque l'une des parties est encline à reporter le processus afin de lasser l'autre partie ou de créer un nouvel avantage.[48] Il peut également être utilisé pour réduire l'inégalité des ressources dont disposent les deux parties. Dans cette situation, la création de bonnes incitations pour que le juge intervienne semble importante. Comment pouvons-nous en effet faire intervenir un juge lorsque ses motivations visent à réduire sa charge de travail et à ne pas assumer de tâches supplémentaires ?

Par conséquent, placer la machine judiciaire sur la position managériale apparaît comme une entreprise périlleuse dans la plupart des cas. Ce positionnement du levier ne peut être utilisé que dans des circonstances limitées.

---

[47] Dadaska, p.165.

[48] Selon Martineau, « jusque dans les années 1960, les juges d'appel et les avocats s'entendaient tous pour dire que, dans le système de l'adversaire, [la responsabilité de renvoyer des affaires dans le système] était uniquement celle des parties ... Principales causes de retard [...] ils ont conclu que le système adverse ne permettait pas de faire passer rapidement les appels dans le système. » Martineau, Robert J. Appelez la justice en Angleterre et aux États-Unis : une analyse comparative. Buffalo, NY : Hein, 1990, pages 158-159.

## 8. Conclusions préliminaires

1) Un processus purement dirigé par des parties rencontre des difficultés avec l'information qui n'est pas révélée. La première étape pour y remédier est une réunion des deux parties opposées au processus afin de révéler au moins une partie de l'information possédée. S'il une telle réunion se tient, au moins l'information qui est favorable à la partie qui la révèle sera divulguée.

2) Pour réduire le coût de l'acquisition de l'information, il est nécessaire au préalable de mettre en place un système au sein des tribunaux pour classer et homogénéiser autant que possible les preuves. La présence de nombreux fournisseurs de preuves, en particulier des témoins experts de qualité, est indispensable.

3) L'ajout d'un droit à la découverte peut aider à révéler plus d'informations. Cependant, cela implique un compromis. Avec la découverte, l'acquisition d'informations peut être supérieure, mais le coût du processus augmente également. Si la partie qui mène la découverte a assez d'expérience et pose les bonnes questions, l'information qui, autrement, ne serait pas partagée sera, en fait, révélée. En outre, des informations conservées pour plus tard en raison de choix stratégiques peuvent également être mises au jour. Les informations qui ne peuvent pas être révélées parce qu'elles nécessitent une évaluation d'expert pendant le procès ne peuvent pas et ne seront pas révélées en tout état de cause. En conséquence la découverte soulève la question de savoir si la révélation d'une information suivie d'un règlement ou d'un jugement plus précis présente un intérêt au regard du coût supplémentaire. Le problème peut venir de la possibilité d'abuser du droit à la découverte et d'augmenter considérablement le prix de l'information.

4) La divulgation obligatoire peut être une alternative moins coûteuse à la découverte. Elle révèle moins d'informations, car, dans le cas du comportement imitant, certaines parties choisissent de continuer à prétendre qu'ils sont dans une position supérieure à celle dans laquelle elles sont réellement. Pourtant, certaines parties vont affirmer leur position plus faible que prévu si elles présentent une aversion au risque. Si la divulgation obligatoire est suffisamment extensive pour permettre le report de la preuve à une date ultérieure, malgré la présence d'une partie qui essaierait de conserver l'information jusqu'à ce qu'elle soit plus difficile à contrer, le résultat sera tout de même une révélation de cette information. Si la divulgation obligatoire ne limite pas l'acceptation de preuves supplémentaires à une date ultérieure, cela n'aidera pas à révéler cette information. Si la divulgation obligatoire est utilisée conjointement avec le droit de découverte, le coût peut être doublé, car l'information sera révélée deux fois. Un système judiciaire qui veut dépenser moins de ressources tout en obtenant un résultat quasi comparable à celui issu de la découverte peut préférer cette option. C'est encore plus vrai dans le cas de l'égalité des armes. La découverte les mettra en exergue alors que la

divulgation obligatoire n'augmentera pas de manière significative les dépenses de la partie la plus faible.

5) Le modèle managérial produit des résultats inquiétants tels que la transformation des parties en objets d'action procédurale. Il place la partie sous le contrôle des décideurs de type administratif et fixe le prix de l'information non pas sur le coût d'acquisition par les parties, mais sur le coût administratif d'une enquête qui dépend d'un budget gouvernemental limité pour le pouvoir judiciaire. Ce budget peut très rapidement dépasser le point d'équilibre, auquel cas il devient trop coûteux pour les fonctionnaires de trouver les faits dans une affaire supplémentaire, ce qui les conduit à cesser leur recherche. Le modèle managérial ne peut être utilisé que lorsqu'il existe de graves défaillances dans le processus mené par les parties et seulement si les incitations appropriées pour que les fonctionnaires agissent sont créées. En soi, c'est un choix mauvais et même dangereux pour les libertés individuelles.

Une autre confirmation de l'importance de l'information pour le bon fonctionnement du système judiciaire est mise en évidence par Natalie Fricero qui associe la qualité du processus judiciaire à la meilleure révélation possible de l'information. [49] Cette évaluation de la qualité ne nous informe pas assez pour décider que le contrôle de qualité fonctionne. Tous les droits du processus équitable peuvent être respectés (par exemple le droit d'être entendu, etc.), mais le juge peut ne pas recevoir suffisamment d'informations ou être surchargé d'informations non pertinentes. La question doit donc être examinée sous l'angle de la qualité de l'information et des moyens de sa transmission dans des conditions optimales au juge afin qu'il prenne la meilleure décision possible.

Les marchés compétitifs requièrent une information complète pour fonctionner efficacement. Si les parties juridiques utilisent les ressources données pour s'interroger, il s'agit d'informations purement distributives. Mais si elles investissent dans la recherche de nouvelles informations et que ces informations améliorent la valeur sociale, alors le processus de découverte peut être utile et devrait être encouragé. La question se pose donc de déterminer quel type de disponibilité de l'information produit une valeur sociale. C'est ainsi que se définit la qualité.

La réduction des délais pour prononcer un jugement est également nécessaire. Les retards réduisent la valeur probante de la preuve (l'information est perdue ou devient périmée) et peuvent donc mener à une décision judiciaire inadéquate. [50] Cela peut aussi conduire à l'inégalité, car la prolongation des procédures peut être un outil entre les mains de quelques riches pour décourager des réclamations par ailleurs fondées à leur encontre, ce qui donne lieu à la maxime « Justice différée est justice refusée ». Il pourrait en être ainsi

---

[49] Natalie Fricero, La qualité des décisions de justice au sens de l'article 6 § 1 de la Convention européenne des Droits de l'Homme. Dans Pascal Mbongo (Ed.), *La Qualité des Décisions de Justice* (Council of Europe), 2007

[50] Sorabji, p.12.

d'un retard de dix ans, par exemple, dans le prononcé d'une indemnisation destinée à un demandeur qui ne serait plus en vie au moment de la percevoir. D'un point de vue économique plus complexe, il peut y avoir une stagnation de l'économie parce que les dettes sont bloquées devant les tribunaux, et que l'argent et l'investissement ne peuvent pas circuler dans l'économie. La raison en est la peur d'investir liée au fait que les tribunaux ne sont pas efficaces dans la défense des droits des parties eu égard à l'émergence de l'ombre des prêts et l'omniprésence de la corruption.

# SECTION IV :

# Organisation judiciaire

# Chapitre 6 :

# Hiérarchie judiciaire

Ce chapitre nous conduira à évoluer de la gestion du flux d'informations d'un dossier à la gestion de l'ensemble du système judiciaire. En d'autres termes, l'analyse part des caractéristiques spécifiques pour aboutir à une organisation structurelle de la machine judiciaire.

## 1. Les deux positions de levier

Ce chapitre traite de la hiérarchie judiciaire et des deux positions de base de la hiérarchie judiciaire qui peut être forte et faible.

### 1.1 La structure de ce chapitre

Ce chapitre examinera d'abord l'origine naturelle des hiérarchies, puis le développement historique des hiérarchies judiciaires. Dans un troisièmement temps, il définira les objectives des hiérarchies et leur problème potentiel. L'analyse des hiérarchies est basée sur le modèle de Peter Drucker, le fondateur de la gestion moderne, qui a perçu les organisations comme étant constituées de deux types de capital. Le premier type de capital est humain, il s'agit des juges et des autres membres du personnel judiciaire. Le deuxième type est représenté par les divisions institutionnelles dans lesquelles ils travaillent.[1] Les deux types seront étudiés pour découvrir la façon dont les types de capital sont utilisés dans les hiérarchies fortes et faibles. Cette voie permettra de révéler les forces et les faiblesses des deux positions de levier de la machine judiciaire. Plusieurs modèles sont utilisés pour comprendre comment fonctionnent les positifs et les négatifs de deux positions de levier, dont le modèle de Drucker mentionné ci-dessus, le modèle hiérarchique de Damaska, la mise en garde des hiérarchies de

---

[1] Peter F. Drucker, *Management Challenges for the 21st Century* (Harper Business, 2001), p. 120.

Ian Shapiro, le modèle décentralisé de Kornhouser, la théorie de l'agence et le modèle de Tirole des fonctionnaires responsables et irresponsables.

### 1.2 Il n'y a pas d'organisations parfaites

Lors de l'analyse des deux positions de levier possibles, il est important de garder à l'esprit que la complexité inhérente au choix d'une hiérarchie stricte ou faible vient du fait qu'il n'existe pas d'organisation parfaite. Comme l'a soutenu Peter Drucker, le père de la gestion moderne, il existe des organisations qui ont « des forces distinctes, des limites distinctes et des applications spécifiques ».[2] Les organisations ne sont que des outils de productivité. Ils doivent s'adapter à leur temps, aux conditions sociales actuelles, et ils doivent accomplir des tâches spécifiques. Ainsi, le choix d'une hiérarchie forte ou faible n'est pas absolu, mais dépend de l'objectif d'une organisation spécifique.

Il s'ensuit que le déplacement de la position du levier de régulation de la machine judiciaire doit être flexible et se faire en fonction des finalités prévues lors de l'utilisation des éléments hiérarchiques de la machine judiciaire. Garder les traditions pour des raisons sentimentales ou simplement parce qu'elles sont confortables constitue une mauvaise approche. Le choix entre hiérarchie forte et hiérarchie faible, et toutes les positions intermédiaires possibles est indispensable pour permettre à la machine judiciaire de mieux fonctionner à un endroit et à un moment précis dans un but défini.

### 1.3 Pourquoi conserver les vieilles structures organisationnelles

Drucker a émis une observation perspicace sur la raison pour laquelle les vieilles structures organisationnelles restent intactes :

1) les dirigeants pensent qu'il leur reste quelques bonnes années, ce qui signifie que ces procédures sont déjà obsolètes.

2) Lorsqu'une structure organisationnelle est complètement annulée, les dirigeants ne pensent à tort qu'aux coûts et aux difficultés liés à leur remplacement parce que tout changement a un coût. Cependant, la bonne question à poser ne consiste pas seulement à s'interroger sur le coût du remplacement. Il convient aussi de vérifier que l'ancienne organisation produit quelque chose de précieux.

3) Plus important encore, si l'ancienne organisation est à l'origine de la négligence de meilleures alternatives, c'est un obstacle à l'adoption de nouvelles structures qui peuvent faire un travail plus performant vis-à-vis de l'objectif existant.

Le choix entre une hiérarchie des machines judiciaires forte et faible exige une réflexion et une compréhension plus approfondies de la signification réelle de ces deux modèles. Ces derniers se retrouvent dans des exemples historiques

---

[2] *Ibid*, p.11.

existants de l'organisation judiciaire. Par conséquent, pour analyser leurs caractéristiques « bonnes » et « négatives », théoriquement, il sera d'abord utile d'examiner leur développement historique. De plus, d'autres descriptions de la hiérarchie et de ses objectifs seront analysées afin de la définir. Après cela, les deux positions de levier seront évaluées.

### 1.4 Les origines de la hiérarchie

Dans une perspective large, la hiérarchie peut être considérée comme un phénomène naturel. Par exemple, Harold J. Leavitt a proposé la perspective suivante : « La hiérarchie, bien sûr, n'est pas seulement une construction organisationnelle. C'est un phénomène intrinsèque à la complexité du monde naturel. En effet, tous les organismes biologiques sont constitués de systèmes circulatoire, squelettique et respiratoire qui eux-mêmes comportent de nombreux sous-systèmes. Nos processus mentaux sont souvent hiérarchiques, en particulier lorsque nous effectuons des tâches complexes. »[3]

Considérant cette origine biologique de la hiérarchie, il n'est pas surprenant que les organisations hiérarchiques soient aussi profondément ancrées dans le profil psychologique des êtres humains. Elles peuvent fournir des récompenses psychologiques telles que des sentiments de pouvoir et de statut dans la société. Plus important encore, elles fournissent un moyen pour les êtres humains d'être évalués. La plupart des gens se sentent gratifiés quand ils reçoivent une approbation désirée qui prend habituellement la forme d'évaluations de rendement, d'augmentations de salaire et de promotions. Les gens peuvent se plaindre des évaluations injustes et des maigres augmentations, mais la plupart d'entre eux veulent toujours voir leurs notes.[4]

Il existe cependant un problème avec l'attachement à de tels « avantages » de la hiérarchie. Les sociétés modernes complexes n'ont pas les mêmes structures organisationnelles que celles que nos très récents chasseurs ont réunies. Le résultat en est que les avantages qui satisfont les besoins psychologiques voyagent d'une manière beaucoup plus complexe dans les sociétés modernes que la simple approbation des anciens dans une petite société. Ce chemin plus complexe vers les avantages psychologiques de la hiérarchie doit être examiné dans le fonctionnement des organisations modernes.

Malgré cette mise en garde : « les hiérarchies à plusieurs niveaux demeurent le meilleur mécanisme disponible pour effectuer un travail complexe. Il est irréaliste de s'attendre à ce que nous les supprimions dans un avenir prévisible. Il semble plus logique d'accepter la réalité que les hiérarchies sont là pour

---

[3] Harold J. Leavitt, « Why Hierarchies Thrive, » *Harvard Business Review* (March 2003). https://hbr.org/2003/03/why-hierarchies-thrive.
[4] *Ibid.*

rester et travailler dur pour réduire leurs sous-produits hautement nocifs tout en les rendant plus habitables pour les humains et plus productifs. »[5]

### 1.5 Aperçu historique de la mise en œuvre des organisations hiérarchiques à la magistrature

Les systèmes judiciaires modernes ne font pas exception. Ils ont développé différents types de hiérarchies compliquées afin de remplir leur tâche complexe et cruciale dans la société. Cette complexité de la tâche et son importance exigent un examen attentif des hiérarchies judiciaires. Les regarder d'un point de vue historique révélera leur modèle d'émergence, lequel sera utile dans notre examen des deux positions de levier de la hiérarchie forte et faible. La raison en est que le développement historique conduit à la création de deux types généraux de hiérarchie. L'examen du développement historique sera également utile pour définir les objectifs de la hiérarchie.

### 1.6 Les deux traditions : les tribunaux hiérarchiques et les tribunaux à un seul niveau

Comme l'a fait valoir Mirjan Damaska, l'auteur du travail le plus important à ce jour sur les études judiciaires comparées, les origines de la hiérarchie dans le système judiciaire remontent à l'émergence de l'appareil judiciaire sur le continent européen. L'organisation judiciaire a suivi l'exemple de la lutte fructueuse pour l'unité dans l'Église catholique.[6] De même, la hiérarchie judiciaire s'est construite autour du modèle descendant de l'autorité ecclésiastique qui à son tour suivait l'ordre perçu dans le ciel avec Dieu au sommet de la pyramide du pouvoir. Même le mot « hiérarchie » a d'abord été utilisé par un moine chrétien syrien pour exprimer cet idéal organisationnel.[7]

### 1.7 Il n'y a pas eu de hiérarchie absolue

Il est important de souligner en parlant des origines de la hiérarchie judiciaire dans l'Église catholique romaine que les hiérarchies fortes ne doivent pas être considérées comme un absolu. Le chemin du développement organisationnel, même au sein de l'Église catholique elle-même, n'était pas simple. La raison en est que même l'église n'a pas évolué dans une stricte adhésion à une hiérarchie rigide. L'environnement social a constitué une forte influence extérieure. Comme l'a soutenu Drucker, chaque changement social majeur a produit des ordres nouveaux et très différents dans l'Église : les

---

[5] *Ibid.*

[6] Damaska, p.29.

[7] *Ibid.*

Bénédictins en 500 apr. J.C., après que les barbares eurent renversé l'Empire romain, les Dominicains et les

Franciscains sept cents ans plus tard, et les Jésuites en réponse à la Réforme protestante.[8] Ainsi, même l'Église catholique, donnée comme l'exemple le plus rigide d'une hiérarchie, s'est adaptée aux fins qu'elle servait dans les temps de changement.

Cette influence de l'Église met en lumière un autre fait quelque peu surprenant : l'ordre judiciaire hiérarchique est une invention relativement moderne et ne peut donc être considéré comme acquis. Largement inconnue des Romains sous sa forme actuelle, l'institution d'appel est apparue[9] comme une caractéristique spécifique du processus judiciaire à l'époque médiévale sur le continent. Ce n'est que récemment que l'appel est devenu une caractéristique des autres systèmes judiciaires. Malgré son histoire relativement récente, la hiérarchie judiciaire a eu tendance à devenir une structure dominante pour organiser le pouvoir judiciaire dans le monde entier. Cela a été le résultat de circonstances globalement semblables dans les États contemporains qui ont mis au premier plan du développement institutionnel les tendances de la professionnalisation, de la centralisation et de l'expertise de la magistrature.[10]

### 1.8 Les traditions juridiques déterminent la force de la hiérarchie

Ce chapitre se concentre sur la différence de force des hiérarchies. Cette différence peut en partie être attribuée aux traditions juridiques. La tradition continentale a tendance à adhérer à des hiérarchies plus strictes et la *common law* aux États-Unis, et en particulier dans les hiérarchies britanniques, a été relativement faible et flexible. Le continent, bien sûr, a été fortement influencé par l'Église catholique, alors que la tradition de *common law* anglaise a coupé ses liens avec l'Église pendant la période de formation de son système judiciaire. Le résultat s'est traduit par des traditions de justice d'appel plus

---

[8] Drucker, p.37.

[9] Une courte remarque expliquant le lien entre la hiérarchie et l'appel est nécessaire. Ces deux concepts sont étroitement liés. Pour l'instant, il suffira de considérer le processus d'appel comme l'utilisation la plus courante de la hiérarchie dans le système judiciaire. Ce chapitre est étroitement lié au suivant qui traite du but de l'appel. Le prochain chapitre tentera de simplifier à l'extrême le processus d'appel. Il est facile de penser que les appels donnent une seconde chance ou protègent contre des décisions arbitraires. Cela est loin d'être suffisant parce que les appels servent des objectifs hiérarchiques plus complexes tels que l'unification du droit selon une « bonne » manière de penser, la correction d'erreur étant de nouveau définie par les juges des tribunaux supérieurs. Les appels peuvent également servir à inciter à la loyauté au régime, ce qui favorise un type différent de hiérarchie (hauts fonctionnaires de l'État) qui existe en dehors du système judiciaire. Pour corriger cette vue simple, le prochain chapitre examinera les effets qu'un système hiérarchique induit sur le fonctionnement de la machine judiciaire. L'analyse sera basée sur les découvertes de ce chapitre. De cette façon, le lien entre l'appel et la hiérarchie deviendra plus clair.

[10] Damaska, p.18.

fortes qui ont suivi les tendances hiérarchiques de l'Église sur le continent alors qu'en Angleterre, la juridiction traditionnelle de *common law*, une véritable cour d'appel, a été introduite au XIX^e^ siècle.

Cette forte hiérarchisation a rendu les juristes continentaux moins enclins à poser la question de l'utilité des hiérarchies judiciaires. Ils considèrent le processus d'appel comme une partie essentielle du processus judiciaire qui suit nécessairement le procès de première instance. Au contraire, ce n'est pas le cas pour les avocats communs pour qui la forte hiérarchie n'est pas ancrée de façon inévitable dans le processus judiciaire. Par conséquent, le sujet de ce chapitre présente plus d'intérêt pour les avocats continentaux qui ont souvent tendance à prendre les hiérarchies pour acquises et donc à ne pas les considérer.

### 1.9 Caractéristiques fonctionnelles et intentionnelles de la hiérarchie

Les hiérarchies judiciaires ont émergé et sont devenues une partie inévitable des systèmes judiciaires modernes. Le fait qu'elles soient si répandues signifie qu'elles ont une fonction importante nécessaire dans les sociétés modernes. Mais quel est leur but ? Qu'apportent les hiérarchies ? Il est temps de définir le but de l'élément de la machine judiciaire examiné dans ce chapitre. Peter Drucker a donné une bonne explication du but de la hiérarchie : « il faut que quelqu'un prenne les décisions finales. »[11] Ces décisions doivent être respectées parce qu'en cas de danger collectif commun, la survie dépend d'un commandement clair : « En cas de crise, la hiérarchie et son acceptation incontestable par tous sont la seule solution. »[12]

Un autre but de la hiérarchie est d'imposer une vision particulière. Des hiérarchies fortes existent afin d'imposer plus intensément une vision particulière de la façon dont les choses devraient être selon la personne au sommet d'une organisation. Drucker a mis cela en évidence d'une manière pertinente sur les hiérarchies. Les hiérarchies judiciaires imposent une vision définitive et autoritaire de la manière dont le système judiciaire devrait fonctionner en mettant un terme aux questions à débattre et à la portée des décisions à prendre. [13] Il impose une vue qui a préséance sur toutes les autres. La vue présumée supérieure est celle du plus haut niveau de la hiérarchie. L'origine des hiérarchies dans les organisations religieuses avec Dieu au sommet imposant la bonne vision morale présuppose la supériorité des décisions prises par l'échelon supérieur.

---

[11] Drucker, p.11.
[12] *Ibid.*
[13] *Ibid.*

## 2. Problèmes potentiels de la hiérarchie

Même dans l'Église catholique, il n'y avait pas de vision positive absolue de la hiérarchie. Même au sommet de toute hiérarchie humaine, il n'y a pas de Dieu qui puisse toujours prendre les bonnes décisions. Par conséquent, il est important d'examiner de manière critique les hiérarchies. Le professeur Ian Shapiro de l'Université de Yale[14] a proposé la manière suivante de réfléchir aux hiérarchies et aux problèmes potentiels qu'elles peuvent créer.

Le premier problème possible d'un système hiérarchique peut être d'éliminer une opinion opposée.[15] Ceci peut être utile pour prendre une décision dans une crise imminente, mais peut être préjudiciable dans un processus de prise de décision complexe et prolongé. Or, il s'agit très souvent de la situation rencontrée dans la prise de décision judiciaire. Lorsque les juges prennent des décisions, il s'agit rarement de questions urgentes. Normalement, ils doivent considérer deux ou plusieurs positions juridiques possibles et décider de la bonne décision à prendre, compte tenu des sources de droit existantes. Comme il n'existe pas de prise de décision parfaite (pas de fonction parfaite de bien-être social), les juges doivent considérer toutes les alternatives disponibles. La raison en est que leurs choix auront des conséquences profondes qui ne sont pas toujours perceptibles. Ce qui semble juste en apparence peut en réalité se faire au détriment de cette même partie en y regardant de plus près. Il s'ensuit que des gens seront mécontents de cette nouvelle règle. Ces personnes doivent avoir un moyen de s'opposer légitimement à la nouvelle règle. Leurs objections devraient être considérées comme fondées en principe.[16] La raison en est inhérente à la conception institutionnelle. Dans une société ouverte, il doit y avoir un moyen d'institutionnaliser les objections des gens en leur permettant de s'opposer à une nouvelle règle. Si vous ne créez pas de possibilités d'opposition loyale, avec le temps, vous obtiendrez une opposition déloyale. Si le système ne dispose pas de mécanismes de changement intégrés, les personnes mécontentes peuvent également tenter de se procurer leurs propres armes. En pratique, l'une des façons les plus importantes d'institutionnaliser l'opposition est de créer une présomption contre la hiérarchie.[17] Cette présomption ne s'applique qu'en cas d'atrophie des hiérarchies. L'objectif est de traiter avec les hiérarchies judiciaires qui limitent l'accès des points de vue opposés. La raison de préserver une telle divergence de pensée est qu'elle peut être une source de nouvelles idées progressistes, mieux adaptées aux besoins et aux conditions

---

[14] Shapiro, Lecture 24.

[15] *Ibid*

[16] *Ibid.*

[17] *Ibid.*

sociales actuelles. Une pensée différente peut aussi révéler des problèmes dans la société qui, autrement, resteraient inaperçus.

Le deuxième problème connexe est de comprendre si la hiérarchie est insulaire.[18] Cela voudrait dire que les hiérarchies acceptent dans leurs rangs des gens qui pensent différemment. Si le système judiciaire accepte des personnes de même origine, qui ont reçu un enseignement dans les mêmes facultés de droit et qui sont promues à des postes judiciaires supérieurs selon les mêmes modalités, la qualité de la prise de décision judiciaire pourrait en être altérée. Les nouvelles idées ne seront pas en mesure de pénétrer des groupes dont la pensée est rigide et similaire. Par conséquent, ces groupes auront du mal à fournir des solutions adéquates aux besoins sociaux actuels.

La troisième question vise à savoir si la hiérarchie offre une possibilité de mobilité verticale à ses membres les plus talentueux. Si les juges les plus compétents ne sont pas autorisés à atteindre le sommet, la qualité de la prise de décision judiciaire en souffrira. La raison en est qu'ils sont les plus capables de produire les meilleures décisions judiciaires. Ainsi, une hiérarchie qui favorise les juges sur la base de l'ancienneté ou de la loyauté politique et non sur la capacité ne fonctionne pas de façon optimale.

Le quatrième problème possible réside dans le fait que la hiérarchie peut servir les mauvais intérêts.[19] Le pouvoir judiciaire est censé travailler pour améliorer les conditions sociales, réduire les conflits dans la société, etc. En d'autres termes, la machine judiciaire devrait viser à produire des décisions judiciaires de qualité. Cependant, il est possible que les hiérarchies judiciaires servent des intérêts politiques étroits ou créent de mauvaises incitations pour que les juges accordent la priorité aux intérêts personnels plutôt qu'aux intérêts collectifs sociaux. Ainsi, il importe de mettre sur le même plan les intérêts judiciaires et sociaux au sein des hiérarchies judiciaires.

Le cinquième problème est que de la présence de nombreux niveaux hiérarchiques peut créer un bruit d'informations et conduire à une organisation judiciaire qui fonctionne mal. Selon Peter Drucker, le principe veut qu'une organisation ait moins de niveaux hiérarchiques, en d'autres termes, qu'elle soit aussi plate que possible. Selon la théorie de l'information, « chaque relais double le bruit et coupe le message de moitié ».[20]

Tous ces dangers de la hiérarchie et le fait qu'elle soit codée de façon quasi biologique chez les êtres humains, ajoutés au fait que la hiérarchie offre le seul moyen d'accomplir des tâches complexes justifient qu'il soit nécessaire d'examiner les hiérarchies et leur fonctionnement dans les moindres détails.

Les hiérarchies doivent être à un niveau approprié parce qu'elles ne sont tout simplement pas inévitables. Le degré de hiérarchie est donc la question la plus importante de ce chapitre. Il sera examiné en analysant les deux positions

[18] *Ibid.*

[19] *Ibid.*

[20] Drucker, p.12.

principales de ce levier réglementaire du système judiciaire : hiérarchie faible ou forte. Ces positions possibles seront remises en cause pour répondre à la question de savoir si chaque position remplit les objectifs de la hiérarchie judiciaire pour fournir une prise de décision de qualité aux membres de la société.

### 2.1 Résumer la hiérarchie judiciaire

Les hiérarchies sont des organisations pyramidales dans lesquelles le sommet dispose du pouvoir. Leur existence est due au fait qu'elles répondent aux besoins physiologiques de la plupart des êtres humains à être appréciés, positivement évalués, et leur ambition (pour être promu par exemple). Elles désignent le haut du sommet comme « la bonne place ». Cependant, supposer qu'elles jouent toujours un rôle positif est erroné parce qu'il n'y a pas de Dieu infaillible au sommet de la pyramide et aucune assurance que le décideur fera toujours le bon choix. Ainsi, les hiérarchies doivent être abordées avec prudence pour vérifier qu'elles fonctionnent pour le bien de la société. Afin de s'assurer qu'elles remplissent leurs objectifs, elles doivent être correctement construites, avoir le niveau de force approprié et ne pas créer de mauvaises motivations pour les juges et les autres membres du personnel.

### 2.2 Comment devraient être organisées les hiérarchies

Le but de toute machine judiciaire, qu'elle ait une hiérarchie forte ou faible, est de produire quelque chose. Dans le cas du pouvoir judiciaire, le produit est assez complexe, comme il ressort du chapitre sur l'objet de l'appel. Supposons à ce stade que le système judiciaire produise un produit socialement précieux.

### 2.3 Le point de vue juridique de Damaska sur la hiérarchie judiciaire

Damaska a soutenu que trois éléments étaient omniprésents de la hiérarchie judiciaire : premièrement, les attributs des fonctionnaires (professionnalisation), deuxièmement, les relations entre les fonctionnaires (centralisation) et troisièmement, la manière dont les juges prennent leurs décisions (expertise, spécialisation).[21]

### 2.4 Modèle économique de la hiérarchie

Le modèle économique de la hiérarchie utilisé ci-après diffère quelque peu de celui de Damaska.[22] Ce modèle s'inspire plutôt de la vision de Drucker des

---

[21] Damaska, p.16.

[22] Lewis A. Kornhauser, "Modeling Collegial Courts," *Journal of Economics and Organization* 441 (1992).

organisations en tant que capital et ressources humaines. La machine judiciaire opère sur l'information. Cette information est le problème qui existe dans la société. Il doit traverser toute la machine judiciaire aussi précisément que possible. La tâche de la machine judiciaire est d'utiliser cette information de manière optimale. Pour ce faire, le pouvoir judiciaire accorde des ressources limitées. Pour traiter l'information, la machine hiérarchique judiciaire utilise les ressources dont elle dispose. Elles peuvent être appelées capital. Le capital peut être de deux types. Le premier, les juges et les autres membres du personnel du tribunal forment le capital humain. Le deuxième type est représenté par les divisions institutionnelles dans lesquelles ils travaillent. [23]La question se pose donc de l'organisation du capital humain et institutionnel dans une structure optimale pour le système judiciaire, l'objectif étant que la performance judiciaire (décisions judiciaires) soit la meilleure possible. Ce chapitre s'intéressera au capital humain principalement considéré comme la création des incitations appropriées pour les juges et les structures judiciaires considérées comme une hiérarchie faible et forte.

### 2.5 Les éléments communs entre les modèles économiques et le modèle juridique de Damaska

Ce travail examine quelques modèles économiques tels que le modèle d'agence, le modèle d'équipe de Korhauser et les responsables et non responsables de Tirole. Les éléments communs entre ces modèles et la théorie juridique de Damaska sont d'abord la présence de juges avec certaines caractéristiques, au centre de la hiérarchie judiciaire. Le modèle juridique met davantage l'accent sur le type de leur caractère professionnel (qu'ils soient formés en tant que juges, ou qu'ils aient reçu une formation différente et qu'ils deviennent juges à un stade ultérieur de leur carrière). Les modèles économiques adoptent une vision plus globale des juges qui traite également de leurs désirs personnels et de leurs motivations. De plus, les deux approches s'intéressent à la centralisation qui fait référence à la relation d'autorité entre les juges. La spécialisation est l'autre thème commun qui peut inclure la spécialisation de différents niveaux de tribunaux ou de tribunaux spécialisés dans différents domaines du droit. Le modèle juridique accorde plus d'attention à la façon dont les décisions judiciaires sont prises que l'analyse économique qui se concentre davantage sur l'influence de la conception institutionnelle sur la prise de décision judiciaire.

Ces deux modèles ajoutent à l'analyse ce qui suit : le modèle de Druker ajoute de la clarté parce qu'il traite de deux catégories simples : l'élément humain des hiérarchies comme un type de capital et les institutions et le design comme un autre.

---

[23] Drucker, p. 120.

Les éléments de Damaska sont également utiles, car ils mettent en évidence les éléments communs entre l'approche juridique et l'approche économique. Ces éléments sont la centralisation, la spécialisation, l'interaction entre les juges et les différents niveaux de hiérarchie. Tous ces éléments nous aideront à déterminer l'influence de la conception institutionnelle sur la qualité de la prise de décision judiciaire.

### 2.6 Distinction entre les deux positions du levier : forte et faible hiérarchie

Ce sont les traditions juridiques des systèmes judiciaires qui décident généralement de la force de la hiérarchie. Par exemple, en Angleterre, durant la période de la dualité du système judiciaire qui a vu la division entre l'équité et la *common law*, seule l'équité avait une fonction d'appel. Dans les tribunaux de *common law*, il n'y avait tout simplement pas d'appel. Le système était horizontal avec une multiplicité de tribunaux au même niveau et aucune structure hiérarchique claire entre eux. Même après l'unification des deux systèmes, le système d'appel est resté compliqué. À ce jour encore, il existe certains tribunaux, tels que la Haute Cour, avec des fonctions mixtes, qui servent à la fois de juridictions de première instance et d'appel. Les juges de la Cour d'appel sont également hiérarchiquement mobiles et peuvent siéger à la Haute Cour *(High Court)* lorsque le tribunal entend une affaire jugée importante. Cette histoire complexe et la pratique du système anglais le définissent comme un système hiérarchique très faible.

Au contraire, le système français a de fortes traditions hiérarchiques. La raison est double. Premièrement, il a suivi la tradition de l'Église catholique. Deuxièmement, les rois de France ont fait des efforts délibérés pour unifier le pays et, par conséquent, les tribunaux. Ce n'est que plus tard que la tradition fut interrompue avec la création de la procédure de cassation.

La question importante est alors de savoir ce qui est réalisé par une hiérarchie judiciaire plus faible ou plus forte ? Afin de trouver une réponse, la différence entre les deux types de hiérarchie doit être approfondie.

#### 2.6.1 Les éléments de la hiérarchie forte

Le premier élément important de la hiérarchie est la centralisation. La centralisation a deux connotations. Il concerne soit le lieu de regroupement de l'activité, soit l'autorité. Ce n'est que dans ce dernier sens que la centralisation croissante conduit nécessairement à une hiérarchie forte. La raison en est que la hiérarchie peut désigner l'autorité supérieure et, dans ce second sens, la centralisation peut signifier le contrôle d'une organisation par une autorité unique. Il s'ensuit que l'autorité supérieure et le contrôle de l'organisation sont quasi synonymes. En revanche, lorsque la hiérarchie est représentée par le lieu, il peut y avoir une hiérarchie faible mais centralisée. Un bon exemple est le système judiciaire anglais à sa création, lorsqu'il était centralisé à Londres, alors qu'il n'y avait pas de hiérarchie à proprement parler. Les hiérarchies fortes ont un contrôle autoritaire important sur l'organisation ou, en d'autres termes, la centralisation dans le sens d'un contrôle autoritaire fort. Ce contrôle dans les hiérarchies fortes est également défini par une disposition claire en fonction du niveau d'importance.[24]

Le deuxième élément dont la hiérarchie a besoin est celui des fonctionnaires spécialement formés à cet effet. Les juges doivent être formés professionnellement et ne pas être des profanes venant d'autres professions et arrivés à un stade ultérieur de leur carrière. [25] Le type le plus fort de la hiérarchie judiciaire est celui où les juges partagent de nombreuses caractéristiques avec les administrateurs.[26]

Le troisième élément de la hiérarchie judiciaire forte est l'examen complet par les cours supérieures. Une telle révision implique que les décisions des juridictions inférieures fassent l'objet d'un contrôle régulier qui limite la marge de manœuvre laissée dans l'examen des dossiers. C'est-à-dire, lorsque les tribunaux inférieurs statuant des affaires, ils n'ont pas beaucoup de liberté pour rendre des décisions qui contredisent les tribunaux hiérarchiques supérieurs. Cela empêche la distribution à grande échelle de l'autorité non révisable, ce qui ne peut que conduire à la discrétion dans la prise de décision des échelons inférieurs de l'autorité.

Que fait la révision hiérarchique forte pour gérer le flux d'informations ? Pour permettre un examen complet et régulier des décisions des tribunaux inférieurs, les juges doivent recevoir des informations utilisables. La raison en est qu'il y a moins de juges au sommet de la hiérarchie qu'à sa base. Les juges du niveau supérieur ne peuvent pas se prononcer sur de nombreux cas s'ils doivent examiner les cas de façon complète. Pour atteindre ce résultat, un mécanisme spécial est nécessaire, ce qui permet à l'information sous une forme digeste d'atteindre les meilleurs juges. Ce mécanisme consiste à mettre l'information dans un simple « code » compréhensible que les juges supérieurs peuvent facilement lire. En d'autres termes, les fonctionnaires inférieurs la présentent sous une forme schématique qui laisse de côté les détails désordonnés de la vie.

Une partie de cet examen complet peut tenir au fait que de nouvelles preuves sont autorisées. Un jugement contraire ne doit pas nécessairement signifier qu'une erreur a été commise dans la prise de décision du tribunal inférieur ; il suffit que de nouvelles preuves soient produites pour qu'une

---

[24] Oxford online dictionary.

[25] Damaska, p.48.

[26] *Ibid*, p.20.

décision indiscutable au moment de son prononcé soit rejetée ou modifiée[27] (problème de spécialisation).

Le quatrième élément des hiérarchies fortes est placement permanent des juges. La raison en est qu'avec le temps, les fonctionnaires établissent leur propre niche institutionnelle et leur propre culture qui les distingue des étrangers. La vision de cet initié institutionnel est assez intolérante vis-à-vis de décisions prises par des étrangers. Damaska a appelé cette exclusivité officielle.[28] Cependant, à cause de considérations d'impartialité, les positions judiciaires permanentes sont communes aux hiérarchies modernes faibles et fortes.

Cinquièmement, pour renforcer la hiérarchie, les longs mandats peuvent être combinés avec des procédures opérationnelles standard ou des routines organisées.[29] L'effet de cette tradition est que les décisions ne sont pas basées sur la justice individuelle, mais suivent des schémas habituels de prises de décision. Ainsi, le fonctionnaire peut prendre une décision dans le cadre de sa capacité officielle qu'il ne prendrait jamais en tant qu'individu.

La routinisation facilite la caractérisation de l'information par les tribunaux inférieurs.[30] Cette information éditée permet au tribunal supérieur de facilement ignorer les faits de l'affaire et de se concentrer sur la correction des incohérences dans les décisions de bas niveau et la diffusion de vastes schémas de commande pour la prise de décision. La vraie question d'intérêt est de savoir si ces décisions parviennent à protéger des intérêts sociaux plus larges qui peuvent être laissés en suspens ou mal résolus par une justice strictement individualisée. Les juges des juridictions supérieures ne prennent pas leurs décisions sur la base de l'ensemble du dossier accumulé lors des étapes précédentes du litige, mais sur des résumés écrits et impersonnels. Ce texte écrit est créé afin de faciliter la prise de décisions par les cours supérieures. Ce résumé se transforme facilement en syllogisme. La raison en est qu'il est beaucoup plus difficile de remplacer un fichier complet de détails inorganisés de la vie réelle et de tout ce qui s'est passé à l'essai par une construction logique simplifiée. Il est plus facile de recourir à un résumé.[31]

Sixièmement, la spécialisation peut conduire à des hiérarchies plus fortes, mais ce n'est pas toujours le cas.[32] Cela peut se produire lorsqu'il y a une division du travail en tâches spécialisées. Dans cette situation, il ne suffit pas que les différents fonctionnaires s'acquittent bien de leurs tâches parce que les

---

[27] *Ibid*, p.49.

[28] *Ibid*, p.19.

[29] Patricia M. Wald, "The Problem with the Courts: Black-robed Bureaucracy, or Collegiality under Challenge?" *Maryland Law Review* 42 no. 4 (1983) Available at: http://digitalcommons.law.umaryland.edu/mlr/vol42/iss4/8. Patricia M. Wald was a US Judge at Court of Appeals for the District of Columbia Circuit.

[30] Damaska, p.20.

[31] *Ibid*, p.51.

[32] Wald, p. 766.

tribunaux spécialisés ont besoin d'une révision et d'un contrôle généraux, ce qui nécessite une vision d'ensemble de la situation. Cependant, la spécialisation peut être une caractéristique des hiérarchies relativement plus faibles. Par exemple, c'est le cas lorsque les cours d'appel n'examinent les décisions d'un tribunal inférieur que sur un point de droit et laissent entièrement l'appréciation des faits à la juridiction inférieure. Les tribunaux spécialisés peuvent également entraîner une routinisation accrue. Pour faire face à la routinisation, certains tribunaux spécialisés imposent la mobilité des juges d'une division à l'autre afin d'éviter qu'ils ne deviennent trop cyniques et qu'ils ne deviennent pas indifférents aux difficultés individuelles. Les déplacer vers un autre tribunal dans un autre lieu est également possible.

La Septième caractéristique de la forte hiérarchie est que l'appel n'est pas un événement extraordinaire, il n'est qu'une suite de la décision judicaire ordinaire en première instance à laquelle on peut s'attendre dans des circonstances normales.

Huitièmement, dans les hiérarchies fortes, l'accent est mis sur le contrôle de la qualité. Cela accentue le caractère provisoire de la décision du tribunal inférieur.[33]

La neuvième caractéristique de la forte hiérarchie est le pouvoir des juges des cours supérieures de discipliner (pour enseigner une leçon) le juge de la juridiction inférieure qui aurait commis une erreur dans sa décision. Ce pouvoir peut être combiné avec la possibilité de rétrograder ou écarter les juges des tribunaux inférieurs récalcitrants. En fait, cela signifie que dans une hiérarchie forte, les juges des tribunaux inférieurs manquent d'indépendance interne vis-à-vis des juges supérieurs. Cette inégalité peut être mise en évidence par un manque important de prise de décision égale.[34]

Dixième, le contrôle sur le système judiciaire montre de fortes caractéristiques administratives. Les promotions et les évaluations des juges sont effectuées par des commissions spéciales et des procédures d'évaluation spécifiques. Le mérite judiciaire est évalué en fonction du dossier de l'évaluation administrative, qui est élaboré à partir de plusieurs évaluateurs, le plus important étant le supérieur immédiat du juge.

La onzième manière d'avoir une hiérarchie forte est d'exiger que la cour parle d'une seule voix, ce qui conduit à la suppression des opinions divergentes. Le choix devient strictement binaire. Une réponse par oui ou par non est souvent insuffisante pour représenter une réalité sociale complexe. Les juges doivent voter pour l'une des deux options qui leur sont présentées. Il n'existe plus de troisième possibilité pour aborder le dossier. Il est donc beaucoup plus facile pour les hiérarchies de contrôler de telles décisions qu'une décision complexe présentant une multitude d'arguments.

---

[33] Damaska, p.49.
[34] Wald, p. 766.

Douzièmement, de fortes hiérarchies utilisent les réseaux formels et informels pour appréhender les opérations judiciaires, et ce, de façon beaucoup plus poussée que les hiérarchies faibles.

### 2.6.1.1 Les effets de hiérarchies fortes

Les éléments de hiérarchies fortes nous aident également à résumer les principaux effets de hiérarchies fortes :

- Meilleur contrôle des décisions des tribunaux inférieurs parce que l'accent est mis sur le contrôle de la qualité qui est exercé plus souvent.
- La contrainte plus forte d'un point de vue particulier qui émane du sommet de la hiérarchie judiciaire, motivée par le fait que l'augmentation des contrôles limite le nombre des opinions divergentes.
- Plus d'appels sont déposés parce qu'un appel n'est pas perçu comme un événement extraordinaire, mais comme une conséquence naturelle du procès.
- Plus de cas sont entendus par les tribunaux supérieurs. Cela résulte nécessairement du point précédent.
- Les décisions des tribunaux inférieurs sont plutôt provisoires parce que les parties ont le droit d'interjeter appel de leurs décisions ; ainsi il est fréquent qu'un procès soit suivi d'une procédure d'appel.
- La décision prise est technique et routinière.
- Moins d'attention est accordée à la justice individuelle et plus à la technicité de la prise de décision. C'est le résultat de la routinisation causée par la spécialisation des tribunaux.
- Un formalisme strict peut exister dans les plus hautes cours : le légalisme logique.[35] C'est la conséquence de la formalisation et du rassemblement des faits de la vie désordonnés dans des résumés techniques.
- Les promotions et les évaluations des juges sont fondées sur des signes de mérite indirects vus à travers les yeux des supérieurs judiciaires et des organisations administratives. En effet, la performance juridique repose sur des fichiers d'évaluation administrative dans lesquels leurs supérieurs ont un rôle important à jouer.
- Il existe également une distorsion de l'information provenant de la société lorsqu'elle parvient aux tribunaux supérieurs. La raison en est que l'intégration de l'information dans des résumés signifie qu'il y a plus de bruit dans le message d'information.

### 2.6.1.2 Les points positifs de la hiérarchie forte

Les points positifs d'une hiérarchie forte sont qu'un contrôle fort exercé par le niveau supérieur peut, dans certaines circonstances sociales, produire de meilleures décisions. La condition en est que le sommet détienne plus de

[35] Damaska, p.51.

connaissances ou qu'il ait une vision supérieure de ce dont la société a réellement besoin. Un contrôle judiciaire hiérarchique fort est extrêmement utile pour les nouveaux régimes politiques qui veulent imposer une nouvelle vision de la société idéale et des valeurs qu'elle devrait représenter. Pour bien fonctionner, une hiérarchie forte a besoin des meilleurs juges pour les promouvoir aux plus hauts postes du système. La réalité est qu'il ne peut y avoir qu'un nombre limité de grands esprits juridiques par génération. Si ces juges siègent au sommet de la pyramide, corrigent et améliorent la prise de décision judiciaire aux échelons inférieurs, la société en bénéficiera énormément. Cela peut également augmenter la productivité et la qualité des décisions judiciaires. Ainsi, l'objectif d'une hiérarchie forte devrait être de créer le meilleur système possible de promotion des juges. Le fait que des hiérarchies fortes exercent un contrôle sur un grand nombre de cas peut donc être très bénéfique pour la qualité de la prise de décision judiciaire. La spécialisation des tâches dans le processus de prise de décision peut également avoir un impact positif et produire des décisions plus précises, car les juges n'auront pas à être formés pour la question qu'ils traitent.

#### 2.6.1.3 Les points négatifs de la hiérarchie forte

Comme l'ont montré les problèmes soulevés par le professeur Ian Shapiro, de fortes hiérarchies peuvent causer de graves problèmes. Si le système de promotion est défectueux, le contrôle de la qualité de la prise de décision judiciaire dans l'ensemble du système en souffrira. Ce contrôle de qualité approfondi peut réduire la productivité parce que les juges des tribunaux inférieurs ont moins confiance en eux, de sorte qu'il n'y a pas de spécialisation dans la tâche des cours d'appel et des tribunaux de première instance. Ils procèdent tous deux de la même manière pour entendre des cas *de novo* qui pourraient être redondants.

Le problème suivant est que chaque niveau hiérarchique réduit d'environ deux fois l'information qui traverse le système judiciaire. Ainsi, même avec les meilleurs esprits judiciaires au sommet, il convient de faire un compromis pour une compréhension correcte des problèmes sociaux qui ont causé le différend. La raison en est que ces juges de haut niveau extrêmement compétents ne reçoivent pas assez d'informations précises sur la réalité du problème existant dans la société. Ils ne sont destinataires que de résumés déformés rédigés pour des raisons pratiques et pour permettre à de nombreuses affaires d'être entendues. Cependant, le résultat est que les décisions judiciaires sont basées sur une prémisse faussée et sont donc erronées. En d'autres termes, la machine judiciaire travaille sur l'information qui est son « carburant ». Or, le carburant de mauvaise qualité mélangé à des impuretés indésirables réduit la productivité et la qualité du fonctionnement de la machine judiciaire.

Ce qui provoque simultanément les failles de l'information augmente également le formalisme et la technicité de la prise de décision. Les choix binaires qui en résultent peuvent aussi avoir un impact négatif sur la réalisation de la résolution optimale des conflits. La raison en est la complexité sociale et les relations individuelles qui sont rarement binaires. Le résultat du processus de prise de décision qui ne tient pas compte de cette complexité peut donner un mauvais signal simplifié à la société et ne peut pas limiter la survenance ultérieure de problèmes similaires. Tous ces problèmes portent atteinte à la qualité de la prise de décision judiciaire par la hiérarchie forte.

### 2.6.2 Les modèles de faible hiérarchie

Il n'y a pas une seule position du levier pour la hiérarchie faible. Il y a différentes variations possibles, allant d'aucune hiérarchie à des cours supérieures qui n'entendent que quelques cas par année.

#### 2.6.2.1 Système décentralisé sans cour supérieure

Le modèle sans hiérarchie a un système de tribunaux complètement décentralisé. La décentralisation complète n'a pas besoin de hiérarchie, car elle n'a aucune autorité ou vision spécifique à appliquer. Les tribunaux peuvent être situés à différents endroits et il n'y a pas de niveau supérieur d'autorité au-dessus de chacun de ces tribunaux.[36]

La décentralisation complète est le moyen le plus simple d'organiser les tribunaux. Au lieu d'un juge unique pour toute la communauté, il y en a plusieurs qui n'ont aucune relation hiérarchique entre eux.

Chaque juge est autonome et essentiellement indifférent à l'existence et à l'activité des autres juges.

L'effet positif de ce système est le suivant : le résultat de la productivité d'un tel système est que chaque juge répartit le temps de manière optimale entre l'ensemble des dossiers correspondant à sa charge de travail sans tenir compte du comportement des autres juges du système. Cependant, un système décentralisé est préférable à l'absence de tout système, car la qualité de la prise de décision judiciaire augmente, c'est-à-dire les conséquences de la réduction de la charge de travail de chaque juge. La raison est simple : il y a plus de juges pour répondre à la demande totale de services judiciaires. En d'autres termes, l'allocation de la ressource judiciaire est supérieure à celle où il n'existe pas d'organisation et un seul juge.

L'inconvénient des tribunaux complètement décentralisés est qu'ils doivent accorder une attention particulière à chaque cas dont ils sont saisis sans disposer de raccourcis pour la prise de décision. Cela signifie que chaque juge consacre plus de temps à une affaire qu'il devrait, s'il avait d'autres ressources sur lesquelles s'appuyer. Par exemple, il n'aura aucune directive sur la façon de

---

[36]Du point de vue économique, les précédents sont des raccourcis pour la prise de décision judiciaire qui permettent aux juges de trancher des affaires non pas à partir de rien, mais en utilisant la sagesse et l'argumentation complexe qui ont été utilisées dans des affaires similaires passées.

résoudre les différends qui surviennent fréquemment. Ainsi, au lieu de se concentrer sur des cas nouveaux et importants, les juges consacreront un maximum d'efforts à tous les cas. Cela ne conduit pas à la répartition maximale des ressources de ce juge, comme le temps, l'intelligence et la compétence.

#### 2.6.2.2 Système décentralisé avec rapport de cas

Cependant, une forme plus sophistiquée d'organisation judiciaire non hiérarchique pourrait permettre aux juges de s'enrichir des décisions prononcées par d'autres juges. En d'autres termes, cette organisation peut créer des raccourcis qui simplifient la prise de décision judiciaire dans les cas qui se répètent souvent avec légères variantes. Dans un tel système, chaque juge rapporte ses propres décisions à une base de données commune à tous les juges. Ainsi, des précédents peuvent émerger, mais au niveau horizontal seulement.

Ce système peut être supérieur à celui examiné auparavant si les juges sont en mesure de communiquer les résultats des cas sur lesquels ils ont statué de façon uniforme à un coût réduit. Il y a deux problèmes possibles. Premièrement, le juge qui s'est prononcé dans une affaire doit également le signaler correctement. Deuxièmement, le juge qui se fonde sur les informations contenues dans les décisions rendues par les autres juges devrait être en mesure de suivre les affaires jugées par tous les juges du système.[37]

#### 2.6.2.3 Avantages des hiérarchies judiciaires de milieu de gamme

Kornhauser a montré très clairement les avantages de l'existence d'une hiérarchie de force relativement moyenne. Tout d'abord, si ces hiérarchies ont des fonctions d'appel, mais sans les contrôles étendus mentionnés ci-dessus qui caractérisent les hiérarchies solides (telles que la discipline des juges des tribunaux inférieurs), elles utilisent la spécialisation du travail. Les juges de première instance ont des tâches différentes de celles des juges d'appel, ce qui permet une meilleure répartition des ressources judiciaires.

Deuxièmement, dans une telle hiérarchie, un juge du tribunal de première instance doit consulter un plus petit ensemble d'affaires pour créer un précédent. Le juge a seulement besoin de lire les cas jugés par le tribunal ci-dessus et pas tous les cas émanant des autres juges.

Troisièmement, la hiérarchie permet une plus grande coordination dans la sélection des cas de jurisprudence. Seuls les juges d'appel doivent avoir une perspective systémique sur la charge de travail.

Ce modèle qui rappelle la plupart des systèmes de droit commun aujourd'hui atteste que les hiérarchies plus faibles mettent davantage l'accent sur l'existence du précédent. La raison en est claire : ils manquent de mécanismes pour imposer le point de vue du sommet de la hiérarchie aux juges des juridictions inférieures. Dans les hiérarchies fortes, ils entendent plus de

---

[37] Kornhauser, Lewis. « Adjudication by a Resource-Constrained Team: Hierarchy and Precedent in a Judicial System. » *California Law Review*, no. 1605 (1994).

cas, disciplinent les juges pour les erreurs manifestées, et ont des mécanismes de promotion et d'évaluation des performances des juges par leur supérieur hiérarchique. Cela contraste fortement avec les hiérarchies de milieu de gamme dans lesquelles le pouvoir le plus étendu des tribunaux supérieurs consisterait à renverser les tribunaux inférieurs. Avec l'affaiblissement du contrôle hiérarchique, l'on peut prévoir que le précédent devienne encore plus important dans les systèmes judiciaires.

#### 2.6.2.4 Effets de la hiérarchie faible et médiane

- Plus grande importance des juges des tribunaux inférieurs
- Moins de ressources sont dépensées pour défendre l'opinion émise par le niveau supérieur
- Les précédents prennent de l'importance dans l'élaboration de cette opinion, car il manque d'autres mécanismes de contrôle hiérarchique fort
- Les inversions deviennent plus importantes
- Le nombre des appels est moindre parce que le contrôle de la qualité se limite aux seuls cas qui ont été signalés à la plus haute cour.

En fin de compte, l'objectif devrait être, en pratique d'aligner les hiérarchies avec l'intérêt social ; ainsi, il devrait y avoir un examen des objectifs généraux d'une société et de l'influence que les hiérarchies judiciaires fortes ou faibles ont sur cette société. La question qui se pose à chaque société spécifique doit consister à déterminer s'il est nécessaire de mettre en place une hiérarchie forte et, dans l'affirmative, dans quelle mesure. Cela conduira-t-il un changement social positif? Par exemple, le compromis entre le contrôle intensif des juges des tribunaux inférieurs doit être mesuré par rapport au fait qu'une hiérarchie forte peut réduire la qualité des informations qui parviennent aux juges supérieurs. En effet, ces derniers doivent entendre beaucoup de cas et ne peuvent pas passer suffisamment de temps sur des informations détaillées. Qu'est-ce que les modèles économiques peuvent nous apprendre sur la résolution de ces problèmes ?

Il est évident que la réalisation des résultats de la hiérarchie et de leurs objectifs nécessite des compromis compliqués. C'est une question cruciale pour l'organisation de la machine judiciaire. Il convient par conséquent d'évaluer si les objectifs de la hiérarchie sont à la hauteur des compromis nécessaires. Cette question mérite un chapitre spécial. Nous en discuterons dans le chapitre suivant, qui traite de l'application la plus importante de la hiérarchie dans le système judiciaire : le processus d'appel.

## 2.7 Deux modèles économiques supplémentaires de la hiérarchie judiciaire

Le développement ci-après a pour but d'élargir notre compréhension du fonctionnement des hiérarchies en examinant deux autres théories économiques. Ces informations supplémentaires peuvent être utiles pour mieux évaluer les deux positions de levier : hiérarchie forte et faible.

### 2.7.1 Le modèle principal-agent

La théorie de principal-agent peut être appliquée à l'analyse hiérarchique parce qu'elle peut être utilisée pour analyser la relation entre les tribunaux supérieurs et inférieurs. Les théories du principal agent mettent en évidence le fait que les juges ne tranchent pas les cas isolés. La raison en est que leurs interactions avec les autres acteurs du système judiciaire ont un impact sur leur prise de décision.[38]

Le modèle principal-agent se concentre sur une situation où une partie (l'agent) prend des mesures au nom d'une autre partie (le principal).[39] Du point de vue juridique, l'accent est mis sur la mesure dans laquelle l'obligation légale d'un agent envers son mandant est remplie. [40] Du point de vue économique, l'objectif est de déterminer quelles formes de contractualisation créeront les bonnes incitations pour que les souhaits du principal soient réalisés et qu'en même temps les coûts d'agence soient minimisés. En d'autres termes, l'objectif est d'avoir une relation contractuelle qui crée une meilleure allocation des ressources en capital humain du système judiciaire afin d'accroître l'efficacité. C'est pourquoi ce modèle constitue un bon complément au modèle de description institutionnel et humain des organisations par Drucker.

Les hiérarchies plus faibles délèguent plus de tâches aux agents sans exercer de contrôle direct. Dans les hiérarchies fortes, la délégation est associée à un contrôle plus strict. Les deux régimes alternatifs doivent être examinés en essayant de répondre aux questions qui suivent. La première question est de savoir si les hiérarchies plus fortes sont moins efficaces. La motivation de cette question est la suivante : il serait plus facile, plus rapide et moins coûteux de déléguer la tâche à l'agent. D'un autre point de vue, y a-t-il des avantages associés à un contrôle fort exercé par le plus haut niveau hiérarchique ?

La dernière question vise à comprendre si la hiérarchie judiciaire forte ou faible est plus apte à traiter les quatre caractéristiques problématiques suivantes des relations organisationnelles : la probabilité d'intérêts conflictuels entre l'agent et le principal, la nécessité de réduire l'écart causé par les asymétries d'informations, dues elles-mêmes à l'écart entre la quantité d'informations détenues par le principal et l'agent,[41] et la sélection adverse des problèmes d'agent.

---

[38] Pauline T. Kim, "Beyond Principal–Agent Theories: Law and The Judicial Hierarchy," *Northwestern University Law Review* 105, No. 2 (2015): 535.
[39] Tracey E. George and Albert H. Yoon, "The Federal Court System: A principal- Agent Perspective," *Saint Louis University Law Journal,* 47 (2003):819.
[40] Kim, « Beyond Principal. »
[41] George, Yoon, p. 819.

Le premier problème est essentiellement que l'agent n'a pas les mêmes intérêts que le principal. La difficulté est identique qu'elle découle d'une perspective juridique tenant à l'accomplissement d'un devoir contractuel, ou d'une perspective économique basée sur la création de bonnes incitations à la relation contractuelle au travail. Le but de toute l'analyse de l'agent principal est de s'assurer que l'agent respecte les désirs du principal. S'il ne le fait pas, il y a un problème à la fois juridique et économique.

Le deuxième problème est que l'agent a plus d'informations. La première raison en est que, lors du recrutement de l'agent, le principal dispose de peu d'informations sur les qualités qu'il possède. De plus, une fois sur son poste, c'est l'agent qui s'occupe du dossier et, par conséquent, qui en est le mieux informé pour entreprendre les actions destinées à le résoudre. Dans les deux cas, le principal ne peut que se renseigner sur les signes de substitution pour deviner l'information existante. Les économistes ont élucidé ce double problème à l'aide de deux concepts : la sélection adverse et l'aléa moral.[42]

La sélection adverse affecte le processus de choix d'un agent, car l'agent potentiel a des informations cachées sur son véritable « type », ses compétences, ses valeurs et ses objectifs. La directrice connaît le type avec lequel elle souhaite contracter, mais ne peut pas détecter de manière fiable toutes les informations pertinentes. Seuls les signes indirects tels que l'éducation et l'expérience sont à la disposition de la direction d'école pour prendre ses décisions d'embauche.

Le risque moral existe dans cette situation parce que l'agent ne prend pas le risque pour lui-même (il est porté par le principal) et il se pourrait danger que le premier agisse différemment car il n'encourt le risque pour lui-même. Ainsi, en raison d'une défaillance possible dans l'observation, la disparité des informations disponibles et des différents intérêts crée un risque d'aléa moral.

Quatrièmement, les asymétries informationnelles affectent la relation d'agence après sa formation, car la réalisation des désirs du principal relève normalement d'un processus continu.[43] Le problème vient du manque de possibilité pour le principal de toujours observer directement les activités de l'agent. Il convient dès lors de s'interroger tout d'abord sur la manière de face à ces problèmes.

## 2.8 Aperçu historique des solutions juridiques

### 2.8.1 Le début : le droit romain

Les systèmes juridiques ont lutté contre ces problèmes depuis la création de la relation d'agent principal. En droit romain, dans le premier système juridique

[42] Kim, « Beyond Principal. »
[43] *Ibid.*

à traiter de la question de l'agence (contrat de *mandatum*), les problèmes ont été résolus de certaines manières.

Pour faire face au fait que le donneur d'ordre et l'agent n'ont pas les mêmes intérêts, les Romains ont décidé que la relation de principal-agent a été créée uniquement pour une action juridique ou non juridique spécifique. Cela signifie qu'ils ont limité la relation à quelque chose de précis que les parties ont accepté d'exécuter afin que le conflit d'intérêts soit réduit au minimum. Une partie (le principal) a simplement indiqué à un autre (l'agent) la prestation (performance à offrir) qu'il acceptait de faire en son nom. Si l'agent n'avait pas exécuté exactement la prestation comme indiqué dans le contrat de *madatum*, il était présumé agir pour lui-même et non pour le principal. Si l'écart par rapport aux termes exacts du contrat était minime et qu'il bénéficiait au principal (par exemple, obtenir un meilleur prix), alors seulement il était supposé avoir agi pour le principal. Encore une fois, l'agent ne pouvait pas bénéficier d'une asymétrie de l'information s'il essayait de ne contracter des obligations que pour lui-même. De cette façon, les Romains ont traité des asymétries d'information. L'agent ne pouvait pas bénéficier d'un savoir supérieur à celui du principal. Il était là uniquement pour accomplir une tâche spécifique et ne pouvait pas s'en écarter.

De plus, le contrat de *mandatum* n'était contracté qu'entre amis. Pour les Romains, l'amitié était extrêmement importante. C'est une spécificité culturelle importante qu'il n'a pas été facile de reproduire partout ailleurs. Cette relation particulière entre les deux parties contractantes a également résolu le problème de la sélection adverse. On n'aurait pas contracté avec quelqu'un que l'on ne connaissait pas et à qui on ne faisait pas confiance explicitement. Ces solutions, cependant, ne sont pas faciles à appliquer dans les économies modernes complexes où les agents doivent effectuer des tâches continues et compliquées. De plus, tous les principaux ne peuvent pas connaître de liens étroits avec leur agent. Dans notre contexte, si la vision romaine de la théorie de l'agent principal est appliquée, les juges supérieurs doivent avoir des relations étroites avec chaque juge de première instance. De plus, ils devront déléguer des tâches spécifiques qui ne peuvent être accomplies qu'une fois par les juges du tribunal inférieur.

### 2.8.2 Les fiducies de la *common law* et les problèmes d'agence

Les fiducies ont également traité ces problèmes d'agence. Dans les fiducies de *common law*, il peut y avoir un certain nombre de fiduciaires, ce qui se rapproche davantage de la relation entre les juges des tribunaux supérieurs et inférieurs. Cela contraste avec le contrat de droit romain *mandatum* qui était seulement entre deux individus. Une façon de faire face à la divergence d'intérêts entre les principaux (les bénéficiaires de la fiducie) et les agents (les fiduciaires) consiste à exiger l'unanimité dans les décisions prises par les fiduciaires. Cela réduit le risque que l'un des fiduciaires agisse dans son propre intérêt. Une autre façon de traiter l'asymétrie informationnelle est le droit du bénéficiaire à exiger des informations.

### 2.9 Solution de la théorie économique

La théorie de l'agent principal économique explique que le principal ne peut pas parfaitement contrôler le comportement de l'agent, mais peut minimiser les conflits d'intérêts entre eux par le suivi et les incitations qui font partie de l'accord ayant créé la relation de principal-agent.[44] Les cours supérieures ont la capacité d'exercer leur pouvoir pour représenter l'autorité ultime dans le pays. Des hiérarchies fortes donnent plus de pouvoir à cette autorité finale. L'une des principales manifestations du degré de force hiérarchique est le nombre d'affaires que la cour supérieure considère annuellement par rapport au nombre d'affaires déléguées aux juridictions inférieures. Les hiérarchies fortes examinent ? considèrent beaucoup plus de cas que les faibles. En d'autres termes, ils ont une approche plus pratique du contrôle des décisions des tribunaux inférieurs. Pour reprendre les termes de la théorie de l'agent principal : le principe dépense plus de ressources pour contrôler directement l'agent et s'appuie moins sur la surveillance par des signes proxy. Il réduit ainsi le fait que sa volonté ne soit pas respectée au motif qu'il est sous-informé par rapport à l'agent qui détient plus d'informations que lui. De cette façon, il réduit également le problème d'aléa moral, car il observe directement l'agent. Cependant, il doit faire un compromis. Ce fonctionnement est plus coûteux et détériore toute la relation d'agent à principal. Or, si le principal pouvait mener à bien le travail, pourquoi y aurait-il un agent ?

## 3. Micro-gestion et macro-gestion

Ce rôle des juridictions supérieures vis-à-vis leurs agents (juges des tribunaux inférieurs) peut être examinés en termes de gestion micro et macro de la charge de travail des tribunaux de première instance. Pour une application parfaite, les tribunaux supérieurs peuvent utiliser la micro-gestion. Cela signifie qu'ils examineraient un grand nombre de décisions rendues par les tribunaux inférieurs. C'est un moyen de régler le problème du contrôle du principal sur l'agent. Il réduit le risque moral, la sélection adverse, le problème de l'observation continue et les problèmes découlant de différents intérêts. Cependant, le volume même des affaires de première instance rend une telle pratique coûteuse.

La question se pose alors de réduire le coût de la micro-gestion. La solution consiste à avoir un grand nombre de juges dans les plus hautes instances pour entendre un grand nombre de cas à moindre coût. En d'autres termes, ce type

---

[44] George, Yoon, p. 819.

de système crée des économies d'échelle pour faire face à la charge de travail importante des juges supérieurs. Toutefois, il demeure un problème crucial. L'identité du principal perd sa consistance. Qui est le principal si vous avez un grand nombre de juges remplissant ce rôle ? Pour une cour suprême de neuf ou douze principaux, il n'est pas facile d'avoir une identité distincte. Or, qu'e, serait-il d'un tribunal de plus de deux cents juges ? Si le tribunal requiert autant de juges, il est inévitable que l'identité soit diluée et que différentes interprétations ainsi que des décisions contradictoires soient inévitables. Dans cette situation, le principal n'existe pas vraiment. Il est donc nécessaire de construire un système plus élaboré pour créer une identité judiciaire unique, par exemple, une formation juridique identique pour les juges et des parcours professionnels similaires. Cela signifie toutefois que seules les personnes partageant les mêmes idées feront partie de l'organisation et, comme nous l'avons vu, l'une des principales réserves du professeur Ian Shapiro à propos de la hiérarchie est qu'elle détruit des opinions opposées et qu'elle nécessite par conséquent l'ajout de nouvelles personnes divergentes.

Un système de micro-gestion aussi sophistiqué augmente également le coût de l'accès à la justice. La raison en est que l'utilisation d'un tribunal qui exerce un degré élevé de contrôle est par définition coûteuse. Quelqu'un doit couvrir ces coûts. Dans certains cas, cela pourrait être l'État, mais une prise en charge par un gouvernement serait trop coûteuse et impliquerait une augmentation considérable du budget affecté au pouvoir judiciaire. Dans la plupart des cas, cela n'arrive pas et le prix à payer est que les justiciables potentiels n'ont pas accès aux tribunaux.

En matière de macro-gestion, la juridiction la plus élevée du pays entend un nombre d'affaires beaucoup plus faible par rapport à la charge de travail des tribunaux inférieurs. Elle s'appuie sur les signaux donnés par les parties intéressées et les juridictions inférieures pour décider des quelques cas qui seront entendus. L'accent est mis sur des cas individuels. Le tribunal examine les demandes d'autorisation d'appel (*certiorari*) et choisit les affaires à entendre.

Les signes les plus courants sur lesquels les juridictions inférieures peuvent se fonder sont les suivants : l'annulation par un tribunal de circuit d'une audience en première instance. En outre, le tribunal supérieur peut également décider de surveiller de près les tribunaux inférieurs plus influençables, sur le plan idéologique, en raison de leur proximité avec des politiques régionales différentes.

Des études ont montré que les entreprises et les gouvernements des États se sont avérés particulièrement actifs dans l'accès aux juridictions supérieures au cours des deux dernières décennies. Cela peut être interprété comme un signe solide donné au tribunal par « des parties expérimentées et crédibles ayant des intérêts compatibles pour informer la Cour ».[45] Mais comme indiqué dans la section Accès aux tribunaux, il peut y avoir un problème de sous-représentation des autres parties qui n'ont pas les ressources nécessaires pour accéder au sommet du système judiciaire.

### 3.1 Les leçons de la théorie de l'agence

Que nous enseigne cette théorie sur les deux positions de levier de la machine judiciaire examinées ici, les hiérarchies fortes et faibles ?

Des hiérarchies solides traitent de nombreux problèmes économiques que les tribunaux supérieurs peuvent avoir pour atteindre leurs objectifs et imposer leurs points de vue. Ils réduisent le risque moral et le problème d'asymétries informationnelles en renforçant le contrôle sur l'agent. Cependant, ce résultat est atteint grâce à un surcoût de ressources. Il doit être compensé par d'autres moyens tels que l'existence de nombreux « principaux » afin de créer des économies d'échelle. La nécessité de créer une identité homogène de ces tribunaux entraîne d'autres carences, telles que l'absence de juges divergents et l'absence de nouvelles idées sur la façon dont le système judiciaire peut traiter les problèmes de la société. Il ne faut pas négliger non plus la question de l'uniformité de l'interprétation dans la prise de décision des plus hautes juridictions.

Les hiérarchies faibles, au contraire, permettent plus d'asymétries informationnelles et plus de risque moral. C'est un problème qui n'est pas totalement résolu même s'ils privilégient, de façon tout à fait enrichissante, le placement des meilleurs représentants de la justice de leur génération au sommet de la pyramide hiérarchique. Si tel est le cas, ils n'entendront pas autant de cas pour améliorer la qualité de la prise de décision judiciaire dans le système. Néanmoins les hiérarchies faibles produisent moins de résultats négatifs que les hiérarchies fortes à partir du moment où elles ont des systèmes de promotion performants qui maintiennent.

Dans la situation contraire, si les meilleurs juges ne sont pas au sommet du système, l'intention de la justice ne sera pas respectée. Les décisions des juges supérieurs doivent être d'une certaine qualité, claires et visibles, y compris devant une juridiction inférieure, afin de pouvoir influencer le droit pour l'avenir. Ainsi, il n'est pas indispensable de suivre l'opinion du principal dans chaque système pour justifier le compromis consistant à dépenser plus de ressources ou à créer un type différent de problème tel que le manque d'identité du principal. Les hiérarchies faibles permettent d'avoir des opinions plus divergentes. Cependant, d'autres mécanismes sont nécessaires pour conserver le système dans son intégralité. Si ce n'est pas le cas, le système cessera simplement d'exister en tant qu'unité unifiée.

---

[45] *Ibid.*

### 3.2 Points négatifs de l'analyse du model principal-agent

L'application de l'analyse du model principal-agent au système judiciaire doit être conditionnelle. La raison en est qu'il existe de grandes différences entre les principes de droit privé qui sous-tendent le contrat d'agence et la réalité de la relation entre les juges supérieurs et inférieurs dans une hiérarchie judiciaire.

Quelles sont ces différences qui rendent trompeuse l'application du modèle principal-agent ? L'origine de la relation juridique qui créa le premier modèle d'agent principal fut le contrat de droit romain *mandatum*. Il s'agissait d'un type de contrat consensuel, qui supposait simplement un accord des parties pour conclure le contrat. Il en résulte que, à la fois dans la doctrine juridique et dans la théorie économique, l'agence dépendait de l'accord des parties à un type particulier de relation.[46] Dans le contrat *mandatum*, l'agent est juste unique. Dans les fiducies, les agents peuvent être multiples. Les juges des tribunaux inférieurs sont nombreux. Cela crée des difficultés supplémentaires de contrôle de leur comportement, qui ne peuvent être résolues par l'utilisation des méthodes telles que la relation d'amitié personnelle entre le principal et l'agent, ou la règle de l'unanimité pour autoriser toute action dans le cas des fiducies.

Dans le système judiciaire, bon nombre des outils habituels pour minimiser les coûts d'agence ne sont pas disponibles.[47] Les juges supérieurs ne jouent pas un rôle direct dans le processus de sélection des juges des tribunaux inférieurs. Le problème de l'antisélection persiste donc parce qu'un contrat comportant des incitations appropriées pour attirer des agents de qualité et réduire les coûts notamment de surveillance n'est pas disponible. Le principal ne nomme pas l'agent et ne peut donc pas structurer les termes de leur accord.

Au lieu de cela, les systèmes juridiques modernes utilisent des méthodes différentes pour nommer des juges, qui vont de la sélection fondée sur la considération politique, à une procédure bureaucratique au sein de la magistrature elle-même ou à un recrutement extérieur de professionnels tels que des avocats ou des agents de l'État ayant fait l'objet d'une sélection par une organisation administrative. Cependant, toutes ces procédures de sélection s'apparentent davantage à un contrôle administratif et politique qu'à un contrôle par un agent principal.

### 3.3 Objections au modèle d'agent principal

Dans les hiérarchies fortes, les juges supérieurs jouent un rôle dans la promotion et l'évaluation des juges qui travaillent sous leur autorité. Ils jouent ainsi un rôle plus proche du model principal-agent traditionnel. Toutefois, ils

---

[46] Kim.

[47] *Ibid*

peuvent être limités dans ce rôle par des organes administratifs qui interviennent également de façon importante dans la promotion et l'évaluation des juges. Dans une hiérarchie forte, c'est le juge supérieur de la même cour qui remplit ce rôle qui, malgré son importance, ne constitue pas une tâche courante pour ces juges. Grâce au pouvoir de l'évaluation, ces juges peuvent affecter de manière significative les conditions de travail des agents inférieurs. Ils peuvent les envoyer compléter leur formation ou les muter dans un tribunal de moindre importance à un endroit différent.

Kim a raison de dire que dans les hiérarchies faibles, les juges des tribunaux inférieurs qui aspirent à une promotion sont évalués sur la base de signes indirects tels que le nombre de fois leurs décisions ont été annulées.[48] Dans les hiérarchies judiciaires fortes, où l'évaluation judiciaire est basée sur un dossier de carrière personnel de format administratif cette observation est incorrecte et contraste fortement avec la pratique existante. Dans ce dossier, les supérieurs prennent connaissance des erreurs supposées commises par les juges et peuvent motiver leurs appréciations quant aux qualités du juge examiné. Ensuite, le fichier est évalué par une commission de style administratif. Cette évaluation requiert la présence d'un principal qui n'est pas nécessairement un membre de la cour supérieure, mais qui a un rang de niveau administratif supérieur au sein du même tribunal.

En comparaison, dans les hiérarchies faibles, la sanction la plus courante dont disposent les tribunaux supérieurs est leur capacité à réviser les décisions avec lesquelles ils sont en désaccord. Il existe une différence entre une hiérarchie forte et une hiérarchie faible parce qu'une hiérarchie forte dispose en outre de l'instrument de révision disciplinaire en appel. Certains modèles de principal-agent peuvent être corrects au regard de l'utilisation de la révision comme un outil disciplinaire, mais ce n'est le cas que dans certains systèmes judiciaires. Dans d'autres systèmes, où la hiérarchie judiciaire est relativement faible, la modification de la décision du juge inférieur est insuffisante à elle seule pour assurer le respect des opinions des plus hautes juridictions.

La crainte d'une révision ne peut constituer une sanction efficace que si elle s'accompagne d'autres aspects tels que porter atteinte à la réputation d'un juge ou réduire ses chances de promotion. Dans les systèmes judiciaires hiérarchiques forts, les sanctions sont beaucoup plus directes et sévères, et peuvent avoir un effet négatif sérieux sur une carrière judiciaire.

La théorie des principaux-agents, d'une part, décrit des hiérarchies plus fortes parce que le contrôle exercé par les principaux sur l'agent est plus proche du principal d'origine du droit privé. D'un autre côté, le contrôle direct exercé par une hiérarchie judiciaire qui intervient en entendant beaucoup plus de cas ne tient pas compte de la possibilité de créer une relation d'agent-principal car les juges supérieurs n'investissent pas autant sur l'agent que dans les

[48] George and Yoon, p. 819.

hiérarchies faibles. Cela montre que l'utilisation de cette théorie n'est que partiellement utile parce qu'elle ne retient ni la distinction entre les systèmes judiciaires ni la dichotomie de la hiérarchie judiciaire forte et faible.

La pire caractéristique de ce système est qu'il peut éliminer d'autres opinions, comme l'a soutenu Ian Shapiro. Dans les entreprises privées, cela peut être positif parce que le fonctionnement dépend de la stratégie économique d'une personne. Cependant, dans une institution publique comme l'organisation judiciaire, il peut être désastreux qu'aucune nouvelle opinion ne soit injectée dans le système. Par conséquent, la théorie du principal-agent ne se traduit pas parfaitement dans le domaine public.

Le plus gros problème de la théorie des agences principales est qu'elle suppose que les juges supérieurs soient en mesure de contrôler leurs « agents », les juges des tribunaux inférieurs. La question est donc la suivante : le contrôle et la responsabilisation produisent-ils toujours des résultats sociaux souhaitables ?

### 3.4 Leçons de la théorie de l'agent principal pour choisir une hiérarchie judiciaire forte ou faible

L'inférence que l'on peut faire est que les hiérarchies fortes sont plus coûteuses à mettre en œuvre et qu'elles valent la peine d'être mises en œuvre si les juges sont les gardiens du pouvoir du régime ou de nouvelles valeurs ou d'un autre point de vue. Si un tel point de vue émanant du sommet n'existe pas et que des hiérarchies fortes existent pour elles-mêmes, il n'y a rien à protéger.

La question la plus importante qui se pose de la théorie du principal-agent est celle de l'avantage d'un contrôle étendu. Un contrôle extensif (hiérarchie forte) des juges des tribunaux inférieurs, qui peut être considéré comme un haut degré de responsabilité, produit-il des résultats positifs ?

Pour faciliter la réponse à cette question, ce travail applique le modèle de l'économiste lauréat du prix Nobel, Jean Tirole, qui traite de l'alignement des intérêts des fonctionnaires responsables et irresponsables avec intérêt social. En général, l'hypothèse est que des hiérarchies fortes créent des responsables plus. Les hiérarchies faibles créent des officiels moins responsables.

### 3.5 Le modèle de Tirole de l'officiel sans contrainte

Dans la machine judiciaire, les juges représentent le capital humain qui en est le moteur. L'article de Tirole contient une conclusion intéressante qui est très utile pour ce chapitre. Il a soutenu que la responsabilité (contrôle strict) ne produit pas toujours des résultats souhaitables parce qu'un tel contrôle ne produit pas, de façon systématique, un alignement avec l'intérêt social. C'est important pour ce chapitre, car la responsabilité des juges est l'une des principales raisons de l'existence de hiérarchies judiciaires. En outre, le niveau de responsabilité est l'un des éléments les plus importants qui montrent à quel point la hiérarchie est forte. Ainsi, afin de décider quelle position du levier de la machine judiciaire (hiérarchie forte ou faible) produit quel genre de résultats, un examen attentif de la responsabilité des juges envers leurs supérieurs est nécessaire.

Dans son article, Tirole décrit deux types de fonctionnaires - ceux qui portent un lourd fardeau de la responsabilité et ceux qui restent incontrôlés. Lorsqu'il existe une faible hiérarchie dans le système judiciaire, le modèle se rapproche de la théorie de Tirole sur les fonctionnaires non responsables, car la plupart des actes judiciaires restent incontrôlés par les supérieurs hiérarchiques. Avec une forte hiérarchie, le modèle se rapproche du modèle officiel responsable, où les hauts fonctionnaires utilisent une approche pratique pour contrôler leurs inférieurs hiérarchiques. La différence entre les juges faisant l'objet de la présente étude et le fonctionnaire mentionné dans l'article de Tirole réside dans le fait que le fonctionnaire est responsable devant un électorat alors que le juge est contrôlé par ses supérieurs.

L'effet de cette responsabilité sur un supérieur hiérarchique peut être positif. L'évaluation périodique crée deux avantages potentiels majeurs. Premièrement, il peut inciter un juge à agir dans l'intérêt public. Comme le supérieur ne peut pas toujours évaluer directement les actions du fonctionnaire, mais qu'il agit toujours de la bonne manière parce qu'il craint un contrôle, Jean Tirole appelle cela un « bénéfice moral -correctif» de la responsabilité.[49] Deuxièmement, l'évaluation supérieure peut permettre de corriger le comportement judiciaire. Il peut également définir « le bon type de juges » sur le chemin de la promotion. Tirole appelle cela l'effet « adverse-sélection -correction ».[50]

Du côté négatif, Tirole a soutenu que la responsabilité pouvait comporter aussi de sérieux inconvénients. Afin de mener une carrière réussie, un juge peut choisir une action, non pas parce qu'elle est bonne pour les parties et pour la société, mais parce qu'elle est populaire auprès de ses superviseurs.[51] Ainsi, la reddition de comptes peut inciter à l'acquisition d'informations inutiles (le juge déploiera des efforts pour apprendre ce que pensent ses supérieurs) et le dissuader d'acquérir des informations sur la décision optimale pour les parties et la société.

Pour que les supérieurs hiérarchiques puissent être utiles, ils doivent influencer les motivations des juges. Les principales motivations d'un fonctionnaire selon Tirole sont : laisser un héritage et un goût pour être au pouvoir. Il les formule ainsi : « Premièrement, nous supposons qu'un fonctionnaire souhaite laisser un héritage, c'est-à-dire qu'il veut qu'on se souvienne de lui pour de grandes choses. En effet, dans notre configuration, il

---

[49] Jean Tirole and Eric Maskin, "The Politician and the Judge." *The American Economic Review* 94, no. 4(2004): 1034-1054.
[50] *Ibid.*
[51] *Ibid.*

ne suffit pas pour le fonctionnaire que de grandes choses soient faites ; il veut être celui qui les fait (bien que nous tolérons que sa conception de ce qui est “grand” puisse différer de celle du citoyen moyen, c'est-à-dire qu'il ne soit pas en rapport avec la société). Deuxièmement, il apprécie être en poste pour son propre plaisir, peut-être parce qu'il apprécie les avantages qui viennent avec le travail, peut-être parce qu'il a simplement le goût d'exercer une influence. »[52]

Jean Tirole a identifié le problème principal à résoudre pour n'importe quelle organisation politique. C'est d'aligner les intérêts du fonctionnaire sur l'intérêt public. Ceci se révèle vrai dans notre cas particulier qui concerne la mise en concordance entre les intérêts judiciaires et les intérêts publics par le biais de l'organisation judiciaire.

De ce qui précède, on peut déduire qu'une organisation judiciaire doit en priorité tenir compte du fait que les juges désirent laisser un héritage plutôt que d'exercer le pouvoir pour leur propre bien. Quand ils travaillent dans la perspective de l'héritage, ils sont plus enclins à mettre en œuvre toutes leurs capacités pour servir le public et ainsi agir au mieux pour les intérêts publics. [53] Si, en revanche, ils recherchent leur propre bien, il ne peut exister d'alignement entre ce bien et l'intérêt public.

Le problème est que, dans des hiérarchies judiciaires fortes, le désir de laisser un héritage peut être presque complètement éradiqué. Une des caractéristiques des hiérarchies fortes est qu'elles ont souvent une règle selon laquelle le tribunal doit parler d'une seule voix afin de renforcer l'autorité de la décision judiciaire. Le résultat est une décision judiciaire collective qui n'a pas d'auteur individuel. Par conséquent, s'il n'y a pas de responsabilité individuelle, il n'y a pas de récompense individuelle à prendre une bonne décision et il ne peut y avoir de désir de laisser un héritage. Ce que les juges dans les hiérarchies strictes attendent alors est de recevoir une évaluation positive de leurs supérieurs ou, pour certains juges des tribunaux inférieurs qui sont en contact plus étroit avec les parties, de recevoir une satisfaction relevant de la satisfaction d'une bonne justice rendue entre les parties. Dans tous les cas, de fortes hiérarchies modifient radicalement les motivations des juges.

Il y a des variations possibles dans le comportement des juges qui agissent pour optimiser leur propre contentement ou pour être dans de fortes hiérarchies,

---

[52] *Ibid.*

[53] Il peut y avoir de nombreuses autres motivations. Pour une image plus complète, voir Posner, Richard A. « Qu'est-ce que les juges et les juges maximisent (la même chose que tout le monde fait). » Revue économique de la Cour suprême 3 (1993) : 1-41. Il a soutenu par exemple que les juges ne sont pas incités à travailler dur parce que le système judiciaire est organisé de la même manière qu'une organisation à but non lucratif. Certains juges ont donc choisi cette carrière pour travailler moins qu'ils n'auraient autrement travaillé en pratique privée. Une autre motivation peut être qu'ils préfèrent la longévité de la carrière judiciaire par rapport aux alternatives privées. Posner a également souligné une autre motivation. Certains juges peuvent se contenter de faire de petites contributions telles qu'un électeur en élection. Elle sait qu'elle ne fera pas de différence dans le résultat final, mais elle est prête à donner sa petite contribution au résultat qu'elle préfère.

qui se résument toutes au même but - recevoir l'approbation et une évaluation positive d'un supérieur. Leurs motivations peuvent être axées sur la carrière et les juges se soucient davantage de choses comme la promotion.[54]

Deux autres types de motivations possibles sont les suivants : premièrement, en l'absence d'une règle prévoyant une durée maximale de la durée des contrats de juges jusqu'à la fin de leur vie professionnelle, la principale motivation des juges sera de rester en fonction. Deuxièmement, si les juges ne sont pas tenus de demeurer sur un même poste, ils seront enclins à préférer les tribunaux des meilleures régions ou villes. Ce sont des désirs tout à fait naturels parce que les hiérarchies servent à satisfaire les désirs humains naturels pour être évalués positivement et acquérir un statut dans la société.

L'accomplissement de toutes ces préférences de carrière judiciaire dépend d'autres fonctionnaires. Si ces fonctionnaires font partie de la magistrature elle-même, cela signifie que si les juges sont nommés, promus et sanctionnés par d'autres juges, le résultat est une hiérarchie judiciaire forte. Il est aussi possible que des juges soient nommés et que leur carrière dépende également ou exclusivement d'autres fonctionnaires extérieurs au pouvoir judiciaire. Dans ce cas, il existe une hiérarchie judiciaire faible ou une hiérarchie qui n'est pas judiciaire. Seule la première situation présente un intérêt pour ce travail.[55]

Ce que Tirole a découvert, c'est que, lorsque le poids de la fonction est fort, les fonctionnaires (dans notre cas, les juges) obéissent à celui qui détient le pouvoir du fait de sa permanence sur le poste et de sa réussite. Cela signifie que, s'il existe une forte hiérarchie capable de contrôler les carrières judiciaires, les juges suivront probablement les préférences des juges supérieurs. Le résultat en est que les juges qui occupent des postes à responsabilité réduite essaieront de plaire à leurs supérieurs. Par conséquent, lorsque la promotion dans les hiérarchies fortes dépend des évaluations des supérieurs, les juges promus sont ceux qui sont les plus sympathiques, serviles et humbles. La conséquence en est que les meilleurs juges ne sont pas nécessairement promus. Les juges promus sont ceux qui réussissent le mieux à naviguer dans la politique complexe de la cour.

---

[54]Il convient de noter que le choix de la profession judiciaire peut avoir des motifs plus idéalistes. Les juges peuvent choisir une telle carrière parce qu'ils ont le goût de rendre la justice ou même d'aider les gens. C'est, cependant, quelque chose qui échappe au contrôle institutionnel. Seule une bonne sélection initiale des juges peut avoir un effet à cet égard. Cependant, même les personnes qui ont été sélectionnées parce qu'elles manifestent un tel désir au début de leur carrière peuvent changer. Il n'y a donc aucune garantie que de telles motivations continueront plus tard dans leur vie. C'est un danger de choisir les juges tôt dans la vie et non à un stade ultérieur de leur carrière quand ils ont des personnalités plus ou moins définies.

[55]Il y a des exemples actuels tels que la Chine où les fonctionnaires administratifs surclassent les juges et jouent un rôle de supervision sur le pouvoir judiciaire. Cependant, de telles hiérarchies non judiciaires sortent du cadre de ce travail.

### 3.5.1 Harmoniser les motivations du juge supérieur avec l'intérêt social

L'objectif est d'exploiter les motivations des juges et de les faire concorder avec l'intérêt public. Il existe toutefois un problème s'agissant de la structure hiérarchique forte dans la mesure où elle tente de remplacer les motivations du juge de niveau inférieur par celles de son supérieur. Comment les deux motivations peuvent-elles être exploitées pour servir l'intérêt public ? Ou comment intervenir au moins sur les motivations du juge de la cour supérieure ?

Les quatre combinaisons possibles sont :

- Décision du juge de la cour inférieure = intérêt public et juge de la juridiction supérieure = PI
- LCJ <PI et HCJ <PI
- LCJ = PI HCJ <PI
- LCJ <PI HCJ = PI

Bien entendu, une autre question se pose : quelles sont les motivations des juges surveillants ? Ces derniers sont-ils en accord avec les intérêts publics ? D'une certaine manière, dans de fortes hiérarchies, les motivations des juges au sommet de la hiérarchie sont les plus importantes. Il y a trois options principales. Premièrement, les juges supérieurs peuvent privilégier les juges inférieurs les plus serviles qui sont plus gratifiants à leurs yeux. Deuxièmement, ils peuvent valoriser les juges inférieurs qui appréhendent le monde comme eux et partagent leur opinion sur d'importantes questions juridiques, politiques ou morales. Troisièmement, ils peuvent ne pas prêter attention aux préférences personnelles et ne s'intéresser qu'à la qualité du travail effectué par les juges inférieurs.

Il peut être tentant de penser que la troisième option est optimale. L'inconvénient est cependant qu'elle correspond au coût personnel le plus élevé pour le juge supérieur. La raison en est qu'il doit surveiller de près le travail de tous les juges inférieurs. Par exemple, il doit lire la majorité des décisions judiciaires produites par ses inférieurs afin de distinguer les meilleurs juges. Les deux autres options de supervision sont presque sans coûts. Les conversations et les contacts personnels suffisent pour que les juges juniors essaient de plaire au supérieur.

L'alignement sur l'intérêt social dépend alors de l'obligation ou non pour un juge supérieur qui a autorité sur la carrière du juge inférieur de lire toutes les décisions des juges des juridictions inférieures. Il y a deux arrangements institutionnels. Dans une hiérarchie forte, le juge qui est le supérieur immédiat est membre de la même cour et il lit rarement les décisions de ses inférieurs. La seconde relève de la situation dans laquelle le juge supérieur est membre d'un tribunal qui examine régulièrement les décisions des inférieurs. Ce n'est que dans ce dernier cas qu'il y a alignement avec la troisième option et que le juge supérieur est en mesure d'évaluer la compétence des juges inférieurs.

Une autre façon d'accorder ces intérêts consiste à rechercher si les juges supérieurs considèrent que leur tâche est plus dirigée vers la société que celle des juges des tribunaux inférieurs qui concentrent leur opinion uniquement sur les cas d'espèce. Il est donc soutenu que la différence entre les deux types de juges réside dans l'accent mis sur la prise de décision individuelle par rapport aux jugements d'intérêt social.

### 3.5.2 Modèle mathématique

Formellement, le fonctionnement de la hiérarchie judiciaire peut être représenté de la façon suivante :

$H = C \times G \times T / (1 - T)$

T est un contrôle hiérarchique.

L'efficacité d'un système judiciaire hiérarchique (H) dépend d'abord du coût personnel (C) d'un juge pour prendre une décision en accord avec les intérêts sociaux. Deuxièmement, il tient compte du gain personnel reçu par ce juge pour prendre une décision dans cette direction. Le troisième facteur est constitué par la force du contrôle hiérarchique. Cela signifie que si la valeur de T est proche de 1, il y a une forte hiérarchie judiciaire qui influence le résultat de la valeur produite par le système. Si la valeur de T est proche de 0, il existe une hiérarchie faible qui n'a aucune influence sur le fonctionnement de la machine judiciaire.

Dans une hiérarchie forte, les décisions judiciaires peuvent parfois dépendre de l'approbation hiérarchique. L'évaluation du supérieur direct et, éventuellement l'évaluation par une commission de type administratif qui a le dernier mot sur le dossier d'un juge, peut avoir une influence sur le comportement judiciaire et la prise de décision.

Ce processus se substitue à la motivation différente notée dans les hiérarchies faibles dans lesquelles il peut exister un désir de laisser un héritage. Ici, le désir de laisser un héritage peut être annulé par des préoccupations plus immédiates pour maintenir le statut dans la hiérarchie. Si, en outre, les décisions judiciaires sont collégiales et expriment une seule voix, et que l'auteur n'est pas identifié, alors le désir de laisser un héritage est complètement éradiqué.

Où

H - Fonction de la hiérarchie judiciaire

C - Coût personnel pour prendre la bonne décision

G - Gain personnel

T - Force / Degré de contrôle

M - Motivation du juge

ES - Évaluation du juge du supérieur

CE - Évaluation de la Commission

R - Inversion de la décision
Où T dépend de :
D - Évaluation de la commission administrative, valeur - de 0 à 1.
0 - rejeter, 1 totalement approuvé
B - évaluation supérieure, valeur 0 à 1, 0 désapprobation, 1 Approbation
R - Inversion de la décision
Valeurs
M = ES x EC x R
T = K x M
Où
0 Inversion
R = 1 approbation
De 0 à 1 Inversion Partielle
ES = De 0 à 1
EC = De 0 à 1
0 - Évaluation négative
1 - Évaluation positive
K - Coefficient d'influence
Au final, le résultat est le suivant :
H = C x G x [(K x ES x CE x R) / (1 - K x ES x CE x R)]

Les motivations du supérieur dépendent de la situation : il lit ou non les opinions des juges du tribunal inférieur et donc connaît leurs capacités, il est ou non situé dans la même cour, a des interactions personnelles et partage leurs points de vue.

### 3.6 Extension du modèle : problèmes d'information

Le fonctionnement dépend de trois facteurs principaux : 1) des informations suffisantes pour déterminer les intérêts sociaux ; 2) la capacité des juges (tribunal inférieur ou supérieur) à reconnaître correctement les intérêts sociaux ; et 3) la capacité du juge à les relayer au sommet de la hiérarchie. Le succès de la hiérarchie stricte dépend par conséquent de la disponibilité et de la quantité d'informations correctes, ainsi que de la capacité des juges à les interpréter. L'information importante est double. Il convient d'abord de définir le problème social et ensuite de rechercher la résolution optimale correspondant à l'intérêt social.

#### 3.6.1 Flux d'information et prise de décision judiciaire

Le flux d'information est principalement discuté dans le chapitre précédent, mais pour résumer correctement les décisions des juges, chaque juge, quelle que soit sa position dans la hiérarchie, doit avoir une bonne compréhension des faits. La raison en est qu'il est nécessaire d'identifier clairement le problème présent dans la société. Si, par exemple, le juge de la juridiction supérieure reçoit des informations déformées sur la nature du problème social en jeu dans l'affaire, sa décision sera moins pertinente que celle du juge du tribunal inférieur. En effet, il doit décider à partir de mauvaises prémisses (le problème social déformé). Ainsi, la distorsion de l'information est l'une des principales causes des performances sous-optimales d'une hiérarchie.

### 3.6.2 Implications pratiques

Les implications pratiques sont doubles. La première implique que le système judiciaire soit conçu de manière à optimiser le flux d'informations de façon à ce que les juges de la hiérarchie reçoivent des informations correctes à tous les niveaux. Deuxièmement, les juges supérieurs doivent recevoir une formation supplémentaire afin d'être en mesure de décider des cas avec des résultats socialement optimaux. Cette tâche n'est pas aussi facile et intuitive que le pensent la plupart des avocats.

### 3.6.3 Le coût d'acquisition de l'information selon une hiérarchie stricte et faible

Comme le souligne Tirole, le fait qu'un fonctionnaire recueille les informations requises dépend du gain qu'il retirera de leur exploitation et de la dépense personnelle investie pour obtenir l'information. Dans une hiérarchie stricte, si la première chose que le juge cherche à faire est de répondre aux souhaits des juges supérieurs, il est crucial de connaître leurs préférences pour faciliter l'acquisition de l'information. Plus elles sont claires, plus les juges suivront les souhaits de leur supérieur.

Des hiérarchies fortes entraînent un coût supplémentaire. La raison en est que dans un tel système, les carrières judiciaires dépendent de la satisfaction des supérieurs. Pour ce faire, les juges doivent entreprendre l'activité coûteuse de trouver des informations supplémentaires, qui correspondent aux préférences de leurs supérieurs. Ces préférences peuvent ne pas être en accord avec l'intérêt social. Néanmoins, pour le juge de niveau inférieur, il peut être au moins aussi coûteux de rechercher cette information que de déterminer quel est l'intérêt social. Ainsi, le juge de première instance accomplit deux tâches - la prise de décision et la recherche de l'opinion des supérieurs. Il est primordial pour eux de ne rendre que des décisions judiciaires et de ne pas rechercher des informations socialement non bénéfiques.

Si un tel système a une certaine notion de précédent et qu'il est combiné avec une surveillance rigoureuse de la part du sommet, alors les besoins des superviseurs seront très clairs. Si la notion de précédent est faible, les souhaits des juges supérieurs doivent être clarifiés selon d'autres façons. On peut en trouver un exemple dans les réunions entre les juges et leurs conférences. Le problème est que le nombre de ces rassemblements est limité au cours d'une année, en particulier en raison des frais que leur organisation nécessite.

En outre, le nombre de juges supérieurs peut également jouer un rôle dans la clarté du message qui porte leurs souhaits. Si le nombre de juges est élevé, il devient plus difficile de prédire leurs préférences respectives et de connaître le juge qui instruira effectivement un appel éventuel. Cela dilue la force de la hiérarchie et donne aux juges inférieurs la liberté d'exercer plus de pouvoir discrétionnaire pour décider d'une affaire. La conséquence en est que les juges peuvent être libérés de la recherche d'informations supplémentaires pour répondre aux préférences des supérieurs. Il peut en résulter un plus grand nombre de tentatives de prises de décision socialement optimales. Ainsi, si la hiérarchie est stricte, les ressources supplémentaires dépensées pour contrôler les juges inférieurs sont simplement gaspillées.

Au contraire, le niveau de la clarté de l'opinion des juges supérieurs dépend du degré d'effort que les juges en bas de la hiérarchie déploieront pour connaître la pensée de leurs supérieurs. Puisque les ressources judiciaires consacrées à cet effort signifient moins d'effort sur les tâches judiciaires ordinaires, il n'est pas souhaitable de maintenir une incertitude sur l'opinion des supérieurs dans une hiérarchie stricte. La raison en est que les juges devraient se concentrer sur leurs tâches judiciaires et non privilégier des relations agréables avec des supérieurs dont l'opinion sur les questions juridiques n'est pas obligatoirement pertinente (optimale pour les parties et la société).

Le flux d'informations trop complexe laisse aux juges des tribunaux inférieurs la possibilité de faire un travail supplémentaire destiné à de déterminer les souhaits de leurs supérieurs. La multitude de supérieurs possible peut rendre le jeu de devinettes trop compliqué, bien que tout dépende du nombre de juges siégeant à la cour d'appel. Quand la présence d'un nombre important de juges supérieurs ne permet pas de préjuger des suites d'une affaire, le juge inférieur se voit confier la tâche de décider par lui-même. En d'autres termes, la décision n'est pas basée sur des motivations hiérarchiques. Dans ce cas, le résultat n'est dépendant *de facto* d'aucune pression hiérarchique (contrôle) sur les juges du tribunal inférieur. Par conséquent, un nombre plus élevé de juges supérieurs peut éliminer le problème posé par une décision contraire à l'intérêt public prise dans le but de plaire à un supérieur.

### 3.6.4 Informations dans une hiérarchie faible

La hiérarchie faible laisse plus de place aux juges pour l'exercice d'un pouvoir discrétionnaire. Ils n'ont pas besoin de suivre des juges supérieurs, car ces derniers ne pourront pas autant contrôler leurs décisions. Le seul résultat négatif peut être une révision de jugement de la part d'un tribunal supérieur. Ainsi, pour utiliser la dichotomie de Tirole, ils pourront aisément préférer laisser un héritage plutôt que plaire à leurs supérieurs.

Les juges de la hiérarchie plus faible sont plus susceptibles de chercher des décisions qui sont optimales pour la société (en raison de l'incitatif hérité) et moins portés à plaire aux juges supérieurs.

### 3.6.5 Points négatifs de la faible hiérarchie

Si les hiérarchies judiciaires faibles étaient optimales, elles n'auraient pas essayé de rassembler leurs forces en introduisant le concept de précédent. Avoir cette hiérarchie faible sans précédent se rapproche très près du modèle de Kornhauser d'un système complètement décentralisé, qui a déjà été déclaré sous-optimal. Une analyse minutieuse de cas, même simples, conduit à une utilisation relativement inefficace des ressources judiciaires. Les hiérarchies judiciaires si faibles doivent donc limiter les pouvoirs discrétionnaires si elles veulent éviter le gaspillage de leurs ressources.

La faible hiérarchie manque aux deux avantages identifiés par Tirole : la correction de l'aléa moral (qui peut inciter un juge enclin à agir dans l'intérêt public) et la correction de l'antisélection (promouvoir les juges qui n'ont pas la compétence/capacité). Un juge irresponsable aux supérieurs n'engagerait pas de dépenses pour s'assurer leur l'opinion. Cela évitera le type de comportement socialement inutile qu'une hiérarchie stricte a tendance à encourager.

## 3.7 Les effets des juges de formation

Un système hiérarchique fonctionnera mieux qu'un système avec une hiérarchie faible ou nulle s'il remplit deux conditions. Premièrement, le système fera la promotion des meilleurs juges aux postes supérieurs et, plus important encore, ces juges supérieurs recevront une formation spéciale. Les juges supérieurs rempliront alors mieux leurs fonctions, car il sera moins coûteux de former uniquement des juges supérieurs au regard de la valorisation des intérêts sociaux. En d'autres termes, l'avantage de la hiérarchie sera la spécialisation comme l'a justement souligné Kornhauser. Si ces deux facteurs sont en place, la hiérarchie stricte sera plus efficace que la hiérarchie faible. Si ce n'est pas le cas, il convient de rechercher ailleurs l'intérêt d'avoir une hiérarchie forte. La raison en est que l'on ne sait pas si les juges supérieurs ont un avantage sur les juges des cours inférieures dans un système où la promotion n'est pas toujours fondée sur le mérite et où les juges supérieurs ne reçoivent pas une formation plus spécialisée. Dans cette situation, il y a un résultat aléatoire - soit la hiérarchie aide à produire une meilleure décision judiciaire, soit elle produit un résultat plus mauvais. Si la hiérarchie est forte, le juge de première instance essaiera d'abord de plaire à ses supérieurs.

### 3.8 Modèle d'équipe de Kornhauser

Ce modèle mérite d'être brièvement mentionné, car il convient de souligner les limites de l'analyse hiérarchique. Le modèle de Kornhauser est basé sur une explication de la hiérarchie distincte de la théorie de l'agence. Il rejette une vision de la hiérarchie fondée sur l'affirmation selon laquelle les juges des cours inférieures et les juges des cours supérieures peuvent avoir des intérêts contradictoires. Au lieu de cela, il a basé son modèle sur l'hypothèse selon laquelle tout le pouvoir judiciaire doit d'agir comme une équipe qui cherche à maximiser le nombre attendu de décisions de justice correctes.

Il déclare que, lorsque les juges prennent des décisions, ils essaient d'atteindre le résultat correct, ce qui les fait ressembler à une équipe décidant des cas en vue d'un seul objectif - trouver des réponses correctes. Il n'émet aucune hypothèse s'agissant du contenu même de ces bonnes réponses.

Kornhauser a soutenu que le modèle d'agence s'applique de façon plus cohérente aux systèmes de droit civil alors que son modèle d'équipe décrit plus de systèmes de *common law*.[56] Nous suggérons que cette affirmation est incorrecte et que la vraie différence réside dans le niveau de force de la hiérarchie. Kornhauser a souligné que dans les systèmes de droit civil, une nouvelle appréciation des faits par la cour d'appel est possible. Un tel dispositif renforce le pouvoir des juges des juridictions supérieures et affaiblit le pouvoir des juges des juridictions inférieures. Dans les systèmes de *common law*, les tribunaux d'appel ne tiennent pas compte des faits *de novo* et, par conséquent, les juges de première instance détiennent plus de pouvoir parce qu'ils sont les seuls à porter une appréciation sur les faits. C'est en effet le cas, mais le résultat dépend des hiérarchies respectivement plus fortes et plus faibles ; cet arrangement est indifférent au un modèle d'équipe.

#### 3.8.1 Objections possibles à Kornhauser de Drucker

Kornhause a une très forte préférence pour les équipes en tant qu'éléments constitutifs des organisations,[57] mais il s'agit là d'une simplification excessive. Contre cette affirmation, Peter Drucker a relevé que les équipes existaient rarement dans de vraies organisations. Il a critiqué le point de vue selon lequel l'organisation de l'équipe est considérée comme la « bonne » organisation. Il l'a appelé ironiquement l'organisation « politiquement correcte ».[58] Il a préconisé une étude des organisations mixtes dans lesquelles les individus devraient travailler dans différentes structures organisationnelles en même temps. Pour une tâche, ils doivent travailler en équipe. Par ailleurs, ils doivent appartenir à une structure hiérarchique de commandement et de contrôle. Cette description est beaucoup plus précise en ce qui concerne les tribunaux d'appel

---

[56] Kornhouser ibid.,

[57] Kornhouser ibid.,

[58] Drucker, p.14-17.

modernes. La raison en est que les juges de niveau supérieur décident des cas en équipe ; ils siègent dans des collèges de deux[59] ou trois juges au niveau de l'appel et de neuf ou plus au plus haut niveau des juridictions. En même temps, ils remplissent des fonctions de commandement et de contrôle parce qu'ils font partie d'une hiérarchie qui examine les décisions des tribunaux inférieurs. Exagérer soit le caractère d'équipe de la tâche soit la tâche hiérarchique est trompeur dans les tribunaux modernes et peut conduire à des idées fausses sur la façon dont les tribunaux devraient être structurés.

De plus, il faut tenir compte du type d'équipe.[60] Au moins une demi-douzaine d'équipes très différentes existe. Chacune a son propre domaine d'application, ses limites et ses difficultés et, par conséquent, chacune nécessite une gestion différente. Dès lors, quel genre d'équipe est appliqué dans les tribunaux d'appel ? La réponse est que les équipes sont très différentes. Aux États-Unis, l'équipe standard de trois membres en appel et de neuf membres à la Cour suprême exige la communication et la négociation entre une majorité de membres du tribunal. Dans les coulisses, le personnel de soutien, par exemple les auxiliaires juridiques, aide à façonner les points de vue des juges grâce à leurs recherches. Au Royaume-Uni, le modèle traditionnel consistait à ne pas avoir d'équipes, mais des juges individuels décidant eux-mêmes sans discuter de la décision avec les autres juges du panel. La dynamique a changé et le travail d'équipe s'est développé, avec l'apport notamment d'auxiliaires juridiques embauchés pour aider les juges. Cependant, on constate de nouvelles équipes au Royaume-Uni désormais. Dans certains cas, les cours d'appel des tribunaux britanniques sont composées de deux membres au lieu de trois afin de faire des économies. Cela a considérablement changé la dynamique de l'équipe. Le style français d'une équipe judiciaire est également complètement différent. C'est le juge rapporteur qui prépare deux versions d'une décision et les autres juges qui votent simplement sur l'une des deux versions. Cette diversité structurelle des « équipes » judiciaires des différents pays montre que si nous acceptons l'existence du modèle d'équipe dans la réalité, l'étude aura des hiérarchies mixtes avec des éléments de commandement et d'équipe, et pas simplement un modèle d'équipe et d'agence.

Nous estimons la pensée de Drucker est correcte. En effet, il serait exagéré ? farfelu de prétendre que les juges se considèrent comme une équipe. L'argument selon lequel la plupart des juges veulent prendre des décisions optimales correctes alors même qu'ils ont une interprétation différente de la notion de décision correcte est encore plus faible. Kornhauser a seulement décrit est une hiérarchie faible avec un contrôle descendant limité. Ce n'est pas surprenant, car ses conclusions proviennent des observations du système judiciaire américain.

---

[59]Certains cas au Royaume-Uni sont maintenant entendus par deux juges.

[60] Drucker, p. 14.

Cela signifie simplement que le problème ne réside pas dans la reconnaissance d'une équipe ou d'une agence, mais qu'il dépend d'une hiérarchie faible ou forte avec des structures d'équipe et de commandement mixtes.

Les théories de Kornhauser et Drucker sont utiles toutefois, car elles apportent un élément de plus dans l'examen de la machine judiciaire - ce n'est pas une hiérarchie pure et la dynamique de son fonctionnement dépend des équipes aussi bien que de l'organisation hiérarchique. Ce cas apparaît avec plus d'évidence dans les instances judiciaires qui intègrent des éléments d'équipe collective dans la prise de décision judiciaire ayant une influence importante sur l'organisation du système judiciaire et sur son fonctionnement. Ceci constitue un point important pour la recherche future.

# Chapitre 7 :

# But de l'appel

## 1. Introduction

Ce chapitre explore plus en détail les aspects organisationnels de la machine judiciaire. Comme indiqué dans la partie précédente, le processus d'appel constitue la manifestation juridique la plus courante des hiérarchies judiciaires. Il s'avère que le fonctionnement de la machine judiciaire est devenu de plus en plus compliqué avec le temps en ce qui concerne sa partie organisationnelle. S'agissant de la procédure, les leviers judiciaires ont été simplifiés à quelques postes principaux. Les leviers deviennent toutefois de plus en plus imbriqués et la machine aura besoin de quelques leviers d'appel plus petits, qui modifieront la performance de la principale composante qu'est la hiérarchie judiciaire. Par conséquent, les fins de l'appel seront examinées dans le but d'identifier les mini-leviers du système judiciaire liés à l'appel.

## 2. Définition de l'appel

Le terme « appel » est défini comme un terme générique décrivant toute procédure qui suit un procès de première instance. Il ne se réfère pas simplement à l'étape qui suit le procès ou qui précède la saisine du tribunal final. Ce terme comprend tous les types d'appels. Le terme est utilisé dans ce sens large afin d'être inclusif et de décrire les systèmes judiciaires en général. Si l'on ne retenait pas cette conception, il se poserait un grave problème car, comme l'a relevé l'éminent expert du système judiciaire anglais Gavin Drewry, il est trompeur d'« imputer un sens précis au terme » et de supposer qu'« un appel signifie la même chose ». Drewry a judicieusement distingué plusieurs types d'appels : appel par voie d'erreur, appel par nouvelle audience, appel par cas déclaré, appel par ordre de prérogative et cassation. [1] Le même terme « appel » est utilisé pour décrire l'ensemble de ces catégories, qu'elles s'appliquent dans les juridictions civiles françaises (cours d'appel et Cour de cassation) dans les cours d'appel fédérales ou de chaque État ainsi que dans la Cour suprême des États-Unis ou dans la cour d'appel anglaise. Il en ressort que les deuxième et troisième niveaux de la hiérarchie judiciaire sont inclus dans ce terme. Cependant, cette définition est insuffisante et un examen plus approfondi est nécessaire.

### 2.1 Point de vue juridique

Drewry a utilement décrit certaines caractéristiques communes de tous les appels. Ils comprennent tous trois éléments de base : 1) une décision (généralement un jugement d'un tribunal) à partir de laquelle un appel est interjeté ; 2) une ou plusieurs personne (s) lésée (s) ; et 3) un organisme de révision autorisé et disposé à traiter l'appel.[2] Drewry a également souligné deux éléments importants de l'appel : premièrement, il y a des différences dans la façon dont il est organisé dans différents systèmes juridiques et, deuxièmement, le processus d'appel tend à prendre le point de vue de la partie qui a perdu le procès.

### 2.2 Perspective politique

Martin Shapiro, un expert américain de premier plan dans ce domaine, a complété ces deux hypothèses. Sa contribution principale consisté à inclure le régime politique comme un autre participant. L'appel est au centre du pouvoir de l'État et de ses intérêts politiques. Ce faisant, Shapiro a modifié notre point de vue en relevant que l'appel n'était pas seulement un processus ascendant visant à protéger la partie perdante au procès d'une décision arbitraire, mais « un moyen puissant de favoriser la loyauté envers le régime central ».[3] Il a ainsi mis en lumière la raison pour laquelle les régimes politiques sont prêts à payer pour une procédure aussi coûteuse. [4] En d'autres termes, les régimes politiques financent leur image de fournisseur de justice (même si cela signifie qu'ils ne sont que les fournisseurs de faveur ultime), qui renforce leur pouvoir. Les intérêts du régime coïncident avec ceux des individus qui veulent être protégés contre les décisions arbitraires. Le but de l'existence du processus d'appel est donc de pourvoir aux intérêts mutuels des régimes et des citoyens lésés.

---

[1] Drewry, pp. 16-20.

[2] *Ibid*, p. 13.

[3] Shapiro, Martin. « Appeal. » Law & Society Review 14, no. 3 (1980): 629

[4] *Ibid.*

L'autre contribution de Shapiro réside dans l'idée de la perspective *top-down* de l'appel qui transgresse le temps et les frontières nationales. En d'autres termes, il trouve un modèle universel qui est vrai pour un large éventail de régimes concernés par la préservation de leur pouvoir. Il a également dressé un aperçu complet des objectifs de l'appel autres que ceux communément discutés, tels que considérer les cours d'appel comme « assurer l'uniformité entre les tribunaux subalternes »,[5] corriger les erreurs et « reconnaître que les cours d'appel annoncent ou légifèrent ».[6]

## 3. Modèles économiques

Le modèle d'appel économique émis par Kornhouser concerne des ressources judiciaires limitées. La qualité des juges ainsi que le nombre de cas qu'ils doivent trancher aboutissent à des décisions judiciaires inadéquates dans les tribunaux inférieurs. [7]Cette insuffisance justifie la nécessité d'un appel. Comme Kornhauser l'a indiqué : « Si nous avions suffisamment de juges fiables, il n'y aurait aucune raison de hiérarchiser. En réalité, nous ne pouvons pas disposer d'un nombre suffisant de juges fiables pour traiter la charge de travail. » [8] Cette affirmation peut se traduire par le fait que chaque génération ne produit qu'un nombre limité de grands esprits judiciaires. Il est donc déraisonnable de s'attendre à ce que la présence de juges de haute qualité juges soit un phénomène courant. Comme discuté précédemment, selon Kornhauser, décider si un juge est fiable peut relever soit d'un modèle d'équipe soit d'une explication d'agence. Dans une équipe, les juges ont un objectif commun qui pourrait être de décider des affaires en fonction des précédents et de rendre la justice corrective.[9] Selon le modèle de l'agence, les juges ont des préférences et des intérêts différents sur la façon de statuer sur un cas. Les systèmes judiciaires basés sur ce modèle sont initialement conçus pour contrôler les différences entre les prédispositions judiciaires[10] et non pour obtenir un résultat

---

[5] *Ibid.*

[6] *Ibid.*

[7] *Ibid.* Les commentaires sur la position des juges de la Cour d'appel par rapport à ceux de la Chambre des lords de l'époque, il a écrit que la position qu'ils ont donnée « a contribué à assurer une provision de juges de qualité suffisante pour la Chambre des Lords. » De même, Stéphane Lelyenberger (secrétaire de la Commission européenne de l'efficacité judiciaire) a déclaré:« le juge peut produire un travail de mauvaise qualité ... le juge n'est pas infaillible ... il est tombé de son piedestal. Propos introductive La qualite des decisions de justice, edt. Pascal Mbongo, 2007.

[8] Kornhauser.

[9] *Ibid.*

[10] Cette explication d'agence s'inscrit parfaitement dans le modèle d'appel de Shapiro comme moyen de contrôle politique. Comme nous le verrons, le système judiciaire français est créé avec l'idée spécifique de contrôler les juges « ancien régime » et de les empêcher d'imposer leurs opinions politiques.

« correct ».[11] Selon Kornhauser, le modèle d'équipe rappelle les systèmes judiciaires de *common law* et le modèle d'agence ceux des structures judiciaires du système civiliste.[12]

Puisque le nombre de juges fiables au niveau du procès est insuffisant, pourquoi ne pas affecter les ressources existantes à la seule amélioration du système judiciaire ? La réponse se trouve dans le modèle construit par Shavell,[13] qui a recherché la répartition optimale des ressources entre les tribunaux de première instance et d'appel. Il a inclus dans le calcul à la fois les ressources sociales et celles du plaideur. Shavell a enquêté sur l'intérêt de soutenir une procédure d'appel optimale plutôt que d'augmenter les ressources consacrées aux tribunaux de première instance[14] ou à un examen aléatoire des décisions des tribunaux inférieurs. Plus important encore, il a mis en évidence que le processus d'appel permettait à la société d'utiliser les informations dévoilées par les plaideurs au sujet des décisions erronées, et de réduire ainsi les erreurs judiciaires à un faible coût. Dans le modèle de Shavell, les cours d'appel ont un rôle limité - seulement pour corriger les erreurs des tribunaux inférieurs. Ainsi, on peut établir un parallèle avec Kornhauser qui a également soutenu que, outre les ressources judiciaires limitées, l'autre facteur important justifiant l'appel est la possibilité d'erreur.

Les théories de Kornhauser et Shavell s'intègrent très bien dans le modèle de Drucker, comme nous l'avons vu dans le chapitre précédent. La raison en est que le modèle de Drucker s'est aussi intéressé à l'allocation des ressources. Pour exercer ses missions, le pouvoir judiciaire utilise des ressources que l'on peut appeler généralement « capital », qui peuvent être de deux types : humain et institutionnel. [15] Kornhauser s'est préoccupé du capital humain. Ainsi, lorsqu'il parle de la disponibilité de juges de grande qualité pour traiter une grande charge de travail, il déclare simplement que le capital humain est une ressource limitée. Shavell s'est concentré davantage sur le deuxième type de capital. Ainsi, lorsqu'il parle de l'organisation optimale des cours de première instance et des cours d'appel pour réduire le nombre d'erreurs dans le système, il fait référence essentiellement à l'optimisation des divisions institutionnelles

---

[11] Kornhauser.

[12] *Ibid.*

[13] Shavell, Steven. « The Appeals Process as a Means of Error Correction. » The Journal of Legal Studies 24, no. 2 (1995): 379-426

[14] Il existe un autre point de vue élaboré par Niv, Moshe Bar et Zvi Safra. « Sur la désirabilité des cours d'appel. » Revue de Droit et Économie 2, no. 3 (2006). Cela fait l'analogie avec l'arbitrage où habituellement il n'y a pas de procédure d'appel. Le document maintient que les cours d'appel ne sont pas souhaitables dans les affaires civiles parce que, de la même façon, l'opportunité de l'arbitrage dans le règlement des différends est plus souhaitable. Pour les limites des conditions dans lesquelles l'opportunité et la finalité du règlement des différends, voir David D. Friedman, « Law's Order, » p.146.

[15] Drucker, p. 120.

dans lesquelles travaillent les juges. On peut en déduire que Kornhauser et Shavell ont en commun le désir d'optimiser le capital du système judiciaire.

## 4. Définir les principaux objectifs de l'appel

### 4.1 Correction d'erreur

Le modèle juridique de Drewry et le modèle économique de Shavell font de la correction d'erreurs l'objectif le plus important de l'appel. Le premier le considère comme l'expression des griefs des parties lésées qui ne sont pas satisfaites du résultat du processus. Le second l'appréhende d'un point de vue fonctionnel ; en tant qu'il permet à la société d'utiliser les informations que les plaideurs possèdent sur des décisions erronées. Puisque les plaideurs possèdent le plus d'informations sur les raisons pour lesquelles ils ont été lésés, le résultat est une réduction des erreurs judiciaires à bas prix.

Dans tous les cas, la question se pose de savoir si le juge du procès a commis une erreur dans sa décision. Comme nous l'avons vu dans le chapitre précédent, dans de fortes hiérarchies, la correction d'erreur peut se transformer en action disciplinaire dans un appel.

### 4.2 Objet disciplinaire

La fonction disciplinaire (censure des décisions erronées des tribunaux inférieurs) peut être assimilée à une correction d'erreur bien qu'elle possède une connotation plus forte, qui met en évidence le caractère administratif prononcé de l'organisation du pouvoir judiciaire. Habituellement, cette organisation implique une soumission complète à la volonté du législateur, qui élimine tout pouvoir discrétionnaire du juge. Dans une acception plus ouverte, elle peut également constituer un contrôle du raisonnement qui sous-tend la décision, en d'autres termes, un contrôle de la motivation du juge.

#### 4.2.1 Unification

La correction d'erreur et l'unification sont les types de contrôle hiérarchique qui tentent d'influencer le droit dans une certaine direction « correcte ». Dans un système qui essaie d'atteindre une « justice » complète, la direction correcte n'est pas évidente. De nombreuses interprétations de ce qui est « juste » sont possibles. Cela conduit à des décisions divergentes même dans un système hiérarchique très strict comme le système français. C'est la raison pour laquelle la Cour de cassation peut rendre des décisions distinctes et les différentes chambres rendre des décisions contradictoires. Le contrôle hiérarchique n'atteint donc son but que s'il existe un accord sur la direction « correcte » à suivre par rapport au droit.

Quand on considère l'unification doctrinale (harmonisation), la question de l'existence d'externalités doit être posée. Historiquement, le problème était important avec des parlements locaux qui ont émis autant d'interprétations du droit qu'il y avait de régions en France. Il en est sans doute résulté une grande insécurité juridique dans l'application du droit rural. Cela aurait pu aussi affecter des relations juridiques concernant par exemple la sécurité des échanges, la propriété, etc. Un cas d'externalité plus récent en France est représenté par la faiblesse du nombre de précédents (constante de la jurisprudence) qui implique un contrôle beaucoup plus important sur les décisions des tribunaux inférieurs de la part du tribunal supérieur dont les décisions ne sont pas toujours suivies. Une raison au moins peut donc justifier un fort rôle d'harmonisation, mais d'autres études sur l'existence d'externalités sont nécessaires pour décider si ce rôle est excessif et s'il ne réduit pas purement et simplement la richesse des interprétations divergentes du droit, et donc freine le développement de la pensée juridique en France.

#### 4.2.2 Création du droit

La création du droit assume évidemment une fonction substantielle dans le processus d'appel, non seulement dans les pays de *common law*, mais aussi dans l'application du Code civil dans les pays de droit civil.[16]

Kornhauser et Shavell dans leur définition économique nous donnent en réalité la définition de l'objectif du système hiérarchique managérial, car chacun de leur modèle s'inscrit parfaitement dans le modèle de Drucker, qui est un modèle purement managérial. Peter Drucker a été désigné comme le « père de la gestion moderne » » et sa théorie a été conçue pour expliquer et appliquer aux organisations d'entreprises.

Il peut y avoir une différence dans la force de ce modèle managérial. Si une société donnée et son système judiciaire tentent d'atteindre un but ou une vision de la « bonne société », il existe un très fort système hiérarchique qui s'impose à la société par le biais du système judiciaire. Si, en revanche, une hiérarchie judiciaire plus faible n'impose pas une vision aussi puissante, elle conserve un objectif commun, semblable à celui décrit par Kornhauser dans son modèle d'équipe. Quelle est alors l'alternative ?

### 4.3 L'ordre établi de Hayek

Selon Hayek, un « ordre établi » tel qu'une entreprise ou une bureaucratie gouvernementale a une attente de la part de la société. Le problème est cependant qu'une telle attente consciente peut évoluer avec le temps ou être très difficile à réaliser. Hayek compare cette situation avec un ordre spontané naturel qui atteint des objectifs qui ne sont pas toujours intentionnellement

[16] Shavell.

articulés.[17] Il l'a exprimé de la façon suivante : « L'ordre spontané de la société fournit plus [...] pour le bien-être général que la plupart des services particuliers que l'organisation du gouvernement peut fournir. »[18] Ainsi, il soutient qu'un tel ordre naturel donne de meilleurs résultats, car les individus accomplissent leurs besoins naturels en vue de leurs propres intérêts.

La théorie de Hayek a montré que les sociétés ont deux options. Les premiers peuvent choisir d'évoluer en suivant des forces ascendantes spontanées (proches du marché), qui sont les meilleures pour trouver des solutions efficaces. Deuxièmement, ils peuvent créer des institutions publiques pour atteindre des objectifs spécifiques. S'ils choisissent de suivre cette dernière approche, la difficulté est que les objectifs institutionnels peuvent changer avec le temps ou devenir très difficiles à atteindre.

Cette approche a correctement mis en évidence le double problème concernant d'une part les objectifs institutionnels qui changent avec le temps et d'autre part leur maintien sans les adaptations nécessaires aux nouvelles conditions dans la société. De plus, il n'est pas possible de contester la difficulté de définir des objectifs institutionnels, car il peut exister une myriade d'objectifs et d'effets secondaires non voulus par les concepteurs de ces organisations.

Malgré cela, cette approche n'est pas entièrement convaincante. La raison peut être trouvée dans les propres écrits de Hayek. Il admet que la conception intentionnelle du système judiciaire est absolument nécessaire pour protéger le fonctionnement de l'ordre spontané dans la société. Les sociétés doivent donc réfléchir à un système judiciaire qui fonctionne bien. Cependant, la conception de cette institution nécessite une expertise en conception institutionnelle. Sans effort humain conscient qui est impossible.

Nous conseillons donc que, pour justifier une approche interventionniste dans le renforcement des institutions, l'avertissement de Hayek soit pris au sérieux et que les dirigeants judiciaires consacrent beaucoup de temps et d'efforts à définir les objectifs des institutions et à examiner tous leurs effets. En d'autres termes, la conception institutionnelle doit être justifiée en détail, y compris au moyen d'une analyse des causes pour lesquelles les institutions proposées sont plus pertinentes que l'évolution naturelle de la société. Sans cette étape, d'importantes questions de conception institutionnelle échapperont à l'attention, ce qui se traduira par des institutions qui fonctionneront mal. Cependant, il existera toujours des conséquences intentionnelles et imprévues dans notre institution. Cela justifie qu'une attention particulière soit portée aux différents objets de l'appel.[19]

---

[17] Hayek.

[18] *Ibid*, p. 133.

[19] Pour un avis similaire, voir J. A. Jolowizc, *Civil Procedure* (London : Cambridge University Press, 2000). l a critiqué les rapports de Lord Wolf de 1995 et de 1996 qui sont entrés en vigueur en 1999 et ont été connus comme les nouvelles règles de procédure civile, l'une des récentes

Il convient de noter que le système judiciaire dans son ensemble et le processus d'appel, en particulier, peut appartenir à un système mixte, que Richard Posner a identifié comme un quasi-marché. Ainsi, au sein du système judiciaire, il existe un équilibre différent entre les éléments d'ordre spontané et « fabriqué ». L'ordre spontané a l'origine parce qu'il utilise des intérêts privés pour diriger son fonctionnement. Ces intérêts privés sont les revendications déposées. Pourtant, on remarque que notamment la partie des appels du système judiciaire se transforme en ordre « fait », car elle remplit certains objectifs publics tels que l'unification et l'élaboration du droit. L'unification est un objectif public, car il existe un conflit entre différentes règles juridiques qui, pour une raison quelconque, n'ont pas été résolues. L'élaboration du droit s'éloigne également du règlement individuel des différends en créant de nouvelles règles qui n'utilisent que le cas d'espèce que comme un tremplin pour produire un nouvel instrument juridique dont la société a besoin.

Le système peut également rencontrer des défaillances du marché lorsqu'il fonctionne comme un ordre spontané qui résout simplement les différends. À ce stade, il devrait y avoir une correction pour les erreurs créées par un ordre spontané. Hayek lui-même a soutenu que la fonction de légiférer et son produit, la jurisprudence, peuvent « se développer dans des directions indésirables qui nécessitent une correction par une action publique délibérée ».[20]

En termes juridiques, cette tension entre l'ordre spontané et l'ordre établi peut être exprimée par la dichotomie entre droit public et droit privé. Hayek a fait valoir que seul le droit public sert d'instrument permettant aux organisations d'atteindre des objectifs particuliers.[21]En droit privé, Hayek estime que l'existence d'objectifs spécifiques que le droit doit remplir pose des problèmes parce que les buts d'une loi peuvent être énumérés alors qu'en droit privé, les règles juridiques ne servent que les échanges entre les actions de différentes personnes.[22]

Nous suggérons que la ligne de démarcation entre les approches de la conception institutionnelle et la conception de marché n'est pas absolue, mais qu'il devrait y avoir un équilibre entre elles. De plus, le fait de débattre de l'objet de l'appel n'équivaut pas à une déclaration de préférence pour une approche délibérée de la conception institutionnelle. La raison en est que même la version hayékienne du pouvoir judiciaire en tant que gardien de l'ordre spontané n'est pas dépourvue de ses objectifs institutionnels malgré une

---

réformes majeures de la procédure civile en Angleterre. Jalowizc a souligné que le rapport posait la question de savoir comment les juges peuvent traiter les affaires plus rapidement et économiquement (les deux maux du retard et du coût) mais n'a pas montré ce qu'est la procédure civile et pourquoi elle devrait être changée. En d'autres termes, ce chapitre traite de la question « quoi ».

[20] Hayek propose en fait une législation pour remplir cette fonction délibérée de correction dans *Law Legislation, and Liberty*, p.88.

[21] *Ibid*, p.114.

[22] *Ibid*, p.113.

absence de définition des objectifs judiciaires. Hayek a fait valoir que, pour protéger les droits auxquels les personnes peuvent prétendre, les juges doivent protéger l'ordre spontané contre le danger de règles juridiques non respectées, imprécises ou inadéquates pour prévenir les conflits.[23] Ce sont tous des objectifs qui ont un fort élément intentionnel même s'ils sont basés sur la protection de la liberté individuelle. L'inférence est donc que même l'adversaire le plus farouche de l'approche délibérée l'utilise dans le cas du pouvoir judiciaire

On peut se demander dans quelle mesure un tel modèle de laisser-faire est réaliste. Une réponse explicite peut être trouvée dans l'histoire du système américain. Bien qu'il se soit grandement inspiré de la *common law* anglaise, aux États-Unis, le système a été conçu pour s'adapter aux conditions modernes du nouveau continent. Il n'a pas grandi de façon organique, comme dans un modèle Hayekian. Le seul système qui correspond à ce modèle dans une certaine mesure est le système anglais. La raison en est qu'il a grandi de manière plus évolutive au cours des siècles. Pourtant, ce système a également subi plusieurs réformes qui ont dilué le modèle de croissance évolutionnaire pur de laisser-faire.[24]En tout état de cause, en examinant de tels arrangements évolutifs, il convient d'étudier de plus près le système anglais plutôt que le système américain. Bien sûr, d'une certaine façon, les deux réformes récentes en Angleterre seront ignorées parce qu'elles ont un caractère très managérial et effacent encore plus les traces du modèle évolutionniste hayekien.

Cet examen nous informe sur d'autres éléments cependant, notamment que, bien que le modèle évolutionniste puisse créer des procédures efficaces, il présente un caractère insaisissable. Il faut plusieurs siècles pour construire et, pour cette raison, il est très peu pratique. En effet, personne ne peut attendre plusieurs siècles pour atteindre un objectif en utilisant le système judiciaire. C'est pourquoi le modèle managérial domine d'une certaine manière et pourquoi le système doit être mieux compris- en tout cas, ce système doit être conçu.

Pour concevoir un système, il devrait y avoir un but ou un but à suivre. Dans ce chapitre, ces objectifs peuvent être considérés comme des mini-leviers différents de la partie hiérarchique de la machine judiciaire. Cette partie du chapitre traitera de deux de ces mini-leviers : la correction d'erreur et l'unification. Ils ont tous deux une influence considérable sur le fonctionnement de la machine judiciaire. La correction d'erreur correspond à deux positions principales du levier, qui sont une forte correction d'erreur et une faible correction d'erreur.

---

[23] *Ibid*, p. 119.

[24] Pour les premières réformes en Angleterre, voir Klerman, Daniel M. « Jurisdictional Competition and the Evolution of the Common Law. » SSRN Electronic Journal, 2007.

### 4.3.1 Qu'est-ce qu'une erreur ?

Jusqu'à présent, il a été déclaré que la hiérarchie sert à limiter l'interprétation des règles par les tribunaux inférieurs et à leur imposer une vision particulière du droit. Le fait est que le droit ne répond pas systématiquement aux interrogations portant sur des erreurs. Dès lors, comment la hiérarchie peut-elle rectifier les erreurs dans le droit positif?

Bien que la réponse à cette question puisse sembler facile en apparence, il apparaît, après un examen minutieux, que la qualification de l'erreur juridique est complexe et moins évidente. Certains auteurs comme Shavell ont tenté de l'expliciter brièvement. D'autres auteurs, comme Burton Atkins, ont défini la correction d'erreur comme la fonction principale des cours d'appel, qui dépend de règles spécifiques. Un troisième groupe d'auteurs, probablement le plus important, a consacré beaucoup de temps à des concepts connexes. En tout état de cause, l'examen de l'erreur juridique nécessite une analyse approfondie de la théorie juridique existante.

Comme l'a soutenu Stephen Mathis, la théorie juridique ne peut pas donner de réponses toutes prêtes.[25] Les théories qui existent sont des théories concurrentes. La discipline de la philosophie du droit est plutôt récente. Elle contient beaucoup de théories concurrentes qui ne donnent pas de réponses définitives. Nous suggérons donc qu'il convient d'éclairer le débat en explorant les principales théories sur la nature du droit et sur l'erreur en droit. Ainsi, nous constatons qu'il existe de fortes oppositions sur la façon dont les hiérarchies masquent les omissions et les méthodes des cours d'appel en matière d'erreur.

### 4.3.2 Définition légale de la correction d'erreurs par Burton Atkins

« La contribution de base d'un tribunal d'appel est la correction d'erreur. » Au centre de son concept de correction d'erreur, Burton Atkins place les règles et les politiques qui déterminent le rôle et les limites du fonctionnement des instances inférieures vis-à-vis du niveau de l'appel.[26] Pour lui, la correction d'erreurs affecte les parties immédiates au conflit, mais aussi en raison de la structure hiérarchique et pyramidale des tribunaux, elle synthétise les résultats et la politique au regard du système dans son ensemble en harmonisant les règles juridiques. Cette définition est utile parce qu'elle met l'accent sur un régime juridique existant avec des règles qui déterminent le rôle des cours d'appel principalement en tant que correcteurs d'erreurs. Cependant, cette définition ne précise pas de caractéristiques transcendantes qui pourraient faciliter la définition de l'erreur au-delà du fait que toutes les règles procédurales et organisationnelles dans un système juridique sont publiquement disponibles pour référence. C'est un défaut positiviste de la définition qui ne

[25] Stephen Mathis, *Philosophy and the Law: How Judges Reason* Modern Scholar 2008

[26] Burton Atkins, "Interventions and Power in Judicial Hierarchies: Appellate Courts in England and the United States," *Law & Society Review* 24, No. 1 (1990).

peut nous aider à mieux comprendre ce qu'est une erreur en général. De plus, la définition de la correction d'erreurs déborde sur la hiérarchie, l'unification et l'harmonisation.

### 4.4 Notion d'erreur juridique par Shavell

Shavell a également souligné que la correction d'erreur n'était pas un concept bien défini. Cependant, il a donné un résumé utile des types d'erreurs qui peuvent survenir. Le type d'erreur le plus simple concerne les faits de l'espèce. Un autre type peut se produire dans la détermination de la règle juridique applicable aux faits. Si le dernier type d'erreur est conceptuellement clair, il dépend tout de même d'une rédaction précise du droit. Shavell remarque utilement que la clarification de la définition de l'erreur peut être atteinte s'il existe une direction claire dans le droit en général. Pour contenir une telle direction, le droit doit avoir un but spécifique bien défini. En d'autres termes, elle doit prévoir une définition du « bien social ».[27] Dans une telle situation, il est relativement facile de dire que tout ce qui va à l'encontre de ce bien social est une erreur juridique. Ainsi, si le niveau supérieur de la hiérarchie judiciaire a une vision claire de ces valeurs, il peut les imposer aux juridictions inférieures et orienter leur prise de décision.

Cependant, il n'est pas toujours possible d'avoir une idée claire de ce qu'est le « bien social ». De plus, selon la formulation du bien social, ce concept n'est pas toujours sans problème. Les économistes, par exemple, peuvent faire valoir que le bien social est atteint lorsque les règles juridiques appliquées produisent un avantage net social.[28] Un autre exemple d'un tel concept peut venir de la théorie de Jeremy Bentham. Ainsi, si une société décide de suivre l'idée du bien social de Jeremy Bentham défini comme « le plus grand bonheur pour le plus grand nombre », toute règle qui va à l'encontre de ce principe peut être considérée comme allant à l'encontre du bien social. Le bien social peut aussi être un objectif politique, par exemple, promouvoir une idéologie spécifique. Si une règle juridique va à l'encontre de cette idéologie, elle devient donc une erreur. Par ailleurs, avoir une idée trop précise du bien social n'est pas toujours soutenable parce que les sociétés qui ont la définition la plus claire sont en général des sociétés totalitaires qui promeuvent leur idéologie au détriment de la liberté individuelle. C'est donc dans ces sociétés que l'erreur juridique sera le plus claire. Dans une société libre, il existe davantage de définitions du bien social et la question se pose de la complexité croissante de l'erreur juridique.

Pour revenir à la vision de l'erreur de Shavell, il identifie deux types d'erreurs : 1) lorsqu'une erreur est commise sur l'application de règles bien

---

[27] Steven Shavell, "The Appeals Process as Means of Error Correction." *Journal of Legal Studies* 24, no. 2(1995): 379-426.

[28] Ainsi, la définition la plus large du bien social est tout objectif légitime que la société veut atteindre.

articulées, les erreurs sont conceptuellement claires ;[29] et 2) lorsque le droit n'est pas suffisamment spécifique dans un aspect pertinent et doit être amplifiée (interprétée).[30] L'application de règles bien définies entraîne généralement des conséquences socialement souhaitables parce que les règles ont prouvé au fil du temps qu'elles fonctionnaient bien et qu'elles devraient être suivies, de sorte que toute déviation signifie généralement qu'une affaire est tranchée à tort. [31]

Ce chapitre ne résume qu'en partie la complexité de la théorie juridique sur ces points. Quand l'erreur est avérée, il est impossible d'ignorer le débat théorique le plus important du XXe siècle, celui qui s'est déroulé entre Ronald Dworkin et HLA Hart. Mais c'est précisément ce qui se passe lorsque la hiérarchie et l'appel servent à corriger les erreurs. Dans notre étude, c'est la question inverse qu'il convient de poser : où la théorie économique s'inscrit-elle dans la théorie juridique ?

### 4.4.1 La relation entre la correction d'erreurs et la question du droit applicable

Afin de déterminer si un juge de première instance a commis une erreur, le juge d'appel doit connaître les critères permettant de déceler la présence d'une erreur. La construction des critères commence par une interrogation sur le droit applicable. Que devrait prendre en considération le juge et que devrait-il ignorer ? Peut-on toujours se mettre d'accord avec le contenu du droit et donc quelles sont les erreurs acceptables dans la décision par rapport au droit ?

## 4.5 Théorie de Dworkin

Le modèle de Shavell semble avoir tiré parti de la théorie de Ronald Dworkin. Dworkin identifie trois problèmes. Les deux premiers sont plutôt simples et faciles à découvrir dans n'importe quelle société. Il porte une attention particulière au troisième problème. Pour trouver ce qui constitue une erreur, il faut partir du principe qu'elles sont toutes pertinentes, car elles servent à donner une idée générale de l'erreur que les juges peuvent commettre dans les tribunaux inférieurs ?supérieurs de la hiérarchie. En d'autres termes, ce sont les raisons de l'appel qui engendrent la présence d'une erreur à corriger.

Ces raisons peuvent être résumées comme suit.

1) Les questions de fait répondent à l'interrogation « que s'est réellement passé ? » Ceci est censé n'être pas être une difficulté, car les juges sont obligés d'examiner les faits et de les découvrir tel qu'ils se sont produits.[32]

---

[29] Shavell, "Appeals Process."

[30] *Ibid.*

[31] Ce n'est pas toujours le cas, cependant, et nous devrons examiner la situation plus en détail plus tard.

[32]Comme nous l'avons vu dans le chapitre d'information découvrir le fait de ce qui s'est réellement passé est une question complexe méritant une attention suffisante.

2) Les questions de moralité politique ou de fidélité concernent l'examen de la fidélité d'une décision ou d'un juge à la structure des choses dans la société (moralité politique).

3) Les questions de droit - recherche du droit applicable au cas d'espèce. On estime que les juges devraient suivre le droit tel qu'il est écrite plutôt que d'essayer de l'améliorer. Cela nous laisse à une fausse dichotomie - les juges n'ont que l'option de découvrir le droit ou de l'inventer. Les questions de droit ne consistent pas toujours à trouver une norme juridique telle qu'elle est écrite ou l'inventer. La raison en est qu'il existe de profonds désaccords philosophiques sur la définition du droit. Dès lors, s'il existe des désaccords théoriques, il y aura certainement des désaccords sur ce qu'est une erreur de droit.

S'agissant du premier point relatif aux faits, l'analyse de Dworkin n'est pas acceptée dans de nombreux systèmes juridiques.[33] Par exemple, certains systèmes ne trouvent pas que l'établissement des faits soit aussi définitif qu'il semble dans le système américain. Les cours d'appel sont également chargées de cette tâche. Alors, le problème est plus important qu'il parait dans l'analyse de Dworkin. La constatation des faits peut soulever autant de difficultés que les aspects procéduraux et peut entraîner des erreurs judiciaires.

La deuxième question de la moralité politique dépend de la force de la définition du bien social dans une société donnée. Dans les pays avec des idées fortes sur la conception de la moralité politique, la fidélité au le système qui la met en valeur est interprétée avec exigence. Le résultat dans de telles sociétés se caractérise par des fortes hiérarchies qui imposent cette moralité politique. Dans ces sociétés, l'idée d'erreur est mieux définie et plus facile à identifier. Les hiérarchies fortes dépensent plus de ressources pour « corrige » les mauvaises décisions qui vont à l'encontre de cette fidélité aux valeurs importantes. Inversement, dans les sociétés où la moralité politique est moins bien définie, ces types d'erreurs sont plus difficiles à cerner et le système utilise moins de ressources pour les corriger. Ainsi, les hiérarchies judiciaires sont plus faibles. Cependant, toutes les sociétés ont des principes qui leur sont chers et sont prêtes à les appliquer lorsqu'elles s'écartent des idéaux. Il s'agit donc d'évaluer dans quelle mesure la moralité politique est importante et dans quelle mesure elle sera respectée. Plus l'idéal est fort, plus il est facile de définir le type d'erreur judiciaire. Un autre facteur est le domaine du droit ; certains États se soucient moins de la moralité politique et sont donc moins influencés par l'éventualité de telles erreurs judiciaires.

Le troisième problème de désaccord théorique est probablement l'obstacle le plus sérieux que Dworkin ait mis en évidence. En effet, il concerne la prise en considération du contenu du droit en général et le respect ou l'adaptation de ce contenu en fonction d'autres éléments de la société. Dworkin fait une

[33] Le système français en est un bon exemple.

distinction entre le désaccord empirique et le désaccord théorique. Le désaccord empirique peut être vérifié dans la réalité. Les désaccords empiriques concernent des faits ; ils ne sont guère mystérieux. Il accorde une grande confiance aux procédures qui peuvent aider à identifier les faits.

Dworkin soutient en outre que la fidélité à la morale politique est également empirique, car elle peut être vérifiée même si les juges respectent le droit. Là encore, il ne traite pas d'une situation dans laquelle il existe un désaccord avec la morale politique dans une société donnée.

Pour revenir à un désaccord théorique, il peut y avoir des situations dans lesquelles le juge n'est pas clair sur le contenu du droit, les deux parties étant en désaccord sur l'interprétation du texte même de la loi et de la jurisprudence. Le fait que le droit qui soit examinée dans son ensemble ou qu'un texte isolé puisse être lu ne résout pas toujours la difficulté. S'il y a un doute sur l'application d'un tel texte faisant autorité et bien que la décision puisse prendre parti dans un sens ou dans un autre, il reste un désaccord théorique.

La base de la distinction est qu'en cas de désaccord empirique, au moins une des deux parties a tort. Si une partie dite que les collines sont plus hautes que les montagnes, l'affirmation peut être vérifiée. Il se pourrait que les deux parties aient tort. Si par exemple, la deuxième partie maintient que les arbres sont également plus élevés. Mais le point principal est que l'information est empiriquement vérifiable. Il y a une bonne réponse à trouver. Cette opinion ne s'applique qu'aux faits simples dans une action en justice. S'ils deviennent plus complexes, les faits allégués par les deux parties peuvent ne pas être non plus controversés.

En cas de désaccord théorique cependant, les parties peuvent fournir différentes interprétations de cette loi. Ils maintiendront que le texte peut être lu de plusieurs façons. Il n'est donc pas facile de retenir une bonne réponse. L'approche de Dworkin repose sur le débat contradictoire. Les deux parties peuvent faire valoir des arguments et proposer des interprétations. Les parties motivent leurs arguments. Ils apportent également des preuves à l'appui de leur thèse, mais ces preuves ne permettent pas toujours d'obtenir gain de cause, car elles ne sont pas vérifiables de façon empirique.

S'agissant des erreurs, Il peut être constaté qu'une loi ambiguë en raison de désaccords théoriques rend leur détection plus difficile et ne permet pas d'établir clairement si le juge a commis une erreur. Il apparaîtra seulement que le droit a pris position pour l'une des parties du désaccord théorique. Si une vérification empirique n'est pas possible ou s'il n'existe pas d'incitation à vérifier, alors le désaccord théorique est le plus important dans la pensée de Dworkin.

Le point de vue de Dworkin n'est pas subjectif et demeure largement ouvert. Tous les arguments ne sont pas acceptables. La restriction qu'il émet pour les arguments aléatoires qui n'ont rien à voir avec la société. La théorie de Dworkin peut être comparée, d'un point de vue réaliste, comme complètement subjective ; il n'y a aucun moyen d'affirmer que l'analyse est bonne ou mauvaise.

Dworkin a ainsi soutenu que la pratique juridique dans son ensemble repose sur le développement d'argumentaires. Le droit devient controversé lorsqu'il y a un désaccord théorique. Si l'on accepte son raisonnement, il est clair qu'un problème survient avec la correction d'erreurs. Bien sûr, les dirigeants peuvent construire un système d'appel hiérarchique complexe censé traiter les erreurs. Cependant, il apparaît que l'erreur d'un juge ne pourrait dès lors être décelée sans aucun doute par une personne ou une entité que lorsque des faits empiriquement vérifiables sont en jeu. En cas de désaccord théorique ou d'autres situations de faits et de moralité politique non vérifiables, le système en place évalue les arguments et ne fournit pas de « bonnes » réponses.

Le problème de l'erreur est donc fondamental. Il remet en question le fait que l'édification de hiérarchies judiciaires complexes puisse corriger réellement les erreurs, à moins que la question de l'erreur puisse être examinée d'un autre point de vue, lequel réduira au moins cette incertitude théorique. Jusqu'à présent, il semble que le placement du mini levier de correction d'erreur dans une position qui signifie une correction intensive des erreurs des cours d'appel ne soit pas très utile s'il n'existe pas de preuves empiriquement vérifiables et une moralité politique claire à appliquer.

### 4.6 HLA Hart et cas difficiles

Hart appréhende la question de l'erreur juridique sous l'ange des cas difficiles. Dans ces cas, il y a un désaccord sur ce qu'est le droit et, par conséquent, sur ce qu'est une erreur juridique. Cependant, dans la plupart des situations, les critères sont généraux et les gens sont d'accord. Les désaccords sur le droit et l'erreur ne se produisent qu'à la marge, dans les zones d'ombre.

Dans cette situation, il y a souvent un appel à des fins sociales, à des buts et à des politiques afin de décider du droit et de l'erreur juridique. Cela signifie que l'examen porte sur la manière dont les différents objectifs sociaux jouent les uns contre les autres. En d'autres termes, il s'agit de hiérarchiser un objectif social par rapport à un autre et de décider leur préséance respective. La limite positiviste est que les discussions doivent être encadrées par le contenu exact du droit et ne pas tenir compte de ce qui n'est pas écrit. Ainsi, les erreurs ne se produisent que lorsqu'il y a un problème d'application du droit matériel.

Quelles en sont les conséquences pour la correction d'erreurs ? Lorsque les deux théories se rencontrent, le résultat est le suivant. Pour décider ce qu'est une erreur de droit, il est nécessaire d'avoir une idée de ce qui est prescrit par la loi ou la jurisprudence dans une situation donnée. Si dans le cas d'espèce il apparaît un désaccord théorique sur le droit, la définition de l'erreur devient complexe. Pour le positiviste, cela n'arrive qu'à la marge quand le droit s'épuise. Pour Dworkin, le problème est lié à une question d'interprétation et cela arrive plus souvent. Par conséquent, le désaccord entre Hart et Dworkin concerne la fréquence avec laquelle les cas marginaux se produisent.

La fréquence des désaccords théoriques est très importante, car le fait que les appels traitent de questions empiriques, faciles à vérifier, ou de désaccords fondamentaux modifie les attentes réalistes des cours d'appel. Il est intéressant de replacer ce débat dans la perspective des déclarations faites par le président de la Cour d'appel de Toulouse dans une interview. Il a déclaré en premier lieu que les étudiants en droit français, qui commencent à travailler à la cour, ne comprennent pas que chaque cas peut faire l'objet de deux interprétations. Ainsi, il a soutenu que la fréquence des désaccords théoriques est beaucoup plus élevée que ce que pense Dworkin. Cela reflète probablement les caractéristiques spécifiques du système juridique français. Cependant, n'est-ce pas le système dans lequel les juges sont censés simplement appliquer le droit existante ? Au contraire, si Hart a raison, cela présente un désaccord théorique marginal et, par conséquent, la question de la définition de l'erreur ne se pose que dans les cas d'espèce ? Qu'à la pénombre des conflits juridiques. Il est alors logique de parler de correction d'erreurs et d'affecter des ressources au niveau de la justice d'appel pour limiter les erreurs judiciaires. S'il en est ainsi, le levier de la machine judiciaire devrait être proche du maximum, car les vraies erreurs seront corrigées et les cas obscurs seront clarifiés. Il n'est donc pas surprenant de dire que les systèmes juridiques construits autour de points de vue positivistes ont des systèmes d'appel plus étendus et consacrent plus de ressources à la correction des erreurs que les autres systèmes qui privilégient l'interprétation des normes juridiques.

### 4.7 La piqûre sémantique et les erreurs

Ronald Dworkin a élaboré un autre concept qui peut nous aider à clarifier ce qu'est une erreur : la piqûre sémantique. Dans l'attaque qu'il a lancée contre le positivisme, il a soutenu que ces derniers revendiquaient une théorie sémantique selon laquelle, pour qu'un phénomène soit considéré comme un droit, il devait répondre à certains critères. Il s'avère que, si le droit est défini différemment, il existera différentes attentes par rapport à ce droit, qui empêcheront un désaccord théorique profond et répandu. La même logique s'applique aux erreurs. Si des désaccords persistent au sujet de la définition de l'erreur, le débat entre les parties ne portera fondamentalement que sur le désaccord sur la nature de l'erreur.

La plupart des analyses concernant les erreurs et l'appel en tant que correction d'erreurs concluent à l'affirmation selon laquelle la partie insatisfaite à une procédure judiciaire fait appel parce qu'elle prétend qu'une erreur a été commise par des instances judiciaires de niveau inférieur. Le danger de cette analyse superficielle de l'erreur est qu'elle peut créer un désaccord sémantique et non théorique. Ce niveau de superficialité signifie que les erreurs ne sont pas rectifiées et que les parties restent captivées par des définitions fondamentalement différentes.

Le point de vue de Dworkin intègre la moralité dans le droit, c'est pourquoi, quand il parle de cas cruciaux, il mentionne le cas dans lequel les valeurs sociales ont changé. Par exemple, aux États-Unis, l'opposition sociale à l'esclavage a augmenté au point que l'ancien droit de la ségrégation était devenu moralement inacceptable dans les années 1960. Il s'est ensuivi une modification du droit. Un cas primordial comme celui de Brown vs. Board of Education est venu répondre aux changements de perception morale dans la société.

La vue de Dworkin est cependant quelque peu limitée. D'une part, son point de vue relève de la pratique de l'interprétation interne du droit. Les partisans de cette interprétation apportent des éléments sur la meilleure compréhension du droit, ce qui diffère de la volonté du législateur. Ce n'est pas une jurisprudence normative. D'un autre côté, Dworkin a ouvert la porte du droit à un élément extérieur qui change les perceptions morales dans la société. Cependant, les cas qui font jurisprudence ne concernent pas seulement le changement de la morale dans la société. Dans notre monde dynamique, plus de choses changent dans la société.

Il importe maintenant de s'interroger sur la principale différence entre Hart et Dworkin ? Dworkin a soutenu qu'il existait une moralité interne du droit, mais s'en est tenu à ce constat. Il a indiqué que l'examen du droit d'un point de vue moral impliquait un regard extérieur de ceci. De ce fait, il essaie d'intégrer au droit un autre phénomène social. C'est là que les principes moraux interviennent d'un point de vue externe.

En revanche, Hart examine la moralité ainsi que d'autres phénomènes sociaux, tels que l'économie, comme étant extérieurs au droit. En d'autres termes, il a soutenu que le problème du désaccord théorique était extérieur au droit. Le désaccord vient d'une perspective externe. Cette perspective inclut les objectifs sociaux et les politiques qui doivent être évalués afin de décider de la préséance de l'un sur l'autre. Ces objectifs et ces politiques relèvent d'autres disciplines telles que l'histoire, sociologie ou l'économie.

Dans tous les cas, le haut niveau de complexité des sociétés modernes ne nous permet pas d'aborder les questions sociales d'une manière purement légaliste. Cependant, une perspective purement interne du droit ne favoriserait pas le bien-être général de la société. Au contraire, les dirigeants doivent évaluer et utiliser la multitude des phénomènes sociaux qui se trouvent à l'intersection avec le droit.

### 4.8 Erreur de droit et bonnes réponses

L'analyse de la signification correcte des bonnes réponses est importante, car s'il existe de bonnes réponses, tout ce qui ne les respecte pas peut être une erreur. La corrélation entre les bonnes réponses et les erreurs n'est pas parfaite. Cela dépend de la théorie suivie. Comme nous l'avons vu dans le chapitre précédent, une erreur peut simplement impliquer de ne pas suivre les désirs du sommet de la hiérarchie judiciaire qui impose sa réponse comme étant la seule « correcte » devant être appliquée partout les niveaux inférieurs de la pyramide. Ce n'est pas réellement une réponse « correcte » en soi. Whitman appelle habilement cette réponse définitive. Cela signifie que la même réponse doit toujours être donnée par chaque juriste, ne laissant aucune place à la variation ou à un pouvoir discrétionnaire.[34] Ce point de vue met en évidence l'effet causé par une forte hiérarchie quand elle impose un point de vue et met un frein à d'autres solutions juridiques alternatives.

Une deuxième possibilité est qu'une « bonne » réponse soit considérée comme correcte par référence à une certaine compréhension de la raison légale.[35] Il existe une variation possible de cette vision, dans laquelle un tel élément externe nous guide vers la bonne réponse, dans la théorie de Ronald Dworkin, qui considère la moralité politique comme la principale force directrice. Bien que la théorie de Dworkin se fonde sur l'interprétation, ce dernier a aussi soutenu qu'il devait toujours y avoir une bonne réponse à n'importe quelle question de droit,[36] malgré les deux problèmes de désaccord théorique et l'aiguillon sémantique qui semblent soulever de nombreux débats entre les juristes. Selon Dworkin, la bonne réponse existe quand la meilleure interprétation possible s'accorde avec le système juridique et la moralité politique. Les autres interprétations sont erronées.

En tant que telle, l'erreur peut signifier ne pas suivre des réponses définitives données par des échelons supérieurs de la hiérarchie judiciaire ou faire une erreur en ne respectant pas l'esprit spécifique de la raison juridique.

Whitman a fait une autre critique sévère de ce qu'il appelle la version la plus simple, qui consiste en une version idéaliste à laquelle la plupart des philosophes juridiques ne croient pas.[37] Cette variation consiste à « imaginer un système juridique dans lequel il existe des réponses correctes à toutes les questions juridiques, spécifiées, avec une parfaite clarté dans les textes juridiques facilement compréhensibles, de telle sorte que les personnes soumises au droit puissent connaître d'avance, avec une parfaite certitude, les conséquences juridiques de toute action qu'elles pourraient entreprendre. »[38] L'objectif d'un tel système est de donner des réponses définitives à toutes les questions juridiques possibles et de ne pas fournir de réponses correctes, sauf

---

[34] Whitman *No Right Answer?* Yele Law Journal, https://www.yalelawjournal.org/images/documents/whitman.pdf

[35] *Ibid.*

[36] Ronald Dworkin, 'No Right Answer?' in PMS Hacker & J Raz (eds), Law, Morality, and Society: Essays in Honour of HLA Hart (Oxford, Clarendon Press, 1977)

[37] Whitman.

[38] *Ibid.*

dans le cas où le système reposerait sur une conception forte et bien définie du bien social. Il est encore plus critique à l'égard d'une autre variante du système juridique, qu'il désigne comme « le plus naïf ». Un tel système est fondé sur la conviction qu'il est possible d'apporter de bonnes réponses à toutes les questions juridiques possibles, qui soient à la fois correctes et définitives.[39]

Ce signifie que Whitman ne croit pas vraiment en l'obtention facile de bonnes réponses. D'où vient cette vision pessimiste ? Quelles sont les difficultés à trouver la bonne réponse ?

### 4.9 Damaska et les problèmes inhérents à la recherche de la bonne réponse

Marjan Damaska propose un aperçu de sa pensée dans son article « La vérité dans l'adjudication »[40]. Le premier problème soulevé concerne le langage, qu'il ne considère pas comme un moyen objectif de transmission de l'information. Les théories simplistes affirment que la vraie pensée ou le langage reflète ce qui existe dans la réalité. Damaska a fortement critiqué de telles théories.

Le deuxième problème porte sur la difficulté d'arriver à une définition de l'objectivité applicable à toutes les situations et à tous les faits susceptibles d'être prouvés devant les tribunaux.

Le troisième problème a trait au fait que les juges travaillent dans une réalité sociale qui dépend d'abord de la croyance commune en une communauté et ensuite de la convergence des points de vue des personnes sur la réalité. Cela signifie que, dans une société profondément divisée, les conditions favorisant les conflits seront plus nombreuses. Damaska a soutenu que dans l'administration de la justice, les convergences étaient plus importantes que dans les autres sphères intellectuelles. Ainsi, « de nombreux faits qui sont l'objet de la preuve, les points de vue des gens coïncident, ou se chevauchent, à travers les divisions ethniques, de classe, de genre et autres dans la société ».[41]

Le quatrième problème est que les méthodes de recherche des faits sont faillibles, surtout lorsque le comportement humain fait l'objet d'une enquête.

Le cinquième problème tient au fait qu'une différence existe entre la construction d'une réalité de manière convaincante et la véracité des faits. Les théories de la cohérence soutiennent qu'une déclaration est vraie si elle découle d'un ensemble de propositions cohérentes. Mais pour tout événement décisionnel, il peut y avoir plusieurs ensembles d'énoncés cohérents. La cohérence des faits dans la pratique décisionnelle n'est pas une raison suffisante pour croire que ces déclarations sont vraies.

---

[39] *Ibid.*

[40] Mirjan Damaska, Truth in Adjudication, 49 Hastings L.J. 289 (1998)

[41] Damaska, Truth in Adjudication, ibid.,

Selon Damaska, beaucoup de théories déplacent l'accent mis sur la vérité vers le processus de justification des revendications. « Ces théories semblent indiquer que s'il n'y a pas d'accès clair à la vérité, nous devrions au moins arriver à des décisions correctes. En conséquence de ce changement d'orientation, la ligne est devenue mince entre une croyance qui est correctement justifiée et une croyance qui est vraie. »[42]

Damaska est resté optimiste quant à la recherche de la vérité devant les tribunaux et à la résolution de ces difficultés. Pour déclarer qu'une erreur s'est produite dans une décision de justice, il y a deux options possibles : 1) surmonter les difficultés mentionnées ci-dessus dans chaque cas, ce qui semble être une tâche monumentale ou 2) accepter le point de vue des théories de cohérence selon laquelle une déclaration est vraie s'elle découle d'un ensemble de propositions cohérentes. Dans la version de Dworkin, cela signifie que l'ensemble des propositions les plus convaincantes, adaptées au système juridique et fournissant la meilleure interprétation, devra être accepté comme la bonne réponse.

### 4.9.1 Analyse économique de la correction d'erreurs

La définition de « coût d'erreur » de Richard Posner inclut « les coûts sociaux générés lorsqu'un système judiciaire ne remplit pas les fonctions de répartition ou autres fonctions sociales qui lui sont assignées. »[43] Autrement dit, Posner remplace la compréhension de la raison juridique en tant que critère de définition de l'erreur par un cadre économique qui inclut le rôle de redistribution des tribunaux. Posner a fait valoir que les tribunaux servent de quasi-marchés qui réattribuent des ressources entre les parties lorsque les coûts de transaction sont trop élevés et que les marchés réels ne peuvent pas le faire. Ainsi, pour Posner, la principale définition de l'erreur par les tribunaux relève d'une répartition incorrecte des ressources entre les parties. Posner laisse également la porte ouverte à d'autres fonctions sociales, auxquelles les tribunaux peuvent être affectés. Cela peut rendre la définition d'erreur assez large et inclure essentiellement plusieurs des types d'erreurs mentionnés précédemment.

Les erreurs liées à des coûts sociaux présentent des raisons suffisantes pour qu'elles soient corrigées. La situation prise en compte à ce stade est celle qui se produit lorsque le comportement souhaitable à l'avenir n'est pas canalisé par des règles.[44] Si l'on accepte que les juges soient influencés par des décisions antérieures, il est raisonnable de prédire qu'un comportement inchangé des

---

[42] Damaška, Mirjan. « A Continental Lawyer in an American Law School: Trials and Tribulations of Adjustment. » University of Pennsylvania Law Review 116, no. 8 (1968): 1363.

[43] Richard A. Posner, "Economic Approach to Legal Procedure and Judicial Administration," *Journal of Legal Studies* 399 (1973).

[44] Voir Posner et Kaplow and Shavell.

juges aura pour conséquence le maintien d'un coût élevé pour la société. Ainsi, il importe que le système corrige les mauvaises décisions (inefficaces).

Comme l'a soutenu Micelli, il peut arriver que des règles inefficaces soient intégrées au système juridique et qu'il soit nécessaire de modifier les règles.[45] Premièrement, cela se produit lorsqu'une règle est inscrite dans le système juridique parce que les personnes qui en assument le coût peuvent ne pas être suffisamment incitées à le modifier. En d'autres termes, leurs intérêts sont dispersés et ils ne veulent ni ne peuvent agir. Deuxièmement, cela arrive aussi quand une valeur du système légal est l'adhésion stricte aux traditions (ou jurisprudence constante) et qu'alors le contentieux de la règle inefficace s'enracine profondément dans le système.[46]

Pour certains économistes, un système juridique parfait peut être un système qui ne coûterait rien et qui mettrait en œuvre un droit substantielle avec une précision de 100 %.[47] Cependant, nous divergeons ici de cette vision positiviste. Hayek[48] et Micelli[49] ont tous deux fait valoir que le droit matériel pouvait aller dans la mauvaise direction et perpétuer les problèmes existants, ce qui entraîne des coûts sociaux élevés, et ce, y compris s'il existe une meilleure règle juridique (optimale). Ainsi, le système économiquement parfait est celui qui est capable de corriger les impasses dans l'application du droit. De telles corrections du droit substantiel sont nécessaires lorsqu'il ne canalise pas le comportement futur souhaitable, par exemple en réduisant les attitudes dangereuses susceptibles de conduire à plus d'accidents.[50]

Posner confirme également cette conception. Il a soutenu que les règles de responsabilité délictuelle avaient une incidence sur le coût des erreurs. [51] Ainsi, différentes règles de fond peuvent produire des coûts d'erreur différents. Posner donne l'exemple du droit sur la responsabilité délictuelle ; si le droit est fondé sur l'indemnisation de la victime (retour de la victime d'un délit dans la position où elle aurait été si le délit n'avait pas eu lieu), le droit sur la responsabilité délictuelle devrait limiter les comportements indésirables futurs. Le problème est que le choix de la « bonne » règle juridique, qui réduit les coûts de l'erreur, peut provoquer un désaccord théorique profond non pas sur le texte du droit, mais sur ce que le droit devrait dire. Un tel choix de la meilleure règle peut aussi causer une division profonde sur la moralité politique telle que définie par Dworkin, à savoir un élément qui traite de ce que devrait être le droit dans une société donnée.

---

[45] Micelli, p.254.
[46] *Ibid*, p.254.
[47] Klerman, "The Economics of Civil Procedure." *The Annual Review of Law and Social Science* 11 (2015): 353-71.
[48] Hayek, p.88.
[49] Micelli, p.254.
[50] Kaplow and Shavell, *Fairness v. Welfare*.
[51] Richard A. Posner, « Economic Approach to Legal Procedure and Judicial Administration. »

Klerman fournit une description utile des types d'erreurs. Les coûts d'erreurs peuvent résulter de trois types d'erreurs : le faux négatif, le faux positif et l'erreur de calcul des dommages. Les faux négatifs sont le défaut d'imposer une responsabilité lorsque c'est approprié et, comme cela a déjà été mentionné, ils réduisent la dissuasion. Les faux positifs sont l'imposition d'une responsabilité alors qu'aucune n'est appropriée.[52]

Si le faux positif était vraiment aléatoire, il aurait peu d'effets négatifs. Au lieu de cela, le faux positif serait à peu près équivalent à une taxe d'entrée, qui aurait peu ou pas d'effet sur le comportement primaire et, par conséquent, aurait peu d'effets sur le bien-être. Toutefois, dans la mesure où certaines activités - comme la gestion d'un chemin de fer ou la fabrication de biens de consommation – accroissent la possibilité d'une poursuite de la personne qui exerce l'activité et où la responsabilité sera imposée par erreur, le faux positif agit comme une taxe sur ces activités. Cela peut entraîner des réductions dans l'exercice d'activités bénéfiques. Kaplow et Shavell[53] désignent comme un faux positif la réduction de l'activité bénéfique à cause des coûts dissuasif.

Kaplow et Shavell soulignent un autre type d'erreurs dans le calcul des dommages. Si de telles erreurs étaient purement aléatoires et que les calculs de la responsabilité moyenne étaient corrects, alors les erreurs concernant les dommages auraient peu d'effets sur le comportement et contribueraient ainsi peu ou pas du tout aux coûts d'erreur. Cependant, dans la mesure où les dommages sont systématiquement trop faibles ou trop élevés, ils peuvent entraîner moins de dissuasion que celle qui est optimale, ou des coûts de dissuasion plus élevés que nécessaire.[54]

### 4.9.2 Les juges eux-mêmes, en tant que sources d'erreur

Pourquoi les juges sont-ils sujets aux erreurs ? Dans un monde parfait, les juges décideraient de chaque cas selon les mérites individuels. Dans un monde où les ressources sont limitées, les juges s'appuient sur des stratégies pour réduire les problèmes associés à la prise d'une nouvelle décision.[55] Ces stratégies constituent des raccourcis. [56] Ils permettent aux juges de prendre une décision avec plus de rapidité en utilisant les informations précédemment accumulées sur le litige en question. En d'autres termes, la prise de décision judiciaire est desservie par le manque d'information. Si les juges avaient une information parfaite (et, bien sûr, des capacités cognitives parfaites), ils pourraient examiner les cas individuellement et statuer sur chaque cas d'espèce

[52] Klerman ibid.,

[53] Kaplow and Shavell, "Accuracy in the Determination of Liability." *Journal of Law and Economics* 37 (1994): 1-15.

[54] Kaplow and Shavell, 191-210.

[55] Micelli, p.256.

[56] Un tel raccourci est le système de jurisprudence ou jurisprudence constante.

au vu de ses propres preuves, obtenant ainsi le meilleur résultat possible.[57] Or, il n'en est pas ainsi et les juges commettent des erreurs parce qu'ils manquent d'information et utilisent des stratégies imparfaites pour atteindre la prise de décision.

Klerman a clairement identifié les limites du concept économique de l'erreur. Il est facilement applicable aux domaines juridiques tels que la responsabilité délictuelle civile, les contrats, les biens, le droit de l'environnement et le droit de compétition, pour lesquels les objectifs du droit peuvent être aisément exprimés en termes économiques. Dans d'autres domaines tels que l'anti-discrimination ou les aspects de la vie privée, ce concept d'erreur est moins précis et plus controversé.[58]

### 4.9.3 La meilleure position du mini levier de correction d'erreur

Dans quel cas le mini-levier relatif à la correction des erreurs devrait-il relever du système judiciaire ? Affirmer que les plaideurs qui ont été lésés veulent corriger les erreurs judiciaires en interjetant appel de leur cause relève d'une déclaration ambiguë. Les erreurs judiciaires peuvent porter sur les faits (ce qui s'est réellement passé), sur le fait de ne pas suivre les tendances sociétales (moralité politique) ou sur les désaccords quant à l'interprétation du droit (désaccord théorique). La fréquence avec laquelle un désaccord théorique se produit est également fondamentale. S'il se produit souvent, cela signifie qu'il n'y a pas d'accord sur la compréhension ? les diktats de la raison juridique. Dans une telle situation, la piqûre sémantique peut est en jeu et les parties ne débattent que sur leurs désaccords quant aux définitions de base de l'objet juridique en cause. Tous ces problèmes peuvent être écartés si la décision est prise de ne pas rechercher des réponses « correctes » de la part des tribunaux, mais des réponses définitives qui se substituent à l'interprétation du droit issue du niveau supérieur de la hiérarchie judiciaire. Dans cette situation, bien que le plaideur lésé ne puisse pas prouver la « vérité », sa prétention est inutile parce que cette interprétation de la hiérarchie substitue sa version de la vérité à ce qui s'est réellement passé.

Dès lors, existe-t-il un intérêt à unifier toutes les décisions dans des réponses définitives ? On répondra à cette question en examinant l'autre section importante consacrée au mini-levier d'appel de la machine judiciaire : l'unification.

---

[57] Cet argument ignore intentionnellement les capacités analytiques des juges qui jouent inévitablement un rôle dans le traitement de l'information. Le problème de la prise de décision judiciaire sera examiné ailleurs. Ici, l'accent est mis sur l'influence des problèmes structurels et organisationnels du système d'appel.

[58]Daniel Klerman, *The Economics of Civil Procedure.*

### 4.10 L'unification

#### 4.10.1 Aperçu historique

L'origine de l'unification sur le continent européen remonte au *Corpus Juris Civilis*, la codification du droit romaine ordonnée par l'empereur Justinien et publiée entre 529 et 534 après J. -C. Au XVIII^e^ siècle, à la fin de la période des Lumières, cette tradition juridique s'est poursuivie avec des études des costumes communes à toute l'Europe continentale et le Méditerrané. Ces études étaient basées sur le droit romain, le droit canonique et le droit naturel. Elles ont donné naissance à une codification différente et considéré supérieur aux coutumes locales.[59] L'aboutissement de cette unification du processus judiciaire a été la codification du Code civil en France en 1804.

Actuellement, l'unification est entrée dans une phase différente. Elle est centrée autour d'un mécanisme distinct, composé d'une hiérarchie judiciaire qui impose une vision particulière (but)du droit.[60] Lorsqu'une opinion est ainsi imposée d'en haut, elle unit nécessairement ce qui se passe dans les niveaux inférieurs de la hiérarchie. Puisque le chapitre précédent incluait l'hypothèse selon laquelle l'appel est la principale manifestation d'un système judiciaire hiérarchique, il importe de se demander si cet appel doit également imposer une vision particulière pour mettre un frein à la façon dont fonctionne le système judiciaire. Cette vision viendrait du sommet et produirait l'effet d'une unification.

#### 4.10.2 Objectifs de l'unification

Toutes les grandes périodes de l'Histoire apportent de nouveaux objectifs à l'unification. La première codification réalisée par Justinien a servi à préserver les grandes réalisations du droit romain, entré dans une période de décadence. Ce travail de « préservation » était nécessaire parce que l'économie de l'Empire romain d'Orient était en déclin. Les relations commerciales et sociales florissantes et complexes qu'accompagnaient le droit romain et l'Empire romain qui les avaient engendrées avaient cessé. Le nouveau régime féodal, de forme économique simple, n'avait plus besoin des solutions complexes prévues par le droit romain.

Au cours de la deuxième période de codification, à la fin de la période des Lumières en Europe, le but de l'unification était de faciliter les nouvelles économies complexes en expansion, lesquelles qui freinées du fait du droit et ne se développaient pas au même rythme que la réalité sociale. L'économie en Europe est devenue à nouveau complexe et le droit applicable n'est pas toujours clair. Le droit romain a été réhabilité parce qu'il convenait mieux à

---

59 Marc Ancel, "From the Unification of Law to Its Harmonization," *Tulane Law Review* 108 (1976-1977)

60 Les pays de common law sont entrés dans cette phase beaucoup plus tôt sans passer par la période de codification au préalable.

une économie en expansion, mais, ayant été créé dans des conditions sociales différentes, il n'était pas toujours adapté aux besoins de l'époque. Les coutumes jouaient également un rôle important, mais, compte tenu de leurs compétences territoriales, elles ne pouvaient pas servir à faciliter le commerce sur un vaste territoire. Cette disparité a dû être surmontée avec l'unification. Les principaux projets de codification ont suivi.

La période actuelle contient encore une partie de l'inertie présente au cours de la période d'unification précédente. Les conditions sociales sont différentes cependant. Elles sont dictées par la mondialisation. Cette période se caractérise par un double développement : au niveau international tout d'abord, où la disparité entre les législations nationales est contraire aux exigences de l'économie moderne et hostile au développement des relations internationales.[61] Ce problème dépasse la portée de notre travail. Deuxièmement, au niveau national, il convient de s'intéresser à l'unification qui a eu lieu à l'intérieur des frontières nationales, car il concerne le fonctionnement de la machine judiciaire, ce qui est cœur du présent travail. Pendant la période récente, le droit a été unifié non pas au moyen de grands projets de codification, mais surtout par le pouvoir judiciaire qui veille à ce que le droit soit appliquée de la même manière à l'intérieur des frontières nationales.

Le processus d'unification peut avoir des objectifs « normatifs ». Cela signifie que le nouveau droit uniforme est choisi parce que c'est un droit « meilleur » qu'un droit existant. L'unification peut aussi être motivée par un raisonnement « non normatif ». Cette dernière situation peut prendre en considération un élément international. L'adoption du droit uniforme ne se produit que parce qu'il y a un avantage à partager une règle commune avec d'autres États. La substance du nouveau droit est secondaire.[62]

Dans les différentes périodes d'unification, différentes combinaisons d'objectifs normatifs et non normatifs dominaient. Les Romains ont préféré une approche à évolution lente, qui a eu recours aux meilleures méthodes découvertes dans les différentes coutumes et traditions juridiques à travers l'empire. Ils ont donc utilisé principalement la logique normative tout en utilisant quelques éléments prélevés surtout dans les premières périodes d'objectifs non normatifs. La seconde période de codification a utilisé à la fois la logique normative et non normative. Cette tendance se poursuit aujourd'hui.

### 4.10.3 Harmonisation

L'uniformité peut être examinée sous un autre angle, qui est celui de la relation entre les termes uniformité et harmonisation. Les deux termes sont

[61] *Ibid.*

[62] Souichirou Kozuka, « The Economic Implications of Uniformity in Law, » *Revue de droit uniforme* 12, no. 4 (2007) : 683.

parfois considérés comme synonymes.[63] D'autres variantes de l'uniformité sont également possibles. Néanmoins, la meilleure interprétation de ces deux termes peut être trouvée dans une distinction importante établie par Martin Shapiro. Ce dernier distingue entre l'unité du système judiciaire lui-même (centralisation) et l'uniformité doctrinale.[64] Ainsi, il est suggéré que l'harmonisation ne couvre que l'unification doctrinale. Cela correspond bien à la manière dont Shavell a défini l'harmonisation comme la résolution des conflits dans l'interprétation du droit par les tribunaux inférieurs.[65]

### 4.11 Prévisibilité du droit et son uniformité

Il existe un problème de prévisibilité du droit étroitement lié à l'unification. Si le droit est unifié d'un point de vue doctrinal, il est plus facile de prédire quelle sera son application. La raison en est que l'uniformité doctrinale signifie que tous les tribunaux du pays appliquent la même règle exactement de la même manière.

Positivistes depuis H.L.A. Hart s'est toutefois préoccupé de la recherche d'une « règle de reconnaissance » pour aider à identifier les nombreux coutumes, valeurs, règles, normes et tabous d'une société qui ont le droit d'être appelées « droit ». De telles versions du positivisme sont mieux adaptées pour fournir des explications historiques sur des jugements déjà rendus que pour annoncer des hypothèses fiables sur les jugements à venir dans les cas difficiles.

La prédiction peut être possible dans les cas « faciles » qui relèvent clairement de la règle établie par une loi ou par la jurisprudence. Dans les cas complexes, cependant, le juge dispose d'un pouvoir discrétionnaire et le résultat final est indéterminable. La théorie interprétative de Dworkin ne fournit pas non plus de solutions claires pour la prévisibilité du droit. Sa théorie affirme que l'interprétation du droit est comparable à l'interprétation d'une œuvre d'art. Il apparaît donc aussi difficile de qualifier les peintures de Monet comme étant les meilleures que de décider que l'interprétation d'une règle juridique est la plus exacte. Il existe nécessairement au moins plusieurs opinions plausibles.

Souichirou Kozuka a trouvé trois types de situations dans lesquelles les États ont intérêt à adhérer à un droit uniforme. Le premier cas est purement non normatif et la coexistence des différentes règles est elle-même coûteuse. Le deuxième cas est celui où un droit uniforme, par rapport au droit interne existant, constitue une amélioration de sa substance, auquel cas le droit uniforme est susceptible d'être choisie en raison de la concurrence au sein de

---

[63] Paul B. Stephan, *The Futility of Unification and Harmonization in International Commercial Law.* (University of Virginia School of Law, Legal Studies Working Paper, 1999):99-10 Available at http://dx.doi.org/10.2139/ssrn.169209

[64] Shapiro.

[65] Shavell, *Appeals as means.*

l'État. Il peut également y avoir un troisième cas dans lequel le droit uniforme peut être respecté malgré ses défauts, car elle exclut la possibilité d'adopter une loi encore pire à l'avenir.[66] Si l'externalité de réseau est incluse dans l'analyse, la liste de ces cas peut devenir plus longue.

Keith Hylton a fait une autre distinction qui peut être utile pour traiter de l'uniformité qui concerne la prévisibilité du droit.[67] Le premier type de prévisibilité est statique, ce qui signifie qu'il détermine la portée de l'application d'une règle à un moment donné. Le deuxième type d'incertitude est dynamique. Il découle du constat selon lequel le droit change au fil du temps ou n'est pas conforme aux attentes. La prévisibilité statique comporte trois sous-types : l'interprétation des lois, l'interprétation de la jurisprudence, l'identification des règles, ce qui implique de déterminer le droit qui s'applique à un cas donné et l'ensemble des faits.

La prévisibilité dynamique porte sur la probabilité d'un changement du droit dans l'avenir.[68] Ce changement peut être causé par des circonstances sociales, politiques, culturelles ou économiques. Le meilleur exemple est un changement de régime politique. Quand un nouveau régime est inauguré, il est difficile de prédire les règles qui seront maintenues et celles qui seront supprimées. Un bon exemple actuel est la sortie du Royaume-Uni de l'Union européenne (UE) ou« Brexit ». Aucune incertitude statique au droit ne sera appliquée à une affaire portée devant les tribunaux maintenant. Cependant, bientôt le droit anglais peut changer radicalement, par exemple en supprimant tous les droits légaux qui proviennent du droit de l'UE. Ainsi, il peut y avoir une tension entre les prévisibilités statique et dynamique.

Un effort pour éliminer toutes les sources d'incertitude statique dans une loi exigerait que le législateur indique la limite de la loi, ce qui nécessiterait un certain nombre de descriptions précises des instances auxquelles la loi s'applique. Cependant, il est hautement improbable que le législateur puisse prédire toutes les situations possibles auxquelles la loi peut s'appliquer à l'avenir.

Cela impliquerait un recensement des instances omises dans lesquelles la loi ne s'appliquerait pas. Une telle approche est susceptible de réduire le degré de prévisibilité de l'application de la loi au sens dynamique.

Contre l'affirmation de Bentham selon laquelle le droit statutaire était préférable à la *common law* pour des raisons de prévisibilité statique, Leoni a fait valoir que la loi était inférieure sur la base de la prévisibilité dynamique. Il est donc important de noter que la réalisation de l'uniformité n'est pas aussi facile qu'elle le semble à cause de cette tension entre l'uniformité dynamique et statique. Par ailleurs, essayer d'amener la machine judiciaire à un degré élevé d'uniformité doctrinale et, par conséquent de prévisibilité, n'est peut-être pas

---

[66] Kazuka ibid.,

[67] Keith N. Hylton, "Fee Shifting and Predictability of Law," *Kent Law Review* 427 (1995).

[68] *Ibid.*

souhaitable. En d'autres termes, il conviendrait de ne pas réaliser au maximum l'uniformité doctrinale du mini système judiciaire. Le but de l'appel doit donc être atteint dans certaines limites.

## 5. La solution (levier) contraire de l'unification – Compétition juridictionnelle

L'unification est-elle un objectif si absolu qu'elle doive être suivie à tout prix ? Est-il possible d'avoir un système qui ne valorise pas beaucoup l'unification ? La *common law* anglaise a évolué différemment. Il n'y avait pas de recherche d'unification. Les tribunaux ont été centralisés par emplacement très tôt à Londres. Jusqu'à une série de réformes qui ont commencé en 1799, le système anglais n'a pas essayé d'unifier le droit, mais les tribunaux étaient en concurrence juridictionnelle. Selon Daniel Klerman, les procédures ont ainsi été rendues moins chères, plus rapides et plus efficaces. La raison en était que les juges percevaient leurs honoraires directement auprès des plaignants qui, à leur tour, avaient le choix du forum judiciaire où ils allaient présenter leur réclamation. Le droit appliqué par ces juges n'a pas du tout été unifiée. De plus, comme Klerman l'a soutenu, le droit était biaisée en faveur des demandeurs. L'élément qui empêchait un tel système de s'effondrer était la concurrence. Il s'agissait donc d'un système qui visait une solution diamétralement opposée à celle de la conception unification-juridiction.

Un autre bon exemple de concurrence juridictionnelle, qui a produit des résultats remarquables, est le développement du droit romain. Le droit romain a son origine dans la procédure *legis actio.*[69] C'était un système d'actions extrêmement formel qui exigeait des gestes et des mots spécifiques pour déclencher des conséquences juridiques. Si ces éléments formalistes n'étaient pas correctement appliqués, une action en justice ne pouvait pas être poursuivie. Ce processus était exclusivement applicable aux citoyens romains. Plus tard, une nouvelle forme de procédure, le processus de formulaire, a commencé à se développer. Ce dernier était applicable, au début, seulement aux étrangers. Il a emprunté les meilleurs éléments des coutumes et des traditions juridiques des peuples à travers l'Empire romain et au-delà. Ces deux systèmes existaient en parallèle. Cependant, puisque la procédure du formulaire s'est révélée plus efficace parce qu'elle émanait d'une droit souple et bien développée, elle a progressivement remplacé l'ancienne procédure *legis actio* et est devenue applicable à toute personne dans tout l'empire. La meilleure procédure a finalement pris le dessus et a ainsi conduit au premier système de

[69] Mikhail Andreev, *Roman Private Law Sofia University Press 1976*; Earnest Metzger, *Outline of Roman Law Procedure Roman Legal Tradition* : http://chicagounbound.uchicago.edu/cgi/viewcontent.cgi?article=5713&context=uclrev

droit sophistiqué ayant eu un succès inégalé du fait de son application en Europe jusqu'au XIXe siècle et encore de nos jours grâce à la reprise substantielle d'une partie dans le Code civil français. Une unification poussée pourrait empêcher ce développement du droit.

## 5.1. Analyse économique

### 5.1.1 Le but de l'unification développée

Tout au long de l'histoire, la principale raison de l'unification et de la prévisibilité du droit a été de s'efforcer d'améliorer les relations commerciales. Mais pourquoi l'unification et le droit prévisible facilitent-elles le commerce ? L'explication économique est que le droit unifié et prévisible réduit les coûts de transaction. Par exemple, l'unification du droit permet des économies d'échelle dans la production et le commerce en raison de normes de sécurité similaires.

Il y a deux façons de définir les coûts de transaction. L'approche traditionnelle (définition étroite) consiste à affirmer que les coûts de transaction sont des coûts impliqués dans les échanges du marché : la découverte des prix du marché et les coûts de rédaction et d'exécution des contrats. Une vue plus complète (définition large) inclut dans les coûts de transaction les autres défaillances du marché, par exemple les problèmes d'information et les externalités.

### 5.1.2 L'uniformité doctrinale

Que signifie pour le droit la réalisation de cette réduction des coûts de transaction au niveau doctrinal ? La définition plus large peut nous éclairer. La raison en est que, outre la réduction des coûts de transaction, l'uniformité doctrinale réduit d'abord les défaillances du marché telles que les problèmes d'information et les externalités.

Dans le domaine de l'information, lorsque le droit est appliqué de la même manière sur un territoire donné, sa prévisibilité augmente. Cela signifie qu'il existe de meilleures informations sur le droit applicable. Par exemple, il est plus facile de rédiger un contrat si le texte de loi qui régit le domaine contractuel est sans ambiguïté et donc prévisible.

Par ailleurs, il traite d'une autre défaillance du marché : les externalités. Du point de vue des externalités, l'accent est mis sur le fait que les agents économiques ont besoin de droits de propriété clairement définis pour pouvoir ajuster leur comportement, ce qui leur permet de renégocier librement la répartition optimale de ces droits si nécessaire. La clarté du texte réduit également les frais de justice et les frais juridiques inutiles, car les parties à un conflit n'ont pas besoin d'ester en justice pour définir leurs droits de propriété.

Des droits bien exprimés permettent à toute personne qui souhaite acquérir un droit spécifique de le faire auprès du propriétaire. En revanche, si deux tribunaux d'un même territoire statuent différemment sur les droits, ils introduisent une incertitude et, par conséquent, génèrent des coûts de transaction plus élevés pour les agents économiques.

Les coûts de transaction sont importants pour les parties, car ils sont dépendant des droits de propriété qui seront attribués par les tribunaux. De plus, si au travers de l'unification, les droits sont affectés à la personne qui qui peut s'assure d'une prévention des coûts f le moins cher (*lowest cost avoider*), cela réduit encore plus les coûts de transaction. Si les tribunaux ne peuvent pas s'entendre sur le destinataire des droits ou s'ils les attribuent au mauvais destinataire, les coûts de transaction sont plus élevés.

Ainsi, s'il n'y a aucun moyen de négocier autour de droits et d'obligations mal définis résultant de décisions judiciaires contradictoires (coûts de transaction élevés), les externalités négatives sont encore plus importantes. Cela souligne une fois de plus l'importance de l'objectif d'unification de l'appel - il réduit les externalités causées par des décisions judiciaires inférieures. Comme indiqué dans la théorie économique, lorsqu'il y a des externalités, la centralisation (unification) est nécessaire.

Il en résulte que l'unification en tant qu'objectif d'un appel à un sens économique. Il peut être important de dépenser des ressources limitées pour y parvenir. La question est de savoir combien les externalités coûtent à la société et si la société dépense une quantité suffisante de ressources dans le processus d'appel afin de faire face aux externalités, ou coûts de transaction élevés, résultant du droit imprécis. C'est une question empirique, si les résultats de l'unification sont positifs et nécessaires si ou si les coûts pour les tribunaux pour y parvenir sont prohibitifs.

### 5.1.3 La façon dont l'uniformité doctrinale se rapporte aux autres buts de l'appel

L'uniformité doctrinale est un objectif d'appel étroitement lié à la fois au développement du droit, à la correction des erreurs et à l'élaboration du droit. La relation avec la correction d'erreurs est la suivante : lorsque l'harmonisation tente de servir un objectif spécifique, par exemple promouvoir le bien social tel que l'égalité, elle se reflète dans la correction d'erreurs, car c'est le critère utilisé pour distinguer les décisions correctes des décisions erronées. Ce rôle peut être appelé instrumental.

Il est le lien avec l'élaboration et le développement du droit : en l'absence d'un tel objectif qui oriente la prise de décision judiciaire, l'uniformité doctrinale implique un degré élevé d'interprétation. L'interprétation du droit nécessite son développement parce qu'elle ajoute un nouvel élément qui n'existait pas auparavant.

Le droit peut varier entre les tribunaux de première instance en raison de différences dans leur situation ; néanmoins, il peut être souhaitable que le droit soit harmonisée pour réduire les coûts de transaction. [70] Lorsque l'harmonisation sert à des fins instrumentales, elle intervient lorsque la prise de décision judiciaire est correcte, ce qui reflète ces fins.[71]

### 5.1.4 Conclusions finales pour le mini levier d'unification de la machine judiciaire

Il convient de retenir que l'unification doctrinale joue un rôle important parce que c'est fondamentalement un choix de la machine judiciaire. Un engagement fort en faveur de l'uniformité a pour conséquence un meilleur fonctionnement du pouvoir judiciaire accompagné d'une réduction des coûts de transaction. Par conséquent, le bien-être social sera également amélioré. Cependant, ces effets positifs sont contrebalancés par le fait que le développement juridique peut en souffrir et que les opinions opposées seront éliminées.

La correction d'erreurs peut être controversée et ne pas produire de résultats « corrects », bien qu'il soit souligné qu'un certain degré d'incertitude puisse nécessairement faire partie du droit en raison de sa nature. Ainsi, la conformité à une solution peut ne pas être optimale. Si toutes les diverses solutions émanant des tribunaux sont écartées, cela pourrait constituer un frein à la formation d'une future opinion dominante, voire un arrêt définitif. Si la pensée divergente est éliminée, ces solutions supérieures n'émergeront jamais. Ainsi, un certain manque d'uniformité peut se révéler plus bénéfique qu'une harmonisation complète du droit. Un certain degré de choix entre différentes procédures et instances judiciaires peut être une solution à ce problème. Dans différentes circonstances sociales, une certaine concurrence entre les juridictions peut produire de meilleurs résultats que l'unification. Le prochain chapitre traitera de la relation entre le pouvoir judiciaire et les juridictions alternatives telles que le règlement privé des différends. Cette relation peut parfois être aussi compétitive. Il peut y avoir une tension entre les intérêts sociaux à long terme qui conduiront l'émergence d'un meilleur droit au fil du temps et la réduction des coûts de transaction qui limitent la mise en œuvre de prédiction du droit à ce moment donné. Cela signifie qu'un engagement maximal aux appels ne peut être justifié par l'unification doctrinale. La mise en place maximale du mini levier d'unification réduira les coûts de transaction, mais pourrait avoir un effet néfaste, car elle doit être envisagée avec une certaine concurrence entre des interprétations contradictoires qui améliorent l'application du droit et des procédures qui accroissent l'efficacité du fonctionnement des tribunaux.

Une hiérarchie forte élimine les opinions opposées et augmente la forte unification ; cela signifie que la machine judiciaire ne produira pas beaucoup de

---

[70] Shavell, *Appeals as Means of Error Correction*

[71] *Ibid.*

solutions nouvelles et innovantes parce que les opinions divergentes, les procédures et les idées seront radicalement éliminées.

Il existe un triple danger dans le fait que les différents objectifs de l'appel risquent de produire des intérêts qui ne coïncident pas les uns avec les autres. Le résultat en sera l'excès d'appels ; en supposant que l'objectif de l'appel soit la protection du régime, on peut conclure que le régime est disposé à dépenser davantage pour les appels en vue de promouvoir son pouvoir de façon optimale et d'apaiser toute dissidence possible dans la société. De plus, les parties à un litige aggravé souhaitent également interjeter appel parce qu'elles peuvent corriger ce qu'elles considèrent comme des erreurs. Or, tout ce qui est perçu par le camp des perdants n'est pas une erreur. Les personnes riches et puissantes peuvent aussi souhaiter bénéficier des d'appels afin de priver les plus pauvres de l'utilisation du système judiciaire.

Du point de vue de l'unification, l'État peut aussi désirer trop d'unification. La raison pourrait en être une volonté de mettre en conformité la société avec son idéologie. Imposer cette vision en utilisant une forte hiérarchie judiciaire peut limiter les décisions judiciaires divergentes et originales et l'efficacité des procédures. Le problème est alors que les trois intérêts peuvent coïncider, mais ne pas conduire pour autant à des résultats sociaux optimaux. Ainsi, un système d'appel étendu peut ne pas être optimal pour la société.

L'unification et la correction d'erreurs peuvent également constituer des objectifs tout à fait légitimes. La correction des erreurs représente une valeur certaine tant que la notion d'erreur est précise. L'unification peut réduire les coûts de transaction et la stabilité d'un régime politique, même s'il n'est pas le meilleur régime possible, est préférable à l'incertitude et au chaos.

Ainsi, en établissant les multiples mini-leviers de la procédure d'appel de la machine judiciaire, nous devrions prêter attention à toutes ces considérations si nous avons pour objectif de trouver la position optimale correspondant à la réalité sociale et aux besoins d'une société donnée.

# Chapitre 8 :

# La machine judiciaire et son homologue - règlement extrajudiciaire des litiges

## 1. Identification des positions du levier principal de la machine judiciaire

Ce chapitre traite de l'identification d'un autre levier principal de la machine judiciaire. Ce levier consiste à activer et à désactiver la machine judiciaire. Désactiver la machine judiciaire signifie rediriger le règlement des différends vers un arbitrage privé alors que l'autre position consiste à maintenir tous les différends dans le champ de compétence exclusive des tribunaux officiels.

Par le passé, le développement des systèmes judiciaires a donné lieu à d'autres systèmes d'adjudication dirigés par l'État qui étaient des alternatives les uns aux autres.[1] À l'époque moderne, il semble que les systèmes d'arbitrage privés soient la seule voie distincte des systèmes judiciaires officiels dirigés par l'État. La question principale est, alors, quelle est l'utilisation optimale de la machine judiciaire par rapport à cette possibilité ?

Un des principaux universitaires français dans ce domaine, Loïc Cadiet, a plaidé en faveur d'une théorie pluraliste de la procédure. Les caractéristiques essentielles de cette théorie sont la diversité, la flexibilité et la réactivité. Cela signifie que la façon dont la justice est rendue doit correspondre aux besoins du litige spécifique. Selon lui, la justice ne doit pas correspondre à du « prêt-à-porter », mais être « sur mesure ». La justice peut être rendue dans le cadre d'une procédure sommaire et être rapide ou non. Cette pluralité recouvre non seulement des régimes différents au sein du système judiciaire relevant de l'État, mais aussi des modes alternatifs de règlement des différends. Le passage

[1] Par exemple, en Angleterre jusqu'au XVIII$^{e}$ siècle, il existait des systèmes judiciaires alternatifs qui fonctionnaient en concurrence les unes avec les autres.

d'un système à l'autre doit être facile. L'adjudication selon Cadiet est un mécanisme social conçu pour maintenir la paix sociale à travers une justice de qualité. [2] Ainsi, les modalités d'exercice de la justice peuvent être différentes, mais elles doivent être un gage de qualité.

La question se pose donc de savoir comment appliquer cette théorie de la pluralité. Dans ce chapitre, l'accent est mis sur une partie seulement de cette théorie de la pluralité. Cette partie concerne la diversité, la flexibilité et la réactivité entre les décisions publiques et privées. Les questions posées sont les suivantes : 1) qu'implique un basculement entre ces deux systèmes ? 2) Y a-t-il des obstacles à la transition du système judiciaire officiel vers des modes alternatifs de résolution des conflits, qui permettent de garder à l'esprit les principaux objectifs d'une telle théorie à savoir le maintien de la paix sociale et la qualité de la justice ?

La faiblesse de la théorie de Cadiet est qu'elle n'examine que le processus légal et non l'organisation et la structure judiciaires. La raison de cette préoccupation, comme nous le verrons plus loin dans ce chapitre, est moins problématique que celle visant à rediriger les affaires de première instance vers des modes alternatifs de résolution des litiges (REL). Cependant, il existe des difficultés sérieuses empêchant un tel changement dans les cas d'appel. L'organisation judiciaire et la structure des cours supérieures ne peuvent donc être ignorées lors de l'examen de cette question.

L'économiste lauréat du prix Nobel, Ronald Coase, a avancé un argument très important qui peut contribuer à une justice de meilleure qualité et rendre la théorie de Cadiet plus pratique. Suivre la logique de Coase peut aider à créer des raccourcis pour traiter les cas et fournir ainsi de meilleurs services judiciaires. Dans son article intitulé « Le phare en économie »[3], il a soutenu que « nous devrions essayer de développer des généralisations qui nous guideraient quant à la meilleure organisation des diverses activités ».[4] Il peut exister une pluralité qui contribue à la diversité, à la flexibilité et à la réactivité de la machine de la justice. Cependant, des généralisations sont obligatoires afin de ne pas reprendre des décisions à partir de rien pour chaque cas, ce qui impliquerait une dépense considérable des ressources judiciaires et serait donc particulièrement inefficace. La solution consiste à optimiser l'organisation des services judiciaires en plus de la justice individualisée. L'objectif principal est alors de créer ces généralisations qui peuvent être appliquées à la théorie de Cadiet.

Afin de créer les orientations et la voie générale sur lesquelles la théorie de la flexibilité de Cadiet peut s'appuyer dans la pratique, quelques autres

---

[2] Cadiet, Loic, *Théorie générale du procès*, avec J. Normand et S. Amrani Mekki, Paris, Thémis, 2010.

[3] Ronald H. Coase, "The Lighthouse in Economics," *Journal of Law and Economics* 17, No. 2 (1974): 357–376.

[4] *Ibid.*

questions doivent être abordées. La principale interrogation porte sur le moment auquel la machine judiciaire doit être mise en marche ou arrêtée, et à la manière de le faire. Dans quelles circonstances est-il préférable de choisir le privé ou le système public ? Quels sont leurs aspects positifs et négatifs et comment les utiliser de manière optimale ? Quel est le niveau de participation nécessaire du gouvernement ? Cette participation est sans doute indispensable en raison du coût très élevé inhérent à un examen approfondi au cas par cas, ce qui sera en tout état de cause inenvisageable à moins que le budget de la justice ne soit illimité.

### 1.1 Dichotomie public-privé : l'enjeu

L'enjeu principal est de tracer la frontière entre le jugement public et l'arbitrage privé afin d'utiliser les forces et d'éviter les faiblesses de chacune des deux possibilités. Pour ce faire, les avantages et les inconvénients de l'arbitrage privé (REL) et public (juridictions officielles) doivent être pris en compte. Ce travail concerne la machine judiciaire officielle qui peut être désactivée pour rediriger certains cas vers une alternative privée au règlement des différends. Cette analyse commencera par examiner la dichotomie privée / publique, qui est utile bien qu'elle ait ses limites. Ainsi, les leviers privés et publics pris comme les deux positions extrêmes seront définis. Cependant, il faut aussi tenir compte des positions intermédiaires de ce levier. Ces degrés différents d'utilisation d'éléments publics et privés dans la gestion de la justice peuvent être mesurés à l'aulne de la participation du gouvernement.

D'un point de vue économique, le problème a été explicité pour la première fois par Coase dans son article fondateur de 1937, « La nature de l'entreprise »[5]. Il a soutenu qu'une partie de l'échange ne peut être réalisée par les marchés et les organisations. Le choix consiste donc à laisser le marché dicter l'échange entre les parties en les laissant se faire arbitrer par un juge privé (REL). Si le prix est trop élevé pour recourir au mécanisme fourni par le marché, une organisation (le fonctionnaire de la machine de cour) devient nécessaire pour résoudre le différend. Pour faire ce choix, on examinera dans quelles situations le mécanisme de prix du marché est préférable et dans quels cas le mécanisme des organisations produit un meilleur résultat. Comme Coase l'a indiqué, « le coût relatif des transactions sous les deux mécanismes est ce qui déterminera les choix que nous faisons ». Dans le cas de ce travail, nous devons décider de la place du levier de la machine judiciaire.

Coase a soutenu l'existence fréquente d'un coût associé à l'utilisation du système de prix du marché. Il a soulevé trois problèmes. Tout d'abord, il faut déterminer les prix pertinents. Par exemple, cela pourrait être le temps que les parties passent à rechercher les services d'arbitrage disponibles, leur réputation

---

[5] R. H. Coase, « The Nature of the Firm, » *Economica* 4, No. 16 (1937).

de qualité, leur disponibilité au moment voulu, etc. Deuxièmement, un contrat doit être établi pour servir de base au règlement privé des différends. Tous les litiges ne sont pas le résultat d'une relation contractuelle. Par exemple, le différend peut provenir de la mise en cause de la responsabilité délictuelle civile et les parties ne peuvent pas se connaître. Par ailleurs, simplement, il peut être très coûteux d'établir des contrats. Finalement, il peut y avoir des conditions dans lesquelles les parties ne peuvent pas s'entendre sur la façon de procéder pour régler leur différend à l'amiable. Dans ces cas également, une organisation judiciaire officielle peut faire un meilleur travail.

### 1.2 Définition des secteurs public et privé

La contribution de Coase est importante parce qu'il a contesté la pensée dogmatique d'où la ligne devrait être placée. Dans son article intitulé « Le phare en économie », M. Coase a fait valoir que certains services considérés comme relevant exclusivement du domaine public peuvent en réalité être fournis par des fournisseurs privés,[6] par exemple l'exploitation des phares, exemple repris d'auteur comme John Stuart Mill. Coase a examiné le régime institutionnel des phares en Grande-Bretagne pendant une période de temps considérable (1513 à 1898), mais son affirmation selon laquelle cet exemple commun d'un bien public pouvait être géré par un privé a été fortement critiquée.[7]

L'un des critiques de Coase, David E. Van Zandt, a déclaré que « le gouvernement jouait un rôle beaucoup plus important dans la fourniture de services de phare que le terme » privé « de Coase, même lorsque les parties privées fournissaient des capitaux pour les phares. »), le gouvernement a fourni un certain nombre de services au-delà de ceux fournis aux pourvoyeurs d'autres biens et services ». Le constat important ici est que le privé et le public sont souvent étroitement liés. Il est rare dans les sociétés modernes qu'un service soit purement privé ou purement public. Il est donc nécessaire de suivre et d'explorer cette ligne de division afin d'étudier, dans le cas particulier de la résolution de conflit, les cas dans lesquels les services d'arbitrage sont optimaux. Cet examen facilitera le processus de prise de décision lorsque la machine judiciaire devra diriger des affaires vers des systèmes privés de règlement des différends.

Ce chapitre examine la ligne de démarcation entre le privé et le public dans le règlement des différends et tire la conclusion que seuls les appels sont

---

[6] Ronald H. Coase, « The Lighthouse in Economics. »

[7] Par example David E. Van Zandt "The Lessons of the Lighthouse: 'Government' or 'Private' Provision of Goods," *Journal of Legal Studies* 22, No. 1(1993): 47–72; Elodie Bertrand, « The Coasean Analysis of Lighthouse Financing: Myths and Realities, » *Cambridge Journal of Economics* 30, No. 3 (2006) : 389–402 ; William Barnett and Walter Block, "Coase and Van Zandt on Lighthouses," *Public Finance Review* 35, No. 6 (November 2007): 710–733.

purement publics. Mais d'abord, il convient de définir les termes « privé » et « public ».

Que signifie Coase par « privé » ? Le rôle du gouvernement se limitait à l'établissement et à l'application des droits de propriété dans le cas du phare. En faisant cette demande, Coase utilise la signification standard de « privé ». La disposition privée signifie que le rôle du gouvernement se limite à l'établissement et au respect des droits de propriété sur les ressources, ainsi qu'au respect des contrats convenus librement.[8]Comme l'a fait valoir Van Zandt, cette définition très courante inclut à la fois les éléments privés et publics, en excluant la pureté de l'un des deux systèmes et soulignant l'interdépendance.

### 1.2.1 La distinction entre privé et public

Le théoricien juridique français Jean Dabin a fait une distinction similaire entre le privé et le public, plaçant le gouvernement au centre de la définition. Le critère qu'il utilise est la nature des relations qui définissent le rôle régulateur. Plus précisément, la principale distinction entre public et privé dépend de la relation des sujets de droit qui est définie par l'État. Ainsi, il relève du rôle de l'État de choisir la ligne de démarcation entre le public et le privé.[9]

### 1.2.2 La distinction définie à mi-chemin entre économie et droit

Le créateur de la théorie du choix public, James Buchannan, a défini les voies publique et privée de la manière suivante. Quand on observe que les gens demandent et fournissent certains biens et services par le biais d'institutions politiques, ces biens sont appelés publics.[10] Ceci peut être comparé à l'offre et à la demande de biens et de services par le biais d'institutions de marché, lesquels prennent le nom de biens privés. Ainsi, on peut dire que les services alternatifs de règlement des litiges sont des biens privés et que les services officiels des tribunaux d'État sont des biens publics. La prestation de services d'arbitrage par les institutions politiques selon les termes de Buchannan signifie que c'est un bien public. Il en résulte que les deux possibilités en cours d'évaluation à savoir le système judiciaire et en particulier les appels et règlement extrajudiciaire des litiges (REL), sont en fait respectivement des biens publics et privés.

Le système privé à définir dans ce travail est règlement extrajudiciaire des litiges. Les méthodes de règlement extrajudiciaire des différends varient les

---

[8] Van Zandt ibid.,

[9] As cited by Francois Rigaux Droit public and droit prive dans l'ordre juridique international available at http://www.sfdi.org/wp-content/uploads/2014/08/RIGAUXMelDABIN.pdf

[10] James Buchanan, "The Demand and Supply of Public Goods," *Library of Economics and Liberty* (1999). Retrieved April 26, 2015 from the World Wide Web: http://www.econlib.org/library/Buchanan/buchCv5.html

unes par rapport aux autres ; elles partagent la caractéristique selon laquelle « un tiers est impliqué qui offre une opinion ou communique des informations sur le différend aux parties en litige »[11]

### 1.3 Définitions économiques

Les définitions économiques du « bien public » peuvent également être utiles pour examiner la relation entre le secteur privé et le secteur public en matière d'adjudication. Un bien public est un produit qu'un individu peut consommer sans empêcher sa disponibilité pour une autre personne et dont personne n'est exclu. Les économistes appellent les biens publics « non rivaux » et « non exclusifs ». La défense nationale, les réseaux d'égouts, les parcs publics et d'autres biens de la société de base peuvent tous être qualifiés de biens publics.

Presque tous les biens publics sont considérés comme non exclusifs. *Non-rivalité* désigne tout produit ou service qui ne réduit pas la disponibilité au fur et à mesure de leur consommation. Ce n'est évidemment pas le cas avec le système judiciaire. Plus les gens l'utilisent, moins il y a de disponibilité pour les autres parce que les ressources judiciaires sont limitées.

*« Non-exclusivité »* se réfère à tout produit ou service qui ne peut être fourni que s'il est disponible pour beaucoup de gens. Par conséquent, un bien public doit être disponible pour tout le monde et ne pas être limité en quantité. Un barrage est un autre exemple de bien public. Il est non direct et non exclusif dans la mesure où tous les membres d'une société bénéficient de son utilisation sans réduire la disponibilité de sa fonction. Le système judiciaire peut être classé comme non susceptible d'exclusion. La raison en est que, en théorie, tout le monde dans la société (du moins en démocratie) bénéficie d'un droit d'accès.

De même, il est raisonnable de considérer le système judiciaire comme un bien quasi public, car il représente un bien et un service qui ont la particularité d'être non rivaux et non exclusifs. Pour autant, ce ne sont pas de purs biens publics. Les routes sont un bon exemple de bien quasi public. Toutes les infrastructures sont construites pour le bénéfice des usagers, mais plus le public utilise l'infrastructure plus cela provoque d'embouteillages, ce qui réduit sa valeur.

Les biens de club sont ceux qui peuvent être fournis par les autorités publiques ou privées ou par des entités privées. Définir le public et le privé en ces termes économiques peut être légèrement trompeur, de sorte que la distinction suivante entre public et privé correspond le mieux à nos objectifs. Cette distinction porte sur le rôle joué par le gouvernement dans les services d'adjudication, puisque la plupart des définitions ci-dessus ont été le plus souvent utilisées. Elle identifie différents régimes en fonction du degré

[11] Shavell ADR.

d'implication du gouvernement. Ce sont essentiellement des positions intermédiaires dans lesquelles le levier de la machine judiciaire peut être placé pour son alternative REL afin de produire les meilleurs résultats possibles dans l'exercice de la justice dans la société.

Appliquée aux tribunaux, la distinction entre le privé et le public de Van Zandt ressemblerait à ceci : avoir un levier qui (1) fournit une décision privée sans intervention du gouvernement sous la forme d'exécution de la décision que produit ce système d'adjudication ; (2) avoir une disposition privée qui se combine avec les décisions d'adjudication privées du gouvernement ; (3) Une autre possibilité de levier est de mettre en concurrence les services d'adjudication privés et judiciaires ; (4) les dispositions gouvernementales ont réservé des domaines de règlement des différends qui limitent le rôle de l'adjudication privé ; et (5) seuls les tribunaux du gouvernement fournissent des services d'adjudication.[12]

Ces possibilités vont d'un système entièrement privé à une prestation d'adjudication exclusivement publique. Les avantages de chaque système seront examinés afin de déterminer quelle position de levier procure le plus d'avantages et évite le plus de problèmes entre les deux extrêmes - la fourniture pure et simple de services d'adjudication publics ou privés. La troisième position du levier intermédiaire est intéressante, car elle crée une concurrence entre juridictions (entre public et privé).[13]

## 1.4 Avantages d'un système purement privé

### 1.4.1 Premier critère : la résolution des conflits qui détermine si une règle a été violée

Un article fondamental de Landes et Posner traite de la question des avantages et des inconvénients des systèmes d'adjudication publics et privés.[14] Les deux coauteurs ont soutenu qu'il existait trois produits pour lesquelles un système de règlement des différends permettait d'évaluer les positions alternatives publiques / privées de la machine judiciaire. Le premier est le règlement des différends, qui détermine si une règle a été violée. Le second est la formulation de règles, qui clarifie les règles et les développe, et constitue fondamentalement un sous-produit de la décision de l'affaire en cours. La

[12] David Van Zandt, 47–72.

[13]Comme nous l'avons expliqué dans le chapitre précédent, l'objectif d'unification de l'appel peut entrer en conflit avec le développement du droit. Il est donc important ici d'examiner plus en détail les circonstances dans lesquelles la concurrence entre le règlement privé des différends et les procédures judiciaires sanctionnées par l'État est meilleure pour la fonction du système judiciaire.

[14] William M. Landes, Richard A. Posner, "Adjudication as a Private Good," *The Journal of Legal Studies* (August 1978).

résolution des litiges contient également un troisième produit final qui canalise le bon comportement dans la société.

Pour qu'un système privé fonctionne, il faut que les coûts de la fourniture du bien ne dépassent pas les revenus perçus. Les avantages que Landes et Posner ont trouvés peuvent être résumés comme suit. Dans un système privé, grâce à la concurrence entre les arbitres privés, les parties peuvent bénéficier d'un règlement des différends de haute qualité, ce qui assure une qualité optimale des services judiciaires à un coût social minimum. Les raisons sont les suivantes. Premièrement, les gens choisiront un juge qui soit mutuellement acceptable. Deuxièmement, la sélection sera basée sur la popularité du juge, c'est-à-dire sur sa réputation. Cela encouragera les juges privés à réaliser un bon travail, car ils seront ainsi considérés comme étant au sommet de leur profession et pourront exiger les honoraires les plus élevés. Troisièmement, le processus concurrentiel produirait des juges compétents.[15] La compétence peut être déterminée par la motivation d'une décision qui convainc les parties et le public, et qui atteste de la capacité et des connaissances du juge. Quatrièmement, les juges s'efforceront d'être impartiaux parce qu'un juge qui ne serait pas impartial ne pourrait pas être désigné pour statuer sur de nouvelles contestations à l'avenir.

Un autre auteur, Steven Shavell, a fourni d'autres arguments qui établissent les avantages d'un système d'adjudication privé.[16] Les effets de l'arbitrage dépendent d'une distinction très importante du point de départ. Shavell a fait valoir que les accords *ex ante*, lorsqu'ils débouchent sur un règlement privé des différends, produisent plus d'avantages que les accords *ex post*. Les accords *ex ante* sont ceux qui prévoient des arrangements arbitrage avant que les différends ne surviennent et non l'utilisation a posteriori du REL après la survenance de différends.[17]

Ce système renferme plusieurs aspects positifs. L'arbitrage peut produire des résultats mutuellement bénéfiques pour les parties. Cela peut aussi augmenter le bien-être social, car cela augmente la satisfaction commune des parties qui ont décidé de conclure un accord arbitrale. Le résultat positif d'une décision d'arbitrage dépend de plusieurs facteurs. Le premier est personnel. Si l'arbitre a des compétences particulières, la décision peut relever de la sagesse. Shavell a soutenu que dans une telle situation REL peut produire des incitations supérieures du fait d'une plus grande exactitude des résultats, par exemple, quand l'exécution inférieure d'un contrat serait correctement évaluée par des experts en vertu de l'arbitrage et non par des tribunaux, qui ne sont peut-être pas des experts en la matière.[18]

---

[15] La limite est que les services d'arbitrage sont crédibles, comme nous le verrons dans ce chapitre.

[16] Shavell, *Alternative dispute resolution*

[17] *Ibid.*

[18] *Ibid.*

Dans une telle situation, les caractéristiques personnelles de l'arbitre sont supérieures à celles d'un juge anonyme dont l'expertise peut s'avérer insuffisante. L'arbitrage créera des incitations visant à une meilleure performance de la part d'une partie et à une meilleure mise en conformité avec le contrat de la part de l'autre partie. Ainsi, les contrats pourront jouer leur rôle positif dans la société en remplissant leur fonction avec précision. En outre, l'accord REL permettra de réduire les litiges qui pourraient avoir surgi en raison de performances inexactes. Le second résultat réside dans la simplicité procédurale : l'arbitrage peut réduire le coût de résolution des conflits ou des risques. C'est l'argument standard pour que l'arbitrage soit plus efficace que les tribunaux. Il est constaté en effet que les formalités, la durée de la procédure et la complexité de le REL sont généralement moindres que celles des procédures officielles. Le troisième tient à la société concernée et au montant optimal des litiges. L'arbitrage peut avoir pour conséquence une incitation à engager des litiges ou, au contraire, une limitation du nombre des procédures. Ainsi, il peut intervenir sur la quantité idéale de litiges pour la société. En comparaison, le nombre de différends soumis à la procédure judiciaire serait excessif et dissiperait les ressources substantielles des parties sans inciter à des changements de comportement mutuellement souhaitables. Ainsi, un accord REL qui permettrait de limiter le nombre de litiges serait avantageux.[19]

L'arbitrage privé évite également le problème de « relâchement » que Posner a constaté au sein des services judiciaires officiels. Il a soutenu que les services judiciaires ressemblaient à des organisations à but non lucratif dans lesquelles la motivation des personnes qui travaillent pour ces organisations est faible en raison du manque d'incitations à travailler de façon intensive. Posner, qui est actuellement juge en exercice dans une cour d'appel fédérale américaine, a constaté que les juges exerçaient leurs fonctions de façon plus relâchée que les avocats employés dans des entreprises privées.[20] L'arbitrage privé évite cet inconvénient parce que le juge privé doit satisfaire une demande du marché, ce qui implique que son comportement soit suffisamment satisfaisant pour ne pas perdre ses clients.

Shavell a construit son argumentation à partie d'une distinction entre deux types d'arrangements pour employer arbitrage *ex ante* (arrangements avant qu'un conflit survienne) et *ex post* (après que le différend est survenu). Les ententes *ex ante* sont mutuellement avantageuses parce que l'arbitrage peut réduire le coût du règlement du différend, mais plus important encore, il peut offrir des incitations supérieures aux parties informées grâce à des résultats supérieurs. L'exemple de Shavell est que l'arbitre peut évaluer correctement une performance contractuelle inférieure aux normes, mais les tribunaux ne seront pas en mesure de le faire en raison d'un manque d'expertise. Ainsi, l'adoption d'un REL peut induire de bonnes performances contractuelles.

[19] *Ibid.*
[20] *Ibid.*

Enfin, l'arbitrage peut offrir de meilleures incitations à ne pas engager de litiges - par exemple, lorsque les parties consacrent trop de ressources à des litiges et n'obtiennent pas le meilleur résultat ou lorsque les litiges sont excessifs.

### 1.5 Les lacunes d'un système privé de règlement des différends

Même les systèmes privés ne peuvent pas fonctionner sans un certain degré d'intervention publique. Landes et Posner ont correctement identifié et discuté deux des problèmes d'un tel système qui ne lui permettraient pas d'être efficace : « Une intervention publique peut être nécessaire (1) pour assurer le respect de la décision (privée) du juge et (2) contraindre la soumission du différend à l'arbitrage en premier lieu. »

Landes et Posner estiment que la deuxième complication peut provenir des difficultés à sélectionner le juge. Les parties au différend peuvent ne pas s'entendre sur un juge, car l'une des parties peut considérer qu'en désignant un juge, elle s'engage dans une procédure qu'elle a de fortes probabilités de perdre. Il y a « une difficulté sérieuse à déterminer quand la négociation sur le choix du juge est de mauvaise foi ou ce n'est pas de la mauvaise foi ».[21] Cela peut mener à une escalade du conflit.

D'autres problèmes se posent avec les systèmes privés, qui méritent un examen. Voici quelques exemples. Le respect de la décision judiciaire nécessite un engagement volontaire et un auto-assistance des parties. Cela peut affecter l'objectif principal du règlement des différends mis en évidence par Cadiet. Le maintien de la paix peut disparaître parce que l'auto-assistance conduit souvent à la violence. Dans cette situation, la partie la plus puissante prévaut et la question n'est plus de rendre la justice.

L'efficacité des services judiciaires privés peut également être mise en doute.[22]Landes et Posner ont fait valoir qu'il était possible pour les services judiciaires privés de fonctionner sans défaillance du marché. Comme indiqué dans le chapitre précédent et la discussion sur la correction d'erreurs, il est difficile de définir le droit et l'erreur en droit. Donc, même si les utilisateurs des services judiciaires ont une vision positive de la décision de justice qu'ils ont obtenue, la complexité du droit ne les place pas dans la meilleure position pour évaluer la qualité de la justice qui leur a été appliquée. Si tel était le cas, le meilleur critère pour déterminer une éventuelle erreur du juge serait l'opinion formulée par les parties sur le travail du juge. La raison pour laquelle ce n'est pas possible réside dans le fait que l'évaluation des parties est fondée uniquement sur le gain ou la perte résultant de la décision rendue. Cela ouvre la

---

[21] *Ibid.*

[22] *Ibid.* « Bien que le règlement des différends puisse être fourni (pour les affaires criminelles comme civiles, notez-le) dans un marché qui fonctionnerait sans éléments évidents de monopole, d'externalité ou d'autres sources de » défaillance du marché », il pourrait ne pas être efficace pour bannir toute intervention publique. «

porte à un comportement opportuniste de la part des fournisseurs de services d'arbitrage, ce qui les amène nécessairement à exiger des frais très élevés. Cette distorsion des prix est à l'origine de l'échec du marché dans les services judiciaires privés. Par conséquent, il y a une défaillance du marché qui réduit l'efficacité des services judiciaires fournis par le marché libre.

La production d'un système judiciaire prise dans sa globalité ne peut pas être facilement évaluée. Le public est donc réticent à acheter cette production dans une entreprise à but lucratif, qui serait tentée de réaliser de gros profits tout en n'affectant pas les moyens financiers nécessaires au bon fonctionnement des services.

La présence de services d'adjudication alternatifs compétitifs peut receler une faiblesse importante concernant la qualité de la justice susceptible d'être produire. Les services juridiques, y compris dans une certaine mesure les services judiciaires, font partie de ce que les économistes appellent biens de confiance,[23] ce qui signifie que pour leurs utilisateurs, il est difficile, voire impossible, d'évaluer leur utilité. Aucun des clients du système d'adjudication alternatif ne peut évaluer même approximativement la qualité de la production à moins d'avoir une formation juridique approfondie. Leur seul critère sera nécessairement, comme mentionné ci-dessus, le gain ou la perte de leur affaire.

Shavell a déduit certaines lacunes de l'arbitrage privé, issues de sa distinction entre les accords *ex post* et *ex ante*. Les accords arbitraux *ex post* ne peuvent pas induire de bonnes performances (comportement), car ils interviennent trop tard pour améliorer les performances. Les accords *ex post* n'apportent donc pas les mêmes avantages que ceux des accords *ex ante*.

Shavell a déclaré que lorsque des parties bien informées concluent un accord REL *ex ante*, elles améliorent leur bien-être et, par conséquent, le bien-être social est amélioré. La déclaration cruciale de Shavell est que cela n'est valable que lorsqu'il n'y a pas d'effets externes. En d'autres termes, on peut déduire de cet argument que le REL est plus efficace que les tribunaux lorsque deux conditions sont remplies. Premièrement, les parties devraient avoir une information parfaite sur la confirmation que les capacités de l'arbitre sont supérieures à celles des juges de l'autorité officielle. Par exemple, les parties qui envisagent un arbitrage devraient savoir avec certitude que la capacité de l'arbitre d'évaluer l'exécution inférieure du contrat est supérieure à celle d'un juge. La deuxième condition est qu'il n'y a pas d'effets externes. Cela signifie que d'autres personnes qui ne font pas partie du processus d'arbitrage ne sont aucunement touchées par son résultat (petit effet de comportement futur). Ce qui est également douteux est de savoir si ce meilleur résultat obtenu par l'arbitre peut être atteint par des tribunaux spécialisés et s'il n'est valable que dans le droit des contrats. Alors seulement peut-il être considéré comme ayant de « meilleures performances ».

---

[23] En anglais, credence goods

Shavell a supposé que le REL est moins cher et réduit les coûts. Si cela est vrai, les accords REL ex post et ante peuvent réduire les coûts des litiges. Cependant, il est possible d'affirmer que le REL est moins cher uniquement en ce qui concerne les honoraires d'avocat, sinon le coût peut varier et on ne peut supposer automatiquement que le REL est moins cher que le litige. La raison pour laquelle il est généralement moins cher est que les tribunaux ont généralement des procédures plus compliquées et plus longues qui impliquent plus de travail pour les avocats. Si c'est moins cher dépend des honoraires de l'arbitre. Lorsque les procédures d'arbitrage ne sont pas ouvertes à l'examen et quand ils suivent la configuration habituelle du tribunal d'arbitrage de trois arbitres, un engagé par chaque partie et un indépendant sur lequel les deux parties sont d'accord. Les arbitres n'ont qu'un seul moyen de survivre professionnellement sur ce marché des services d'arbitrage - ils doivent décider pour la partie qui les a embauchés. Autrement, s'il devient publiquement connu qu'ils n'ont pas soutenu le parti qui les a embauchés, ils ne pourront jamais trouver un autre client qui les embauchera comme arbitre.

En utilisant une perspective économique, le problème est l'information asymétrique. [24] La partie qui engage l'arbitre n'a qu'un seul objectif : gagner la procédure. Ils ne savent pas ce qui se passe pendant le processus de prise de décision parce que tout se passe à huis clos. Ainsi, la partie paie « son » arbitre pour « représenter » ses intérêts. En d'autres termes, l'arbitre est payé pour obtenir un résultat. La partie au différend n'a aucun moyen de contrôler elle-même le processus d'arbitrage. Autrement dit, le parti manque d'information parce que toute l'information est entre les mains de l'arbitre. Cette dépendance complète à l'égard de l'arbitre et le manque d'information de la partie sur le processus lui-même ne permettent à la partie d'évaluer la performance de son arbitre que sur le résultat obtenu par celle-ci. Par conséquent, le parti est prêt à payer une somme énorme pour obtenir le résultat souhaité. Cela explique les honoraires exorbitants perçus par les arbitres. Ils sont payés pour obtenir un résultat, pas pour décider du cas comme le ferait un juge neutre. Lors d'une conférence publique, un célèbre arbitre suisse à la fin de sa carrière a déclaré qu'il s'était permis de se prononcer contre le parti qui l'avait engagé une fois juste avant sa retraite car il n'avait plus rien à perdre.

La question est alors de savoir si dans le système français où des juges non professionnels sont en première instance des tribunaux commerciaux (généralement des hommes d'affaires nommés juges) qui décident des litiges commerciaux en utilisant des procédures informelles et simplifiées peuvent aboutir à des résultats identiques ou meilleurs que l'arbitrage?

Le REL peut conduire à une meilleure incitation, car une règle différente s'appliquerait à une règle en cour. Tant que le REL conduit à des changements

---

[24] Définition de l'information asymétrique : chaque fois qu'une partie à une transaction possède une connaissance matérielle supérieure à celle de l'autre partie, il existe des informations asymétriques

de comportement qui augmentent la valeur commune pour les deux parties, un accord mutuellement avantageux impliquant un REL est préférable à l'utilisation du système juridique.

Les suivants sont présupposés par les caractéristiques du système d'arbitrage. Si le système manque de transparence, comme le font aujourd'hui la plupart des tribunaux d'arbitrage, les problèmes seront les suivants. Lorsque les procédures d'arbitrage ne sont pas ouvertes à l'examen et quand ils suivent la configuration habituelle du tribunal d'arbitrage de trois arbitres, un engagé par chaque partie et un indépendant sur lequel les deux parties sont d'accord. Les arbitres n'ont qu'un moyen de s'ouvrir à eux pour décider d'un cas : ils doivent décider pour la partie qui les a embauchés. Autrement, si le message révèle qu'ils n'appuient pas la partie qui les a embauchés, ils ne pourront jamais trouver un autre client qui les embauchera comme arbitre dans leur cas.

Un problème connexe est que les sentences arbitrales ne sont que rarement publiées, ce qui signifie que beaucoup d'informations valables publiquement ne sortent jamais et sont pratiquement perdues. Ces informations peuvent être utiles pour réduire d'autres conflits et pour fournir des informations utiles sur le plan social aux problèmes existants de la société qui doivent être résolus. L'arbitrage s'est très largement répandu parce que les investisseurs ne font pas confiance aux tribunaux dans de nombreux pays dans lesquels ils investissent et qu'il leur est plus facile de contrôler un tribunal dont ils peuvent choisir au moins un membre.

Mais comme on l'a vu dans le cas du *Subway*, l'arbitrage peut être utilisé par une partie disposant de plus de ressources pour soumettre toute protestation d'une partie à laquelle elle a imposé son propre système d'arbitrage qui n'est pas neutre et inaccessible pour cette partie.

### 1.5.1 Deuxième critère : clarification et développement des règles

L'avantage ici est clairement du côté du système officiel des tribunaux d'État. Selon Landes et Posner, les juges privés ne sont là que pour régler les différends. Ils n'ont pas d'incitation à interpréter ou développer le droit. Ainsi, un système d'adjudication volontaire est fortement biaisé contre la création de règles précises de toute sorte. Les arbitres n'ont aucun intérêt à clarifier le droit pour les futurs partis parce que cela réduira leur afflux futur d'affaires. En d'autres termes, il y aura moins de demande pour leurs services, car si le droit est clair, moins de gens devront passer par un processus d'adjudication. Ils ont seulement besoin d'essayer de produire un résultat dans le différend devant eux qui améliore leur réputation. S'ils divulguent l'information sur la façon dont ils ont résolu l'affaire, ils conféreront des avantages non seulement à d'autres futurs opposants, mais également à d'autres juges. Imaginez un arbitre privé qui trouve un bon moyen de plaire aux parties à un différend et à tous les futurs opposants qui pourraient la choisir pour résoudre leur cas. Elle n'a aucun intérêt à ce que les autres sachent comment elle a fait ça.

L'unification du droit n'est également possible que dans le cadre d'un système judiciaire officiel qui fournit des services judiciaires complets. S'il y a beaucoup de juges, il y aura probablement une profusion déroutante d'interprétations différentes des règles juridiques et aucune méthode évidente pour les harmoniser. Il en résultera un manque de prévisibilité du droit, car l'individu qui envisage une activité aura du mal à en découvrir les conséquences juridiques.

Landes et Posner ont fait valoir à juste titre que l'unification ne peut guère être réalisée autrement que par un monopole, la plus haute hiérarchie judiciaire ayant le dernier mot dans l'interprétation des règles juridiques. [25]

### 1.6 Avantage des juges

Le public aurait du mal, s'il embauchait des services judiciaires auprès d'une organisation privée, à déterminer dans quelle mesure son fournisseur produisait la « justice ».[26] Les arbitres privés ne fournissent que des solutions aux différends. Au contraire, les juges produisent toute la gamme des services judiciaires, y compris l'élaboration de règles par la publication d'opinions et l'interprétation du droit, et ils soutiennent un système qui statue lorsque les parties ne peuvent s'entendre sur l'arbitre privé.

#### 1.6.1 Troisième critère : canaliser le bon comportement dans la société

Si le REL est moins cher, cela aidera à réduire le nombre de litiges ; les gens ne choisiront pas d'aller en justice parce qu'ils ont une solution peu coûteuse pour régler leur différend. Le problème inverse est qu'en l'absence du REL peu onéreux, de nombreux litiges ne seront pas portés devant les tribunaux en raison du coût des litiges, même s'il est socialement optimal que ces poursuites soient engagées afin de mettre un terme aux comportements socialement nuisibles. [27] Le REL peut donc avoir des effets sociaux positifs lorsque le coût d'un litige est trop élevé pour porter plainte. Cependant, cet avantage est limité parce que, dans un cas, le fait de contrer le comportement préjudiciable d'un plaideur ne se transforme pas en un obstacle à un comportement semblable à l'avenir.

Landes et Posner ont donné un bon exemple en montrant pourquoi les services d'arbitrage privés ne peuvent pas canaliser le bon comportement dans la société ou prévoir des règles socialement optimales. Ils donnent l'exemple des compagnies aériennes qui provoquent un bruit supersonique extrême. Ce bruit est une externalité négative. La question qu'ils se posaient était de savoir si un système d'arbitrage privé permettrait à ces entreprises d'internaliser

---

[25] Posner. *What do judges maximize?*

[26] Posner, ibid.,

[27] Shavell,"Alternative Dispute Resolution »

l'externalité (les arbitres privés leur feraient-ils payer les dommages causés par leur activité) aux personnes touchées par le bruit? Landes et Posner ont supposé qu'une telle règle serait socialement optimale dans les circonstances de l'espèce.

Un juge privé qui a imposé une responsabilité stricte dans une telle situation n'obtiendrait jamais une autre compagnie aérienne en tant que client. Ils refuseraient simplement de lui soumettre des cas à l'avenir. Ainsi, le problème est l'intérêt de l'arbitre privé qui veut que les futurs litiges qui lui sont soumis soient contraires à l'intérêt social. L'intérêt privé de l'arbitre prévaudra toujours sur l'intérêt social et ne canalisera pas le bon comportement dans la société.

### 1.6.2 Évaluation du recours contre les solutions de rechange Règlement extrajudiciaire des litiges (REL)

Cependant, il convient de préciser que seules les juridictions supérieures ont suffisamment de pouvoir pour modifier le comportement social par le biais de concepts tels que la jurisprudence constante et le précédent. Les tribunaux de première instance peuvent rarement parvenir à réduire les comportements nuisibles à l'avenir. Dans les tribunaux des États-Unis, les règles futures sont généralement établies devant les cours de circuit et la Cour suprême, devant la Cour d'appel et la Cour suprême du Royaume-Uni et en France devant la Cour de cassation. Le REL est donc relativement neutre par rapport aux tribunaux de première instance ; aucun n'atteint le résultat socialement optimal vu du point de vue des avantages sociaux lorsque des procès sont intentés.

## 1.7 Le changement dynamique du levier de la machine judiciaire à le REL

Shavell a soutenu que le REL ne devrait pas être subventionné par l'État parce qu'il n'y a pas d'avantages particuliers à cela.[28] Cependant, une exception existe si les utilisateurs potentiels de ce système alternatif manquent d'informations sur les avantages de le REL et que les informations ne peuvent pas leur être autrement communiquées.[29] Si l'État décide de promouvoir le REL volontaire de toute façon - par exemple, afin de réduire la charge de travail des tribunaux -, il en résulte que l'État subventionne à la fois les REL et les litiges. La raison en est que les justiciables ne paient pas tous les coûts des procédures judiciaires parce qu'ils sont en partie couverts par l'État et qu'ils ne paieront pas les coûts complets de le REL parce que l'État en favorisant cette procédure réduit son coût pour les utilisateurs potentiels. La raison en est simple : lorsque l'État fournit un accès facile à une procédure REL, il réduit le coût de la recherche d'une procédure REL adéquate par les utilisateurs potentiels.

---

[28] Shavell.

[29] *Ibid.*

Si le règlement extrajudiciaire des litiges est moins onéreux que le litige, il peut y avoir un avantage, bien que moindre que celui produit par un accord ex ante, car les cas soumis à la procédure REL ne sont que des accords ex post. En d'autres termes, il n'y a aucun avantage comportemental (par exemple une bonne exécution d'un contrat) que les accords ex-ante ont. Shavell a proposé quelques réponses qui reposent sur les intentions des plaideurs. Il a donc soutenu que lorsque le REL dépend du choix des parties (volontaire), la propension à poursuivre est la même avec ou sans REL volontaire. La raison en est que la partie aggravée doit être prête à passer en jugement afin d'avoir une menace crédible contre le défendeur.[30]

L'analyse de Shavell est également basée sur la forte prévisibilité du droit. Il a fait valoir que lorsque le REL parrainé par le tribunal est initialement introduit, le seuil de probabilité de succès des affaires portées devant le tribunal est le même. Cela signifie qu'au début, la disponibilité de la procédure REL n'affectera pas le système judiciaire officiel.

Shavell a soutenu qu'une fois que le système du REL sera bien établi et qu'il s'avérera qu'il prédit très souvent l'issue des procès, le résultat pourrait être que davantage de poursuites seraient intentées afin de parvenir à un accord ou à une résolution via le REL.[31] La raison en est que le système peut introduire des poursuites spéculatives avec un seuil de probabilité de succès plus faible. Toutefois, l'augmentation du nombre de procès ne sera probablement pas substantielle. La raison en est que, dans la plupart des cas, la plaignante doit avoir une menace raisonnable de porter l'affaire devant un tribunal afin de réussir dans le processus REL.

Si REL prédit le résultat du procès avec une probabilité élevée, les parties n'iront pas au procès. Ils parviendront à un accord en utilisant la procédure REL.[32] Les chances des parties de choisir le procès diminuent proportionnellement à l'augmentation de la force des croyances des parties dans la force prédictive de le REL. La raison en est qu'il ne sert à rien d'utiliser les tribunaux lorsque le même résultat peut être obtenu par une procédure plus courte et moins coûteuse. Donc, le nombre d'essais est réduit.

Le problème avec l'argument de Shavell est double. Premièrement, il n'y a aucun moyen de savoir si une menace est crédible. Les intentions du plaignant ne sont pas révélées depuis le début et il n'y a aucun moyen de savoir dès le départ quelles sont ses intentions. Ainsi, il est suggéré que la disponibilité d'une procédure REL volontaire facilement accessible augmentera le nombre de procès intentés parce que l'espoir de la demanderesse sera que même si elle

---

[30] *Ibid.*

[31] *Ibid.*

[32] L'autre option consiste à recourir à l'arbitrage exécutoire ex post, ce qui semble peu probable étant donné que l'organisation d'un tribunal d'arbitrage entraînera des coûts supplémentaires. En outre, les tribunaux de l'État encouragent activement la procédure de médiation qui n'entraîne pas ces coûts.

n'est pas disposée à poursuivre la poursuite, elle sera en mesure d'atteindre un - accord judiciaire avec le défendeur. Il est difficile de distinguer entre un bluff (procès spéculatif) et l'intention réelle de poursuivre. L'intention sera révélée beaucoup plus tard lorsque le demandeur doit décider s'il doit poursuivre la poursuite. Le résultat sera que le nombre de procès en justice ne sera pas affecté et ils resteront à peu près les mêmes. L'augmentation affectera seulement les procédures REL avec l'hypothèse que c'est beaucoup moins cher et rendu facilement disponible par la machine judiciaire qui aide à rediriger les cas vers elle.

Deuxièmement, il est difficile d'avoir un REL parrainé par les tribunaux avec une force prédictive élevée. Le chapitre précédent a expliqué l'incertitude entourant le problème de l'erreur en droit. Une prévisibilité élevée du REL est difficile à atteindre dans la pratique. Il ne peut pas être question que l'arbitre privé ne commette aucune erreur dans l'application du droit. Il doit s'agir de ne pas suivre les réponses définitives produites par la hiérarchie judiciaire unifiée. Ainsi, la tâche du REL subventionnée par le tribunal ne peut pas être utilisée pour prédire le résultat du procès. Il est suggéré qu'un objectif tel que résoudre les cas faciles où la hiérarchie judiciaire a produit des réponses définitives et n'a pas d'effet important sur le comportement futur de la société doit être l'objectif du REL parrainé par les tribunaux, surtout s'il est obligatoire pour tous les justiciables.

Il y a une condition très importante pour que ce système du REL obligatoire soit subventionné par le système judiciaire officiel pour fonctionner. Il doit avoir des arbitres privés spécialement formés qui peuvent distinguer entre les cas faciles qui ont une faible probabilité d'être décidés différemment, [33] mais plus important encore, ces arbitres doivent être en mesure de distinguer les cas ayant un faible impact sur le comportement souhaitable dans la société. En d'autres termes, ils devraient être formés pour refuser d'entendre des affaires qui peuvent produire des externalités négatives sur d'autres parties affectées ou d'autres membres de la société. Ces cas devraient être le domaine exclusif de la machine judiciaire officielle.

L'analyse de Shavell s'est poursuivie avec la situation où REL n'a pas de force prédictive. La raison qu'il a donnée est qu'une procédure supplémentaire, qui prend du temps et des coûts et n'entraîne aucun avantage pour les parties. Cela découle du fait que les parties auraient encouru des frais, auraient perdu un temps précieux.

Il est suggéré que c'est aussi difficile à réaliser parce que si vous répétez les chances de prédire avec succès les résultats des essais sont d'environ 50 % à long terme. Même si les arbitres n'ont aucune connaissance juridique, avec le temps, ils seront en mesure de prédire le résultat de l'essai au moins avec une probabilité de 50 %. En supposant que les arbitres privés aient une certaine

[33] Pour en savoir plus, voir l'analyse de la théorie de Ronald Dworkin dans le chapitre précédent.

connaissance du droit et qu'il y ait des cas faciles à résoudre, leur pourcentage de prévisibilité sera plus élevé. La prédiction de Shavell selon laquelle les partis ne choisiront jamais de REL est discutable, en particulier pour les partis qui sont enclins à conclure un accord extrajudiciaire. Même avec une prévisibilité relativement faible, une telle décision REL a un certain pouvoir de négociation qui peut être utilisé pour induire un règlement à l'amiable. Est-ce que cela peut être un moyen utile de séparer le demandeur qui veut intenter une action en justice et qui veut seulement conclure une entente ?

Shavell a raison de souligner à ce point faible du tribunal promu REL. L'ajout de cette procédure supplémentaire entraînera des coûts supplémentaires et pourrait ne pas être suffisamment utile pour justifier les dépenses supplémentaires. Ainsi, les justiciables essaieront de l'éviter, surtout si son seul but est de prédire le résultat de l'essai. Ainsi, avant de parrainer une telle procédure supplémentaire, les tribunaux doivent veiller à ce que cette procédure serve à d'autres fins, telles que la promotion du règlement des affaires faciles et l'évitement des externalités.

La prévisibilité des affaires judiciaires grâce à la procédure d'arbitrage initiale peut être l'un de ces objectifs, mais cela semble difficile à atteindre. Accéder à cet objectif nécessiterait une relation étroite entre l'arbitre privé et les juges. L'arbitre doit s'assurer de très bien connaître les juges et leur décision. Il s'agit d'un effort tout aussi coûteux que celui dans lequel les juges des tribunaux inférieurs appartenant à une hiérarchie judiciaire forte suivent les préférences des tribunaux supérieurs. Ils doivent s'assurer qu'ils ne seront pas renversés et disciplinés pour leurs décisions. Il est difficile d'imaginer qu'un arbitre privé puisse être incité à se conformer aux décisions de justice sans contrôle hiérarchique. La question de savoir si ces efforts et les coûts qui en résultent sont justifiables est une question plus difficile et dépend de la capacité de l'arbitre privé à acquérir ces informations à moindre coût et à être incité à les utiliser.

Après avoir discuté du cas de la médiation volontaire, envisagerons ensuite ce qui se passe si l'État décide de rendre l'arbitrage obligatoire afin d'échapper à la situation dans laquelle les parties choisissent de ne pas s'engager dans une médiation dépourvue de force prédictive. L'État peut le faire lorsque les tribunaux ne peuvent pas faire face à l'augmentation de leur charge de travail. La situation sera similaire à celle du REL non obligatoire. Toutefois, les coûts supplémentaires encourus par les parties seront inévitables et rendront l'ensemble du processus de litige plus coûteux, ce qui est un résultat indésirable. Dans une telle situation, les tribunaux devraient s'assurer que le REL sert réellement d'autres fins et qu'ils ont des arbitres privés bien formés qui peuvent fournir un service utile aux plaideurs.

Si cela est obligatoire, les parties devront s'engager dans des procédures REL indépendamment de leurs préférences du faire ou non. La prévisibilité ne joue aucun rôle. Ensuite, le rôle de la machine judiciaire est encore plus important. Il doit s'assurer que le REL offre des avantages et ne rend pas seulement la procédure judiciaire normale plus coûteuse en y ajoutant une étape REL supplémentaire. Dans une telle situation, les objectifs souhaitables du REL mentionnés ci-dessus : résoudre les cas faciles, en suivant les décisions judiciaires antérieures sur la question, ne traiter que des cas qui n'ont rien à voir avec les comportements souhaitables dans la société et sans effets externes négatifs ; embaucher uniquement des arbitres privés bien formés qui comprennent ces questions est absolument nécessaire. Pour que les tribunaux favorisent un REL obligatoire et obligatoire, cela reviendrait à renoncer complètement à la compétence. S'il n'y a pas de critères stricts, la machine judiciaire se heurtera aux problèmes qui seront examinés plus en détail dans ce chapitre.

En somme, comment cela affecte-t-il la machine judiciaire ? Devrait-il rediriger les cas vers le REL ? Dans quelles circonstances devrait-il mettre le levier de la machine judiciaire dans une position off / redirection ? Ce n'est que si les préoccupations exprimées par Owen Fiss peuvent être traitées dans son article « Against Settlement ».[34] Considérant que certains points se rapprochent du système parfait qu'Owen Fiss décrit comme souhaitable, quels sont les points principaux de l'argument de Fiss ? Lesquels sont différents du système français et comment s'appliquent-ils au système français ?

Owen Fiss a formulé un double argument en soutenant que les tribunaux devraient avoir compétence exclusive sur certaines affaires. La première raison est que l'existence de litiges potentiels montre une rupture des relations sociales qui nécessite une intervention sérieuse des tribunaux. La seconde est que, comme nous l'avons déjà soutenu, le droit affecte les tiers et pas seulement les parties directement impliquées dans le différend. Comme le montre le chapitre précédent, l'objet d'un appel est plus complexe qu'il n'y paraît d'abord. Plus encore que les procès, un appel n'est pas seulement un processus de règlement des différends. Même si Owen Fiss n'analyse pas spécifiquement les appels, son argument peut être appliqué avec plus de force aux appels. Examinons donc son double compte rendu de la complexité du rôle des tribunaux. Premièrement, il a soutenu que les tribunaux ne se constituaient pas « pour régler les querelles entre voisins qui se trouvaient dans une impasse et se tournaient vers un étranger pour obtenir de l'aide ».[35] Il est trop simpliste de traiter les tribunaux comme une institutionnalisation de l'étranger et du pouvoir qu'il exerce.[36] Au lieu de cela, Fiss a souligné un autre élément significatif de l'adjudication, à savoir l'effondrement des relations sociales entre les voisins.[37] Les affaires portées devant les tribunaux d'appel indiquent une rupture encore

[34] Owen Fiss, *Against Settlement.* Yale Scholarship Depository: http://digitalcommons.law.yale.edu/cgi/viewcontent.cgi?article=2206&context=fss_papers
[35] *Ibid.*
[36] *Ibid.*
[37] *Ibid.*

plus marquée des relations sociales, car même un jugement en première instance ne suffisait pas à résoudre le problème social.

Le deuxième élément significatif de l'argument de Fiss est que les jugements des tribunaux sont soutenus par l'autorité du droit alors que les règlements privés n'ont pas cette autorité. Cette autorité est importante parce que le droit affecte les tiers et pas seulement les parties. En d'autres termes, les tribunaux ont une composante d'autorité publique que REL n'a pas. « L'autorité du jugement découle du droit, et non des déclarations ou des actions des représentants putatifs, ainsi nous permettons au jugement de lier les personnes qui ne sont pas directement impliquées dans le litige même lorsque nous hésitons à le faire. » [38]

De plus, le REL n'obtient pas le même résultat que les tribunaux parce qu'il réduit la fonction sociale de la poursuite à celle de la résolution des différends privés. Comme l'a dit Fiss, l'adjudication devrait être comprise en termes plus généraux. Il est appliqué lorsqu'il existe un réel besoin social d'une interprétation autorisée du droit.[39] Cette analyse nous aidera à répondre à la question, comme l'a dit Owen Fiss, si le fait de considérer l'appel ou l'appel comme essentiellement public ou privé n'est qu'une question de perspective. Owen Fiss a fait valoir qu'il voit l'adjudication en termes plus publics : Le litige civil est un arrangement institutionnel pour utiliser le pouvoir de l'État « pour rapprocher une réalité récalcitrante de nos idéaux choisis. »[40] L'exemple qu'il donne est Brown v Board of Education,[41] qui a changé la paysage politique en Amérique par la lutte contre la ségrégation raciale. « Je soupçonne plutôt que ce qui nous divise est beaucoup plus profond et provient de notre compréhension du but du procès civil et de sa place dans la société. C'est une différence de perspectives. Quelqu'un comme Bok voit l'adjudication en termes essentiellement privés : Le but des procès et des tribunaux civils est de régler les différends. »[42]Il est suggéré que le fait de considérer l'appel comme une simple résolution des différends ignore les externalités économiques créées par les différends.

Ainsi, l'analyse juridique, il est suggéré, a conduit à quelques révélations quant à la nature de l'appel. Les tribunaux ne traitent pas de simples conflits entre voisins, mais avec une rupture persistante des relations sociales, l'adjudication judiciaire, et plus particulièrement l'appel, a un élément public qui tire son autorité du droit. À un degré plus élevé qu'un procès, les appels ont une incidence sur les tiers. Afin d'éclairer davantage ces questions et d'évaluer le jugement des tribunaux, en particulier au niveau de l'appel par rapport aux solutions de rechange, une analyse inspirée par l'économie sera utilisée.

---

[38] *Ibid.*
[39] *Ibid.*
[40] *Ibid.*
[41] Brown v. Board of Education of Topeka, 347 U.S. 483 (1954)
[42] *Ibid.*

En résumé, trois auteurs majeurs - Shapiro, Fiss et Hayek - voient un élément public dans le système d'appel. Shapiro le voit d'une perspective d'état et d'un problème de régime politique. D'un point de vue juridique / politique, Owen Fiss voit le litige de droit privé comme un arrangement institutionnel pour utiliser le pouvoir de l'État afin de rapprocher une réalité récalcitrante de nos idéaux choisis. D'un point de vue économique / juridique, Hayek considère le système judiciaire comme une institution qui constitue une exception nécessaire à sa préférence pour l'ordre spontané parce que le pouvoir judiciaire est le gardien de cet ordre.

Le double argument de Fiss nous a orienté vers une exploration plus profonde de la dichotomie publique-privée. Le REL a ses avantages et peut, dans certaines circonstances, être utilisé à la place du système des tribunaux publics. La prochaine question importante est la suivante : quand le système public devient-il indispensable et ne peut être remplacé le REL par ?[43] En d'autres termes, dans quelles circonstances la machine judiciaire peut-elle se permettre d'abandonner sa compétence et de réorienter les affaires vers le REL ?

### 1.8 Procédures indispensables qui sont exclusivement un domaine public

L'argument ici est que le système judiciaire en appel ne peut tout simplement pas être remplacé par le REL. Les appels sont presque toujours fournis par le système des tribunaux d'État. Les systèmes d'appel privés sont extrêmement rares.[44] Cela contraste avec les différends au stade initial. Au stade du procès, les services judiciaires de l'État peuvent rivaliser avec des méthodes alternatives de règlement des différends telles que l'arbitrage ou la médiation. Au niveau de l'appel, la situation change radicalement.

Qu'est-ce qui différencie les appels de sorte qu'ils relèvent presque exclusivement du domaine de l'adjudication public. Un appel est parfois important dans la mesure où certaines affaires d'arbitrage finissent devant les tribunaux pour être jugés pour des raisons d'intérêt public. Un bon exemple est l'affaire Bernard Tapie discutée au début de ce travail. D'autres exemples sont des cas dans le domaine de l'exécution de sentences arbitrales (étrangères) devenant des appels réels parce que des clauses générales de traité d'adjudication telles que l'intérêt public sont utilisées pour modifier substantiellement les sentences arbitrales.

[43] Pour une opinion similaire, voir Debra Satz qui a soutenu que lorsqu'on évalue une institution, on devrait l'évaluer par rapport à l'alternative *Why Some Things Should Not Be for Sale* (Oxford University Press, 2010).

[44] Shavell, *Economic Analysis.*

### 1.9 Appel en tant que bien public

En fait, l'idée de l'élément public peut être attribuée à Adam Smith, qui a qualifié l'établissement du système judiciaire de bien public.[45] Polynsky et Shavell ont également soutenu qu'il existe une différence d'application publique et privée ; leur idée est que les parties privées peuvent avoir de la difficulté à saisir pleinement les avantages de développer des systèmes d'information coûteux mais socialement utiles pour faciliter l'application, ce qui a des implications plus larges dans le fossé public-privé.[46]

Pour voir quand la machine judiciaire officielle ne peut pas être remplacée par ADR et adresser les deux problèmes Owen Fiss a appelé une rupture des relations sociales,[47] l'article de Tyler Cowen, « Le droit comme un bien public l'économie de l'anarchie »[48] sera utilisé comme point de référence. L'article de Cowen est l'un des rares articles qui vantent le système judiciaire comme un bien public. L'auteur a traité d'un hypothétique état libertaire et de la question de savoir si l'anarchie peut mieux fonctionné que le système actuel.[49]

#### 1.9.1 Démonstration de l'élément public par Cowen

La force de l'article de Cowen est qu'il décrit une situation dans laquelle il n'y a pas d'état et des biens publics. Ainsi, en effaçant l'État et la fourniture de biens publics, y compris le règlement des différends, il était en mesure d'examiner ce que ce serait d'avoir une solution de rechange au système d'adjudication dirigé par l'État. Cette analyse permettra de mieux comprendre ce que le système actuel de tribunaux publics réalise réellement.

L'attention du travail de Cowen est en fait sur le règlement des différends même si son objectif est de se concentrer sur la fourniture de services de protection et de sécurité. La raison en est que dans un état d'anarchie, le problème n'est pas avec les services de protection et leur financement, mais avec le fait que les différends doivent être jugés entre deux fournisseurs de services de protection,[50] qui entrent inévitablement en conflit les uns avec les

---

[45] Polynsky and Shavell (Eds), *Handbook of Law and Economics* 1(2007): p.406.

[46] Polynsky and Shavell (Eds), *Handbook of Law and Economics* 1(2007): p.406.

[47] Fiss.

[48] In Edward P. Stringham, *Anarchy and the Law: The Political Economy of Choice* (Transaction Publishers, 2007).

[49] Le caractère hautement politique de l'argument a provoqué une forte critique de la part d'auteurs libertaires tels que David D Friedman « Law as a Private Good : A Response to Tyler Cowen on the Economics of Anarchy » In ed.. Edward P. Stringham « Anarchy and the Law, L'économie politique du choix » Il est suggéré que la critique ne concerne pas notre travail parce que l'argument de savoir si un système libertaire peut mieux fonctionner dépasse la portée du travail actuel. Nos préoccupations portent sur le fonctionnement du système actuel dans lequel les services judiciaires et en particulier d'appel sont fournis par des institutions politiques et non par le marché, de sorte que les appels sont principalement un bien public.

[50] Cowen.

autres (comme deux chefs mafieux). La question fondamentale est que le règlement de tels litiges implique au moins deux parties, mais a le potentiel d'affecter des tiers.

Pour que l'adjudication produise des externalités, deux ou plusieurs organismes de protection concurrents doivent produire deux ou plusieurs jugements contradictoires sur la même question. En d'autres termes, dans l'état d'anarchie, ces décisions contradictoires sont le résultat de l'existence de différentes structures d'adjudication qui appliquent des codes de conduite différents. L'exemple de Cowen porte sur deux agences d'adjudication ; l'un décide d'appliquer la peine capitale pour meurtre et l'autre choisit une peine alternative (réclusion à perpétuité). Les agences peuvent faire la guerre chaque fois qu'un conflit survient.[51] S'il y a violence, il y aura des externalités à des tiers qui seront gravement touchés par le conflit. David Friedman a fait remarquer que la guerre n'est peut-être pas le résultat le plus probable parce que c'est trop coûteux pour les agences. Il a fait valoir que les négociations de style Coasien sont plus probables.[52] Ainsi, il y aura un paiement de l'agence qui valorise une norme de droit plus à l'autre agence qui la valorise moins. Il suffit de voir un film sur la mafia italienne pour se rendre compte que c'est exactement ce qui se passe dans un endroit où il y a un vide de pouvoir de l'État. Les conflits entre les différents clans surgissent à cause d'un jugement contradictoire des chefs de clan. Il suffit de voir les statistiques des conflits fréquents de la famille mafia pour voir que Friedman a probablement tort. Le scénario le plus probable n'est pas aussi important, car une négociation politique chaque fois qu'il y a un conflit entre les organismes d'adjudication peut entraîner des coûts de transaction très élevés. Par exemple, une règle pour ou contre la peine capitale peut impliquer des convictions idéologiques si fortes que la négociation sera impossible. Dans un autre cas, les chefs de clans mafieux peuvent ressentir une animosité aussi profonde les uns envers les autres fondée sur des querelles séculaires que les négociations sont impossibles. Ainsi toute impasse peut provoquer des externalités. Pour revenir au chapitre sur l'unification, l'objet de l'appel existe réellement afin de réduire les externalités causées par des décisions judiciaires contradictoires. Comme le dit la théorie économique, lorsqu'il y a des externalités, la centralisation (unification) est nécessaire. Un système d'appel uniforme sert ainsi à réduire les externalités que produisent les décisions judiciaires contradictoires.

Que ce soit suite à l'analyse de Cowen selon laquelle les réseaux d'adjudication découlent de la menace de l'état de nature hobbésien ou à la négociation politique entre des agences de protection contradictoires avec l'élément supplémentaire de coûts de transaction élevés qui bloquent ces négociations, le résultat est le même. Il doit y avoir un système d'adjudication unifié. Le mécanisme que les systèmes judiciaires ont mis au point pour réaliser

---

[51] *Ibid.*

[52] Friedman and Stringham.

l'unification est un recours devant un tribunal supérieur. L'élément clé qui fait le succès du système d'appel est qu'il utilise un accord mutuel pour utiliser les institutions publiques pour régler les différends. En d'autres termes, l'appel favorise la coopération, pas la violence.

La question est donc de savoir pourquoi l'appel est différent des procédures d'adjudication initiales. La réponse est que l'appel est presque exclusivement le domaine des institutions de l'État. En revanche, les procédures initiales peuvent être exécutées par le biais d'institutions de marché telles que l'arbitrage et la médiation. Cela signifie que les appels sont presque exclusivement des biens publics parce qu'ils sont fournis par des institutions politiques. La raison en est que l'appel sert un autre rôle : la promotion de l'accord, de la coopération et de la paix, qui est le principal objectif de Cadiet en matière de jugement public - pour maintenir la paix sociale. Considérant que les tribunaux de première instance peuvent être considérés comme des biens de club qui peuvent être définis comme des biens pouvant être fournis à la fois par les autorités publiques et par des entités privées.

Friedrich Hayek, dans la même veine, a soutenu que le rôle du juge qui a été envoyé par un dirigeant n'est pas de faire respecter sa volonté ou son autorité, mais de préserver la paix en réglant des différends qui pourraient troubler l'ordre établi. Ce rôle peut être comparé à un inspecteur ou un superviseur qui assure que les ordres de l'autorité publique sont respectés.[53] Dans les sociétés modernes, le rôle d'un juge envoyé par une autorité pour résoudre un différend et ainsi préserver la paix peut être joué par un juge de première instance si les parties au litige choisissent le système de tribunaux publics. Très certainement, ce rôle est joué par des juges de niveau d'appel qui résolvent des conflits qui persistent après le premier jugement. En d'autres termes, les conflits qui atteignent un niveau d'appel, s'ils ne sont pas résolus, menacent davantage l'ordre établi.

La logique économique sous-jacente à cette conclusion est que le système d'appel unifié qui assigne clairement les droits dans sa juridiction conduit à des externalités négatives réduites, ce qui peut se produire lorsque l'ordre établi est perturbé et que la paix est rompue.

Owen Fiss est allé plus loin dans son argumentation selon laquelle l'élément public ne consiste pas seulement à protéger la paix et à aider les parties privées à maximiser leurs objectifs, mais aussi le pouvoir judiciaire d'interpréter les valeurs incorporées dans les textes autoritaires. En d'autres termes, Fiss a exprimé sa préférence pour un autre but d'appel public qui est le développement du droit.

[53] Hayek, *Law Legislation and Liberty*, p. 98.

### 1.9.2 Concurrence et caractère public des appels

L'adjudication dans le domaine de la concurrence est un autre exemple de la raison pour laquelle l'appel est presque exclusivement un bien public. La concurrence est un cas particulier d'appel lié à l'existence d'un État. L'application de la politique de la concurrence est un bien public qui ne peut être fourni que par l'État. Le fait qu'en France, seuls la Cour d'appel de Paris et la Cour de cassation entendent des affaires de concurrence est une preuve évidente que la concurrence en tant que clause de bien public ne peut être accordée que par l'État et doit être faite au niveau de l'appel.

La logique est que seul l'État peut promouvoir la concurrence parce que la politique concurrentielle ne peut exister en dehors d'un environnement indépendant qui réglemente les affaires dans le marché. La raison en est que lorsqu'il n'y a pas d'État, il n'y a personne pour imposer la concurrence, alors les entreprises essaieront d'obtenir une position dominante sur le marché et se transformeront peut-être en États tyranniques eux-mêmes.[54] La question importante est de savoir si, sans juridiction de l'État sur les intérêts publiques, il y aura trois grandes entreprises ou 10 000 comme le soutient Friedman ? La différence est énorme car trois entreprises à territoire fixe réduiront la concurrence ; les gens ne vont pas simplement emballer toute leur vie et aller dans un territoire avec de meilleures règles. Mais avec 10 000, il y aura de la concurrence.

Ainsi, le nombre d'entreprises sur le marché qui aborde la question fondamentale de droit de la concurrence est de savoir si le marché a une tendance naturelle à créer des monopoles ou encore plus important si ces monopoles peuvent perdre leur position dominante sans intervention extérieure. De bons exemples sont les géants technologiques tels qu'IBM, Microsoft et Google. À un moment donné, IBM et Microsoft semblaient vouloir dominer le marché pendant de nombreuses années à venir. Cependant, ils ont tous deux perdu leurs positions dominantes. Était-ce le résultat de forces purement du marché ou de l'application de la concurrence qui avait quelque chose à voir avec leur disparition ? Le même déclin de part de marché va-t-il arriver à Google ? Ce sont des questions importantes qui, dans leur essence, se résument à la question de savoir s'il devrait y avoir une adjudication en tant que bien public ou arbitrage en tant que bien privé pour résoudre les différends entre entreprises. Le nombre d'entreprises sur le marché et leurs tailles comptent.

### 1.9.3 Solutions aux problèmes REL

Un moyen simple de remédier à ces problèmes d'arbitrage consiste à publier les sentences arbitrales et à rendre les arbitres publiquement responsables des mauvaises décisions. Cela permettra d'éliminer les arbitres qui prennent des

---

[54] Cowen.

décisions non professionnelles afin d'obtenir plus de clients dans le futur. Ainsi, la solution pour l'arbitrage est la transparence.

L'arbitrage n'est qu'un outil et tout dépend de la façon dont il est utilisé. Malgré cela, l'arbitrage est au centre d'un débat public versus privé. Le système privé d'arbitrage échoue lorsqu'il y a un problème d'information asymétrique ; la solution consiste à rendre toutes les informations publiques en rendant les tribunaux d'arbitrage plus transparents. Cet argument correspond très bien à ce que Peter Drucker a maintenu à propos de la théorie moderne de l'information : l'information devient de plus en plus utile au fur et à mesure que les gens l'obtiennent.[55]

Un côté idéalise l'arbitrage en raison de ce caractère privé. Il affirme que les systèmes de tribunaux publics sont généralement lents et parfois même maladroits dans le règlement des différends. Il y a beaucoup de procédures à suivre dont certaines sont très coûteuses. L'alternative est le tribunal d'arbitrage privé. Il n'a pas de procédures spécifiques à suivre, pas de règles compliquées sur les preuves et moins de possibilités de retarder la résolution des affaires. Donc, beaucoup d'arguments sont que l'arbitrage est plus efficace dans le règlement des différends. Cette position est défendue par des libertariens tels que David Friedman. D'un autre côté, il y a ceux qui soutiennent que le règlement des différends comporte un intérêt public qui dépasse le cas particulier (c.-à-d., Cowen). La voix de Cowen est beaucoup plus faible et moins propagée. Ceux qui peuvent critiquer l'arbitrage pour son manque de transparence sont des professeurs de droit qui sont les bénéficiaires du système. Malheureusement, ce sont eux qui sont embauchés comme arbitres et ceux qui reçoivent les honoraires élevés en raison du problème de transparence / d'information.

En réalité, il existe des cas mieux adaptés à l'arbitrage et des affaires contenant des informations sociales précieuses mieux adaptées aux tribunaux publics. Donc, outre les souhaits des parties, décider quel forum est le plus approprié devrait être basé sur la disponibilité d'informations publiquement valables dans le cas présent. Le problème est que personne n'est formé, y compris les juges, pour faire la différence et, par conséquent, personne ne tente de faire la différence dans la pratique.

Alors, que se passe-t-il réellement lorsqu'une sentence arbitrale doit passer la procédure d'exécution de routine devant les tribunaux nationaux ? Celui-ci saisit l'opportunité de jouer son rôle normal de défense de l'intérêt public. Les tribunaux transforment cette procédure simple en une sorte d'« appel non officiel ». Cela se fonde généralement sur une loi qui prévoit la révision de la décision arbitrale si elle est contraire à l'intérêt public. Ces dispositions sont si vastes qu'elles peuvent inclure absolument tout ce qu'un juge souhaite leur contenir.

---

[55] Drucker, p.27.

Le problème est que les juges ne sont pas très bien formés pour voir ce qui affecte vraiment l'intérêt social. De ce fait, dans l'arbitrage international, un tel « appel » dégénère souvent en une protection des intérêts des industries nationales et même des citoyens contre les « méchants étrangers ». Un autre problème est que les juges ont des préjugés contre les sentences arbitrales. La réflexion suit les lignes de « une décision qui n'a pas été prise en suivant la procédure ne peut pas être une bonne décision. »

En conclusion, décider quand allumer ou éteindre la machine judiciaire doit être basé sur les forces et les faiblesses du privé et du public système d'adjudication. Il n'y a pas de solution unique, car on fait souvent valoir par exemple que le REL est plus efficace et qu'il devrait être préféré aux tribunaux. Comme le montre ce chapitre, l'arbitrage privé peut surclasser le système public sur certains aspects, mais il présente de sérieux inconvénients dans d'autres circonstances. Le critère principal qui devrait être utilisé pour décider si une affaire doit passer par le système judiciaire officiel ou non est l'importance de l'information sociale que le différend contient. Au niveau de l'appel, l'existence d'un élément public fort démontre clairement qu'un système purement privé ne peut pas traiter une information sociale aussi importante. Ainsi, les dirigeants qui traitent avec le système judiciaire ne devraient pas être en mesure de décider qu'une partie de la charge de travail des tribunaux devrait être redirigée vers le REL sans une compréhension claire du moment où ce changement devrait être effectué. La raison de cela a été démontrée non seulement par le degré d'importance de l'information sociale contenue dans le conflit, mais aussi par les différentes incitations que les différents types de REL créent. En d'autres termes, avant d'allumer ou d'éteindre la machine judiciaire, il faut examiner minutieusement quand et comment cela devrait être fait.

# PARTIE II :

# ANALYSE COMPARE

La section présentée ici se concentre sur une analyse comparative limitée à quelques exemples illustratifs de ce à quoi peut ressembler une telle démarche et de ses implications. Une étude comparative approfondie requiert et mérite une publication distincte, permettant d'explorer de manière exhaustive les questions environnementales qui influent sur le fonctionnement du système judiciaire. Ainsi, l'ambition de cette section demeure modeste : démontrer que l'approche économique, conjuguée à l'analyse des leviers institutionnels du système judiciaire contemporain ou historique, peut influencer de manière significative notre perception de ce dernier.

# Étude comparative : l'influence de l'environnement

L'étude comparative de ce livre porte sur l'environnement dans lequel ont évolué les arrangements spécifiques de l'organisation procédurale et de la théorie du système judiciaire. Le concept général de l'environnement peut avoir de nombreuses dimensions : sociales, politiques, culturelles, historiques, institutionnelles ou juridiques. Les arrangements juridiques constituent d'autres règles qui ont une influence directe sur le fonctionnement des leviers de la machine judiciaire. Ces influences environnementales sont étroitement liées et elles fonctionnent ensemble.

L'influence de l'environnement sur la machine judiciaire est à l'origine des conditions qui prévalent à la création et au développement d'organisations judiciaires spécifiques dans différents pays. L'environnement façonne également toutes les organisations en exerçant des pressions économiques, sociales, politiques et autres. Enfin, c'est le mécanisme de sélection ultime pour déterminer le dynamisme des systèmes judiciaires et l'efficacité de leur fonctionnement.[424]

La complexité des différentes pressions environnementales a pour conséquence l'impossibilité de tirer des conclusions définitives quant à leur degré d'influence sur le système judiciaire. Le lien de causalité n'est pas toujours évident mais il est probable. Cette étude vise uniquement à observer les tendances et les modèles afin de fournir les explications possibles. Il serait souhaitable que des études ultérieures s'intéressent à cette relation et en mesurent plus en détail les effets.

L'objectif de l'analyse comparative est de définir les conditions nécessaires à l'amélioration du système judiciaire français. Cette étude utilise les autres systèmes comme des exemples qui révèlent certaines caractéristiques du système français susceptibles, autrement, de rester inaperçues. C'est pourquoi il n'y a pas de comparaison entre les trois systèmes dans certains chapitres. Dans le chapitre de la théorie, par exemple, il est plus important de se concentrer sur les apports des théories sous-jacentes au système judiciaire anglais et ce qu'ils peuvent révéler sur le système judiciaire français. La raison en est que

---

[424] Douma and Schreuder, *Economic Approaches to Organization*, p. 16.

l'évolution des théories appliquées au système juridique anglais a été plus approfondie. Bien sûr, la théorie principale appliquée (la théorie de Kaplow et Shavell) aux deux systèmes est née aux États-Unis.

Dans le présent travail, l'objectif est d'explorer davantage la dichotomie entre les choix de levier identifiés dans le chapitre de la théorie. La question est de savoir si les avantages trouvés dans l'application de la ligne des théories contre la justice complète sont confirmés. On examinera également si la supériorité d'une règle sur l'autre peut être fortement influencée par des paramètres indépendants. Quelques exemples qui ont influencé la performance de la régulation du système judiciaire seront décrits. Enfin, la conclusion portera sur la théorie qui fonctionne le mieux dans la pratique et les propositions qui pourraient constituer des solutions utiles pour le système judiciaire français.

# Chapitre 9 :

# Accès aux tribunaux en France. Et serrant la classe moyenne

## 1. Introduction

Il a été démontré qu'un accès complet à la justice est une idée illusoire qui ne convient qu'à une petite société idéale. Il existe une nette supériorité dans une position de levier complexe qui tente d'atteindre un accès maximal à la justice en tenant compte des considérations individuelles et sociales. Ce chapitre tentera de montrer que dans la pratique, la conclusion générale est également valable pour la France.

La question est de savoir comment améliorer l'accès aux tribunaux pour en France. La raison en est que, en France, le droit d'accès à la justice est reconnu comme un droit fondamental et soutenu par divers mécanismes juridiques[1] qui garantissent son soutien, y compris la Déclaration française des droits de l'homme et du citoyen de 1789, le 1950 Convention européenne des droits de l'homme, et plusieurs codes y compris l'article 4 du Code civil. Les décisions du Conseil constitutionnel ont également confirmé ce droit fondamental. Les décisions 88 248 DC du 17 janvier 1989 et 96-373 DC du 26 janvier 1996 ont jugé que l'accès aux tribunaux est un élément essentiel de la Constitution. Ces décisions sont fondées sur l'article 16 de la Déclaration des droits de l'homme et du citoyen de 1789, qui stipule que lorsque les droits ne peuvent être garantis, il n'y a pas de constitution.[2]

Cette affirmation forte rappelle une approche impossible à atteindre dans la pratique à moins que le budget de l'aide judiciaire soit illimité ou du moins

---

[1] Voir, « Vie Pulbique'
http://www.vie-publique.fr/decouverte-institutions/justice/definition/garanties/comment-acces-justice-est-il-garanti.html

[2] Audrey Guinchard, Simon Wesley, "The French Approach to Access to Justice," in *Access to Justice: Beyond the Policies and Politics of Austerity* (Hart Publishing, 2016), p. 259.

extrêmement important. L'approche pratique pour obtenir le meilleur résultat possible en matière d'accès à la justice consiste d'abord à examiner comment le système judiciaire français est incapable de permettre l'accès aux tribunaux à un grand nombre de personnes. L'objectif est de répondre à la question : qui sont les personnes qui n'ont pas suffisamment accès aux tribunaux ?

L'étape suivante consistera à vérifier la conclusion préliminaire. La recherche de la supériorité de cette approche nécessite l'examen de facteurs environnementaux spécifiques (paramètres indépendants) en France pouvant influencer le résultat. De telles questions peuvent avoir une influence positive ou négative sur la conclusion. Là encore, le nombre de paramètres indépendants peut être important. Le défi est l'immensité des normes juridiques, historiques, politiques, sociales, culturelles et éthiques possibles qui peuvent influencer les valeurs des paramètres dépendants, les leviers réglementaires du système judiciaire. Par conséquent, seulement quelques influences possibles seront examinées ici avec l'espoir que de plus amples recherches élucideront la question.

La dernière étape sera de parvenir à une conclusion sur l'accès aux tribunaux en France.

## 2. Les problèmes d'accès aux tribunaux selon Galander adapté pour la France

Jetons un coup d'œil aux trois affirmations de Marc Galander qui limitent en pratique l'accès aux tribunaux pour les démunis. Premièrement, les nantis possèdent des ressources supérieures qui leur permettent d'embaucher la meilleure représentation juridique disponible. Ils peuvent également gérer les retards. Cela est d'autant plus important en France parce que son processus est prolongé dans plusieurs audiences, afin de réduire l'introduction par l'une des parties d'éléments susceptibles de surprendre l'opposant lors du procès. Le résultat, cependant, est que cela peut être un moyen de décourager les plaideurs plus pauvres de poursuivre le litige parce que les coûts augmentent avec chaque audience supplémentaire. Seul le juge a le pouvoir d'arrêter cette tactique de retard stratégique en disant qu'elle est prête à prendre une décision.

Deuxièmement, plus souvent qu'autrement, les nantis sont des acteurs récurrents dans le processus juridique, alors que les non-nantis participent habituellement à un processus juridique une seule fois. Par conséquent, ils bénéficient d'une expérience supérieure dans le traitement des affaires qui leur donne la liberté de choisir les affaires à porter devant les tribunaux et où les prendre. Ainsi, ils sont en mesure de choisir d'aller en justice dans des instances particulières et il est suggéré de manière plus importante, de choisir leur forum. L'un des cas, présenté au début de ce livre, montre clairement que Bernard Tapie était un joueur de répétition et capable de choisir deux fois son forum. Premièrement, il a choisi son cas pour être jugé dans les procédures ADR. Et deuxièmement, lorsque le tribunal a refusé d'exécuter la sentence arbitrale, il a porté sa demande « modifiée » devant le système judiciaire officiel alors qu'il aurait dû se voir interdire d'engager une procédure deux fois sur la même question. C'est la compétence des meilleurs avocats disponibles qui lui a permis de le faire.

Troisièmement, les joueurs de répétition ont des avantages stratégiques dans l'élaboration du droit, car ils peuvent régler des affaires qui peuvent leur être désavantageuses. Dans le même temps, ils peuvent se permettre de pousser les cas qui peuvent créer des règles avantageuses pour eux. Les non-nantis, au contraire, devraient être disposés à échanger la possibilité de faire de la « bonne loi » pour un gain tangible. La question est donc de savoir qui peut dicter les règles et au détriment de qui en France ? Pour la France, il faut tenir compte du fait que le juge ne crée pas le droit et ces décisions sont une source de droit beaucoup plus faible que la législation. Cependant en pratique, les interprétations de la Cour de cassation ou du Conseil constitutionnel jouent un rôle important dans l'élaboration du droit.[3]

La question est : qui voulons-nous voir aller en cour ? Cela va-t-il la peine de protéger les individus ? Ont-ils des informations précieuses pour la société ? Comment leurs informations s'empilent-elles par rapport aux informations des organisations ? Quels sont leurs objectifs légitimes que nous voulons également protéger, tels que les organisations commerciales qui ont besoin de créer de la richesse pour que la société fonctionne ?

## 2.1 Méthodes d'extension de l'accès aux tribunaux

Pour répondre à la question de savoir qui sont les démunis en France, nous devons d'abord examiner la manière dont l'accès aux tribunaux est amélioré par diverses réglementations juridiques.

### 2.1.1 Frais de justice

Une partie des efforts déployés en France pour élargir l'accès aux tribunaux consiste à renoncer aux frais de justice et à fournir un accès gratuit à tous les tribunaux. Au contraire, d'autres États tirent des revenus des frais de justice, [4] y compris l'Angleterre et le Pays de Galles, où les tribunaux civils et familiaux sont, dans l'ensemble, autofinancés, la majorité des frais étant financés par les frais de justice. La partie du coût qui n'est pas couverte par les frais est prise en charge par le contribuable général dans le cadre du budget des ressources du ministère de la Justice.[5] Il est douteux que la solution française qui alourdit le

[3] Par exemple, le droit de la responsabilité civile en France a été entièrement jugé sur la base de seulement deux articles du Code civil.

[4] Repport, p. 84.

[5] *Ibid.*

fardeau des contribuables soit une solution raisonnable. Une solution plus complexe basée sur la formule précédemment discutée proposée par Kaplow et Shavell a suggéré des subventions et des fardeaux sur les frais de justice et donc l'accès aux tribunaux semble beaucoup plus raisonnable.

### 2.1.2 Aide juridictionnelle

La principale méthode pour étendre l'accès aux tribunaux consiste à fournir une aide juridictionnelle aux personnes qui n'ont pas les moyens de payer pour des services juridiques. Toutefois, Damaska a fait valoir que le maintien d'un système d'aide juridictionnelle fonctionnel est une activité très coûteuse pour l'État, qui doit investir ses ressources limitées et améliorer réellement la qualité ainsi que la quantité de représentation juridique. L'État doit être capable et disposé à dépenser d'énormes ressources pour subventionner l'aide juridictionnelle afin d'être efficace.[6] Aux États-Unis, l'aide juridictionnelle n'est volontaire que dans les affaires civiles. Là, l'aide juridique a un impact minimal sur l'amélioration de l'accès aux tribunaux, comme mentionné dans le chapitre « Accès aux tribunaux ».

## 2.2 Forte tradition historique de l'aide juridictionnelle en France

Au contraire, en France, l'engagement d'accès à la justice a de fortes traditions. Il peut être retracé au VIII$^{e}$ siècle. À l'époque, les rois donnaient l'ordre à leurs juges de décider des cas d'indigents et de personnes âgées sans coût et sans délai. L'image de Saint Louis du XIII$^{e}$ siècle qui rend la justice également aux plus pauvres et aux plus bas est un bloc fondamental de la culture juridique française. Il n'est donc pas surprenant que la révolution française ait été en partie déclenchée par le désenchantement des Français à l'égard du fonctionnement de la justice. Le résultat fut l'article 16 de la Déclaration des droits de l'homme et du citoyen de 1789, cité ci-dessus. D'autres réformes visant à améliorer l'accès aux tribunaux ont également suivi.

La première tentative substantielle d'établir un système moderne d'aide juridictionnelle remonte à 1851, lorsqu'un système de financement pour les personnes à faible revenu a été créé. Ce système n'a pas bien fonctionné. En 1971, on estimait que seulement 6 % des usagers des tribunaux bénéficiaient de l'aide juridictionnelle.[7]

---

[6] Damaska, p.108.

[7] Sophie JOISSAINS et M. Jacques MÉZARD, Aide juridictionnelle : le temps de la décision, Rapport d'information n° 680 (2013-2014) de, la commission des lois, Senat, 2 juillet 2014; https://www.senat.fr/rap/r13-680/r13-680_mono.html;

### 2.2.1 Le budget français de l'aide judiciaire

Ces dernières années, ce fort engagement français en faveur de l'accès aux tribunaux a été mis sous pression. Les sources internes[8] et les rapports externes de la Commission européenne pour l'efficacité de la justice ont critiqué fortement le système d'aide juridictionnelle français. Un des résultats a été son budget accru. Le budget public annuel total alloué à l'aide juridictionnelle a été porté de 187 millions en 1998 à 367 180 000 euros en 2014.

Une brève comparaison avec le budget en Angleterre et au Pays de Galles pour la même année (2014) montre que le budget total était six fois plus important : 2 350 470 057[9] avec une population totale d'environ 58 millions en Angleterre et au Pays de Galles et de 65 millions en France.

Si l'on considère le taux d'inflation pour ces années et que d'autres pays consacrent plus de temps à l'aide juridictionnelle, ce qui n'est pas une augmentation significative, il montre encore un certain engagement du gouvernement français à fournir une aide juridictionnelle à ses citoyens. Néanmoins, cet engagement accru du gouvernement exige une sensibilisation accrue à la façon dont ce budget est dépensé.

Cette année-là, le budget public annuel alloué à l'aide juridictionnelle pour les affaires portées devant les tribunaux est de 308 120 000 €. Le budget public annuel alloué à l'aide juridictionnelle pour les affaires non contentieuses ou les affaires non jugées (consultation juridique, REL, etc.) s'élève à 59 060 000 €.[10]

Le budget d'aide juridique est le montant total pour les bénéficiaires de l'aide juridictionnelle, y compris les avocats. Cette dépense n'inclut pas les frais administratifs de l'aide juridictionnelle.[11] En France, le budget de l'aide juridictionnelle a d'autres sources que le gouvernement ; par exemple, les notaires et les barreaux contribuent également au budget annuel de l'aide judiciaire.[12]

### 2.2.2 La réglementation française du problème de l'aide juridictionnelle

En France, le niveau d'aide juridictionnelle à accorder est déterminé par une règle générale inflexible prévoyant une couverture totale ou partielle des frais

---

[8] Philippe Gosselin, George Pau-Langevin, Report N° 33196 from April 2011, Assamblee National available at http://www.assemblee-nationale.fr/13/rap-info/i3319.asp; Mlle Sophie JOISSAINS et M. Jacques MÉZARD, Aide juridictionnelle : le temps de la décision, Rapport d'information n° 680 (2013-2014) de, la commission des lois, Senat, 2 juillet 2014; https://www.senat.fr/rap/r13-680/r13-680_mono.html; Didier Marshall, Les Juriditions du XXI Siecle Decembre 2013 http://www.justice.gouv.fr/publication/rapport_Marshall_2013.pdf

[9] Repport, p 77.

[10] *Ibid.*

[11] *Ibid*, p 78.

[12] Les dates statistiques choisies sont avant le Brexit car après il n'y a pas d'informations détaillées sur le système anglais.

de contentieux.[13] La loi qui réglemente l'aide judiciaire s'appelle Loi n ° 91-647 du 10 juillet 1991.[14] Certaines études sur l'aide juridictionnelle en France ont montré qu'il y a encore 9 000 000 de citoyens français qui n'ont pas accès à la justice.[15] Il est suggéré que c'est une estimation très basse. La réalité est beaucoup plus sombre que cela, comme le montre l'examen des deux côtés du processus d'aide juridictionnelle (avocats et usagers).

### 2.3 Le point de vue de l'avocat

Du point de vue des avocats, l'aide juridictionnelle est désastreuse. Ils perdent pour chaque heure qu'ils travaillent sur de tels cas autour de 27,96 euros. Afin de maintenir sa pratique financièrement viable, l'avocat devra compenser la perte qui vient des cas d'aide juridictionnelle. Cela signifie qu'il facturera d'autres personnes plus quc le prix réel de 75 euros.[16] Si un avocat perd de l'argent en traitant une telle affaire et pas un autre cas, il enverra probablement un associé junior s'occuper de l'affaire de l'aide juridictionnelle. Cela signifie que le système d'aide juridictionnelle ne fournit pas la qualité des avocats nécessaire.

Les études sur la rentabilité des cabinets d'avocats en France ont montré que pour payer toutes les taxes et charges fixes qui sont égales à 50 % à 70 % du revenu mensuel, ils doivent facturer aux clients environ 75 euros par heure. L'augmentation des honoraires des avocats pour les affaires d'aide juridictionnelle n'a augmenté que de 0,15 % par année depuis 1991. Le montant ne tient pas compte du temps consacré à l'affaire, de sa complexité ou des frais à payer. L'État français n'a pas mené d'étude économique précise pour déterminer le montant à payer aux avocats pour rendre viables les cas d'aide juridictionnelle. Cette réglementation est donc totalement inadéquate et obsolète.[17] Tout est basé sur une règle générale inflexible.

En outre, certains avocats décident d'arrêter de pratiquer ou de se spécialiser dans les domaines du droit où les affaires d'aide juridictionnelle sont les plus nombreuses. Le problème est que ces domaines du droit traitent souvent de questions sociales très importantes pour lesquelles les clients ont besoin de conseils juridiques : droit de la famille, droit du travail, droit de la consommation, etc. La demande de représentation dans plusieurs de ces domaines est inélastique. Cela signifie que les gens n'ont pas le choix d'utiliser un avocat ou non. Par exemple, dans les affaires concernant la garde des enfants, la demande est inélastique (le prix ne détermine pas la demande). On

---

[13] *Ibid.*

[14] https://www.legifrance.gouv.fr/affichTexte.do?cidTexte=JORFTEXT000000537611

[15] Catherine Roussel « Aide juridictionnelle : un échec ou encore un espoir ? » Available at http://www.village-justice.com/articles/Aide-juridictionnelle-echec-encore,17376.html last visited September 29th 2016

[16] Catherine Roussel

[17] Catherine Roussel.

doit embaucher un avocat pour revoir ses enfants. Ainsi, l'augmentation des prix en raison de la compensation de l'existence du système d'aide juridictionnelle constitue une lourde charge pour de nombreux utilisateurs du système judiciaire ayant un revenu faible ou moyen. Cette législation crée les mauvaises incitations. La raison en est que si les avocats ne reçoivent pas un montant flexible qui tient au moins compte du temps consacré à l'affaire, de la complexité et des frais qu'ils doivent couvrir, même s'ils acceptent le cas, ils ne feront aucun effort. La qualité de la représentation ne peut exister sous un tel régime inflexible.[18]

L'un des résultats a été que seul un petit nombre d'entreprises qui font des économies d'échelle peuvent réaliser des bénéfices en traitant de tels cas. En 2011, le Comité du droit de l'Assemblée nationale a signalé que seulement environ 400 avocats sur 45 000 admis au barreau à l'échelle nationale traitent principalement de cas d'aide juridictionnelle. Le cabinet d'aide juridique typique, selon le rapport 2014 de la Commission du droit du Sénat, se compose de deux à trois avocats. Ces entreprises ont une part de 80 % d'aide juridictionnelle dans leur charge de travail totale.

Ce que cela signifie pour la représentation de qualité des affaires d'aide juridictionnelle, c'est que ces cabinets d'avocats acceptent un grand nombre de cas, consacrent peu de temps et d'efforts à des cas individuels et ont développé des pratiques (modèles) qui réduiront le temps et les efforts selon le type d'affaire d'aide juridictionnelle. Cela n'aboutit pas à la plus haute qualité de représentation.

### 2.3.1 Perspective individuelle

Selon l'article 4 de la loi sur l'aide juridictionnelle,[19] si une personne gagne 1 000 euros ou moins par mois, l'aide juridictionnelle financera 100 % des honoraires de l'avocat. Si la personne gagne entre 1001 et 1182 euros, l'aide juridictionnelle financera 55 % des frais et entre 1183 et 1500 euros, 25 % des frais. Pour les personnes ayant un revenu légèrement supérieur à la limite minimale, par exemple avec un revenu mensuel de 1185 euros, le prix d'embauche d'un avocat est beaucoup plus élevé. Le programme d'aide juridictionnelle a donc pour effet d'augmenter les prix pour tous les autres usagers du système judiciaire. Cela rend les prix déjà élevés encore plus inabordables pour les actifs (classes moyennes et moyennes). Selon un rapport 2014 de la Commission du droit du Sénat, 14,3 millions de personnes ont droit à l'aide juridictionnelle, 7,4 millions peuvent bénéficier d'une couverture complète et 6,9 millions peuvent bénéficier d'une couverture partielle.

---

[18] Je remercie Amélie Boudra pour ses précieuses recherches sur le système d'aide juridique français.

[19] Loi n° 91-647 du 10 juillet 1991 the article was modified: Modifié par LOI n° 2015-1785 du 29 décembre 2015 - art. 42 (V)

En 2012, un total de 915 563 cas pourrait bénéficier de l'aide juridictionnelle. Ce qui est plus intéressant, c'est que de ce nombre 821 777 ont été couverts et seulement 93 786 ont bénéficié d'une aide juridictionnelle partielle. En pratique, cela signifie que les personnes bénéficiant d'une aide juridictionnelle partielle ont réussi à utiliser les tribunaux huit fois moins que celles qui ont bénéficié d'une couverture complète.

Il y a une autre considération qui réduira très probablement ce nombre. Il sera intéressant de voir des statistiques plus détaillées parce que, dans la plupart des cas, il est possible que les demandeurs n'aient eu d'autre choix que d'aller en cour. En termes économiques, la demande pour de tels cas est inélastique. Ce qui signifie que quelqu'un qui gagne 5, 50 ou 500 euros de plus que le montant maximum de revenu (1000 euros) est pratiquement interdit d'utiliser l'aide judiciaire et ne l'utilise que lorsqu'il / elle n'a pas le choix et doit aller au tribunal avec ou sans aide juridique. Ainsi, en pratique, à peine plus de 7,4 millions de personnes en France peuvent bénéficier de l'aide judiciaire.

Selon l'analyse de Galander, les joueurs récurrents peuvent introduire des changements dans le droit alors que les non-initiés ne peuvent pas le faire facilement. Comme on l'a vu dans l'affaire Bernard Tapie, les personnes au sommet ayant une forte influence politique peuvent utiliser librement différentes procédures pour avoir accès à la justice afin d'obtenir le résultat souhaité. De la discussion ci-dessus, il s'ensuit que dans une certaine mesure les personnes dans la tranche de revenu inférieure peuvent également défendre leurs droits devant les tribunaux, mais avec une représentation de faible qualité. Cela signifie que, de façon limitée, ils peuvent toujours envoyer des informations sur ce qu'ils considèrent comme mal dans la société en se faisant entendre devant les tribunaux.

Cela signifie également que la classe moyenne a le moins accès aux tribunaux. Ce qui est important à noter, c'est qu'en France, la différence de revenu entre la classe moyenne et ceux de la tranche inférieure est beaucoup plus faible que dans les pays comme les États-Unis. Par exemple, le fardeau fiscal est beaucoup plus élevé, de sorte que la différence de revenu vital entre une personne qui gagne 1000 euros par mois et une personne qui gagne 2000 est minime. Le rapport de l'OCDE et de la Banque mondiale 2016 intitulé « La classe moyenne écrasée dans les pays de l'OCDE et les pays émergents : mythe et réalité» [20] montre que les variations en pourcentage du revenu disponible des ménages à revenu moyen en France sont au quatrième rang en Europe après la Grèce. L'Irlande et le Portugal pour la période 2010-2015.[21] Il a également le moins d'avantages possible d'augmenter. Cela signifie que la classe moyenne en France fait face à l'une des plus fortes pressions en Europe. Pour la stabilité d'une société démocratique moderne, une classe moyenne stable et contente est essentielle. Dans le même rapport, une autre statistique inquiétante montre que

---

[20] Rapport : http://www.oecd.org/els/soc/squeezed-middle-class-myth-and-reality-dec-1-2016.htm
[21] *Ibid.*

la France obtient un très faible niveau de confiance sociale. La corrélation que le rapport a trouvée est que la confiance est plus faible dans les pays avec une classe moyenne comprimée. Tout cela peut avoir des conséquences dangereuses pour la stabilité de la société française.

Que faut-il faire pour fournir à la partie la plus faible une aide adéquate à la représentation ? C'est une activité très coûteuse pour l'État qui doit investir ses ressources limitées et améliorer la qualité de la représentation pour fournir une représentation qui ne soit pas seulement sur papier. L'État doit être capable et disposé à dépenser d'énormes ressources pour subventionner l'aide juridictionnelle afin d'être efficace.[22]

Au Royaume-Uni, la représentation criminelle était fortement subventionnée jusqu'à récemment. Le résultat a été que la profession a attiré un talent substantiel. Cependant, le coût du système judiciaire a suscité de vives inquiétudes et des réformes ont été lancées pour réduire les dépenses. Au lieu de fournir des solutions viables, les réformateurs ont simplement mis en place des mesures d'austérité.

En somme, les subventions gouvernementales pour améliorer la représentation de la partie la plus faible sont rarement suffisantes. Pour qu'un tel système fonctionne, il doit fournir à cette partie à la fois une quantité suffisante et une qualité de représentation. Ce modèle est extrêmement coûteux à mettre en œuvre et nécessite un système de sélection des cas.

### 2.4 Une voie à suivre : la solution économique

L'article 12 de la loi n ° 91-647 du 10 juillet 1991 prévoit l'existence d'un bureau d'aide juridictionnelle rattaché au tribunal de grande instance qui statue sur l'admissibilité des dossiers d'aide juridictionnelle. La section 13 décrit la fonction de ces bureaux et la sélection des cas qu'ils font. La plupart du temps, la sélection est pour les tribunaux de plus haut niveau et les tribunaux administratifs. Selon l'article 16, chaque bureau d'aide judiciaire est présidé par un magistrat de la Cour de grande instance ou par un magistrat de la Cour d'appel pour les affaires civiles.

Si ce Bureau d'aide juridique pouvait se composer de magistrats ayant une formation spéciale, qui pourraient appliquer des critères plus sophistiqués dans la sélection des affaires et non la discrétion dont ils disposent actuellement, le système d'aide juridictionnelle en France pourrait mieux fonctionner. Il peut sélectionner les cas qui doivent être subventionnés et les cas qui doivent être restreints.

Certaines restrictions basées sur les décisions du bureau existent déjà. Certains auteurs ont soutenu que, dans le contexte de l'article 6 de la Convention européenne des Droits de l'Homme, ils ne sont recevables que s'ils

[22]Damaska, p.108.

visent « un but légitime et s'il existe une relation raisonnable entre les moyens employés et le but poursuivi ».[23]

C'est absolument correct. Cependant, pour que l'aide fonctionne de manière optimale et produise des résultats positifs tant pour les individus que pour la société dans son ensemble, il faut définir des critères clairs pour la sélection des cas qui passent par le système d'aide juridictionnelle. Il est suggéré que les critères de Kaplow et Shavell employés dans le chapitre « Accès aux tribunaux » produiront les meilleurs résultats. Cela signifie que l'accès à l'aide juridique devrait être autorisé lorsque les affaires en jeu ont de bonnes chances de rendre tout le monde meilleur, même lorsque le coût de l'aide juridique dépasse les enjeux de l'affaire.

Ces cas d'aide juridique devraient être encouragés généreusement. Au contraire, les procès peuvent aggraver tout le monde, même si les coûts ne représentent qu'une petite fraction des enjeux. Donc, une règle générale stricte selon laquelle limiter l'aide juridictionnelle serait insuffisamment stricte.[24]Tout cela devrait être considéré à la lumière de ce que les cas peuvent canaliser le comportement futur approprié dans la société.

La proposition faite pour une position de levier en général pour mettre le levier réglementaire à un point de transition flexible entre les restrictions et la subvention de l'accès aux tribunaux s'applique comme une extension de l'aide juridique. Il permettra à la fois d'économiser des ressources en limitant les cas sur la base de critères clairs et de subventionner les cas qui contiennent des informations importantes sur les problèmes qui se produisent dans la société et qui doivent être résolus.

La condition pour que cette proposition fonctionne est que les membres du bureau d'aide juridique et en particulier les présidents soient spécialement formés pour distinguer les deux types de cas. Cela impliquera nécessairement une formation des magistrats en droit et en économie.[25]

En somme, en France, la qualité du système d'aide judiciaire est douteuse en raison du quadruple problème identifié ici. Premièrement, il existe une allocation budgétaire de faible niveau pour l'aide juridictionnelle. Deuxièmement, les incitations fausses sont créées pour les avocats et troisièmement, la législation existante ne permet pas aux personnes ayant le même revenu de recevoir une aide juridictionnelle basée sur des critères solides de leur demande et son influence sur la canalisation des comportements futurs

---

[23] Par exemple, voir Jean-Paul Jean 'La qualité des décisions de justice au sens du Conseil de l'Europe' dans Qualité de justice "Ces restrictions au droit d'accès et au droit de recours ne sont admissibles et ne se concilient avec l'article 6 de la Convention européenne des Droits de l'Homme que si elles tendent "à un but légitime et s'il existe un rapport raisonnable entre les moyens employés et le but visé."

[24] Shavell, p.239.

[25] Ce n'est pas une idée nouvelle. Les juges de la Cour de cassation connaissant des affaires de concurrence reçoivent des cours particuliers d'économie. Cela a été confirmé par le juge Silk membre de ce tribunal dans un entretien réalisé en avril 2015.

souhaitables dans la société. Enfin, il existe des structures judiciaires coûteuses pour la sélection des cas, mais les magistrats ne sont pas formés sur la manière de distinguer les cas qui devraient être subventionnés des cas qui devraient être restreints.

### 2.4.1 Assurance juridique

Un développement qui facilite l'accès à la justice dans les États européens, en particulier pour les personnes qui ne bénéficient pas de l'aide juridictionnelle, est la mise en place d'une assurance privée pour les frais juridiques.[26] Les particuliers sont en mesure de s'assurer pour couvrir les frais de conseil juridique, d'assistance juridique et de représentation dans les procédures judiciaires.

L'influence de l'assurance légale a un effet similaire à l'aide juridique car elle n'est pas payée pour atteindre un résultat. De nombreuses personnes et entreprises en France prennent désormais des assurances en cas de litige et attendent une représentation de qualité. Le fait est que l'étendue de la couverture est contractuelle. Cela signifie que les compagnies d'assurance ne paieront pas le coût total des procédures judiciaires, sauf si l'assuré prend une assurance très coûteuse.

L'assuré peut librement choisir son avocat mais les contrats d'assurance ont des limites qui peuvent inclure : limite du domaine juridique, plafonds de prix de ce qui est couvert par l'assurance, plafond des honoraires d'avocat et des restrictions territoriales, etc. Il est alors important pour le client de savoir quelles sont les limites du contrat.[27]

Si les plafonds des honoraires d'avocat sont très bas, cela limite pratiquement le choix des avocats. Les problèmes légaux pour les individus ne sont pas quelque chose qu'ils peuvent facilement prévoir afin qu'ils ne sachent pas dès le début quel type de police d'assurance acheter. Ainsi, les contrats d'assurance, qui contiennent des restrictions dans le domaine du droit, peuvent nuire considérablement à l'accès des tribunaux aux particuliers. En tout état de cause, il ne semble pas qu'un tel système puisse assurer une représentation juridique de haute qualité à moins que la police d'assurance ne soit assez étendue.

De plus, les services juridiques ressemblent à une vente aux enchères irrécupérable. Cela signifie qu'un demandeur qui pense que son assurance couvrira ses frais engagera une action en justice. Quand elle se rend compte qu'elle a investi beaucoup d'argent et d'efforts dans le procès, elle doit encore investir davantage pour obtenir le résultat souhaité, elle ne voudra pas s'arrêter là et peut continuer à verser de l'argent dans la poursuite, même si le bénéfice est moindre que le montant dépensé. Cela peut également conduire à une situation où le montant socialement optimal dépensé pour la poursuite est

---

[26] Repport, p.74.

[27] Voir, https://www.service-public.fr/particuliers/vosdroits/F3049

beaucoup plus faible que ce qui est réellement dépensé. La raison est qu'une partie de la dépense est couverte par une assurance, que le demandeur ne compte pas comme une dépense. Ainsi, le montant qu'elle dépense en plus de la couverture d'assurance peut être beaucoup plus grand que ce qui est socialement optimal à dépenser pour ce procès particulier.

En somme, la disponibilité de l'assurance légale peut avoir un effet positif sur l'accès à la justice, mais elle peut aussi créer de nouvelles distorsions sur le marché des services juridiques qui peuvent avoir un effet social négatif.

### 2.4.2 Analyse des règles de frais contingents (pacte de quota litis)

Comme on l'a vu dans le chapitre sur l'accès aux tribunaux, aux États-Unis, l'une des principales méthodes d'élargissement de l'accès à la justice aux États-Unis a été les ententes sur les honoraires conditionnels. En France, une telle structuration des frais de justice également appelée avec son nom latin, pacte de quota litis, est strictement interdite par l'article 10 de la loi n° 71-1130 du 31 décembre 1971[28] Un avocat français peut être radié pour avoir conclure une entente sur les honoraires conditionnels avec un client. L'alternative française aux honoraires conditionnels est un accord écrit avec le client qui peut permettre à l'avocat d'obtenir une sorte de bonus s'il gagne l'affaire.

Ce « bonus » équivaut presque à l'utilisation de frais contingents. Cela crée toujours des incitations pour que les avocats français à travailler dur pour gagner l'affaire, mais cela les rassure dans une affaire qu'ils perdent. C'est donc une situation gagnant-gagnant pour l'avocat.

Owen Fiss a été très critique à l'égard des honoraires conditionnels parce qu'ils transfèrent le pouvoir du prestataire à ses avocats. Ils peuvent choisir seulement les cas à partir desquels ils peuvent gagner beaucoup et ignorer les autres. De plus, cet arrangement fonctionne principalement pour les cas de incidents voiture. Mais il convient de noter que sans cette possibilité, de nombreux cas n'obtiendront pas du tout l'attention dont ils ont besoin. Le dispositif français de « bonus à la victoire » a le même effet et confère encore plus de pouvoir aux avocats, de sorte qu'il n'est pas logique d'exclure un moyen de fournir des services juridiques au moins aux plaignants.

En somme, la règle française du « bonus » est un peu moins encourageante pour les avocats, et elle ne permet pas du tout l'accès aux tribunaux. Il n'est donc pas logique d'interdire les accords de contingence en France.

### 2.4.3 Règlement à l'amiable

Une autre source d'accès plus général à la justice est le règlement extrajudiciaire des affaires. Comment cela fonctionne en France ? Le point de vue extérieur sur le processus de contentieux français ressort du site internet de

---

[28] "est interdite toute fixation d'honoraire qui ne le serait qu'en fonction du résultat judiciaire."

l'un des grands cabinets d'avocats internationaux qui traitent des litiges français :

C'est peut-être pour cette raison entre autres que, une fois le bref initial signifié, environ 95 % des affaires auraient tendance à être jugées, ce qui est généralement la perspective de l'avocat français typique. Ainsi, toute suggestion anticipée d'un règlement par des avocats de l'extérieur de la France pourrait éventuellement être perçue comme indiquant qu'ils considèrent que leurs arguments sont faibles.[29]

Il est suggéré que sept années d'expérience en enseignement dans les facultés de droit françaises confirment également cette perspective dans une certaine mesure. On n'enseigne pas aux étudiants en droit français à essayer d'abord de négocier leurs cas. L'attitude dominante est de porter les affaires devant les tribunaux immédiatement. Cependant, ce n'est qu'une partie de l'image. La perspective française ne concerne pas tant le règlement que la conciliation et la médiation. Ainsi, pour les avocats français, le règlement extrajudiciaire est davantage une question de règlement des différends en arbitrage, conciliation ou médiation.

Les origines de cette attitude peuvent probablement être attribuées à la législation de la période révolutionnaire française, Loi du 16 et 24 août 1790 qui a établi un système de justice simple, géographiquement proche de ses utilisateurs. Ce qui est plus intéressant dans ce système, c'est qu'il repose sur des jugements de conciliation et d'équité. Il a créé le « juge de paix » qui a existé jusqu'en 1958, date à laquelle il a été remplacé par des tribunaux d'instance désormais complétés par des juges de proximité, créés en 2002. Ces juges locaux de proximité, principalement dans les questions civiles, ont toujours le même objectif de conciliation et de médiation qui permet une résolution rapide à moindre coût et, si possible, d'éviter les recours.

Le code de procédure civile français contient également une disposition dans laquelle les juges français sont censés essayer de réconcilier les parties avant de commencer le litige. Il existe également une procédure de conciliation obligatoire devant le tribunal du travail. La Commission de l'Assemblée nationale a également recommandé l'extension de l'aide juridictionnelle à la médiation.

Une autre façon de concilier la médiation et la conciliation en France avec le règlement passe par diverses initiatives. Les conciliateurs ont leur propre site web qui dit qu'en 2013, 233 472 cas ont été soumis à la conciliation. [30] Un autre exemple est l'initiative du Premier Président de la Cour d'Appel de Toulouse, qui a contribué à la création d'un centre de médiation qui tente de réconcilier les justiciables avant le début des procédures judiciaires.

Donc, le de 95 % qui vont au directement au procès est peut-être exagérer. Certains auteurs ont soutenu que 465 000 affaires avaient été réglées à

[29] Voir, http://www.triplet.com/70-10_litigation/70-30_structure.asp

[30] https://www.conciliateurs.fr/

l'amiable grâce à des conseils et à de l'aide en matière d'aide juridictionnelle. La vérité est que les taux de règlement sont inférieurs à ceux des autres systèmes judiciaires[31] et qu'une partie du fardeau du système judiciaire peut être réduite en réglant les cas faciles. Que ce soit fait par le biais de services de médiation et de conciliation ou de conférences des parties organiser par les juges, n'est pas important.

Récemment, le pouvoir judiciaire en France a commencé à promouvoir une plus grande résolution privée des cas afin de réduire les taux de procès. Comme l'a soutenu Hadfield, les résultats d'une telle politique ne sont pas toujours pleinement couronnés de succès. La raison est que l'augmentation des taux de règlement ne peut pas réduire le fardeau des procès ; il peut diminuer les cas qui vont à l'arbitrage. Pour la France, cela signifie que la nouvelle politique d'avoir plus de cas négociés (installés d'une certaine façon) dans les centres de médiation rattachés aux tribunaux peuvent réduire le nombre de cas qui vont à une autre nouvelle procédure prive bien connue des tribunaux américains. Les cas doivent être décidés par jugement sommaire plutôt que par un procès complet. Et la troisième option est que cette promotion du règlement par l'intermédiaire des centres de médiation dans les tribunaux peut réduire le nombre de cas qui vont aux services de conciliation fournis par l'association française des conciliateurs.

Une autre situation possible qui doit être évitée selon Hadfield peut être que les efforts pour promouvoir un plus grand règlement, dans les cas où les organisations sont des plaignants, peuvent être une mauvaise cible. La raison en est que ces cas sont déjà très susceptibles de régler. De plus, ils sont beaucoup moins nombreux que les cas individuels des demandeurs.[32] Cela signifie que d'autres sélections de cas sont nécessaires dans ces centres.

Cette initiative de médiation de la Cour d'appel qui tente de promouvoir le règlement doit également être mise en œuvre en tenant compte d'autres problèmes. L'initiative doit avoir différentes techniques de stratégie pour

---

[31] Rapport, p. 53. Aux États-Unis, le nombre souvent indiqué pour les affaires réglées est de 95 %. Bien que cela ne soit pas exact, cela montre que la colonisation fait partie intégrante de la culture juridique américaine. Au Royaume-Uni, le nombre de colonies n'est pas clair mais inférieur à celui des États-Unis. La déclaration suivante de Lord Jackson dans son rapport de réforme donne une idée du nombre de litiges et quelque peu de règlement au Royaume-Uni. "Litige de haute instance. En 2007, environ 75 00020 affaires ont été portées devant la Haute Cour. Sur ces 75 000 cas, environ 10 % ont été contestés et ont donc potentiellement donné lieu à des commandes importantes. Chiffres globaux Comme indiqué dans la section 2 ci-dessus, le volume des litiges devant les tribunaux de comté dépasse de loin le volume des litiges de la Haute Cour. Un bilan global équitable des litiges civils en 2007 pourrait se présenter comme suit: environ 2,1 millions d'affaires civiles ont été ouvertes, dont au moins 95 % ont été portées devant les tribunaux de comté. Environ 90 % de toutes les affaires civiles ont été conclues sans concours prolongé et à des coûts proportionnels aux problèmes en jeu. Les 10 % restants ont été contestés (réglés ou non avant le procès) et ont potentiellement donné lieu à des charges financières importantes."

[32] Gillian Hadfield, "Exploring economic and democratic theories of civil litigation." *Stanford Law Review* (2005).

surmonter les obstacles au règlement dans les cas de plaignants individuels et de plaignants organisationnels parce que les types de demandeurs ont des objectifs différents. Par exemple, l'obstacle au règlement dans les cas organisationnels est essentiellement d'ordre informatif, ce qui peut être résolu par des efforts de médiation axés sur l'échange d'informations et l'évaluation des cas.[33] Les demandeurs individuels, cependant, ont choisi les tribunaux publics et non un système privé d'arbitrage pour une raison. Par exemple, ils peuvent avoir moins d'informations et une plus mauvaise représentation. Par conséquent, ils espèrent que le tribunal jouera un rôle plus actif dans la fourniture de l'information et la promotion de leur cause. Ainsi, un simple effort d'échange d'informations ne sera pas suffisant car le camp le mieux représenté ne sera pas disposé à partager ses informations supérieures. Ainsi, les efforts de règlement judiciaire informels n'auront pas un grand effet.

L'essentiel est que le règlement doit être fait avec le critère clair des cas qui peuvent être réglés et ceux qui ne peuvent pas. Les cas qui peuvent canaliser les comportements futurs souhaitables dans la société doivent être portés devant les tribunaux. Les types de cas qui doivent être réglés sont : premièrement, des cas simples dans des domaines de droit déjà bien développés ; deuxièmement, les affaires qui ne sont jugées qu'en raison d'une asymétrie informationnelle (par exemple, les différends entre grandes sociétés où l'une d'entre elles contient beaucoup plus d'informations que l'autre) ; troisièmement, une attention particulière doit être accordée au type de demandeur et de défendeur pour prendre une décision éclairée quant à savoir s'il est utile de régler l'affaire. Enfin, les cas contenant des informations importantes susceptibles de canaliser les comportements futurs souhaitables dans la société doivent être jugés. En conséquence, ces centres, s'ils sont organisés de manière compétente, peuvent avoir un effet positif important sur l'accès à la justice. Sinon, ils peuvent avoir un effet néfaste sur l'accès aux tribunaux et à la société dans son ensemble.

### 2.4.4 Procédure accélérée et jugements sommaires

Les procédures accélérées et les jugements sommaires peuvent étendre l'accès aux tribunaux ou le réduire. D'une part, ils peuvent mener à l'un des dangers que Galander a identifiés, c'est-à-dire qu'ils permettent aux nantis de transférer d'importants dossiers vers de telles procédures parce qu'ils sont mieux représentés. De cette façon, ils peuvent tranquillement se débarrasser des cas importants. Comme on le voit dans l'affaire d'aide juridique en anglais présentée au début de ce travail, les avocats de la banque ont réussi à utiliser une procédure obsolète pour rejeter la demande du plaignant qui avait fait saisir sa maison par la banque pour la prétention surprenante qu'il n'avait pas hypothèque payée pour la période impossible de 15 ans.

[33] *Ibid.*

D'un autre côté, de telles procédures peuvent aider les tribunaux à régler des affaires faciles qui ne méritent pas des ressources de procès complètes. De cette façon, le système judiciaire peut se permettre de consacrer plus de temps et de ressources à des affaires importantes. Le plus gros problème est de distinguer les deux types de cas.

L'approche certainement erronée est la règle basée sur la proportionnalité utilisée en Angleterre.[34] La proportionnalité individuelle et collective (répartition des ressources) déterminerait la voie procédurale appropriée. Trois voies procédurales ont été recommandées dans les rapports intérimaires et finaux : voie des petites créances – 5000 livres en valeur (1000 pour les réclamations pour blessures corporelles) – 5000-15000 (pour les blessures corporelles 1000 à 15 000) et multipistes pour les réclamations supérieures à 15 000. La façon dont la valeur des réclamations à estimer a été d'abord les questionnaires d'allocation, qui ont été remplacés plus tard par l'allocation de voie administrative dans le cadre de la réforme de Lord Jackson.[35]

Le problème est que dans une telle situation, il est plus utile d'utiliser une norme plus complexe au lieu d'une règle qui donne des montants exacts. La norme Kaplow et Shavell a été utilisée pour encadrer toute la question de l'accès aux tribunaux ; il traite de la complexité de la question de savoir quels cas sont trop importants pour ne pas attirer l'attention des tribunaux. Leur approche peut certainement être appliquée pour décider quels cas sont appropriés pour les procédures accélérées. Un critère supplémentaire pourrait être de prendre en considération la disparité apparente dans la représentation et le pouvoir des ressources entre les deux parties au processus.

Ces procédures existent maintenant en France et il est essentiel pour la qualité du système judiciaire d'examiner plus avant leur éventuel impact négatif sur les personnes démunies, mais en même temps de comprendre leur utilité pour rationaliser la charge de travail du système judiciaire afin de pouvoir traiter plus de cas.

### 2.5 La nature des services juridiques

Hadfield a fait valoir que le changement du paysage et du caractère des cabinets juridiques aux États-Unis a causé une différence dans la qualité des services juridiques que les particuliers reçoivent par opposition aux grandes entreprises. L'émergence des grands cabinets d'avocats d'affaires, qui traitent des procès commerciaux massifs, peut être comparée aux petites et moyennes pratiques juridiques traitant des réclamations individuelles.

Ce changement arrive aussi en France, mais plus lentement. Lorsque les grands cabinets d'avocats internationaux ouvrent des bureaux en France, ils ne sont presque pas confrontés à la concurrence pour attirer les grandes entreprises

[34] Woolf, 28.
[35] Sorabji, p.188.

dans les cabinets d'avocats relativement petits en France. Aux dernières nouvelles, il y a 58 224 avocats, organisés dans 161 barreaux locaux et, plus important encore, plus d'un tiers des avocats sont des praticiens exerçant seuls et beaucoup d'autres exercent dans de petites entreprises.

Le législateur français a déjà montré des tendances protectionnistes. Il suffit de voir la réglementation bancaire en France[36] et la création de sociétés nationales championnes sera très probablement tentée de restreindre l'entrée des grands cabinets d'avocats internationaux sur le marché légal français. Cependant, ce n'est pas la bonne solution. L'isolationnisme n'a jamais apporté d'avantages compétitifs et, de plus en plus, l'entreprise devient multinationale, de sorte que le protectionnisme en France ne fonctionnera tout simplement pas et remettra les cabinets d'avocats français en arrière et incapables de faire face aux nouvelles tendances internationales. La raison en est que les investisseurs étrangers feront davantage confiance à ces grands cabinets d'avocats internationaux qu'aux entreprises françaises locales. Il aura également un impact extrêmement négatif sur l'économie française car il aura un impact négatif sur la confiance des investisseurs internationaux dans le droit et les institutions françaises.

### 2.5.1 Récapitulatif des personnes qui sont les démunis en France

Les personnes dans la tranche de revenu la plus basse (moins de 1000 euros par mois) reçoivent une aide juridique. La qualité de cette aide est douteuse car elle est fournie sur une grande échelle avec peu d'attention aux cas individuels. Les personnes qui sont dans la tranche de revenu de 1000 à 1500 reçoivent une aide juridique partielle. Ils sont huit fois moins susceptibles d'utiliser le système d'aide juridique et les tribunaux que les personnes de la tranche de revenu précédente. Que diriez-vous des personnes qui ont un revenu supérieur à 1500 euros par mois ? D'autres études sur le sujet sont nécessaires. Cependant, il est suggéré que les personnes qui se situent juste au-dessus de cette tranche de revenu n'aient pas du tout accès aux tribunaux. La raison en est que même si la différence de revenu totale de 500 euros est utilisée à des fins à des fins de représentation légale, elle ne peut pas payer plus de quelques heures de services juridiques. De plus, ces personnes ne bénéficient pas d'autres programmes sociaux et sont soumises à des taxes plus lourdes. Alors, les démunis en France sont-ils la classe moyenne et les plus travailleurs ? La réponse doit être trouvée dans d'autres recherches sur le sujet. Ceci est important parce que dans les sociétés démocratiques modernes, la classe moyenne déstabilisée et malheureuse signifie une société instable.

Les autres moyens d'augmenter l'accès aux tribunaux ont-ils un impact négatif sur les démunis en France ? L'assurance légale pour tous ceux qui l'achètent est certainement utile pour augmenter l'accès à des conseils

---

[36] Atanasov, L'État "Manager" français comme régulateur de l'économie: Analyse macroéconomique et comparée, ouvrage collective sur la direction de Serge Regourd.

juridiques et à l'accès au tribunal dans une certaine mesure. Le danger est que les services juridiques puissent s'apparenter à une vente aux enchères irrécupérable et que plus de ressources puissent être dépensées en litige que ce qui est optimal pour les plaignants et la société dans son ensemble. En outre, les contrats d'assurance peuvent être principalement bénéfiques pour les compagnies d'assurance si leurs conditions ne sont pas suffisantes pour assurer une protection juridique adéquate.

Le manque d'honoraires conditionnels réduit l'accès aux tribunaux pour certains cas de blessures corporelles et rend ainsi les personnes défavorisées un peu plus pauvres et moins protégées. La promotion de davantage de mécanismes pour induire un règlement extrajudiciaire peut avoir un impact positif ou négatif sur l'accès aux tribunaux en fonction de l'organisation de ces mécanismes. La même chose est vraie pour le nombre accru de jugements rapides et sommaires. Enfin, l'augmentation du nombre de grands cabinets d'avocats internationaux peut avoir un effet déséquilibrant sur la qualité des services juridiques offerts aux grandes entreprises plutôt qu'aux particuliers. Cependant, toute mesure protectionniste contre ces grands cabinets peut avoir un impact négatif sur l'ensemble de l'économie française.

### 2.5.2 L'influence sur le droit

Le droit change-t-il pour jouer contre les démunis parce qu'ils ne peuvent pas porter leurs réclamations devant les tribunaux ? Dans l'affaire Subway examinée au début de ce livre, il a été démontré que les cas sont détournés vers des procédures telles que l'arbitrage, qui est loin d'être impartiales car le côté puissant désigne le seul arbitre. Ces « nouvelles » procédures dépassent les frontières nationales et les systèmes judiciaires comme s'ils n'existaient pas. Ces détournements des tribunaux officiels rendent la participation à de telles procédures (dans notre exemple procédure d'arbitrage à New York) impossible aux petits entrepreneurs en France.

Il y a aussi des cas comme celui de Bernard Tapie, le multimillionnaire français avec une influence politique considérable qui, par le pouvoir de ses avocats, peut dicter les procédures à utiliser, même si, sur papier, il n'a pas le droit de les utiliser tous. En France, le système d'égalisation le plus opportun sur le papier pose la question : peut-on s'acheter justice ? Comment cette possibilité pourrait-elle avoir un avantage social ? Un millionnaire français a réussi à utiliser le système d'arbitrage puis le système juridique comme moyen de recours pour « se faire justice ». Le problème de l'accès à la justice est sérieux et nécessite un examen plus approfondi en France.

En conclusion, même en France, un pays qui a une forte tradition d'accès aux tribunaux et de nombreuses dispositions qui protègent cet accès, la machine judiciaire est loin d'avoir pleinement accès aux tribunaux. Les leviers de la machine judiciaire peuvent être ajustés pour que les tribunaux puissent mieux faire, à la fois pour économiser les ressources mais surtout pour améliorer l'accès aux tribunaux pour les citoyens qui comptent vraiment pour la stabilité de la société française : la classe moyenne. L'amélioration de la réglementation de l'aide juridictionnelle peut aider à étendre le levier de la machine judiciaire afin de fournir également une meilleure qualité d'accès aux tribunaux.

# Chapitre 12 :

# Le Système Obsolète d'organisation judicaire en France

## 1. Buts de l'appel

### 1.1 France : but multiple de l'appel

La correction d'erreur est le but évident de l'appel mais surtout en France, comme l'a soutenu Shapiro, il y a plusieurs fins d'appel.[1] Cette section examinera donc les autres buts de l'appel tels qu'ils sont illustrés par les procédures d'appel en France.

La littérature française formule l'objet d'une révision par la Cour de cassation en France comme « disciplinaire (censure de l'application erronée du droit) » [2] et « normative (harmonisation de la jurisprudence). »[3] Tout aussi important est le fait que la Cour de cassation dans l'accomplissement de ses fonctions d'appel s'est vu refuser tout rôle social ou politique.[4] Alors, comment peut-on déchiffrer les raisons de cette formulation plutôt courte et surchargée ? La réponse distinguera la fonction disciplinaire, harmonisante, normative, politique et sociale, car les limites entre ces termes et fonctions ne sont pas aussi évidentes que le prétend l'auteur.

Avant d'examiner en détail le but disciplinaire de l'appel, il sera utile de voir quelle correction d'erreur en France signifie l'appel. La correction d'erreur disciplinaire est un sous-type de la correction d'erreur générale.

---

[1] Shapiro, Appeal.

[2] Louis Vogel ed. "Cours suprêmes: Comment le filtrage des recours révèle le pouvoir des juges," p.46.

[3] *Ibid.*

[4] *Ibid.*

### 1.1.1 Correction d'erreur

Correction d'erreur peut être définie comme étant « principalement au profit des différentes parties à un cas particulier, implique un examen des actions du tribunal de première instance pour déterminer si elle a omis de suivre une règle de droit matériel ou procédural précédemment établi, fait une erreur »[5]. Le chapitre, But de l'appel, a noté que la correction d'erreur dépend de la question de savoir si nous percevons si la décision judiciaire peut fournir les bonnes réponses.

### 1.1.2 Correction d'erreur et la connexion avec l'engagement à de bonnes réponses

La fonction principale de toutes les cours d'appel est la correction d'erreurs. Comment les différents systèmes perçoivent-ils les efforts du système judiciaire pour obtenir de bonnes réponses ?

### 1.2 Le contraste entre le modèle américain et l'engagement continental en faveur de « bonnes réponses »

La première spécificité (paramètre indépendant) des systèmes juridiques examinés ici est leur attitude à l'égard de la question de savoir si les systèmes judiciaires peuvent produire de bonnes réponses. Pour éviter cette piqûre sémantique, il est nécessaire d'examiner les concepts fondamentaux sous-jacents, tels que les « bonnes réponses », qui forment les points de vue des différents systèmes et d'essayer de retracer les origines des différentes façons de comprendre les choses. Commençons donc avec le concept de « bonnes réponses ».

Parmi les nombreuses contributions de Damaška à l'analyse du système judiciaire, l'analyse du problème « pas de bonne réponse » a été très pertinente. En effet, Damaška a clairement montré l'attitude différente des systèmes juridiques dans la recherche de « la bonne réponse ».[6]

Damaška a fait valoir que le droit américaine était exceptionnelle parmi les principaux systèmes occidentaux dans sa réticence à chercher les bonnes réponses. Cela est particulièrement évident dans la théorie de Ronald Dworkin. Il a basé sa théorie sur l'idée que la bonne interprétation est celle qui fournit la meilleure réponse possible. La seule chose qui se rapproche d'une bonne réponse est qu'elle doit suivre la moralité politique actuelle et qu'elle doit remplir le critère de « l'ajustement » dans le système juridique existant. Ainsi, une telle théorie montre le plus faible engagement à l'objectif de bonnes réponses.

---

[5] Martineau, p.28.

[6] Whitman.

Damaška a soutenu que les avocats de Continental chercheront la bonne solution,[7] alors que son collègue américaine montrera un agnosticisme libéral au sujet des « bonnes » réponses, couplées avec une perspective procédurale. Au lieu de chercher la bonne réponse, l'avocat américain « sera principalement préoccupé par de bons arguments pour une affaire ».[8] La conclusion de Damaška est que le droit américain était exceptionnel parmi les principaux systèmes occidentaux dans sa réticence à chercher les bonnes réponses.

Dans son analyse du travail de Damaska et Dworkin, Whitman a montré une distinction importante, qu'il existe en fait deux idéaux distincts. Le premier est qu'un système judiciaire peut être pleinement engagé à donner des réponses définitives sans avoir d'engagement particulier à donner des réponses correctes ou même accepter la possibilité de donner des réponses correctes.[9] La tradition continentale européenne montre un engagement fort à l'idée qu'il doit y avoir des « réponses correctes uniques ». Les systèmes continentaux tendent à chercher des réponses non seulement correctes, mais aussi définitives.

La tradition a commencé avec les avocats romains qui pensaient qu'il existe une règle optimale qui peut être atteinte lorsque le droit positive trouve la règle ultime qui est identique à ce que le droit naturelle prescrit. Trouver cette règle optimale a été fait en recherchant les meilleures règles dans tout l'Empire romain et en les appliquant à des systèmes alternatifs. À partir d'une certaine période, ces règles sont entrées en concurrence les unes avec les autres. L'objectif était alors de trouver des règles globales qui conviennent le mieux aux conditions romaines spécifiques.

En revanche, ce que les systèmes continentaux modernes essaient de faire est de trouver une règle optimale qui est aussi la règle définitive ; ils ne tiennent pas compte de la dynamique et de la complexité du monde moderne qui évolue rapidement. Cela signifie qu'il y a beaucoup moins de temps pour observer quelle règle est optimale. En outre, les systèmes continentaux modernes n'essaient pas de mettre en œuvre ces règles dans une variété de systèmes concurrentiels alternatifs. En conséquence, l'engagement continental moderne pour des réponses justes et définitives est moins pragmatique que ce que les Romains ont fait. La raison en est que la pensée moderne porte la marque de l'ère des Lumières, dans laquelle l'esprit humain était considéré comme tout puissant et capable de découvrir tous les problèmes environnementaux spécifiques qui peuvent être découverts par un seul esprit humain. En revanche, les Romains utilisaient une approche évolutionniste, basée sur la compétition entre des règles alternatives pour en découvrir les optimales. Comme cela a été dit dans l'introduction de ce travail, les éléments environnementaux dans

---

[7] Damaska, *A Continental Lawyer in an American Law School: Trials and Tribunals of Adjustment*.

[8] Damaska.

[9] Whitman.

différents systèmes judiciaires sont le plus gros problème pour des conclusions complètes et complètes pour chaque système judiciaire.

Il est suggéré que, pour avoir les bonnes réponses, il ne devrait pas y avoir de changement dans les conditions sociales dans lesquelles le droit fonctionne. En période de changement très lent, il est plus facile d'avoir de bonnes réponses. L'autre problème est la complexité. Si le droit réglemente des problèmes simples, il est plus facile d'avoir une règle et très peu ou pas d'exceptions. Lorsque le droit se complique, il est parfois nécessaire de prévoir des exceptions multiples à un point tel qu'elles sapent la règle elle-même. Le système américain évite ce problème d'une règle optimale et définitive en se tournant vers le côté argumentatif du droit. On ne s'attend pas à ce que tous les représentants juridiques produisent généralement la même réponse à une question donnée.

Néanmoins, le système judiciaire américain n'est pas aussi agnostique que Damaska et Whitman pour trouver les bonnes réponses. Les règles de procédure civile fédérale et en particulier le processus de découverte ont été conçus pour augmenter la probabilité de trouver les bonnes réponses en acquérant plus d'informations, qui serviront de bonnes prémisses pour arriver à la bonne conclusion. La vraie différence réside alors dans le fait que la tradition américaine tend à se consacrer à la recherche de réponses correctes dans une certaine mesure mais manque largement de la volonté de trouver des réponses définitives.

En revanche, la théorie juridique française ne remet pas souvent en cause le fait qu'il existe de bonnes réponses. On dit que la législation, pour la plupart, prédétermine l'issue de la prise de décision judiciaire. Ce point de vue, cependant, est contesté par la pratique.[10] Les juges français ont déclaré que chaque cas peut être décidé dans les deux cas et que la législation ne fournit pas elle-même de réponses claires qui prédéterminent l'issue du litige. [11] De plus, certains juges français remettent en question le fait qu'il existe des réponses définitives.[12] Un commentaire a été qu'un certain problème moralement inculqué n'est pas le droit en France en ce moment mais que l'attitude morale envers la question changeait et que la position minoritaire deviendrait le droit à l'avenir. Cela signifie que sous la surface, les attitudes envers les bonnes réponses et les réponses définitives ne sont pas si différentes. Cependant, le fort engagement théorique à l'égard de l'une et de l'autre aboutit à une tentative d'atteindre non pas la bonne réponse dans chaque cas, mais une réponse définitive pour prétendre que les tribunaux ont trouvé la bonne réponse.

---

[10] Pour en savoir plus, sur la différence flagrante entre la théorie officielle française et la pratique des tribunaux, voir Mitchell Lasser "Judicial Deliberations." L'auteur examine longuement le contraste entre le portrait officiel du système judiciaire français et la pratique réelle des tribunaux.

[11] Franclieu, Premiere President de Cour d'appel de Toulouse.

[12] *Ibid.*

### 1.2.1 Les bonnes réponses trouvées dans l'attitude différente à l'égard de la preuve

La position de base est la suivante : la recherche des faits implique l'établissement de la congruence entre les énoncés sur le monde et le monde lui-même. Mais cela ne fonctionne pas aussi bien dans la pratique. Au lieu de cela, dans la plupart des cas, on s'attend à ce que les arbitres acceptent une histoire comme vraie, quand elle est soutenue par suffisamment d'éléments de preuve relatifs aux faits de l'affaire. Qu'est-ce qu'une preuve suffisante ? Les systèmes juridiques de la *common law* essaient d'avoir une norme pour décider quelle quantité de preuve est suffisante pour prouver une réclamation. Dans les cas non criminels, ces systèmes utilisent le terme « prépondérance de la preuve ». Cela signifie que 50 % ou plus de la preuve est suffisante pour prouver une réclamation.

En revanche, la procédure civile française n'a pas une telle règle. En France, il n'y a pas de tentative de quantification des preuves et de tracer une ligne de démarcation claire entre ce qui constitue une preuve suffisante. La raison en est que la preuve est considérée comme une proposition de tout ou rien - elle prouve la vérité ou non. Cela est clairement une conséquence de l'attitude théorique qui montre l'absence totale de doute qu'il existe de bonnes réponses aux problèmes d'adjudication. Pour un observateur de *common law*, la certitude absolue que la preuve démontre la position de l'une des parties à un conflit civil ressemble à la norme de preuve criminelle qui établit qu'une déclaration de culpabilité n'est possible que lorsque la preuve démontre hors de tout doute raisonnable que l'accusé est coupable.

La conclusion de Whitman est que la tradition américaine n'a pas peur de l'absence de réponses justes et définitives parce qu'elle n'a pas peur de l'autorité judiciaire. En revanche, les juristes continentaux ont tendance à chercher de bonnes réponses parce qu'ils ne font pas confiance en l'autorité judiciaire.

Cependant, même en théorie française, la position n'est pas absolue. La recherche de la vérité absolue et définitive a été adoucie par les vues d'auteurs tels que François Geny qui, dès la fin du XIX^e^ siècle, a conclu qu'il était impossible au droit de disposer d'avance de toutes les questions avec certitude. Cela a amené Gény à insister sur le fait que les juges devaient souvent trancher des affaires grâce à des recherches scientifiques libres.[13]

## 1.3 L'évolution de la compréhension française de l'erreur juridique

Pour réfuter davantage l'image de la rigidité française vers de bonnes réponses, il est important d'examiner l'évolution de la compréhension française de l'erreur juridique.

---

[13] Whitman.

### 1.3.1 L'école des privatistes et la primauté du texte de la loi

La première tentative de définition de l'erreur juridique remonte à l'école des privatistes. Au XIXe siècle, cette école de théorie française a joué un rôle important dans l'érudition juridique. La raison en est qu'elles ont produit des commentaires sur le plus important effort de codification français : le Code civil. L'école a montré un engagement total envers la mise en œuvre littérale de la législation comme la voie juste vers la qualité de la justice. Selon eux, les juges devaient se soumettre à des idéaux tels que la fidélité aux lois. Ce mouvement voulait l'humilité personnelle, où la raison du juge était subordonnée au droit, même si celle-ci paraissait contraire à la raison naturelle.[14]

Ce concept d'intention législative comme étant la valeur la plus importante à suivre par le pouvoir judiciaire est à l'origine de la compétence de la Cour de cassation, censée contrôler uniquement la légalité des décisions des juridictions inférieures. La Cour ne saurait substituer sa position à celle des juges des juridictions inférieures. Elle ne pouvait les contrôler que s'ils avaient mal appliqué le droit. La fonction du tribunal était de surveiller et de sanctionner tout écart par rapport à l'application du droit. Même si le droit allait à l'encontre de toute raison naturelle, la plus haute instance ne pouvait que contrôler son application exacte et sanctionner toute déviation du texte du droit. En d'autres termes, la Cour de cassation n'a pas pu interpréter le droit. Ainsi, pour l'école des privatistes, seule une application incorrecte du droit pouvait être qualifiée d'erreur juridique.

### 1.3.2 François Geny et le mouvement international de la jurisprudence

À la fin du XIXe siècle, un nouveau mouvement international de jurisprudence d'intérêts est apparu. Ce mouvement et son représentant le plus important, François Gény, s'inspirent de la théorie sociologique du droit. Selon eux, le droit est un instrument de réglementation visant à régler les conflits causés par les conflits d'intérêts dans la société.

Le modèle de ce nouveau mouvement était basé sur une analyse conséquentialiste des effets des décisions judiciaires sur la résolution des conflits d'intérêts et le progrès social.[15] Il est évident que la compréhension de Gény de ce que fait le droit est très proche de l'approche économique moderne utilisée dans ce livre. Gény a compris que le droit réglemente les intérêts sociaux et que de nouvelles règles peuvent créer à la fois des gagnants et des perdants. Il a également prêté attention aux effets de ces règles sur le progrès social, qui se rapproche de l'objectif de rendre tout le monde meilleur dans la

[14] Benoît Frydman, *L'évolution des critères et des modes de contrôle de la qualité des décisions de justice dans Qualite de justice*.
[15] *Ibid.*

société grâce à une réglementation légale. Ce modèle présuppose une compréhension de l'erreur avec l'inclusion de plus d'éléments que le simple respect du droit. Ainsi, l'erreur est ce qui arrête le progrès social et conduit à un déséquilibre des conflits d'intérêts dans la société.

Bien sûr, la tradition française de mettre de fortes limites au pouvoir judiciaire est évidente dans la façon dont Gény comprend la façon dont les juges exercent leurs prérogatives. Encore une fois, le juge de la cour supérieure n'est pas censé substituer sa propre compréhension à celle du juge du tribunal inférieur. Cependant, l'idée est que les juridictions supérieures doivent vérifier si le juge de première instance n'a pas commis d'erreur dans la balance des intérêts en jeu en l'espèce.[16]

Le contrôle exercé par la Cour de Cassation n'est certainement pas fondé sur ce concept, car la cour considère que le contrôle de l'identification, de l'évaluation et de la comparaison des différents intérêts sociaux relève du pouvoir des juridictions inférieures.[17] C'est étrange pour une haute cour qui doit réguler plus d'effet social des règles juridiques. De plus, comme le démontre ce chapitre, il y a des fonctionnaires comme l'avocat général qui sont censés exprimer une opinion dans l'intérêt social. Le problème vient de la loyauté partagée de l'avocat général qui doit décider si l'intérêt social réside dans un équilibre entre différents intérêts individuels dans la société ou dans l'intérêt du gouvernement.

### 1.3.3 Chaïm Perelman et l'erreur en tant que violation des valeurs

L'autre théorie importante dans le développement de la notion d'erreur francophone est celle propagée par Chaïm Perelman dans la seconde moitié du XX$^{e}$ siècle. Il voit la décision judiciaire comme un jugement de valeurs ; pour lui, l'erreur est une décision qui impose les mauvaises valeurs.

En fin de compte, la compréhension française des bonnes réponses et de ce qu'est l'erreur est aussi diverse (ou même plus) que dans les autres systèmes judiciaires examinés ici. L'image visible du portrait officiel du système judiciaire provient principalement de la compréhension de l'école de pensée juridique des Privatistes, mais a progressivement été érodée ou remise en question par d'autres théories et la pratique actuelle dans les tribunaux. Ce qui doit être souligné ici, c'est le sens de l'erreur et donc la tâche de la haute cour d'erreur française est un processus complexe qui a été interprété très différemment, ce qui signifie que sa nature fait l'objet d'un débat.

Le problème de la correction d'erreur est un problème juridique universel. Ce ne sont pas seulement les États-Unis et la France qui ont lutté pour définir ce que c'est. Un bref aperçu de l'expérience anglaise avec correction d'erreurs peut être utile pour mettre en évidence la complexité du problème.

---

[16] *Ibid.*

[17] *Ibid.* Frydman has contended that the European Human Rights Court in Strasbourg exercises this type of control that examines and balances social interests.

### 1.4 La compréhension anglaise de l'erreur juridique

En Angleterre, il y avait une division entre les procédures d'équité et de *common law*. Ils ont également une compréhension différente de ce qu'est l'erreur juridique.

#### 1.4.1 Erreur sous équité

La procédure d'équité était simplement une demande de discrétion de la part du Roi (dans la pratique, le Lord Chancelier remplissait cette fonction). Le coût de la procédure était de 200 livres. Le tribunal avait toute latitude pour rendre un jugement qu'il jugeait approprié. En fait, il s'agissait d'une procédure de novo sans grande considération pour ce qui s'était passé lors de la procédure précédente.[18] C'était une procédure qui appliquait la théorie complète de la justice à la procédurc.

Contrairement à la *common law*, des règles de procédure strictes et une approche formaliste du respect de l'équité ne sont pas des fins en soi. Toute erreur dans le processus de plaidoirie pourrait compromettre la réalisation d'une justice complète. La raison en était que les problèmes pourraient être manqués et ne pas être mis devant le tribunal ; les parties concernées et leurs intérêts peuvent ne pas tous être pris en compte. Une approche stricte était donc nécessaire pour parvenir à une justice complète en évaluant toutes les facettes possibles (juridiques et factuelles) de la question.[19] Donc, l'erreur ne serait pas la totalité de ce qui est pertinent pour l'affaire.

#### 1.4.2 Erreur en *common law*

Erreur en vertu de la *common law* signifie ne pas suivre la procédure correcte, car la procédure suivante est une fin en soi.[20] Les règles complexes ont tendance à augmenter le taux d'erreur.[21] La *common law* et l'équité se sont développées en tant que systèmes avec des règles complexes. La complexité et le formalisme strict signifiaient également que des points de procédure étaient souvent soulevés par les parties, ce qui provoquait des litiges indésirables. Un bref d'erreur (*writ of error*) a permis à la partie perdante (*plaintiff in error*) au procès de poursuivre la partie gagnante. C'était une question de droit et son effet était de suspendre l'exécution de la décision du tribunal inférieur. Cela a été fait à la condition que le demandeur par erreur fournisse une garantie pour le montant du jugement et des dommages-intérêts qui pourraient l'emporter sur l'exécution différée du jugement. L'examen était limité aux erreurs de droit. Les faits ont été déterminés par le tribunal de première instance. Certaines exceptions à l'examen des faits étaient admissibles, comme le statut des parties ou leur capacité d'intenter des poursuites. En général, le but de l'appel dans le

---

[18] Drewry.

[19] Sorabji, p.43.

[20] *Ibid.*

[21] *Ibid.*

cadre de cette procédure était d'examiner seulement si le juge du procès avait commis une erreur dans une décision de justice et n'était pas préoccupé de savoir si la partie qui avait présenté la meilleure preuve l'avait emporté.[22] Cela signifiait que la procédure du bref d'erreur était un appel limité formaliste, dont le but était de corriger les erreurs de droit. Le juge d'appel ne s'occupait pas de rendre la justice et n'empiétait pas sur les prérogatives d'établissement des faits et de décision du juge de première instance.

### 1.4.3 Différents effets de l'erreur de procédure dans les deux systèmes

L'approche rigoureuse formaliste de la *common law* en matière de correction d'erreurs n'a pas pu donner les résultats escomptés parce que, dans de trop nombreux cas, les erreurs procédurales deviendraient des obstacles substantiels à la prestation de la justice. L'approche libérale pour remédier aux erreurs procédurales de l'équité a conduit à un nombre considérable de non-conformités aux règles de procédure. Le résultat final était une procédure coûteuse et prolongée qui passait trop de temps sur les demandes des parties pour remédier aux erreurs de procédure, plutôt que sur le fond des affaires. Ainsi, aucune solution procédurale extrême à la correction d'erreur n'a produit les résultats souhaités de réduction des coûts et des retards.

### 1.4.4 Simplification de la procédure dans la réforme de 1873

Les *Judicature Acts* de 1873 et 1875 introduisirent une réforme visant à simplifier la procédure. Il a introduit une forme unique de processus d'organisation pour remplacer la multiplicité des brefs par lesquels les actions de *common law* ont été entreprises.[23] La procédure d'équité a été privilégiée afin de simplifier les formalités procédurales résultant de la procédure d'assignation. Cette procédure simple était censée permettre aux juges de traiter le fond de l'affaire et non avec des règles de procédure compliquées. Cependant, le résultat était une rupture entre la théorie et la pratique. Le but de l'appel à rendre justice entre les parties n'existait qu'en théorie. En pratique, il a été renversé par un objet d'appel plus restrictif. Sur les questions de droit, sujet de la plupart des recours, le tribunal s'est limité aux questions soulevées par les parties au procès ; il ne considérait un nouveau point que si tous les faits nécessaires pour statuer sur la question étaient exposés au procès, le tribunal ne pouvant infirmer une conclusion de fait directe par le tribunal inférieur parce que ce dernier avait eu l'occasion d'observer le comportement des témoins.[24]

Par conséquent, le système anglais a fluctué entre la règle de *common law* et la règle d'équité. Le système anglais a été défini par la recherche de la règle optimale située quelque part entre les deux compréhensions extrêmes de

---

[22] Drewry.

[23] *Ibid*, p.49.

[24] Martineau, p.8.

l'erreur juridique. En d'autres termes, le système anglais a eu beaucoup de mal à trouver une réponse définitive à l'erreur juridique et à la manière dont les tribunaux devraient la traiter. La question est donc de savoir si la même chose est vraie non seulement pour la théorie française qui a défini l'erreur d'au moins trois façons différentes, mais pour la pratique française devant les tribunaux.

### 1.4.5 But disciplinaire de l'appel - La forte version française de la correction d'erreur

La caractéristique spécifique (paramètre indépendant) qui définit l'attitude du système judiciaire français vis-à-vis de la correction d'erreurs est la possibilité de correction d'erreur disciplinaire. C'est une version plus compliquée de la correction simple que ce travail a examinée jusqu'ici. Il est suggéré que cette spécificité déplace le levier de la machine judiciaire vers une correction d'erreur très forte.

La correction d'erreurs disciplinaires ajoute une couche supplémentaire de complexité au système judiciaire français. En France, le but disciplinaire de l'appel est plus souvent mentionné que la simple correction d'erreur. Pour voir pourquoi c'est le cas, il faut examiner de plus près ce que signifie réellement l'erreur disciplinaire et comment elle est utilisée en France.

Dans une étude commandée par la Cour de cassation, le but disciplinaire du recours devant la Cour est défini comme la censure de l'application erronée du droit.[25] Cette définition est basée principalement sur l'idée de correction d'erreur telle que définie dans les travaux de l'école des privatistes qui a eu une grande influence sur le type de contrôle hiérarchique exercé par la Cour de cassation.

Plus précisément, la révision de la Cour de cassation a été créée pour exercer uniquement le contrôle de l'application du texte de la loi (interprétation littérale). Le tribunal avait un rôle de maintien de l'ordre et de sanction lorsque la loi était appliquée incorrectement. Après la constitution de 1791, la révision de la Cour de cassation fut étendue à la lettre et à l'esprit du droit.[26] Cependant, ce rôle initial fort de maintien de l'ordre demeure la principale prérogative de la cour.

On soutient ici que la fonction disciplinaire du tribunal suit la tradition du rôle policier et peut être considérée comme une correction d'erreur mais avec une connotation plus forte, qui vient aussi du style administratif d'organisation de la magistrature française. Cette définition a également des sous-entendus d'un système hiérarchique fort à la fois de l'intérieur et de l'extérieur de la magistrature, qui contrôle étroitement les juges et les erreurs de leurs décisions.

---

[25] Louis Vogel eds., « Cours Suprêmes : Comment le filtrage des recours révèle le pouvoir des juges, » *Pantheon Assas Paris* (2003/2004): p.46.
[26] Yves Charnier « Cour de cassation, » *Dalloz Paris* (2001) 2nd ed. pp 5-6.

Le principal effet du contrôle disciplinaire sur le système judiciaire est le renforcement de la hiérarchie au sein de l'État français en général et de la magistrature française en particulier. En outre, il est soutenu que la correction d'erreurs est un problème si complexe que la théorie française a donné trois définitions différentes de l'erreur. L'ajout de couches de complexité hiérarchiques et administratives au terme et la transformation en correction d'erreur disciplinaire rendent l'analyse encore plus difficile.

Il est suggéré que l'accent mis sur une définition exacte de la correction d'erreur disciplinaire peut être une tâche très complexe. Par conséquent, après un bref aperçu des tentatives qui ont été faites pour le définir, ce chapitre se concentrera davantage sur la question de savoir si la correction d'erreur disciplinaire fonctionne dans l'intérêt social et si elle ajoute quelque chose qui en vaut la peine, manière d'introduire la responsabilité des juges français. En d'autres termes, les effets de la correction d'erreur disciplinaire sont ce qui compte vraiment.

### 1.5 Tentatives de définition de la correction d'erreur disciplinaire

Il est important d'examiner la question d'une approche disciplinaire de la correction d'erreurs parce que le système français peine à définir une erreur disciplinaire. L'explication la plus claire vient probablement d'Hélène Pauliat, qui a fait des distinctions techniques entre procès et processus afin de traiter différents types d'erreurs et qui devrait contrôler chaque type.[27] Elle distingue la correction disciplinaire administrative, dans laquelle il existe un dysfonctionnement des services judiciaires (processus). Il y a aussi une erreur procédurale simple qui concerne le procès et qui ne devrait pas faire partie de la correction d'erreur disciplinaire. Faire cette distinction dans la pratique semble extrêmement difficile. Il est suggéré qu'une telle distinction entraînera des litiges et une confusion supplémentaires. Le résultat économique sera que le coût des procédures de correction d'erreurs augmentera.

#### 1.5.1 Les tentatives officielles des autorités judiciaires françaises pour définir l'erreur disciplinaire

La plus haute instance administrative de France, le Conseil d'Etat, a tenté de définir l'erreur disciplinaire. Un avis de sa section intérieure du 19 octobre 2006 comporte une erreur disciplinaire définie comme « une violation délibérée des principes fondamentaux de la procédure civile ou pénale ».[28] Selon Hélène Pauliat, cette opinion n'a pas aidé à définir l'erreur car elle a introduit un risque de confusion entre les juges d'appel et de cassation et le juge disciplinaire.[29]

---

[27] Hélène Pauliat, *L'administration de la justice et la qualité des décisions de justice*.

[28] « La violation délibérée des principes directeurs de la procédure civile ou pénale. » For more, see Pauliat.

[29] Pauliat *ibid.*

La Cour constitutionnelle française, le Conseil constitutionnel, a également examiné la question de l'erreur disciplinaire. Il a été défini comme l'échec du devoir du magistrat envers l'état, son honneur et sa dignité.[30] C'était également une violation grave et délibérée des règles de procédure qui constitue une garantie des droits des parties.[31]

Ce que ces deux définitions officielles montrent, c'est qu'il y a deux éléments ; l'un semble se rapprocher de la correction d'erreur ordinaire des erreurs procédurales. L'autre parle d'une action délibérée de la part du juge qui porte atteinte à l'un des droits des parties et à l'intégrité de l'institution judiciaire. Outre la difficulté à prouver l'intention du juge, il semble assez effrayant que certains juges violent intentionnellement leurs devoirs à un degré aussi grave.

C'est une question empirique de voir si la correction d'erreur disciplinaire en France traite plus souvent de problèmes de correction d'erreurs ordinaires ou de violations graves de l'éthique et de l'intégrité de la fonction judiciaire. Aux fins de cette étude, on supposera que la plupart des examens disciplinaires portent sur des infractions judiciaires plutôt mineures. Si cela est incorrect, le problème doit être réglé à sa source : la sélection judiciaire. Si les juges sont inaptes à protéger l'intégrité du bureau, cela signifie qu'ils ont été choisis à tort pour la profession. Ce pourrait être le cas en France car la plupart des juges commencent leurs fonctions très tôt dans leur carrière sans pouvoir d'abord prouver leurs qualités professionnelles et personnelles pour être juges.

### 1.6 Types d'erreurs

Le compte rendu des types d'erreur à corriger donné par Hélène Pauliat suggère que la correction normale des erreurs procédurales est le type d'erreur le plus courant qui doit être traité par le processus de correction d'erreur disciplinaire : si la partie pouvait bénéficier d'un avocat, elle a eu le temps nécessaire pour présenter son cas, si elle pouvait présenter toutes les preuves disponibles, si la défenderesse était autorisée à s'exprimer et si les contraintes budgétaires affectaient le fonctionnement quotidien du tribunal.[32]

Cette liste rappelle aussi l'application de la théorie complète de la justice et donc de ce que les Anglais considéraient comme une erreur dans le système d'équité.[33] Cela démontre que la version française de l'erreur disciplinaire, pour la plupart, n'est rien d'autre qu'une correction d'erreur imposée par des organes quasi judiciaires administratifs et hiérarchiques.

---

[30] *Ibid.*

[31] *Ibid.* « La violation grave et délibérée par un magistrat d'une règle de procédure constituant une garantie essentielle des droits des parties. »

[32] *Ibid.*

[33] Nous excluons ici tout examen des actions délibérées de la part des juges, qui portent atteinte à l'intégrité de la profession judiciaire.

### 1.6.1 Qui devrait contrôler les erreurs disciplinaires ?

La prochaine question importante est de savoir par qui la correction d'erreur disciplinaire devrait être exercée. Hélène Pauliat a soutenu que ce sont soit les cours d'appel normales qui contrôlent l'erreur disciplinaire, soit deux solutions administratives possibles qui donnent une autorité en dehors de la hiérarchie judiciaire. La première possibilité est que la fonction d'imposer un contrôle disciplinaire sur les juges soit remplie par le Médiateur de la République.[34] Le second est de déléguer la tâche à un organe administratif tel que le Conseil supérieur de la magistrature (CSM).[35]

Depuis 2011, les parties au processus peuvent directement demander une révision disciplinaire de la part de CSM pour des erreurs judiciaires, conformément à l'article 65 de la Constitution française.[36] Cette nouvelle possibilité a été l'un des résultats de la réforme constitutionnelle du 23 juillet 2008. Trois commissions ont été créées pour examiner les demandes. Deux existent pour examiner les actions des magistrats en exercice et un pour les magistrats de parquet. Deux magistrats et deux personnes qualifiées composent les commissions. Cet examen disciplinaire ne traite pas des décisions elles-mêmes. Ce qui est intéressant, c'est que cette procédure n'implique pas seulement le juge qui a commis « l'erreur », mais aussi son supérieur hiérarchique.[37] Cela met une pression supplémentaire sur les juges pour qu'ils ne s'impliquent jamais dans l'examen disciplinaire de leur travail.

#### 1.6.1.1 Pourquoi n'y a-t-il pas de clarté sur ce qu'est exactement l'erreur disciplinaire

La première raison de ce manque de clarté est la difficulté et la controverse à dire quelle est erreur juridique. Cela est confirmé par les différents points de vue sur la nature de l'erreur dans l'évolution de la théorie juridique française. Deuxièmement, en raison de son penchant pour une magistrature à la fois hiérarchique et administrative, le système français tente simplement d'ajouter un autre niveau de complexité au problème de l'erreur. L'idée d'une erreur disciplinaire est simplement le résultat de la tradition française de forte hiérarchie judiciaire et d'autorité judiciaire de style administratif. Maintenir les juges sous la menace d'être disciplinés les rend simplement responsables sur le plan administratif d'une hiérarchie à l'intérieur ou à l'extérieur de la magistrature.

---

[34] *Ibid.*

[35] *Ibid.*

[36] L'article 65, entre autres, dit: Le Conseil supérieur de la magistrature peut être saisi par un justiciable dans les conditions fixées par une loi organique.

[37] Pour en savoir plus, consultez le site officiel de Conseil supérieur de la magistrature http://www.conseil-superieur-magistrature.fr/

### 1.6.2 Déterminer si le contrôle disciplinaire apporte des avantages

Au lieu d'essayer de distinguer clairement entre la correction disciplinaire et la simple correction d'erreur, il faudrait vérifier si l'ajout d'une autre couche à l'erreur juridique avec l'introduction de l'erreur disciplinaire est dans l'intérêt social. Le chapitre de la Hiérarchie a utilisé le modèle ajusté de Jean Tirole de la responsabilité d'un fonctionnaire envers de fortes hiérarchies judiciaires pour répondre exactement à cette question : est-il bénéfique d'avoir plus de responsabilité des juges ?

Tirole a soutenu que la responsabilité (contrôle strict) ne produit pas toujours des résultats souhaitables parce qu'un tel contrôle ne produit pas toujours un alignement avec l'intérêt social. Néanmoins, l'effet de cette responsabilité sur un supérieur hiérarchique peut être positif. L'évaluation périodique crée deux avantages potentiels majeurs. Premièrement, il peut inciter un juge qui est enclin à agir dans l'intérêt public. Si le supérieur ne peut pas toujours évaluer directement les actions du fonctionnaire, il doit agir de la bonne manière parce qu'il craint que des contrôles soient en place, Jean Tirole appelle cela un « bénéfice moral -correctif » de la responsabilité.[38] Deuxièmement, l'évaluation par les supérieurs hiérarchiques peut permettre de corriger un comportement judiciaire indésirable. Il peut également définir « le bon type de juges » sur le chemin de la promotion. Tirole appelle cela l'effet « adverse-sélection – correction ».[39]

Du côté négatif, Tirole a soutenu que la responsabilité comporte également un sérieux inconvénient possible. Afin d'avoir une carrière réussie, un juge peut choisir une action, non pas parce qu'elle est bonne pour les parties et pour la société, mais parce qu'elle est populaire auprès de ses superviseurs.[40]

Ainsi, la reddition de comptes peut constituer une incitation à l'acquisition d'informations inutiles. Cela signifie que le juge déploiera plus d'efforts pour apprendre ce que ses supérieurs pensent au lieu d'acquérir des informations sur la décision optimale pour les parties et la société.

Étant donné que l'introduction d'une erreur disciplinaire signifie un renforcement global de la hiérarchie, ce qui devrait arriver, c'est que les juges soient tenus responsables. Le résultat est que les juges sont susceptibles de suivre les préférences des juges plus haut dans la hiérarchie et ils vont essayer de faire plaisir à leurs supérieurs. Plus précisément, puisque le supérieur immédiat du juge est également appelé par CSM lors de la révision, les juges s'assurent que même s'ils sont faux, ils suivent les désirs de leur supérieur immédiat afin de maintenir leur relation avec leur supérieur. Le supérieur immédiat est important pour les carrières judiciaires parce qu'il exprime son

[38] Tirole and Judge.
[39] *Ibid.*
[40] *Ibid.*

opinion sur ses juges inférieurs dans les dossiers judiciaires qu'ils ont tous, ce qui constitue une sorte de recommandation à CSM pour la promotion.

Cela signifie que le système judiciaire français encourt un coût supplémentaire. La raison en est que dans un tel système, les carrières judiciaires dépendent de la satisfaction de leurs supérieurs immédiats et d'une évaluation supplémentaire d'un organe administratif tel que le Conseil supérieur de la magistrature.[41] Pour ce faire, les juges doivent entreprendre l'activité coûteuse de trouver des informations supplémentaires, qui sont les préférences de leurs supérieurs, qui peuvent ou non être alignées sur l'intérêt social. Néanmoins, pour le juge de niveau inférieur, il peut être au moins aussi coûteux de rechercher cette information que de déterminer quel est l'intérêt social. Ainsi, le juge de première instance accomplit deux tâches : la prise de décision et la recherche de l'opinion des supérieurs. Il est optimal pour eux de ne prendre que des décisions judiciaires et de ne pas rechercher des informations socialement non-bénéfiques.

Un autre problème qui se pose dans le système judiciaire français en raison du contrôle supplémentaire est que les juges promus ne sont peut-être pas les plus talentueux mais plutôt les plus sympathiques, serviles, humbles ou ceux qui sont les moins susceptibles de prendre des décisions originales ou innovantes. En d'autres termes, le danger est qu'un tel système favorise principalement ceux qui naviguent le mieux dans les eaux complexes de la politique judiciaire et non ceux qui sont capables de produire les meilleures décisions judiciaires. Cela résulte directement du système de promotion français, qui dépend de l'existence d'un système de profil judiciaire dans lequel le supérieur hiérarchique écrit son opinion et ensuite l'évaluation passe par un organe de contrôle administratif tel que le Conseil supérieur de la magistrature.[42]

La conclusion est qu'il est douteux que l'ajout d'un contrôle disciplinaire sur les juges inférieurs permettra d'exploiter leurs motivations et de les aligner avec l'intérêt public. Un contrôle supplémentaire et coûteux des juges ne produira pas de meilleures décisions mais un comportement plus soumis des juges à l'égard des forces à l'intérieur et à l'extérieur de la hiérarchie judiciaire. Ce type de contrôle impose également des coûts supplémentaires aux caisses publiques, car une autorité semblable à un tribunal, comme le Conseil supérieur de la magistrature, supporte des coûts d'un contrôle supplémentaire des juges qui peut être traité par les plus hautes instances hiérarchiques à moindre coût.

Il peut y avoir des exceptions à cette conclusion. Un contrôle plus disciplinaire peut être justifié si l'on constate que, dans la pratique, beaucoup de juges ne font pas bien leur travail. Il pourrait y avoir deux raisons à cela.

---

[41] Voir, le rapport de JY McKee pour la Cour de cassation en 2007, « Le recrutement et l'avancement des juges français » : https://www.courdecassation.fr/IMG/File/pdf_2007/10-05-2007/10-05-2007_mcKee_fr.pdf

[42] McKee.

Richard Posner a fait valoir que les juges sont enclins à travailler moins que leurs collègues avocats du même âge et de la même capacité en raison des incitatifs sans but lucratif que les juges ont. Si ce problème est jugé important en France, un contrôle disciplinaire aussi étendu serait plus que nécessaire. Un autre problème qui justifierait un contrôle aussi étendu est la corruption judiciaire rampante. Un contrôle disciplinaire de quelques sources différentes et indépendantes aurait des effets positifs sur la réduction de la corruption. Cependant, si ces deux raisons de contrôle ne sont pas communes, ce contrôle disciplinaire supplémentaire peut produire des résultats plus négatifs que positifs.

## 2. Absence de but politique pour les tribunaux français

Le prochain paramètre indépendant qui doit être examiné ici concerne l'absence de rôle politique des juges français. C'est un problème complexe. Le principal mantra de la théorie française est qu'en France, les juges étaient censés avoir un rôle apolitique. Il y a des complications qui contredisent ce désir qui devient réalité. Il y a deux problèmes ici. Le premier est qu'il n'y a rien de plus politique qu'un système apolitique. Le deuxième problème découle du premier. Le problème est que, pour maintenir l'apparence de la justice apolitique, d'importants problèmes se posent, qui affectent l'indépendance judiciaire.

### 2.1 Le pouvoir judiciaire apolitique français

Le pouvoir des juges français a été confronté à pratiquement tous les régimes politiques. Il a été décrit précédemment comment le roi Louis XIV traitait les cours d'appel régionales - ses adversaires dans la quête du pouvoir monarchique absolu. Puis, après la Révolution française, le processus d'appel a servi un objectif politique très distinct. En revanche, en Angleterre, où il n'y a jamais eu de changement de régime durable,[43] en France après la révolution, les nouvelles autorités républicaines ont dû établir leur autorité. Ils avaient besoin de l'appel pour fournir des preuves du « juste » régime du nouveau régime. Cela a conduit à des dispositions généreuses permettant de faire appel pour renforcer la loyauté des citoyens envers les nouveaux hommes au pouvoir. En d'autres termes, afin de protéger leur pouvoir, les nouvelles autorités républicaines ont dû fournir un système d'appel plus généreux, dans lequel elles peuvent être vues comme rendant la justice mieux que l'ancien régime. Cela fut fait en promulguant la Loi des 16 et 24 août 1790, qui accordait

---

[43] Le régime royal en Angleterre n'a été que brièvement perturbé par la révolution d'Oliver Cromwell.

expressément l'accès à l'appel sans filtrage en droit et en fait. Cela fut fait en promulguant la Loi des 16 et 24 août 1790, qui accordait expressément l'accès à l'appel sans filtrage en droit et en fait. Comme l'a fait valoir Martin Shapiro, un système d'appel aussi vaste fournit une catharsis aux justiciables[44] et un système d'appel généreux a une plus grande influence sur la façon dont les citoyens perçoivent le nouveau régime. Le justiciable pouvait se rendre au plus haut tribunal, la Cour de cassation, sans aucun obstacle en matière civile et pénale. Cela souligne la fonction du processus d'appel en tant que pièce maîtresse qui démontre que le nouveau régime sert mieux les gens en leur offrant un accès complet à la justice.

Alors, comment le régime a-t-il créé un tribunal « apolitique » lorsque les tribunaux ont joué un rôle politique aussi fort ? La règle politiquement motivée qui a créé une telle cour est née de la crainte de l'activisme judiciaire des parlements.[45] Les juges devaient donc se voir refuser tout rôle politique et social.[46] En d'autres termes, les juges de l'ancien régime qui conservaient leurs fonctions n'étaient pas autorisés à avoir trop de pouvoir. L'instrument qui a permis cette restriction était un système de cassation sans appel.[47] Cela signifiait que la Cour de cassation ne pouvait pas prendre de décisions mais seulement casser la décision du tribunal inférieur. La décision est renvoyée à une autre ou à la même cour d'appel (avec une composition judiciaire différente) pour un autre examen de novo. Pour limiter encore le pouvoir de la Cour de cassation, la cour d'appel avait le droit de confirmer sa décision et de s'opposer à sa juridiction supérieure. Le résultat a été un système de contrôle des cours d'appel et de la Cour de cassation.

Cette tradition d'essayer d'avoir des tribunaux apolitiques se perpétue dans l'actuelle Constitution française du 4 octobre 1958. À l'article 64, le pouvoir judiciaire français n'a plus qu'un statut d'autorité et n'est donc pas par définition égal aux pouvoirs législatif et exécutif.

### 2.1.1 Indépendance judiciaire

Le désir d'un pouvoir judiciaire apolitique se reflète souvent dans la structure des institutions juridiques françaises qui interfèrent, voire limitent, l'indépendance judiciaire. Ici, l'accent est mis principalement sur la mesure dans laquelle la relation des juges à la politique en France implique une subordination hiérarchique qui va au-delà du pouvoir judiciaire. En d'autres termes, le degré d'indépendance judiciaire en France est ce qui compte ici.

---

44 Shapiro, Appeal.

45 *Ibid.*

46 Louis Vogel, 'Cours suprêmes: comment le filtrage des recours révèle le pouvoir des juges,' p.46.

47 Shapiro a soutenu que « la tradition d'appel romaniste a été violemment perturbée par l'institution de la cassation.

L'article 64 de la Constitution fait que le Président de la République protège l'indépendance judiciaire. Dans cette tâche, il est assisté par le Conseil supérieur de la magistrature (CSM).[48]

Dans le cas de la Cour de cassation, le président de la République nomme tous les magistrats du tribunal (le premier président, les présidents de chambre et les conseillers). C'est le Conseil supérieur de la magistrature qui fait les propositions.[49] Le CSM discipline également les juges. Le but principal de l'existence du CSM est d'aider le président à protéger l'indépendance judiciaire. En d'autres termes, au sommet de la hiérarchie judiciaire se trouve fermement le président de la République, qui est également en charge de l'organe qui l'aide à protéger l'indépendance de la justice. De plus, le fait que la France soit une république présidentielle et non parlementaire donne d'autres pouvoirs au président.

Tout cela signifie simplement qu'en France la séparation des pouvoirs et donc l'indépendance judiciaire sont faibles. Le système français se rapproche beaucoup plus de la tradition britannique d'équilibre des pouvoirs où le lord chancelier représentait les trois branches du gouvernement. Ce triple rôle était justifié de la façon suivante :

Les avantages qui résultent pour le Cabinet de la présence d'un collègue qui a non seulement une haute réputation judiciaire, mais qui peut lui représenter le point de vue du pouvoir judiciaire ; à la législature de la présence de celui qui est à la fois juge et ministre ; et à la magistrature du fait que son président est en contact étroit avec les affaires politiques actuelles, sont énormes.[50]

Cela signifie que le système d'équilibre des pouvoirs est défendable en principe. La différence entre les systèmes français et anglais était qu'en France, le pouvoir est concentré dans une figure plus puissante que le Lord Chancelier - le président français.[51] Le doute sur la pertinence d'un tel système vient des

---

48 Article 64: Le Président de la République est garant de l'indépendance de l'autorité judiciaire. Il est assisté par le Conseil supérieur de la magistrature. Une loi organique porte statut des magistrats. Les magistrats du siège sont inamovibles.

49 La disposition française relative aux nominations judiciaires rappelle un peu l'article 2 de la Constitution des États-Unis. Là l'arrangement est inversé cependant. C'est le président des États-Unis qui propose de nommer de nouveaux juges et il appartient au Sénat d'en faire la confirmation. Aux États-Unis également, l'un des rôles est joué par un corps législatif alors qu'en France, il s'agit d'un organe administratif. Le résultat est qu'en France les juges dépendent plus souvent du président (s'il le souhaite), qui peut avoir une influence sur la CMS, alors que parfois, aux États-Unis, le Sénat peut être entre les mains d'un parti opposé au président. . Sinon, il semble que les Présidents des deux pays jouent un rôle décisif dans la nomination des juges. La différence est qu'aux États-Unis, les nominations sont ouvertement politiques et idéologiques, alors qu'en France ce n'est pas le cas.

50 Extrait d'une déclaration faite en 1943 par Sir Claud Schuster, secrétaire permanent du Lord Chancelier, citée par by Robert Stevens, "The English Judges: Their Role in the Changing Constitution" (Oxford: Hart Publishing, 2005), p.91.

51 Maintenant, le système britannique s'est éloigné du modèle de l'équilibre des pouvoirs en faveur d'une plus forte séparation des pouvoirs.

conditions sociales et surtout politiques actuelles. Dans l'ère actuelle, les candidats populistes dangereux sont à un pas de gagner le bureau présidentiel. S'il y a ce pouvoir très concentré en une personne, au lieu de créer des contrôles sur son autorité, il y a la dangereuse possibilité de l'autoritarisme. C'est pourquoi l'indépendance judiciaire est importante. En ces temps dangereux, le pouvoir judiciaire doit exercer un certain contrôle sur les pouvoirs exécutif et législatif. En France, de hauts fonctionnaires ont déjà été poursuivis, principalement après avoir quitté leurs fonctions.[52] Cependant, étant donné que les tribunaux ordinaires[53] en France sont tous sous l'influence hiérarchique du président, les poursuites civiles et criminelles peuvent être arrêtées par un président autoritaire fort.

La raison de cette position subordonnée des juges en France et jusqu'à récemment, au Royaume-Uni, est historique. Dans les périodes de formation du pouvoir judiciaire, les forces politiques ont voulu restreindre le pouvoir judiciaire.[54]

L'histoire de la dépendance des juges français à l'égard de l'exécutif ne s'arrête pas là. L'autre partie des magistrats français, le soi-disant parquet, est également directement subordonnée à celle-ci et en particulier au ministère de la Justice. Là encore, c'est l'exécutif qui est le supérieur hiérarchique du pouvoir judiciaire. Au niveau de la Cour de cassation, il y a le procureur général assisté du premier avocat général et de vingt-deux avocats généraux. Ils sont également nommés par décret du Président de la République sur recommandation de CSM. John Bell a fait valoir que la position de procureur français a intégré la confusion entre deux fonctions : d'abord, représentant l'exécutif et le second représentant la nation et l'intérêt social.

John Bell a exprimé l'opinion que le CSM a contribué à réduire quelque peu la pression politique exercée sur les juges lors de leurs nominations. C'est le cas des procureurs, bien que ce soient des positions qui demeurent encore fermement à la portée du gouvernement et qui « sont tout à fait dans le don du gouvernement ».[55]

Il y a un autre problème de contrôle supplémentaire, surtout s'il s'agit d'un contrôle administratif de la hiérarchie judiciaire externe, car il aura un impact négatif sur l'indépendance judiciaire et réduira la qualité des décisions

---

[52] Dans les années 1990, des juges et des procureurs ont subi des pressions pour abandonner les accusations de corruption politique. Une enquête a été menée à l'encontre du parti présidentiel et l'ancien Premier ministre Alain Juppé a été condamné. Le président de la Cour de cassation devait rédiger une défense publique des juges. Pour plus d'informations, voir John Bell « Les autorités judiciaires en Europe » p.66. En outre, en septembre 2016, les procureurs français ont recommandé que l'ancien président français Nicolas Sarkozy soit jugé pour des contributions illégales à sa campagne.

[53] En France, les tribunaux administratifs ne sont pas inclus dans les « tribunaux ordinaires ». Les tribunaux ordinaires traitent des affaires civiles et pénales.

[54] Pour plus sur l'Angleterre, voir Stevens ibid.

[55] Bell, p.67.

judiciaires, car les juges feront plus de recherches sur leurs supérieurs et non sur ce qui bénéficiera aux différentes parties au processus et à l'intérêt social.

Il semble qu'un tel contrôle administratif de l'extérieur du pouvoir judiciaire puisse interférer avec l'indépendance judiciaire. Toutefois, selon l'article 64, l'objectif principal de la création du Conseil supérieur de la magistrature est d'aider le président de la République française à protéger l'indépendance de l'autorité judiciaire.[56] Cela semble contradictoire que le pouvoir exécutif en chef doit protéger l'indépendance du pouvoir judiciaire en ayant l'autorité disciplinaire sur lui. Cela signifie qu'il y a un pouvoir politique sur le pouvoir judiciaire, qui est censé être apolitique.

Avoir une influence extérieure sur la magistrature est quelque chose de caractéristique lorsque la branche judiciaire est faible par rapport aux deux autres branches du gouvernement. Ce n'est pas quelque chose d'unique en France ; Jusqu'à très récemment, un arrangement constitutionnel similaire existait au Royaume-Uni avec l'équilibre des pouvoirs.

Donner autant de pouvoir au Conseil supérieur de la magistrature signifie qu'il doit être capable de promouvoir le bon type de juge au plus haut niveau possible. Le problème est que, comme dans tout autre entretien d'embauche, la plupart des informations sur le candidat ne sont connues que de lui seul et non des personnes qui l'examinent. En d'autres termes, le CSM a pour objectif de corriger la sélection adverse en réduisant cet écart d'information. C'est pourquoi la théorie de l'agence ne fonctionne pas pour le système judiciaire, car ils ne peuvent pas contrôler l'embauche de leur personnel.

### 2.1.2 Évaluation de l'indépendance judiciaire

La question ici est de savoir si l'indépendance judiciaire mérite d'être protégée et à quel prix. L'hypothèse de base est que l'indépendance judiciaire est un développement positif qui aide le fonctionnement des trois branches du gouvernement. En réalité, la question est plus compliquée parce qu'il y a à la fois des avantages et des inconvénients à l'indépendance judiciaire.

#### 2.1.2.1 Avantage : aucune influence politique

L'influence politique sur le pouvoir judiciaire réduit son indépendance et peut être contreproductive parce que les juges ne seront pas en mesure de décider de l'affaire dans les intérêts sociaux, mais se concentreront plutôt sur la satisfaction de leurs supérieurs politiques et hiérarchiques. C'est particulièrement le cas lorsque les postes sont donnés non pas pour des compétences mais pour des raisons politiques.

---

[56] Art 64 Constitution Française:
Le Président de la République est garant de l'indépendance de l'autorité judiciaire.
Il est assisté par le Conseil supérieur de la magistrature.
Une loi organique porte statut des magistrats.
Les magistrats du siège sont inamovibles.

Cette critique s'applique à la partie civile du système français, de sorte que les accusations criminelles sont hors de portée, mais il est important de noter que les procureurs et les avocats généraux jouent également un rôle dans les litiges civils. Donner ainsi ces positions signifierait que les personnes nommées se soucieront beaucoup moins de défendre les intérêts sociaux et davantage de plaire à leurs supérieurs hiérarchiques qui leur ont confié les postes.

#### 2.1.2.2 Inconvénient : préjugé judiciaire

Le désavantage de l'indépendance judiciaire est qu'ils imposeront leur propre partialité au droit. En l'absence d'une meilleure éducation des juges par rapport aux élus et d'une claire théorie de la justice appliquée par les tribunaux, cela pourrait être problématique et conduire le système et les décisions qu'il produit dans des directions différentes, voire contradictoires. Cela vaut la peine d'approfondir le problème et le modèle économique de Landes et Posner sur l'indépendance judiciaire.

### 2.2 Landes et le modèle économique de Posner

La théorie économique de Landes et Posner, qui décrit les effets de l'indépendance de la justice, affirme que la législation est fournie à des groupes ou des coalitions rivaux qui surenchérissent sur les candidats rivaux à une législation favorable.[57] Ces groupes peuvent être des électeurs, des contributeurs à une campagne, etc.[58] Les politiciens fixent leur prix en faisant des promesses de promulguer des politiques spécifiques ou d'agir en faveur ou en protégeant différents groupes. Les gagnants sont ceux qui parviennent à créer ou simplement à faire partie d'une sorte de coalition qui surpasse les rivaux et élit le candidat avec les « bonnes » propositions politiques. Les groupes d'intérêt s'attendent à ce que, une fois au pouvoir, les politiciens qu'ils ont aidés soient élus pour remplir les promesses de campagne et défendre leurs intérêts, pas ceux des groupes d'intérêts opposés. Le rôle du pouvoir judiciaire dans ce processus est que, par l'interprétation de ses décisions judiciaires, il peut renverser la signification des politiques adoptées par le nouveau fonctionnaire élu. En d'autres termes, le pouvoir judiciaire est libre d'agir comme il le souhaite et va imposer des coûts supplémentaires à la vente de la législation.[59]

---

[57] Posner, Landes, "The Independent Judiciary in an Interest Group Perspective," *Journal of Law and Economics* 18, No. 3 (December, 1975).

[58] Dans le système de gouvernement des États-Unis, le centre d'attention est souvent le système de lobbying fort entourant le processus législatif. Le modèle des Landes et Posner n'est pas différent et l'accent est mis sur ce problème. Ici, nous adaptons le modèle pour mieux correspondre à la réalité française de l'intérêt collectif qui n'est pas dominée par la contribution des lobbyistes qui essaient d'influencer directement le processus législatif.

[59] Landes, Posner.

### 2.2.1 La position du législateur

Plus souvent qu'autrement, le législateur veut que sa position soit continuellement respectée au fil du temps. Il ne fait aucun doute que le législateur initial qui crée une nouvelle société ou y apporte des changements fondamentaux veut que ses politiques aient un caractère permanent.

Un corps législatif qui veut que ses désirs soient exécutés et que ses lois soient appliquées a besoin du pouvoir judiciaire pour être de son côté. Cependant, les membres de cette législature peuvent changer. Cela peut entraîner un changement des préférences vers des lois spécifiques. Le problème posé au législateur initial est de faire durer son influence sur une longue période. En d'autres termes, le législateur initial souhaite la permanence de ses lois. Pour ce faire, il faut deux choses : 1) un pouvoir judiciaire indépendant qui ne sera pas affecté par une nouvelle composition du corps législatif, avec des points de vue différents de cux du législateur d'origine ; et 2) une théorie qui prévoit une lecture littérale ou plus pour l'interpréter plus précisément, selon l'intention du législateur d'origine.

C'est la deuxième condition qui détermine le rôle que jouera l'indépendance de la justice. Si les juges respectent l'intention initiale du législateur, ils augmentent le coût de la promulgation d'une nouvelle loi. La raison en est qu'il y a des coûts de transaction pour un corps législatif à assembler, pour rédiger une nouvelle loi et surmonter tous les obstacles qui s'opposent à sa promulgation.[60] Aligner tous ces éléments est un processus consommateur de temps et de ressources et, plus important encore, il n'est pas toujours possible de mettre en place tous les éléments nécessaires à la mise en place du projet. Ainsi, lorsque les juges augmentent la probabilité que l'ancienne législation soit interprétée fidèlement, la valeur de la nouvelle législation augmente. C'est le cas parce qu'il est beaucoup moins coûteux et plus rapide pour les juges d'utiliser des échappatoires dans le libellé de l'ancienne loi pour l'interpréter différemment de l'intention originale, que de promulguer une nouvelle loi.

L'inférence est que le rôle du pouvoir judiciaire peut être soit de faciliter ou d'entraver la politique des groupes d'intérêt et leur influence sur la loi, en fonction du type d'interprétation que les tribunaux appliquent. C'est pourquoi, lors de la création de la Cour de cassation, ses pouvoirs d'interprétation originaux étaient extrêmement limités. Le législateur révolutionnaire français voulait simplement que sa politique soit menée de façon permanente.

Ainsi, le tribunal idéal pour mettre en œuvre certaines préférences politiques initiales du législateur est un tribunal indépendant doté de pouvoirs d'interprétation limités. Alors pourquoi le pouvoir révolutionnaire n'a-t-il pas réussi à créer un tribunal plus indépendant politiquement ? Ils l'ont fait. La façon dont cela a été fait est d'avoir des juges élus et non nommés par le président de la République française. Le changement s'est produit vers la fin de

[60] *Ibid.*

l'ère napoléonienne en 1814.[61] Ainsi la Cour de cassation française était le parfait législateur initial. Puis les changements ont assuré que la Cour était plus dépendante du gouvernement actuel et n'était pas conçue pour respecter seulement les souhaits du législateur initial.

En conclusion, l'indépendance judiciaire peut servir à protéger la stabilité des politiques adoptées par le législateur initial si elle applique la bonne théorie, à savoir la théorie de l'intention initiale de la législature. Sinon, le pouvoir judiciaire indépendant peut imposer des coûts au législateur actuel en trouvant des moyens de renverser l'application de la législation du législateur actuel. Cela, à son tour, augmente la valeur de la législation que les groupes d'intérêt recherchent. En d'autres termes, le pouvoir judiciaire indépendant peut imposer des coûts à la vente de la législation par les politiciens. Pour éviter ce surcoût, le système français a une indépendance judiciaire limitée. Cela pourrait être une bonne chose si les préjugés judiciaires sur le droit sont préoccupants, mais cela peut être très négatif si les juges prennent de meilleures décisions fondées sur des principes plus élevés que les politiciens. À l'époque d'un système politique instable où les politiciens populistes risquent fort de prendre le pouvoir, l'indépendance judiciaire peut être cruciale pour préserver l'intention de la législature française d'une politique raisonnable et d'une société libre.

### 2.3 Facteurs d'unification et d'harmonisation de l'appel

Comme nous l'avons vu dans le chapitre sur le but de l'appel, l'unification est le deuxième type de contrôle hiérarchique, sans doute plus puissant, que la correction d'erreur. Ce sont les deux méthodes utilisées pour déplacer le droit dans une certaine direction « correcte ».

Quel est le but de l'appel en tant qu'harmonisation ? Vogel a parlé de l'objectif d'harmonisation plutôt que d'unification du contrôle en appel de la Cour de cassation. Un examen de la relation entre ces deux termes est donc nécessaire. Les termes unification et harmonisation sont parfois synonymes.[62] D'autres variations d'uniformité de compréhension sont également possibles. Néanmoins, il est suggéré que la meilleure interprétation de ces deux termes puisse être trouvée dans une distinction importante faite par Martin Shapiro. Il fait la distinction entre l'unité politique d'un État ou d'un empire réalisée avec l'aide des tribunaux et l'uniformité doctrinale, qui est essentiellement l'uniformité de l'interprétation du droit par les tribunaux.[63] Ici, il est suggéré que l'harmonisation ne couvre que l'unification doctrinale. Une opinion qui confirme cette compréhension a été exprimée par Steven Shavell, qui a également défini l'harmonisation comme une résolution des conflits dans

[61] Voir, Chartier, p.12.

[62] Stephan, Paul B. "The Futility of Unification and Harmonization in International Commercial Law." SSRN Electronic Journal, 1999.

[63] Shapiro.

l'interprétation du droit par les tribunaux inférieurs.[64] Il est suggéré que c'est pratiquement la même chose que l'uniformité doctrinale.

### 2.3.1 L'analyse économique de base de l'uniformité doctrinale

Outre l'objectif juridique de l'unification doctrinale qui réduit les différentes interprétations du droit et permet à chaque individu dans un état spécifique de recevoir un traitement égal de son cas, il existe une justification économique derrière l'harmonisation.

L'objectif économique de l'unification du droit est de réduire les coûts de transaction. Il y a deux façons de définir les coûts de transaction. L'approche néolibérale traditionnelle (définition étroite) est que les coûts de transaction sont ceux impliqués dans l'échange du marché : la découverte des prix du marché et les coûts de rédaction et d'exécution des contrats. Une vue plus complète (définition large) inclut les autres défaillances du marché dans les coûts de transaction, par exemple les problèmes d'information et les externalités.

Qu'est-ce que cela signifie pour le droit d'atteindre cette réduction des coûts de transaction au niveau doctrinal ? Cela signifie que les gens pourront faire des échanges librement dans l'économie parce qu'ils connaîtront les résultats de leurs actions et que le coût sera tel que défini par le droit. Du point de vue de l'information, cela signifie que lorsque le droit est appliqué de la même façon dans un territoire donné, sa prévisibilité augmente. Ainsi, il existe de meilleures informations sur le droit applicable. Par exemple, il est plus facile d'écrire un contrat si le droit qui concerne le domaine contractuel est sans ambiguïté et donc prévisible. En examinant la prévisibilité du point de vue des externalités, l'accent est mis sur le fait que les agents économiques ont besoin de droits de propriété clairement définis pour pouvoir ajuster leur comportement en conséquence. Des droits de propriété clairement définis réduisent les externalités. La clarté réduit les dépenses inutiles, car cela signifie que les parties à un conflit n'ont pas besoin d'aller en cour pour définir les droits de propriété.

Des droits clairement définis permettent à la personne qui apprécie le mieux un droit spécifique de l'acquérir auprès de la personne qui le détient. Ainsi, si deux tribunaux d'un même territoire décident différemment des droits, il existe des droits mal définis et donc des coûts de transaction plus élevés pour les agents économiques.

Donc, s'il n'y a aucun moyen de négocier autour de droits et d'obligations définis de manière floue, causés par des décisions judiciaires contradictoires (coûts de transaction élevés), les externalités négatives sont encore plus importantes. Cela souligne une fois de plus l'importance de l'objectif d'unification de l'appel : il réduit les externalités causées par des décisions

[64] Shavell, *Appeals as means.*

judiciaires contradictoires. Comme le dit la théorie économique : quand il y a des externalités, la centralisation (unification) est nécessaire. Un système d'appel uniforme sert ainsi à réduire les externalités que produisent les décisions judiciaires contradictoires.

Ainsi, l'unification comme but de l'appel a un sens économique. Dépenser des ressources limitées pour y parvenir a de la valeur pour le système judiciaire. Alors, quel est le coût des externalités pour la société et la société consacre-t-elle une quantité suffisante de ses ressources limitées au processus d'appel afin de faire face aux externalités / aux coûts de transaction élevés résultant d'une loi en conflit ?

Kornhauser a soutenu que l'unification doit être justifiée parce qu'elle implique des coûts. L'ajout d'un niveau d'appel supplémentaire devrait reposer sur une articulation plus complexe du but de l'organisation. Si la charge de travail est suffisamment lourde et que les juridictions sont suffisamment importantes, un désir d'uniformité pourrait théoriquement suggérer une structure de juridictions géographiques à deux niveaux d'appel.[65]

La déduction importante à faire est que la bonne quantité de ressources de la société devrait être dépensée pour faire face aux externalités causées par différentes interprétations du droit sur un territoire suffisamment vaste, sur lequel les tribunaux géographiquement divers fournissent des interprétations dissemblables du droit. Ainsi, la question à poser sur le fort engagement français en faveur de l'harmonisation est de savoir si une unification doctrinale aussi forte a de meilleurs résultats pour la société. De même, un fort rôle d'unification et une réduction des coûts de transaction sont-ils plus importants que les coûts énormes engendrés par le rôle proactif de la Cour de cassation dans l'harmonisation du droit ?

### 2.4 Vue historique de l'uniformité en France

En France, l'importance des deux types d'unification est passée de l'unification politique à l'unification doctrinale (harmonisation). Les origines de la forte tradition française d'unification remontent à l'ancien régime. À l'époque de Louis XIV, l'effort pour l'uniformité politique et la monarchie absolue dictait la nécessité d'une harmonisation de l'interprétation extrêmement variée à l'époque du droit par les puissants tribunaux régionaux, les parlements.[66] Ainsi, pendant cette période, la raison politique de ce désir

[65] Kornhauser, *Adjudication in Resource constrained team.*

[66]Un bon résumé de la raison politique de l'unification: L'organisation appropriée de la justice dépend alors de la distribution spatiale du pouvoir politique: lorsque les pressions locales susceptibles de s'exercer sur la justice sont faibles, il est efficace de recourir à des juges indépendants et à des jurys ; inversement, lorsque les pouvoirs locaux sont importants, le souverain n'a d'autre choix que d'instituer des juges royaux, placés sous sa tutelle afin les mettre à l'abri des pressions des seigneurs locaux.

farouche d'unifier les décisions de justice (jurisprudence) était de maintenir la domination royale sur les parlements régionaux (tribunaux) afin d'éradiquer toute contestation de l'autorité royale centrale.

La première grande tentative de réglementation de la procédure civile, la promulgation de l'Ordonnance de 1667, avait également un fort objectif d'unification. Son auteur, Colbert, n'a pas précisé le but politique de l'unification, qui devait être plus important pour le régime royal, mais il a clairement mis en évidence la direction d'harmonisation : mettre fin à la diversité des décisions de justice (jurisprudence).[67] Cet objectif avait été affirmé par un certain nombre de décrets royaux depuis le XV$^{e}$siècle.[68] Le code de procédure de 1806 suivait directement le décret de 1667 ; cet objectif est resté extrêmement important pour la procédure française.

À l'époque de la Révolution française, comme l'a soutenu Martin Shapiro, le régime s'est rendu compte qu'il fallait surtout une uniformité d'interprétation du droit.[69] La raison en était que le pays était déjà unifié et qu'il n'était pas nécessaire d'établir une autorité centrale forte, mais que la protection des idéaux du nouveau régime était fortement requise. Ils ont créé un nouveau tribunal qui pourrait remplir cette fonction d'harmonisation. Ainsi, au sommet du système judiciaire, le Tribunal de cassation créé en 1790 exprime la préoccupation du législateur que la législation nationale soit uniformément appliquée par tous les tribunaux, préoccupation également exprimée dans la procédure obligatoire de renvoi au législateur lui-même sur les questions d'interprétation législative (référé législatif).[70]

La Cour de cassation était la seule à pouvoir le faire parce qu'elle était la seule juridiction nationale en matière civile, alors que les cours d'appel en France étaient régionales et ne pouvaient remplir une telle fonction. Par conséquent, il est logique que l'analyse française actuelle du rôle de la Cour de cassation se soit concentrée sur l'unification doctrinale et non sur un rôle politique. Ainsi, dans le contexte français, il est parfaitement logique de parler d'unification doctrinale en utilisant le terme spécifique qui le décrit - l'harmonisation - et d'ignorer le but général de l'unification qui inclut également l'unification politique. En d'autres termes, le système français vise principalement l'uniformité doctrinale.

### 2.4.1 Haut degré de promotion de l'uniformité en France

Le haut niveau d'engagement en faveur de l'unification du droit en France nécessite un examen du degré de promotion extensive du système judiciaire

[66] E.L. Glaser, A. Shleifer, "Legal Origins," *Quarterly Journal of Economics*, Nov (2002).

[67] Serge Dauchy, « 'La conception du procès civil dans le code de procédure de 1806. » 25 March 2015 available at https://hal.archives-ouvertes.fr/hal-01135224/document

[68] Dauchy *Ibid.*,

[69] Shapiro, *Appeal.*

[70] Van Rhee p. 27 European Traditions in Civil Procedure

français pour voir si le système français sur-engage à l'unification doctrinale (harmonisation) du droit.

Un chiffre qui démontre clairement ce fort engagement d'harmonisation est que la Cour de cassation entend plus de 20 000 affaires chaque année.[71] Ce nombre peut être comparé aux quelque 80 cas que la Cour suprême des États-Unis entend chaque année. Le tribunal américain entend également 50 autres affaires sans entendre d'arguments.

Néanmoins, même en France, il semble que l'attitude à l'égard d'un fort engagement en faveur de l'harmonisation diminue considérablement. Une réforme de 2002 a permis à la Cour de cassation de filtrer les cas.[72] La disposition d'orientation est l'article L131-6 du Code de l'organisation judicaire. En l'appliquant, le tribunal a décidé de ne pas entendre environ 31,5 % de sa charge de travail totale.[73]

Il existe un dispositif d'organisation de la Cour de cassation qui pose un autre problème avec le fort engagement français en faveur de l'harmonisation. Ce problème d'organisation est double. D'abord, la Cour de cassation est divisée en différents chambres permanents.[74] Le résultat de cette division est que la Cour ne parle pas toujours avec la même voix et que deux chambres peuvent donner des interprétations différentes sur des questions similaires. La Cour de cassation traite des décisions contradictoires en décidant des affaires dans des sessions plénières qui incluent toutes les chambres. Deuxièmement, le nombre de magistrats dans la Cour est important (en 2010, ils étaient au nombre de 163). En conséquence, cet arrangement augmente encore l'imprévisibilité de la façon dont le tribunal va décider d'une affaire et augmente la possibilité d'opinions divergentes au sein du tribunal.

### 2.4.2 Les conséquences d'un engagement extrême en faveur de l'harmonisation du droit

Cette réduction substantielle du nombre d'affaires entendues par la Cour de cassation signale une des deux choses. Soit les juges de la Cour pensent qu'ils sont surchargés de dossiers et qu'ils ne peuvent pas tous les traiter, soit ils ne voient pas le bénéfice d'un tel effort d'harmonisation. L'explication la plus probable est que le coût de l'audition de nombreux cas aux magistrats de la Cour peut être considérable. Il est évident que moins de 200 magistrats (en 2010, ils étaient163), qui doivent traiter plus de 20 000 affaires par an (plus de 122 cas par magistrat) sentiront le poids de leurs horaires surchargés, le manque de temps et de ressources pour entendre tout cas correctement. Cela signifie également que les ressources de la cour sont insuffisantes pour faire face à une charge de travail aussi importante.

---

[71] Louis Vogel, p. 46.

[72] Article L131-6 Code de l'organisation judicaire

[73] Vogel, p.46.

[74] En anglais, le terme chambers est utilisé pour désigner le bureau d'un juge

Ou bien, un fort rôle d'unification et une réduction des coûts de transaction sont moins importants que les énormes coûts qu'implique un rôle proactif, qui fournit une harmonisation poussée du droit. Des exemples de tels coûts peuvent être les ressources que le gouvernement dépense pour le système judiciaire. En outre, il peut y avoir un problème avec une durée accrue de la procédure qui est causée par l'examen des décisions contradictoires par la plus haute cour.

Afin de résoudre ce dilemme, il sera utile d'examiner les autres alternatives à un engagement aussi fort en faveur de l'harmonisation du droit.

### 2.5 Les États-Unis

Martineau a fourni une définition utile de ce que signifie l'uniformité en tant que raison d'appel aux États-Unis : « dans une juridiction particulière, les personnes essentiellement dans les mêmes circonstances auront le droit interprétée et appliquée de manière cohérente et selon une procédure similaire ».[75] En suivant la distinction de Shapiro ici, la définition correspond à l'uniformité doctrinale (harmonisation).

Martineau est allé jusqu'à prétendre qu'il existe une position dominante d'unification comme but de l'appel et que la correction d'erreur et le développement du droit ne sont pas des objets d'appel distincts, mais qu'ils ne servent que l'objectif de l'uniformité.[76]

En outre, les États-Unis ont subi un changement de régime brutal à la suite de leur guerre d'indépendance. Il est donc raisonnable de s'attendre à ce qu'il y ait également des investissements substantiels dans l'unification politique. C'est un objectif encore plus pressant en raison de la grande diversité du territoire du pays.

Ce lieu d'uniformité dominante comme but de l'appel a certainement ses origines dans le désir d'intégrer l'État fédéral et de promouvoir le pouvoir du régime central. Cependant, l'unité politique et le fédéralisme aux États-Unis ont toujours rencontré une résistance de la part des États individuels qui avaient un fort désir de garder le contrôle sur certaines questions. Ainsi, l'existence d'une attitude contradictoire envers l'unification (à la fois doctrinale et politique) n'est pas surprenante.

Aux États-Unis, les cours d'appel régionales (cours de circuit) produisent des décisions contradictoires. Les tribunaux d'appel aux États-Unis sont 13 et 11 d'entre eux ainsi que les circuits judiciaires DC sont définis géographiquement. Le treizième circuit est la Cour d'appel des États-Unis pour le Circuit fédéral. Le nombre de décisions judiciaires contradictoires dans les différents tribunaux de circuit est élevé.[77] Cependant, la réalité est que la Cour suprême des États-Unis n'entend qu'un nombre très limité d'affaires par

[75] Martineau, p.27.

[76] *Ibid*, p.27.

[77] *Ibid*, p.31.

rapport à l'énorme volume de dossiers des cours d'appel (moins de 1 %). Ainsi, même si des auteurs comme Martineau ont soutenu que le but principal de l'appel aux États-Unis est l'unification, dans la pratique, les tribunaux ne le poursuivent que marginalement et ne retirent donc que des avantages marginaux de cette poursuite. La Cour suprême ne règle qu'un petit nombre de ces conflits entre circuits.[78]

Ainsi, les États-Unis, un pays doté d'un immense territoire, consacrent relativement peu de ressources à l'unification. Le seul tribunal national de la Cour suprême des États-Unis entend moins de 1 % des cas de la charge de travail des tribunaux de circuit.[79]

Mark Galander a fourni une explication de ce paradoxe qui à la fois affirme l'omniprésence et, en même temps, l'insaisissabilité de l'objectif d'uniformisation de la pratique aux États-Unis : « Dans les parties supérieures du système où la tradition savante est présentée, un stress implacable sur les vertus de l'uniformité et de l'universalité et un dégoût généralisé pour le particularisme, le compromis et la discrétion. Pourtant, l'attachement culturel à l'universalisme est lié à et peut-être même intensifie la diversité et le particularisme au niveau opérationnel. »[80]

Cela signifie que le système américain d'appel se contente souvent de déclarer l'uniformité comme objectif principal, mais en pratique, il ne fait pas beaucoup d'efforts pour uniformiser ses institutions judiciaires (hiérarchie) et n'essaie pas d'uniformiser la doctrine à tout prix.

Cela contraste fortement avec un pays relativement petit comme la France, qui a une approche très proactive de l'uniformité doctrinale et donc de réduire les externalités / coûts de transaction causés par des décisions judiciaires contradictoires. Sans statistiques précises et complexes sur les deux pays, on ne peut que deviner les effets de telles approches diamétralement opposées de l'harmonisation du droit. Intuitivement, il semble que l'économie américaine soit en train de perdre beaucoup parce que le système judiciaire sous-estime le problème, alors qu'en France la question de l'uniformité doctrinale est surestimée et que le contribuable français dépense trop pour l'harmonisation du droit.

En outre, les magistrats de la Cour de cassation française sont surchargés d'atteindre un objectif qui n'est pas aidé par la façon dont la cour est organisée, permettant aux différentes chambres de produire des décisions opposées également en raison de l'absence d'identité unifiée du tribunal causée par le grand nombre de magistrats.

---

[78] Voir., Stephen L Wasby, "Intercircuit Conflicts in the Courts of Appeal," *Mont. L. Rev.* 63 (2002); J Clifford Wallace, "The Nature and Extent of Intercircuit Conflicts: A Solution Needed for a Mountain or a Molehill," *Cal. L. Rev.* 913 (1983), p. 71.

[79] Martineau, p.30.

[80] Galander, *Have nots.*

En résumé, aux États-Unis, il n'y a que le but d'unification considéré comme l'objectif le plus important de l'appel qui peut montrer que le système français s'engage trop à réaliser l'harmonisation du droit.

### 2.6 Implications pour l'engagement français en faveur de l'unification

Pour revenir à notre question de savoir si la France ne dépense pas trop de ressources pour l'unification, la leçon tirée de l'expérience anglaise du XIX^e siècle est que l'unification n'est pas une qualité absolue. Il y a un compromis impliqué. Plus d'unification signifie que moins d'externalités sont imposées à la pratique juridique. Si l'unification est bien faite, il y a plus de certitude dans l'application du droit. Le compromis est qu'il y a moins de développement du droit. Cependant, créer de nombreux niveaux d'appel donne à l'unification le fondement du développement du droit parce qu'un système à trois niveaux, encore moins un système à quatre niveaux, ne laisse aux tribunaux supérieurs que le développement du droit. C'est une énorme contradiction des objectifs. Le résultat est que les ressources judiciaires sont dépensées pour des objectifs contradictoires.

En France, l'accent mis sur l'unification a clairement des origines politiques. Cela ajouté à la tendance à la stabilité et au maintien de toutes les traditions juridiques dans le mélange des solutions actuelles a abouti à un engagement extrêmement fort en faveur de l'unification avec un glissement vers une unification plus doctrinale et moins politique car ce dernier objectif est devenu presque complètement obsolète. En outre, le désir politique de faire de l'appel une pièce maîtresse du régime républicain après la révolution française a conduit le système à sur allouer des ressources pour faire appel.

Les influences politiques ne produisent pas souvent des résultats positifs.[81] Ce n'est pas surprenant et est en ligne avec ce que Buchanan et d'autres auteurs ont maintenu au sujet du processus politique étant inefficace. Les coûts de transaction ont un effet important sur le fonctionnement de l'économie, ils dictent les types d'échange que le marché préférerait. La mesure de l'effet de l'unification sur la réduction des coûts de transaction dans l'économie est une entreprise complexe et mérite un projet économétrique particulier.[82] Ici, la recherche se limite à souligner un problème potentiel avec l'exagération de l'engagement à l'unification du droit.

Le système d'appel français tente de remplir de nombreux objectifs. Lorsqu'un système tente d'atteindre un trop grand nombre d'objectifs, cela entraîne des coûts supplémentaires. De plus, l'appel est considéré comme une

---

[81] Voir, Buchanan ibid.,

[82] Voir, Wallis, J. J., & North, D. C. "Measuring the Transaction Sector in the American Economy, 1870-1970," in *Long-Term Factors in American Economic Growth* (University of Chicago Press, 1986).

continuation du procès.[83] Les décisions judiciaires de première instance ne sont pas considérées comme définitives. La doctrine qui en résulte de ces luttes politiques est qu'officiellement, les tribunaux français se voient refuser un pouvoir de développement du droit. Même si une session avec un avocat français est généralement dominée par ce que la Cour de cassation a décidé, le fait est que la législation n'est pas une priorité officielle du système français. Officiellement, l'idée de développement du droit à travers la prise de décision divergente à différents tribunaux inférieurs semble encore moins attrayante pour les fonctionnaires français. Cependant, l'existence de différents tribunaux de première instance tels que les tribunaux de commerce, les prud'hommes, etc. avec des procédures très différentes a pour effet de développer le droit par des décisions divergentes. La différence est qu'il n'y a pas de concurrence juridictionnelle car les règles de choix de la juridiction en France.

### 3. Développement du droit : but de l'appel

Le développement du droit est fait pour le bénéfice de la société ou du droit en général et non principalement pour les plaideurs d'un cas particulier. L'objectif essentiel des tribunaux est d'adopter, de réviser et d'interpréter les différentes doctrines, la jurisprudence et les dispositions législatives afin d'apporter des éclaircissements et même des améliorations au droit.

L'unification et le développement du droit à des fins d'appel sont liés. Unifier les diverses décisions judiciaires nécessite au moins deux directions différentes que le droit a la possibilité de prendre. Faire un choix entre ces directions signifie que la Cour de cassation fait des choix normatifs qui orientent le droit. Comme l'a dit Chartier, honoraire conseiller à la Cour de cassation et auteur de l'un des livres les plus importants de la Cour, «sans risque d'être contredite elle [Cour de cassation] pouvait librement faire évoluer le droit.»[84]

Le rôle normatif de la Cour de cassation est plus controversé en France. D'un côté, les tribunaux français ne jouent aucun rôle politique mais de l'autre, ils ont un rôle normatif. Cela semble être une contradiction dans les termes. Comment un rôle normatif peut-il éviter de créer des changements de politique ? Le rôle normatif des tribunaux français est suffisamment profond pour mériter un projet de recherche profond et distinct. Néanmoins, il est important de noter que tout un domaine de droit, le droit de la responsabilité civile, a été entièrement développé par les tribunaux en France et qu'il ne reposait que sur deux articles vagues du Code civil.[85]

---

[83] Shapiro.

[84] In English: "without risk of being contradicted the Court could freely make the law evolve."

[85] See Articles 1382 and 1383 of the French Civil Code.

Comme Shapiro l'a fait valoir, le fossé entre la prise de décision basée sur les faits (les juridictions inférieures et les cours d'appel) et la décision sur le droit qui a été créée ne devrait pas être sous-estimé. Cette fissure définit le système français. Quel est l'effet de cette décision politique de faire des appels une pièce maîtresse du régime républicain et ensuite de restreindre le pouvoir des juges français ? Le résultat était que le nouveau régime républicain avait des incitations à dépenser plus de ressources pour créer un système d'appel élaboré, qui est plus pour se démontrer « juste » que pour réellement produire un jugement efficace. La nécessité de cette dépense a été renforcée par les intérêts d'un des parties au procès, qui a également intérêt à poursuivre la procédure de recours.

Afin de limiter le pouvoir de la Cour de cassation de rendre des décisions définitives, le régime a dû consacrer des ressources supplémentaires au système de cassation ; après cassation, une cour d'appel doit statuer à nouveau sur l'affaire, suivant une procédure de novo. La cour d'appel peut confirmer ou modifier son opinion. En cas de confirmation, une étape supplémentaire d'appel est créée.

### 3.1 Nombre optimal de niveaux d'appel

Le nombre optimal de niveaux d'appel, selon Shavell, peut être décidé par l'État. Il choisit le nombre de niveaux d'appel, les ressources utilisées à chaque niveau, et les coûts et les subventions aux plaideurs à différents niveaux.[86] Pour que l'existence d'un deuxième niveau d'appel produise des résultats optimaux, l'investissement dans le processus de deuxième niveau, le coût de l'appel de deuxième niveau plus le préjudice attendu du défaut d'inversion de l'erreur à ce niveau doit être inférieur au préjudice certain qui serait encouru si les appels de deuxième niveau ne sont pas autorisés. Si l'État décide d'ajouter un troisième ou même un quatrième niveau d'appel, la conséquence de l'échec de l'erreur au deuxième niveau est qu'il y a un coût additionnel d'un autre appel que les plaideurs feront s'ajouter au coût social de l'erreur qui n'a pas été corrigée. En outre, Shavell a également mis en doute le sens commun de permettre plusieurs niveaux d'appel dans le but de corriger les erreurs. La raison en est qu'il est tout à fait improbable qu'un tribunal d'appel de second niveau ne connaisse pas les connaissances ou ne soit pas en mesure d'utiliser des techniques qui n'étaient pas disponibles pour la cour d'appel de premier niveau.[87] Donc, dans le but de corriger les erreurs, un seul niveau d'appel est probablement suffisant.

La création d'une cour finale au troisième niveau d'appel ne lui laisse guère d'autre choix que de servir le rôle de développement et d'unification du droit. La raison en est que, comme expliqué ci-dessus, il est peu probable que le tribunal trouve des erreurs non corrigées par l'appel de premier niveau et si ce

---

[86] Shavel, *Appeals Process as Means of Error Correction.*

[87] *Ibid.*

n'est probablement pas dans l'application du droit mais dans l'essence du droit. En d'autres termes, il existe un lien entre les trois principaux objectifs de l'appel : le développement du droit, l'unification et la correction des erreurs.[88] Cependant, le développement du droit va plus loin parce que l'interprétation peut aller à la racine du droit et le modifier ou y ajouter un nouvel élément significatif. Ce qu'il importe de souligner, c'est que les cours d'appel de deuxième niveau ont un impact important sur le droit parce que leur objectif de correction d'erreurs est limité et qu'elles n'ont pas d'instruments différents de la cour d'appel inférieure.

Un autre modèle qui peut être utile pour examiner le nombre optimal de niveaux d'appel est celui de Kornhouser. Il a identifié la spécialisation et les tribunaux géographiquement divers comme une justification pour avoir deux ou trois niveaux dans les hiérarchies judiciaires. Kornhouser part de l'idée que dans un nombre limité de cas, le stade du procès est suffisant et il n'y a aucune raison de poursuivre les délibérations sur les cas. Cela signifie que, dans certains cas, il est préférable de n'avoir que des procès et d'interdire les appels.

Dans d'autres cas, il existe un besoin de spécialisation justifiant le recours aux cours d'appel. Cette nécessité se présente lorsqu'il y a une structure plus complexe au droit. Dans cette situation, « il existe deux types de questions juridiques auxquelles le système judiciaire est confronté. Les tribunaux doivent d'abord décider de la meilleure structure doctrinale et ensuite élaborer les détails juridiques. Pour cette raison, une spécialisation plus poussée du travail pourrait être souhaitable avec un deuxième niveau hiérarchique se concentrant sur l'identification de la meilleure structure doctrinale pendant que le premier niveau élabore cette structure. »[89]

L'objectif d'unification d'un appel peut également avoir sa place dans un système judiciaire qui justifie le troisième niveau d'appel. Pour reprendre les termes de Kornhouser, « la justification d'un deuxième niveau d'appel repose sur une articulation plus complexe du but organisationnel. Si la charge de travail est suffisamment lourde et que les juridictions sont suffisamment importantes, un désir d'uniformité pourrait théoriquement suggérer une structure de juridictions géographiques à deux niveaux d'appel.»[90]

Martineau a décrit la façon dont les trois principaux objectifs de l'appel sont arrangés dans le modèle américain. Il a soutenu que les cours d'appel fédérales des États-Unis servent principalement une fonction de correction d'erreur, tandis que la Cour suprême des États-Unis s'occupe principalement de l'élaboration du droit.[91] Comme la Cour suprême entend chaque année moins

---

[88] Shavell a soutenu que l'élaboration du droit est une sorte de correction d'erreurs.

[89] Kornhauser, *Adjudication in Resource constrained team.*

[90] *Ibid.*

[91] Martineau, p.29.

de 1 % des affaires jugées par les tribunaux de circuit, son rôle d'unification est limité et l'oblige à remplir son objectif de développement du droit.[92]

Examinons d'abord de manière plus détaillée le système français et voyons quelles sont les fonctions et l'organisation des différents tribunaux du système civil afin d'évaluer les buts qu'ils remplissent et la structure et l'organisation de la hiérarchie judiciaire française, qui dirigent le fonctionnement de la magistrature.

### 3.2 Établir une équivalence fonctionnelle entre les magistrats américains et français

Afin de comparer les fonctions des différents niveaux de la magistrature française avec leurs homologues américains, il convient d'établir si la Cour de cassation, qui est au sommet de la hiérarchie en matière civile (et pénale également) joue le rôle d'une Cour suprême ou non.

Certains auteurs ont soutenu que la réponse est non. Les raisons invoquées par Yves Chartiers, conseiller honoraire de la Cour de cassation, sont les suivantes : Premièrement, d'un point de vue hiérarchique, le système judiciaire français est dualiste parce qu'il existe un ordre administratif distinct. La juridiction supérieure de ce système administratif est le Conseil d'État. Pour rendre les choses encore plus complexes, il y a aussi le Conseil constitutionnel, qui joue un rôle constitutionnel distinct et extrêmement important.[93]

Chartiers a souligné un second point de contraste de la Cour de cassation française avec les cours suprêmes des États-Unis et du Royaume-Uni. Il a fait valoir que la proéminence fonctionnelle des deux tribunaux de *common law* est beaucoup plus grande que celle du tribunal français. La raison qu'il a donnée pour cela est que ces deux cours suprêmes ont le choix entre les affaires qu'elles entendent et que la Cour de cassation doit se prononcer sur toutes les affaires portées devant elle.[94]

Sa conclusion est que la Cour de cassation n'est pas une juridiction de troisième niveau. En d'autres termes, il a fait valoir que la Cour de cassation et les différentes cours d'appel régionales se trouvent au même niveau de juridiction en France.[95] La Cour de cassation elle-même comprend également son rôle de tribunal de second niveau. La raison en est, chose intéressante, que le tribunal se considère du point de vue des plaideurs. Pour le tribunal, sa propre compétence ne se situe pas au troisième niveau de la hiérarchie judiciaire parce que le tribunal prononce des jugements non sur des faits mais

---

92 *Ibid*, p.30.

93 Yves Chartier, « Cour de cassation," p.1.

94 *Ibid.*, p.2.

95 *Ibid.*, p.3.

uniquement sur le droit.[96] Cela semble une justification étrange, pour l'observateur de *common law*, parce que c'est exactement ce que font les cours d'appel de *common law* ; elles sont spécialisés pour examiner seulement le droit et non les faits. C'est ce qui fait d'elles des cours d'appel aux deuxième et troisième niveaux du système judiciaire et les distingue des tribunaux de première instance.

Chartiers plaide également paradoxalement que la Cour de cassation est au sommet de la hiérarchie judiciaire en matière civile et pénale et qu'elle ne peut être facilement contestée.[97] L'autre problème avec ce point de vue est que l'argument par ailleurs fort de Chartiers selon lequel la Cour de cassation ne sélectionne pas ses cas n'est tout simplement plus vrai. La raison en est la modification radicale de la compétence de la Cour de cassation. La Cour exerce maintenant une sérieuse sélection des affaires et refuse d'entendre un nombre important d'affaires (31,5 % en 2002).[98]

Une autre opinion est que les trois plus hautes cours de France (Cour de cassation, Conseil d'État et Conseil constitutionnel) forment la Cour suprême française. Cela semble être une opinion plus convaincante. Ce qui peut être conclu, c'est que la Cour de cassation est une institution dans une période de transition de son développement. Le fait est qu'il y a trois tribunaux qui, consécutivement et par ordre hiérarchique, entendent la même affaire : première instance, appel et cassation. Dire que deux d'entre eux - la Cour d'appel et la Cour de cassation - se trouvent tous deux au second niveau de la hiérarchie judiciaire, c'est simplement que les deux ont une fonction redondante, ce qui n'est pas le cas et peut avoir des résultats confus.

Que l'image de soi de la Cour de cassation et l'opinion de Chartiers selon laquelle la Cour n'est pas une Cour suprême est correcte ou non, cela n'est pas critique pour notre analyse. En fin de compte, la désignation de la cour est simplement une distinction technique avec peu d'effet pratique. Ce qui compte vraiment, ce sont les effets pratiques de l'organisation de la hiérarchie judiciaire française et des fonctions qu'elle remplit.

---

[96]Sur le site officiel de la Cour, la description indique ce qui suit : « [L] a Cour de Cassation ne constitue pas, après les tribunaux et les cours d'appel, un troisième degré de juridiction. Elle est appelée, pour l'essentiel, non à trancher le fond, mais à dire si, en fonction des faits qui ont été souverainement appréciés dans les décisions qui lui sont déférées, les règles de droit ont été correctement appliquées. C'est ce qui explique que la Cour de cassation se prononce non, à proprement parler, sur les litiges qui ont donné lieu aux décisions qui lui sont soumises, mais sur ces décisions elles-mêmes. Elle est en réalité le juge des décisions des juges : son rôle est de dire s'ils ont fait une exacte application du droit au regard des données de fait, déterminées par eux seuls, de l'affaire qui leur était soumise et des questions qui leur étaient posées. Ainsi chaque recours a-t-il pour objet d'attaquer une décision de justice, à propos de laquelle la Cour de cassation doit dire, soit qu'il a été fait une bonne application des règles de droit, soit que l'application en était erronée. »
https://www.courdecassation.fr/cour_cassation_1/presentation_2845/r_cour_cassation_30989.html

[97] *Ibid*, p.5.

[98] Vogel, p.46.

### 3.3 Les origines de la procédure de cassation

Pour ce faire, il sera intéressant de voir le développement du plus haut tribunal français en matière civile et pénale. L'origine de la Cour de cassation se retrouve dans le pouvoir des rois de France. Dès le quatorzième siècle, le pouvoir émanait du roi, qu'il avait délégué mais qu'il pouvait toujours reprendre à volonté. Ainsi, la première procédure de cassation était de nature extraordinaire. C'est arrivé devant le Conseil du roi et plus précisément le Conseil de parties ou « Grand Conseil » créé en 1578 et précisé dans un règlement du 28 juin 1738.[99]

La procédure de cassation actuelle a commencé à prendre forme au cours de la périodc révolutionnaire. C'est la loi du 27 novembre 1 er décembre 1790 qui a institué le Tribunal de cassation. La distinction entre la procédure de cassation révolutionnaire et la procédure de cassation royale était que le pouvoir était passé du chef de l'État et de son conseil aux juges.

### 3.4 Les pouvoirs de révision de la Cour de cassation et des cours d'appel régionales

#### 3.4.1 Cour de cassation

Au début, les autorités révolutionnaires ont créé une Cour dotée d'un pouvoir d'examen très restrictif - elle ne pouvait exercer qu'un contrôle sur l'application du texte de la loi (interprétation littérale). Après la Constitution de 1791, la révision de la Cour de cassation a été étendue pour inclure à la fois la lettre et l'esprit du droit. Cela continue à ce jour parce que le tribunal contrôle à la fois les motivations derrière les décisions judiciaires et leur respect du droit.[100]

Actuellement, comme Chartiers l'a souligné, la Cour de cassation « [A]u sommet de la hiérarchie judiciaire et sans risque d'être contredite elle [la Cour de cassation] pouvait librement faire évoluer le droit ».[101] Cela fait ressortir une fonction de création du droit que cette cour exerce.

#### 3.4.2 Les cours d'appel

Comme l'a soutenu Martin Shapiro, la différence entre le procès et le premier niveau d'appel en France n'est pas évidente, du moins pour l'observateur de droit commun à qui les recours apparaissent comme un deuxième système de procès. [102] La raison en est la spécialisation qui se produit dans les cours d'appel de *common law*, dont la révision n'est fondée que sur des points de droit, ce qui ne relève pas de la compétence des cours d'appel

[99] Chartier, p. 3.
[100] Chartier, pp 5-6.
[101] *Ibid.*
[102] Shapiro, *Appeal.*

françaises. Elles examinent le cas de novo et permettent même d'introduire de nouvelles preuves.

Pour être plus précis, les cours d'appel en France exercent un contrôle à la fois sur les faits et sur le droit dans les jugements qui leur sont soumis. Le tribunal peut soit confirmer, soit annuler, soit modifier la décision du tribunal inférieur dans son intégralité ou en partie. Dans cette dernière situation, la cour d'appel décide à nouveau du litige. Ces décisions peuvent être contestées devant la Cour de cassation.[103] La règle de la double compétence, qui signifie que le procès et le recours de novo sont un droit, est un principe général de la procédure française, qui a été créé pour garantir les intérêts des parties au différend et est censé être dans l'intérêt de la justice.[104] Cette double compétence a été introduite par le législateur révolutionnaire dans la loi des 16 et 24 août 1790, qui a permis l'accès à l'appel sans filtrage en droit et en fait.

Cela complique la question de l'objet du premier recours en appel (au niveau de la cour d'appel). Shapiro a soutenu qu'à ce niveau, l'objet de l'appel est la correction d'erreur.[105] Cela semble être la même chose que la situation aux États-Unis depuis que Martineau a soutenu que les tribunaux du circuit américain servent également la plupart du temps à corriger les erreurs.

Néanmoins, il existe deux différences majeures entre la structure d'appels français et celle des deux cours de *common law* utilisées comme modèles comparatifs ici. La première est que la division entre le droit et le fait est introduite au niveau de la Cour de cassation, alors que cette spécialisation de la tâche se produit au premier degré dans les deux systèmes de *common law* examinés ici. Ainsi, comme l'a souligné Martin Shapiro dans la pratique, le système français prévoit deux procès (en première instance et en appel) et ne révise le droit qu'au niveau de la Cour de cassation.

L'effet positif de quelque chose qui ressemble à un double procès est douteux. La raison en est que, dans une interview, certains juges de la Cour d'appel[106] ont dit que la première chose qu'ils lisent est la décision du tribunal de première instance. Cela crée un biais cognitif. Ce biais se produit parce que les gens ont tendance à croire les premières informations qu'ils étudient plus en détail que toute information ultérieure qu'ils peuvent recevoir. Le résultat est que les juges, plus souvent qu'autrement, trancheront l'affaire de la même manière que le juge de première instance parce que c'est de là qu'ils ont tiré leurs premières informations. Cela jette une ombre de doute sur l'idée que le juge d'appel puisse déceler des choses que le juge du procès ne pouvait pas

[103] http://www.justice.gouv.fr/organisation-de-la-justice-10031/lordre-judiciaire-10033/cour-dappel -12026.html

[104] "La règle du double degré de juridiction est un principe général de procédure qui consacre une garantie essentielle aux intérêts des plaideurs et à l'intérêt supérieur de la Justice." (Commissaire du gouvernement Chenot, CE 4 fév. 1944) http://www.cours-de-droit.net/la-cour-d-appel-organisation-role-formation-a121611728

[105] Shapiro, *Appeal.*

[106] Interview avec des juges de la Cour d'appel qui ont préféré rester anonymes.

déceler. Là encore, une exception existerait si le système de promotion au sein du système judiciaire fonctionnait extrêmement bien et si les juges de la plus haute qualité étaient toujours promus devant les tribunaux supérieurs.

La deuxième différence vient du fait que l'appel est une procédure de novo qui permet de nouvelles preuves.[107] L'effet d'une telle règle, comme l'a dit le juge Franclieu, le premier président de la cour d'appel de Toulouse, est que « ce n'est plus le même cas, il a considérablement augmenté en volume et même la question n'est plus la même. »[108] L'effet positif de décider d'un cas sur une question différente est douteux. Le cas d'un plaideur est supposé signaler un problème dans la société qui doit être résolu par les tribunaux. Si ce problème se développe en quelque chose de différent et le seul but devient la victoire de la partie aggravée, la valeur sociale des poursuites sera perdue.

Le système judiciaire anglais n'a pas toujours eu connaissance d'une disposition généreuse similaire en matière d'appel. La différence est que même les anciens tribunaux d'équité (*equity*) anglais, lors de leur création, n'ont pas permis la présentation de nouveaux éléments de preuve en appel. Cela signifie également que les cours d'appel en France ont dépassé la procédure la plus généreuse qui ait jamais existé en Angleterre. En tout état de cause, il semble douteux que permettre l'introduction de toute nouvelle preuve qui change la nature et les enjeux de l'affaire soit bénéfique pour la qualité de la justice rendue par les tribunaux.

Ainsi, les effets de la règle qui permet l'introduction étendue de nouvelles preuves peuvent réduire la qualité de la justice. La raison en est que cette règle crée de mauvaises motivations pour les parties pour ne pas trouver et fournir toute la preuve existante au procès. Après tout, ils ont tout le temps de le faire en appel. Donc, même si de nouvelles preuves permettent une meilleure correction des erreurs, cela pourrait amener les parties d'utiliser stratégiquement les preuves et à prolonger l'affaire plus longtemps que nécessaire afin de vaincre l'opposition, financièrement ou moralement.

### 3.5 La raison politique qui anime le système généreux d'appel français

La raison de cette généreuse organisation française des appels est le but politique de l'appel en tant que promotion du pouvoir de régime en France après la Révolution. Le résultat a été la création de quatre étapes d'appel. De plus, le désir des autorités de créer la quatrième étape a été renforcé par la crainte de trop de pouvoir entre les mains des plus hauts magistrats, qui ont pu être orientés vers l'ancien régime. Ces raisons de l'existence d'un régime

---

[107] Le premier président de la cour d'appel de Toulouse Franclieu a décrit le résultat de l'admission de nouvelles preuves sur une affaire : « ce n'est plus la même affaire parce qu'elle a considérablement augmenté en volume.

[108] Interview Le premier président de la cour d'appel de Toulouse, Guy de Franclieu.

d'appel si généreux étant exclusivement politiques, cette quatrième étape nécessite une analyse plus approfondie de son rôle et de ses effets dans le système judiciaire français actuel.

Par souci de clarté, voici les quatre niveaux d'appel que possède le système judiciaire français actuel : Appel en première instance qui ressemble au second procès avec de nouvelles preuves transformant l'affaire en une affaire différente, cassation, puis retour du dossier à une autre juridiction d'appel qui a le droit de contester la décision de cassation et de renvoyer l'affaire à une audience plénière de la Cour de cassation.

### 4. Le quatrième niveau de la hiérarchie judiciaire : un système de contrôle mutuel des cours d'appel

Le quatrième et dernier palier est le plus intéressant car il n'implique pas le désir du justiciable de poursuivre l'appel. Le responsable de cette phase d'appel est une divergence de vues sur la nature du droit entre deux cours d'appel et la Cour de cassation. Le conflit fonctionne de la manière suivante : A ce quatrième niveau, une cour d'appel ou une autre cour d'appel composée différemment peut décider de confirmer une décision antérieure de la cour d'appel et de renvoyer sa décision devant une assemblée générale de la Cour de cassation (en procédure de banc).

Cette procédure en banc existe également au sein des tribunaux de circuit américains. Quand il y a des décisions contradictoires, les tribunaux siègent en banc, ce qui signifie que tous les juges en circuit s'assoient ensemble pour résoudre le conflit. Cette procédure peut être comparée à la procédure normale lorsque les juges de circuit siègent dans des groupes de trois juges. Pour les petits circuits, la procédure en banc signifie que les neuf juges participent. Dans les grands circuits, beaucoup moins que l'ensemble des membres de la cour est suffisant. Les décisions en banc s'imposent à d'autres instances judiciaires. Cependant, en France, cette procédure est poussée à l'extrême et elle implique trois juridictions : deux cours d'appel (ou une avec une composition différente du panel) et la Cour de cassation siégeant d'abord dans un panel, puis en banc (l'ensemble complet).

Ce processus n'a rien à voir avec la justice entre les parties ou avec la correction d'erreurs. Cela signifie qu'il n'y a pas de canalisation ascendante de l'information du plaideur. En d'autres termes, une partie qui est normalement animée d'un désir de corriger une erreur ou un problème social important, qu'elle considère comme une injustice, n'est pas la force motrice de ce niveau d'appel. Ce conflit juridictionnel n'entraîne pas les nombreux avantages sociaux que le processus dirigé par un plaideur peut apporter, mais il ne fait que l'unifier à l'extrême et aboutir à une décision définitive acceptable pour la plupart des juges.

Yves Chartiers a fait valoir que la Cour de cassation est un tribunal de deuxième instance.[109] C'est exactement ce point de vue qui permet un tel conflit de compétence. Selon cette interprétation, la cassation n'est pas la dernière procédure possible, mais un type différent de contrôle rendu par les tribunaux qui sont censés s'influencer mutuellement. Bien sûr, Chartiers s'est contredit car il a également affirmé que la Cour de cassation est au sommet de la hiérarchie judiciaire française et qu'elle peut faire évoluer le droit sans être contestée.[110] Permettre une telle contradiction flagrante à l'organisation de la cour française signifie que le conflit juridictionnel avec des avantages imprécis est intégré dans le système judiciaire.

Ce conflit implique des coûts élevés tels que la convocation de trois tribunaux distincts, y compris une séance plénière de la Cour de cassation extrêmement coûteuse en temps et en efforts. Ce sont tous des frais supplémentaires pour le contribuable français. Cela laisse également l'affaire non résolue pour les parties pour une période beaucoup plus longue. Il est douteux qu'un tel arrangement puisse expliquer une meilleure correction d'erreur, ni qu'il unifiera le droit mieux ni améliorera le développement du droit.

Ce qui est surprenant à première vue est la fréquence à laquelle cela arrive. Dans environ 40 % des cas où une décision de la Cour de cassation est contestée par les cours d'appel, l'assemblée plénière de la Cour de cassation a changé d'avis et a accepté la Cour d'appel qui a confirmé une décision antérieure d'une autre cour d'appel. Cela signifie que la Cour de cassation, dans sa composition beaucoup plus large, a changé sa propre décision après avoir été contestée par les cours d'appel.[111]

Pour comprendre le problème des raisons pour lesquelles la Cour de cassation change d'avis 40 % du temps après que l'affaire leur a été renvoyée par les cours d'appel, le problème doit être examiné d'un point de vue économique. Cette analyse révèle un problème sérieux dans la manière dont la Cour de cassation décide de ses affaires. Le problème est que les affaires se présentent devant la Cour de cassation après de nombreuses distorsions informationnelles. La raison pour laquelle la décision des cours d'appel est si souvent convaincante est qu'ils ont plus d'informations sur l'affaire. Rappelez-vous que chaque niveau de hiérarchie réduit l'information de moitié environ. De plus, lorsque l'information parvient à la Cour de cassation, elle a été transformée en une forme formaliste succincte afin d'éliminer les détails désordonnés de la vie de la décision proposée. Les magistrats à ce niveau ne reçoivent que des résumés du problème juridique et aucun fait réel.[112] Au

---

[109] Chartier, p.3.

[110] *Ibid.*, p.5.

[111] Interview avec le premier président de la Cour d'appel de Toulouse, Guy de Franclieu.

[112] Voir Lasser ibid

contraire, les juges de la Cour d'appel traitent un cas plus animé et plein de détails. En d'autres termes, ils sont simplement plus proches de la situation réelle et comprennent mieux le problème parce qu'ils ont une meilleure information à ce sujet. C'est pourquoi ils sont capables de convaincre les juges de la Cour de cassation si souvent.

L'appel en quatre étapes en France est un exemple de la violation du principe de Pareto - il empoisonne tout le monde ; les juges ont une charge de travail plus lourde, la solution du litige est retardée et le contribuable français doit payer pour les procédures les plus coûteuses, car elles impliquent trois panels différents des plus hauts magistrats en France. À la fin, il est vraiment douteux que la société française reçoive la meilleure règle ou même si l'on trouve la règle optimale pour les circonstances actuelles, il y a certainement des moyens moins coûteux d'obtenir ce résultat. Un exemple serait une structure de prise de décision améliorée au niveau de la Cour de cassation qui ne détruit pas une grande partie des informations qui parviennent au tribunal.

Les seuls bénéficiaires qui bénéficient de cette règle sont les plaideurs qui veulent utiliser les longues procédures pour retarder la justice. Et ce sont précisément les candidats qui échouent et qui veulent retarder le jour du jugement qui ne devraient pas bénéficier des arrangements organisationnels du système judiciaire.

La raison pour laquelle le problème a persisté depuis si longtemps est que les parties au processus et l'intérêt non révisé d'un régime qui ne fonctionne pas dans les mêmes circonstances coïncident. Les parties peuvent être intéressées à poursuivre les procédures aussi longtemps que possible parce qu'elles veulent soit retarder le jour du jugement, soit ne pas pouvoir accepter un certain résultat. Le régime politique a suivi aveuglément l'élan de l'ère révolutionnaire, même si la situation a radicalement changé et que le gouvernement actuel n'a pas à montrer au même degré qu'il offre la justice comme le nouveau régime révolutionnaire de l'époque. Il en résulte que les intérêts du régime et des justiciables aggravés ont noyé dans le silence les intérêts diffusés du contribuable français qui paye quelques euros de plus (la somme est d'environ 65 euros par habitant pour 2013, et encore plus pour les contribuables actifs).[113] En termes économiques, les coûts de transaction pour le contribuable sont trop élevés parce que leurs intérêts sont trop dispersés et personne ne prendra de mesures pour un petit montant d'impôt supplémentaire

---

Voici une décision choisie par hasard dans les domaines des contrats qui a mis 9 ans à passer par les trois niveaux du système judiciaire français:
https://www.courdecassation.fr/jurisprudence_2/premiere_chambre_civile_568/842_16_32542.html
Pour une autre affaire qui est passée par l'assemblée plénière de la Cour de cassation et qui a pris 15 ans depuis la décision de première instance,
voirhttps://www.courdecassation.fr/jurisprudence_2/assemblee_pleniere_22/632_19_36814.html

[113] Le rapport de Conseil de l'Europe Commission européenne pour l'efficacité de la justice (CEPEJ) 2013 donne 364 126 136 137 euros comme dépenses totales du système judiciaire français.

sur lequel ils n'ont même pas l'information qu'ils paient. Ainsi, le contribuable français n'agira pas pour demander une meilleure allocation des ressources rares.

Cette quatrième instance d'appel n'est pas la seule règle qui montre qu'il existe un paradoxe hiérarchique en France. Ce paradoxe se traduit par le fait que le premier président de chaque cour d'appel est également membre de la Cour de cassation et assiste à plusieurs réunions par an devant ce dernier.[114] Le système français a simplement créé trop de contrôles des juridictions d'appel les uns sur les autres qui ne sont pas productifs.

L'engagement du législateur révolutionnaire à garder le dessus sur le pouvoir judiciaire ressort d'une autre règle constitutionnelle. En vertu de la Constitution française de 1791, une cinquième étape était possible, en cas de résistance des cours d'appel, après deux cassations, une demande d'interprétation législative aboutit à un décret déclarant le droit.[115] Ce cinquième niveau a été créé par crainte de résistance contre les décisions du Tribunal de cassation. Il y a eu une brève période au cours de laquelle le Tribunal a réussi à imposer son autorité. Cela a été renforcé par le changement de son nom et de son rôle en 1804.[116] Ce qui est important cependant, c'est que les niveaux excessifs de juridiction ont été créés dans la période révolutionnaire pour des raisons politiques.

En résumé, un problème majeur pour la qualité du système judiciaire, comme l'a soutenu Natalie Fricero, est la complexité des procédures et l'inutilité de certaines phases de litige.[117] La raison en est que ces procédures inutiles et complexes peuvent être utilisées pour retarder le jugement par la partie avec plus de ressources, qui peuvent continuer la ligature pendant de nombreuses années à travers un appel complexe et un système procédural. La quatrième étape d'appel alourdit également le fardeau pour le contribuable français, augmente la charge de travail au plus haut niveau des juges français et produit des résultats douteux des fonctions de correction d'erreurs, d'unification et de développement du droit des cours d'appel en France. Ce sont également les quatre niveaux d'appel qui peuvent être l'un de ces instruments de déni de facto de la justice au moyen d'un litige extrêmement prolongé.

---

[114] Interview avec le Premier président de Cour d'appel de Toulouse, Guy de Franclieu.

[115] Chartier, p.4.

[116] *Ibid*, p 4.

[117] « La complexité des procédures, voire l'inutilité de certaines phases » : Natalie Fricero La qualité des décisions de justice au sens de l'article 6 § 1 de la Convention européenne des Droits de l'Homme.

## 4.1 Implications hiérarchiques dans le système judiciaire français

La France a les traditions d'une forte hiérarchie, principalement concentrée autour des autres branches de l'État français comme le président de la République et une commission censée l'assister dans la protection de l'indépendance judiciaire comme le Conseil supérieur de la magistrature. La hiérarchie judiciaire a été subordonnée à cette hiérarchie d'états. Elle a été encore diluée par des contrôles mutuels entre les cours d'appel.

Les systèmes judiciaires de l'Europe continentale, y compris ceux de la France, ont été fortement influencés par le processus d'unification réussi de l'Église catholique et par la forte hiérarchie qu'elle a créée. Le résultat fut une tradition de justice d'appel plus forte en France.

Cependant, les efforts de centralisation de Louis XIV et plus tard les réformes révolutionnaires que la tradition a été quelque peu interrompue par les contrôles du système qui entouraient l'introduction de la nouvelle Cour de cassation comme vu dans la section précédente. Néanmoins, la justice française a conservé de nombreuses caractéristiques d'une hiérarchie forte qu'il convient également d'examiner.

Un autre but de la hiérarchie est d'imposer une vision particulière ou de « mettre un couvercle » sur les choses.[118] Des hiérarchies plus fortes existent afin d'imposer plus intensément une vision particulière de la façon dont les choses devraient être selon une personne au sommet d'une organisation.

## 4.2 La hiérarchie judiciaire et le rôle des promotions judiciaires

### 4.2.1 Positifs

Les points positifs d'une hiérarchie forte sont qu'un contrôle fort du sommet peut, dans certaines circonstances sociales, produire de meilleures décisions. La condition est que les personnes au sommet en savent plus ou aient une vision supérieure de ce dont la société a réellement besoin. Un contrôle judiciaire hiérarchique fort est extrêmement utile pour les nouveaux régimes politiques, qui veulent imposer une nouvelle vision de ce à quoi la société devrait ressembler et quelles valeurs elle devrait avoir. Pour bien fonctionner, une hiérarchie forte a besoin que les meilleurs juges soient promus aux plus hauts postes du système. La réalité est qu'il ne peut y avoir qu'un nombre limité de grands esprits juridiques par génération. Si ces juges siègent au sommet de la pyramide et corrigent et améliorent la prise de décision judiciaire aux échelons inférieurs, la société en bénéficiera considérablement. Cela peut également augmenter la productivité et la qualité des décisions judiciaires. Ainsi, le but de la hiérarchie forte devrait être de créer le meilleur système possible de promotion des juges. Le fait que des hiérarchies fortes exercent un contrôle sur

---

[118] *Ibid*, p.12.

un grand nombre de cas peut donc être très bénéfique pour la qualité de la prise de décision judiciaire.

### 4.2.2 Négatifs

Comme nous l'avons vu dans le chapitre sur la Hiérarchie, parmi les problèmes que le professeur Ian Shapiro a mis en évidence, les fortes hiérarchies sont le manque de mobilité supérieure du personnel talentueux avec des idées et des réflexions diverses. Les conséquences sont que si le système de promotion est défectueux, la qualité de la prise de décision et le contrôle supérieur de la prise de décision judiciaire dans l'ensemble du système en souffriront.

#### 4.2.2.1 Promotion et évaluation des juges en France

Dans les hiérarchies fortes, les juges supérieurs jouent un rôle dans la promotion et l'évaluation des juges qui travaillent sous leur autorité. Cela les amène à jouer un rôle plus proche du principe traditionnel dans la théorie des agents principaux examinée dans le chapitre Hiérarchie. Cependant, les juges des juridictions supérieures peuvent être limités dans ce rôle par des organes de style administratif qui jouent également un rôle important dans la promotion et l'évaluation des juges, comme c'est le cas en France avec le Conseil supérieur de la magistrature. En France, c'est le juge supérieur du même tribunal qui joue le rôle important dans la promotion et l'évaluation des juges. Grâce au pouvoir de recommandation et d'évaluation, ces juges peuvent affecter de manière significative les conditions d'emploi de leurs inférieurs. L'évaluation du CSM intervient seulement après cela et il est peu probable qu'il suive la recommandation du supérieur direct dans le dossier de carrière du juge.

#### 4.2.2.2 Nominations à la Cour de cassation

L'un des facteurs qui favorisent la diversité et qui ont les meilleures personnes en charge de la hiérarchie judiciaire est la façon dont les juges du pinacle sont nommés.

Ils sont nommés par le président de la République sur recommandation du Conseil supérieur de la magistrature. La composition du tribunal comprend le président, les présidents de chambre, les conseillers et les conseillers référendaires.

Il n'y a pas de règle écrite pour qui peut être premier président de la Cour de cassation et président des chambres. Cependant, la liste est très limitée. Ils sont choisis parmi les gens qui sont juste un niveau en dessous, comme les conseillers et l'avocat général à la Cour.[119] Cela signifie que, en charge de la hiérarchie, il ne peut jamais y avoir quelqu'un qui n'est pas profondément

[119] Chartier, p.12.

immergé dans le travail et la politique de la cour. Un outsider avec des idées fraîches ne peut jamais être en charge.

La diversité de la Cour de cassation vient « d'une tradition ancienne et précieuse »[120] qui permet au tribunal de nommer des professeurs d'université. Cette tradition permet à différents points de vue théoriques d'affronter le point de vue de la magistrature de carrière. Le résultat est que le débat au tribunal est enrichi.[121]

En outre, l'article 40 de l'ordonnance du 22 décembre 1958[122] dispose que les fonctions de conseiller et d'avocat général, de directeur de l'École de la Magistrature, d'avocat de la Cour de cassation et de Conseil peuvent être exercées en dehors de la hiérarchie judiciaire d'État, professeurs de droit, chef de service au ministère de la Justice avec au moins cinq années d'expérience.

La liste est encore plutôt petite. La raison en est l'article 39 de la même ordonnance, nul ne peut être nommé à la Cour de cassation s'il n'a été magistrat en dehors de la hiérarchie judiciaire, de l'avocat général ou du président de chambre d'une cour d'appel.

### 4.2.3 Protéger l'intérêt social et insérer des opinions diverses dans le système judiciaire

Une autre manière dont le système français tente d'introduire une opinion différente est le rôle des avocats généraux. Le système judiciaire français a divisé les magistrats en parquet (magistrats de siège) et en siège (magistrats de farine). Le procureur général est au sommet de la hiérarchie des magistrats du parquet et il a autorité sur 22 généraux d'avocats.[123] Ils sont tous des employés du ministère des Affaires publiques.

Les avocats généraux ont le rôle spécifique de défendre l'intérêt public. Ils expriment leurs opinions dans tous les cas de la Cour de cassation à cette fin. Comme indiqué dans le chapitre de la théorie, l'intérêt public est un concept vague. Cela signifie une chose différente pour chaque théorie de la justice. Essayer de dire simplement que les avocats généraux défendent l'intérêt public sans spécifier une théorie spécifique signifie simplement qu'ils appliquent tous une théorie complète de la justice, qui a des tendances contradictoires et peut conduire à des subventions croisées à des fins opposées. La raison en est que la plupart des théories de la justice existent en paires contradictoires. En d'autres termes, chaque théorie a exactement le contraire qui contredit à peu près les buts et les idéaux de la première. Les magistrats du parquet et du siège reçoivent exactement la même formation. La division et le rôle des avocats généraux en tant que protecteurs de l'intérêt public n'ont donc pas beaucoup de

---

[120] *Ibid*, p.13.
[121] *Ibid.*
[122] Voir:https://www.legifrance.gouv.fr/affichTexte.do?cidTexte=JORFTEXT000000339259#LEGIARTI000025364385
[123] Chartier, p.22.

sens car ils ne sont pas formés différemment car les magistrats du parquet et du siège sont diplômés de l'École nationale de la magistrature de Bordeaux. Pour que les avocats généraux réussissent dans leur rôle, ils doivent recevoir une formation spéciale sur ce qu'est l'intérêt social. Pour le dire en termes économiques, ils doivent être capables de reconnaître et d'appliquer une fonction sociale spécifique que les pouvoirs publics français ont acceptée. Cela signifie qu'ils doivent être en mesure d'appliquer des notions telles que les personnes pour lesquelles le système judiciaire fonctionne, les intérêts défendus par le pouvoir judiciaire et ceux qui y ont accès.

### 4.2.4 Le parquet et la stricte hiérarchie judiciaire

La hiérarchie dans le parquet est très stricte. Selon l'article R. 132-3 COJ, le procureur général a même le pouvoir de modifier l'opinion que les avocats généraux soumettent à la Cour de cassation dans les affaires importantes. Si l'avocat général persiste, le procureur général peut déléguer la tâche de rédiger une nouvelle opinion à un avocat général différent.[124]

Le procureur général participe également à la promotion des magistrats car il fait partie de la Commission d'avancement.

Cependant, comme pour tout le système judiciaire français, il y a un contrepoids. Le Procureur général est seul responsable des 22 avocats généraux qui font partie de la Cour de cassation. Il n'a aucune autorité sur les avocats généraux attachés aux cours d'appel. C'est un moyen de plus de réduire l'autorité hiérarchique en France et de faire en sorte que la cour d'appel ne soit pas différente de la Cour de cassation.

Le paradoxe est que, selon l'article 5 de l'Ordonnance du 22 décembre 1958, tout avocat général est libre d'exprimer son opinion. En pratique cependant, cette liberté n'existe que si l'avocat général ne contredit pas les désirs de son supérieur hiérarchique.

Une autre spécificité des avocats généraux est qu'il y en a très peu par rapport aux autres magistrats de la Cour de cassation, de sorte qu'ils se connaissent très bien et qu'ils se rencontrent fréquemment autour du procureur général. Cela aide également à garder ces magistrats sous un strict contrôle hiérarchique.

En somme, en ce qui concerne les magistrats du parquet, la hiérarchie est très forte mais c'est une hiérarchie étatique et non judiciaire. L'interruption de la chaîne hiérarchique au niveau de l'appel pourrait être bénéfique pour réduire l'influence du gouvernement sur la conduite des procédures judiciaires en France.

---

[124] *Ibid*, p.23.

### 4.3 Flux d'information et hiérarchie judiciaire française

Le problème suivant est que chaque niveau hiérarchique réduit d'environ deux fois l'information qui traverse le système judiciaire. Ainsi, même avec les meilleurs esprits judiciaires au sommet, il y a un compromis avec une compréhension correcte des problèmes sociaux qui ont causé le différend. La raison en est que ces juges de haut niveau extrêmement talentueux ne reçoivent pas assez d'informations précises sur ce qu'est le problème dans la société. Les juges de la Cour de cassation ne reçoivent que de brefs résumés qui sont faits par commodité et permettent à de nombreuses causes d'être entendues. Cependant, le résultat est que les décisions judiciaires peuvent être fondées sur des informations faussées, car à chaque niveau, il y a une interprétation de la part d'un autre fonctionnaire de la cour et donc la prémisse à partir de laquelle les décisions sont prises peut être erronée. En d'autres termes, la machine judiciaire travaille sur l'information qui est son « carburant ». Le carburant de mauvaise qualité mélangé à des impuretés indésirables réduit la productivité et la qualité du fonctionnement de la machine judiciaire.

Ce qui provoque simultanément la réduction du flux d'information augmente également le formalisme et la technicité de la prise de décision. Les choix binaires des juges peuvent également avoir un impact négatif sur la réalisation d'une résolution optimale des conflits. La raison en est complexe, les relations sociales et individuelles sont rarement binaires. Le résultat d'un processus de prise de décision qui ne tient pas compte de cette complexité et qui peut donner un mauvais signal simplifié à la société ne peut pas réduire les problèmes similaires futurs. Tous ces problèmes réduisent la qualité de la prise de décision judiciaire de la hiérarchie française.

Dans les hiérarchies judiciaires françaises, la délégation est associée à un contrôle plus strict. Il serait plus facile, plus rapide et moins coûteux de déléguer la tâche à l'agent. Ou des avantages associés à un contrôle fort exercé par le plus haut niveau hiérarchique.

L'une des principales manifestations du degré de force hiérarchique est le nombre d'affaires que la cour supérieure considère annuellement, proportionnellement au nombre d'affaires déléguées aux juridictions inférieures. La Cour de cassation entend environ 20 000 cas par an. Les hiérarchies fortes considèrent beaucoup plus de cas que les faibles. En d'autres termes, ils ont une approche plus directe du contrôle des décisions des juridictions inférieures. Pour le mettre dans les mots de la théorie de l'agent principal : le principe dépense plus de ressources pour contrôler directement l'agent et repose moins sur les signes de surveillance proxy. Il réduit ainsi la possibilité que ses désirs ne soient pas suivis à cause du problème d'information qui stipule que l'agent possède plus d'informations que le principe. De cette façon, elle réduit également le problème d'aléa moral car elle observe directement l'agent. Cependant, il y a un compromis. Cela coûte plus cher et sape toute la relation avec l'agent principal.

Pour le mettre dans la terminologie économique, pour une mise en œuvre parfaite, la Cour de cassation utilise la micro-gestion. Cela signifie que la Cour examine un grand nombre de décisions rendues par les juridictions inférieures. Cependant, c'est un moyen de régler le problème du contrôle des principes sur l'agent. Cela réduit le risque moral, la sélection adverse (parce qu'ils n'ont pas à contrôler qui est engagé dans les tribunaux inférieurs), la question de l'observation continue et les problèmes d'intérêts différents. Cependant, le volume même des affaires de première instance rend une telle pratique coûteuse.

La question est alors de savoir comment réduire le coût de la micro gestion. La solution est d'avoir un grand nombre de juges des plus hautes instances (la Cour de cassation compte un peu moins de 200 magistrats) pour entendre ce grand nombre d'affaires à moindre coût. En d'autres termes, ce type de système crée des économies d'échelle pour faire face à la charge de travail importante des juges supérieurs. Un problème crucial reste cependant. L'identité du principe est édulcorée. Qui est le principal si vous avez un grand nombre de juges remplissant ce rôle ? Pour la Cour suprême des États-Unis de neuf ou la Cour suprême du Royaume-Uni de douze, ce n'est pas une tâche facile d'avoir une identité distincte. Que diriez-vous d'un tribunal avec un peu moins de deux cents juges ? Si le tribunal a autant de juges, il est inévitable que l'identité soit diluée et que différentes interprétations et même des décisions contradictoires soient inévitables. Dans cette situation, le principe n'existe pas vraiment. Il est donc nécessaire d'élaborer un système plus élaboré pour créer une identité judiciaire unique, par exemple une formation juridique identique pour les juges et des parcours professionnels similaires. Cette formation se fait à l'École de la Magistrature située à Bordeaux. Cependant, cela signifie que seules les personnes partageant les mêmes idées font partie de l'organisation et l'une des principales réserves du professeur Ian Shapiro au sujet de la hiérarchie est qu'il détruit des opinions opposées et qu'il doit ajouter de nouvelles personnes divergentes avec des opinions différentes.

Une telle micro gestion élaborée dans un système judiciaire augmente également le coût de l'accès à la justice. La raison en est que l'utilisation d'un tribunal qui exerce un degré élevé de contrôle est par définition coûteuse. Quelqu'un doit couvrir ces coûts. Dans certains cas, cela pourrait être l'état, mais c'est trop cher pour le gouvernement qui doit augmenter substantiellement son budget pour le pouvoir judiciaire. Plus souvent qu'autrement, cela n'arrive pas et le prix à payer est que les justiciables potentiels n'ont pas accès aux tribunaux.

La hiérarchie judiciaire française traite ensuite de nombreux problèmes économiques que les dirigeants peuvent avoir pour atteindre leurs objectifs et imposer leurs vues. Cela réduit le risque moral et le problème d'asymétries informationnelles en renforçant le contrôle sur l'agent. Cependant, ce résultat est atteint en dépensant plus de ressources. C'est quelque chose qui doit être compensé par d'autres moyens tels que l'existence de nombreux « principaux » et ainsi créer des économies d'échelle. La nécessité de créer une identité de ces tribunaux entraîne d'autres problèmes, tels que l'absence de juges divergents et l'absence de nouvelles idées sur la façon dont le système judiciaire peut traiter les problèmes de la société. Il y a aussi le problème de l'uniformité d'interprétation dans la prise de décision des plus hautes juridictions.

#### 4.3.1 Autres canaux de flux d'informations

Dans les hiérarchies fortes, l'information circule non seulement à travers des décisions de cas, mais aussi à travers plusieurs réunions périodiques du pouvoir judiciaire dans lesquelles le haut fournit des instructions. Un exemple pour une telle réunion est la réunion annuelle des premiers présidents de la Cour de cassation avec les premiers présidents des cours d'appel.

## 5. Autres moyens d'exercer un contrôle hiérarchique

Comme Ian Shapiro a fait valoir l'un des dangers de la hiérarchie, en particulier un fort est celui qui élimine l'opinion contraire. Il est nécessaire d'injecter dans le système une opinion fraîche et différente.

Comment le système judiciaire français traite-t-il le besoin de diversité d'opinion et le fait que c'est une hiérarchie forte qui tend à supprimer les opinions divergentes ? Le problème est exacerbé par une éducation similaire des juges. En d'autres termes, comment le système amène-t-il des étrangers ayant un point de vue différent ? Cela est important parce que les hiérarchies fortes dépendent du fait que l'opinion imposée par le haut est la meilleure possible et que cela dépend à son tour si les meilleurs sont au sommet de la hiérarchie.

Le système français tente d'équilibrer l'imposition d'un contrôle hiérarchique fort avec l'introduction de personnel divergent.

### 5.1 Imposer la vue depuis la magistrature suprême

#### 5.1.1 Ancienneté

La hiérarchie supérieure exerce un contrôle et limite l'opinion opposée par le biais du principe de l'ancienneté. La question de savoir si un juge est senior ne se calcule pas par son âge mais à la date de l'ordonnance de sa première nomination à la Cour de cassation. Le respect de l'ancienneté peut avoir une influence différente sur le comportement de la cour. La raison en est que la façon dont ce pouvoir s'exerce dépend de la personnalité du doyen. Néanmoins, la plupart des juges remarquent que c'est l'un des principes les plus influents de la hiérarchie judiciaire française. Chantiers a appelé l'ancienneté un privilège.[125] Le juge le plus ancien est le premier à exprimer son opinion sur une affaire. Cela signifie que si le respect de l'ancienneté est si fort, d'autres juges peuvent avoir des difficultés à exprimer une opinion contraire, surtout face à un doyen à forte personnalité.

L'ancienneté favorise la stabilité et la durabilité du processus judiciaire. En effet, les juges qui ont été plus longtemps à la Cour s'abstiennent de modifier les décisions judiciaires dont ils ont pris part au processus décisionnel. En termes économiques, cela signifie que les juges de plus haut niveau de la Cour augmentent la valeur des décisions judiciaires parce qu'elles sont moins susceptibles de les changer. La promotion de la stabilité des décisions judiciaires a un coût ; la productivité et l'innovation dans les tribunaux sont réduites. En effet, les juges seniors sont moins susceptibles de changer les anciennes décisions au nom de solutions innovantes. Cela diminue la productivité de la cour parce que parfois les changements qui devraient être introduits parce qu'ils sont optimaux pour les plaideurs et la société ne sont pas mis au point par les juges seniors.

Promouvoir la stabilité et la valeur accrue des décisions judiciaires qui en résultent a un effet de plus. La tentation d'exercer des pressions politiques sur les juges pour qu'ils modifient l'interprétation du droit augmente. La raison en est que la plus grande valeur des décisions judiciaires résultant d'une adjudication stable rend plus attrayante pour les acteurs politiques les avantages d'obtenir une nouvelle interprétation du droit. La raison en est que les politiciens peuvent obtenir des contributions plus élevées de groupes d'intérêt (par exemple l'électorat ou une grande industrie) pour tenter de changer l'interprétation du droit donnée par le tribunal. Cela peut entraîner des tentatives accrues pour interférer avec l'indépendance judiciaire des acteurs politiques. Dans un système comme le français, qui présente une protection constitutionnelle plutôt faible et donc institutionnelle de l'indépendance judiciaire, la possibilité d'un véritable compromis entre la stabilité de la prise de décision judiciaire et l'ingérence politique est assez forte.

### 5.1.2 Imposer le point de vue à l'intérieur de l'État français ou le rôle du milieu universitaire dans la hiérarchie judiciaire

Les professeurs de droit français ne siègent pas complètement en dehors de la hiérarchie judiciaire française. Ils ont un pouvoir intéressant de commenter les décisions judiciaires françaises. Puisque les décisions sont extrêmement courtes et écrites dans une forme formaliste extrême, elles sont commentées par des universitaires de droit. Ces commentaires ont un caractère autoritaire. La justification est que les universitaires possèdent également le statut de fonctionnaires. En d'autres termes, ils font partie de la même hiérarchie d'état

[125] Chantier, p. 19.

que les juges. Les commentaires d'affaires vraiment importantes sont réservés à un groupe de professeurs d'élite ayant des liens personnels au sein de la Cour de cassation. Certains commentaires sont publiés presque immédiatement après que la Cour a rendu sa décision.

### 5.2 Responsabilité hiérarchique des juges français

Dans l'article de Tirole, « Le politicien et le juge : la responsabilité dans le gouvernement »,[126] il y a une conclusion intéressante qui est très utile pour ce chapitre. Il a soutenu que la reddition de comptes (contrôle strict) ne produit pas toujours des résultats souhaitables parce qu'un tel contrôle ne produit pas toujours un alignement avec l'intérêt social. L'objectif est d'exploiter les motivations des juges et de les aligner sur l'intérêt public

L'effet de cette responsabilité sur un supérieur hiérarchique peut être positif. L'évaluation périodique crée deux avantages potentiels majeurs. Premièrement, il peut inciter un juge qui est enclin à agir dans l'intérêt public. L'incitation au bon comportement vient de la simple présence du contrôle. Puisque le supérieur ne peut pas toujours évaluer directement les actions du fonctionnaire mais qu'il agit toujours de la bonne façon parce qu'il craint qu'il y ait un contrôle, Jean Tirole a appelé ce bénéfice de la « reddition des risques moraux ».[127] Deuxièmement, une évaluation supérieure peut permettre de corriger le comportement judiciaire. Il peut également définir « le bon type de juges » sur le chemin de la promotion. Tirole a appelé cela l'effet « *adverse-sélection - correcting* ».[128]

Cela signifie pour le système judiciaire français que l'existence de dossiers d'évaluation des juges dans lesquels les juges sont évalués par leurs supérieurs immédiats puis par le Conseil supérieur de la magistrature, peut avoir un effet positif et les juges s'efforceront davantage à rendre la meilleure décision possible sur le différend, en tenant compte de l'intérêt social. En outre, les juges qui produisent les meilleures décisions pourraient être en route vers la promotion où ils traiteront des cas plus importants et plus difficiles et contrôleront à leur tour leurs inférieurs. C'est le scénario idéal.

Du côté négatif, Tirole a soutenu que la reddition de comptes peut également avoir de sérieux inconvénients.[129] En appliquant son modèle au système judiciaire, afin d'avoir une carrière réussie, un juge peut choisir une action, non pas parce qu'elle est bonne pour les parties et pour la société, mais parce qu'elle est populaire auprès de ses superviseurs. Ainsi, la reddition de comptes peut constituer une incitation à l'acquisition d'informations inutiles dans laquelle le

---

[126] Eric Maskin, Jean Tirole, "The Politician and the Judge: Accountability in Government," *The American Economic Review* 94, No. 4 (Sep., 2004).
[127] *Ibid.*
[128] *Ibid.*
[129] *Ibid.*

juge déploiera des efforts pour apprendre ce que ses supérieurs pensent et dissuadera d'acquérir des informations sur la décision optimale pour les parties et la société.

En France, les juges des juridictions inférieures dépendent des évaluations de leurs supérieurs immédiats et du Conseil supérieur de la magistrature. Une conséquence peut être que lorsque les promotions sont concernées, les juges qui sont promus sont ceux qui sont plus sympathiques, serviles et humbles. Cela signifie que ce ne sont pas nécessairement les meilleurs juges qui peuvent produire les meilleures décisions judiciaires qui sont promus, mais ceux qui réussissent le mieux à naviguer dans la politique complexe de la cour.

Un autre problème est qu'en France le juge qui est immédiatement supérieur est membre de la même cour et il lit rarement les décisions de ses inférieurs. Cela signifie qu'il reçoit des signaux de nature personnelle et moins de qualité de prise de décision. Cela ouvre la porte à des promotions fondées sur la sympathie personnelle et non sur la qualité des compétences judiciaires.

En France parfois, surtout dans le cas des avocats généraux, leurs opinions peuvent dépendre de l'approbation hiérarchique, surtout dans les cas importants. L'évaluation du supérieur direct et éventuellement l'évaluation d'une commission de style administratif (CSM) qui a le dernier mot sur le dossier d'un juge, peut avoir une influence sur le comportement judiciaire et la prise de décision.

En France, la volonté de laisser un héritage qui selon Tirole est probablement la meilleure motivation qui aligne l'intérêt public sur celui des juges, n'existe pas et peut être annulée par des préoccupations plus immédiates pour maintenir le statut dans la hiérarchie. En ajoutant la règle que les décisions judiciaires sont collégiales et parlent d'une seule voix, alors le désir de laisser un héritage est complètement éradiqué.

En conclusion, le système judiciaire français peut encourir des coûts excessifs pour répondre à des objectifs d'appel qui ne valent pas la dépense et l'effort à accomplir dans une mesure aussi étendue. Le levier de la machine judiciaire repose sur un engagement très fort envers tous les principaux objectifs de l'appel. Il semble que ce ne soit pas une utilisation optimale de la machine judiciaire française. De plus, le fort engagement à l'égard de la hiérarchie dirigée par l'État qui subordonne le pouvoir judiciaire, soulève également d'importantes préoccupations telles que la réduction de l'indépendance judiciaire et des carrières judiciaires contrôlées par l'État. La tradition de la hiérarchie forte est aussi parfois vue dans la hiérarchie judiciaire elle-même. Néanmoins, la hiérarchie judiciaire est souvent contrebalancée par de nombreuses restrictions et vérifications mutuelles qui peuvent parfois être bénéfiques mais qui créent le plus souvent une confusion et des règles contradictoires, qui créent des subventions croisées. Ces arrangements organisationnels ont créé des problèmes organisationnels tels que l'appel en 4 étapes, qui est un exemple rare d'une règle juridique qui rend tout le monde pire et est donc inefficace Pareto. Ainsi, on peut dire que dans le domaine de l'organisation judiciaire, le fort engagement à maintenir les traditions et le manque d'attention et de critique du fonctionnement du système d'appel en France et l'absence d'une vision globale du système pour le XXI$^{e}$ siècle sont probablement à l'origine des problèmes les plus importants dans le fonctionnement de la machine judiciaire française. Pour utiliser l'argument de Natalie Fricero dans le système d'appel français, il est nécessaire de réduire la complexité des procédures et l'inutilité de certaines phases de litige.[130]

[130] « la complexité des procédures, voire l'inutilité de certaines phases « : Natalie Fricero La qualité des décisions de justice au sens de l'article 6 § 1 de la Convention européenne des Droits de l'Homme.

# Conclusion

La conclusion de ce travail sera à la fois un rappel des principaux leviers de la machine judiciaire et une tentative de les replacer dans leur contexte. Il n'y a pas de sujet plus complexe qui détermine le fonctionnement du système judiciaire que le droit d'appel. Décider de la portée de ce droit englobe tous les leviers discutés jusqu'ici dans ce travail. Cette question était également au cœur de l'un des cas où ce travail a débuté – l'affaire d'aide juridique qui a été suspendue en appel en raison de la technicité utilisée par les avocats de la banque qui avaient une capacité supérieure à celle de l'aide juridique. Cela a été autorisé par le tribunal malgré les faits étranges et l'importance de l'institution de la propriété privée dans notre société.

## Théorie de la justice et accès aux tribunaux

La définition du droit d'appel nécessite un examen clair de la théorie de la justice qui sera appliquée. Il a été montré dans le chapitre de la théorie que même les théories comme une justice complète ne fournissent pas un accès complet aux tribunaux. Cela signifie que le deuxième levier discuté ici est l'accès aux tribunaux. La raison en est qu'il y a un choix en première instance quant à savoir qui devrait être autorisé à utiliser le système judiciaire. Ce choix implique de suivre une théorie de la justice qui définit la fonction de bien-être souhaitée de la société.

Ce choix devient encore plus important en appel. C'est une conséquence du fait que les affaires qui vont plus loin dans le système judiciaire laissent derrière elles une piste plus visible et plus influente. C'est peut-être parce qu'un système de jurisprudence constante fonctionne, ce qui signifie que ces arrêtes ont une influence sur l'issue des affaires futures. Ce pourrait aussi être parce que ces arrêtes reçoivent une plus grande publicité et sont discutés par les médias. En tout cas, ces arrêtes ont une profonde influence sur la correction des erreurs, l'unification du droit et son développement. Cela signifie que la sélection des causes au niveau de l'appel, a un effet beaucoup plus important et profond sur le fonctionnement de la société et du système judiciaire.

Pour résumer la conclusion tirée à la fin du chapitre de la théorie : Le choix était de ne continuer pas avec l'inertie d'avoir une théorie complète de la justice qui mène à des subventions croisées et à des fins différentes simultanément sans direction et vision claires. Le problème discuté était que la plupart des théories de la justice vont par paires diamétralement opposées. Ainsi, le manque de vision / direction claire a été argumenté pour conduire la machine judiciaire dans la mauvaise direction, envoyant des signaux contradictoires à la société.

L'alternative proposée était les cinq théories qui contredisent la justice complète. L'inspiration à tirer des cinq théories connexes a été menée par la théorie utilitaire et, plus spécifiquement, l'agenda réformiste de Jeremy Bentham. Au moins dans l'organisation de la construction et la procédure de la machine judiciaire, il a été démontré qu'il était nécessaire d'analyser vigoureusement comment optimiser le fonctionnement du système judiciaire.

Cela ne peut être fait qu'en remettant en question les présupposés de la façon dont la société perçoit le système judiciaire. Kaplow et Shavell ont proposé la théorie la plus convaincante qui puisse être appliquée au problème de l'organisation judiciaire. Beaucoup d'outils utilisés dans ce livre, et le parallèle aux marchés proviennent de la théorie de Posner. Ce livre a soutenu que les meilleurs critères d'évaluation sont fournis par les théories économiques conséquentialistes. L'inspiration pour trouver des solutions comparatives vient de la théorie de Sen.

Ainsi, ce livre a fait valoir que l'accès aux tribunaux est une question fondamentale qui nécessite un examen attentif. L'accès à l'appel est encore plus important parce que les causes d'appel laissent une marque durable non seulement sur les parties au processus mais sur la société dans son ensemble. Mais comment cela peut-il être décidé, alors qu'il n'y a pas d'idée claire pour le bénéfice de qui le système judiciaire devrait fonctionner et qui devrait être autorisé à accéder aux tribunaux en premier lieu ?

## Information

Pour continuer avec les problèmes qui déterminent le choix du droit d'appel, regardons le problème de l'information. Quelle information mérite l'attention ? Qui devrait être capable de l'utiliser ? Quelle information est valable et aboutit à la qualité de la justice.

Il a été démontré que les juges ont besoin d'informations pour bien décider de leur cas. Cependant, toutes les informations ne sont pas également valables. Le juge peut ne pas recevoir suffisamment d'informations ou être surchargé d'informations non pertinentes. La question doit donc être examinée en ce qui concerne la quantité et la qualité de l'information et comment la transmettre de manière optimale au juge afin qu'elle prenne la meilleure décision possible.

Les marchés compétitifs requièrent une information complète pour fonctionner efficacement. Si les parties juridiques utilisent les ressources données pour se poser des questions, il s'agit d'informations purement distributives. Mais s'ils investissent dans la recherche de nouvelles informations et que cette information améliore la valeur sociale, alors le processus légal peut être amélioré et devrait être encouragé. Donc, la question qui devrait être constamment quel type de disponibilité de l'information produit la valeur sociale ? C'est ce qui fournit la qualité.

## Organisation

L'étape suivante consiste à considérer la partie organisationnelle de ce travail. Après une réponse claire à la question fondamentale de savoir à qui revient le droit d'accès aux tribunaux et aux recours et dont les informations sociales méritent d'être traitées et leurs problèmes résolus par les tribunaux, il est temps de décider comment cela doit être fait. Le droit d'appel ne peut exister sans avoir une image claire de la manière dont il devrait être délivré. Que cela se fasse par le biais de solides hiérarchies judiciaires qui mettent un terme aux choses et qui décident de ce qui est important pour la société et qui suivent une forte perspective étatique de ce qui est « juste ». Devrait-il y avoir un fort contrôle sur les juges des tribunaux inférieurs et leurs décisions ? Ou les appels devraient être traités par des hiérarchies relativement faibles avec un contrôle plus souple mais d'autres incitations pour que les juges résolvent les problèmes dont ils sont saisis dans les intérêts sociaux tels que leur désir de laisser un héritage positif derrière une carrière judiciaire réussie et sage. Il a été constaté qu'en réalité les leviers de machine judiciaire des systèmes judiciaires modernes impliquent des éléments de la hiérarchie à la fois faible et forte avec des structures d'équipe et de commandement mixtes.

En outre, il doit être clair si le droit d'appel existe pour atteindre un objectif spécifique. Il a été démontré que ces objectifs peuvent être très divers et complexes et même controversés lorsqu'ils sont dépassés. Dédicacer un appareil judiciaire compliqué et coûteux à une correction extensive d'erreurs peut ne pas produire de résultats positifs significatifs, en particulier au-delà d'un certain point de dépenses. Bien sûr, à moins que les juges supérieurs soient mieux formés et qu'ils aient suivi un processus de sélection bien conçu et efficace qui assure que les juges supérieurs sont parmi les plus grands esprits judiciaires de leur temps.

L'unification du droit a la valeur de réduire les coûts de transaction dans l'application du droit parce qu'elle améliore sa prévisibilité pour ses utilisateurs. Cependant, l'unification n'est pas une valeur absolue qui doit être promue à tout prix parce qu'elle peut étouffer le développement du droit et favoriser la destruction de toute opinion divergente. Cela peut être particulièrement le cas lorsqu'un fort engagement en faveur de l'uniformité est associé à une forte hiérarchie judiciaire ou extrajudiciaire.

L'octroi d'un droit d'appel à des fins qui concernent principalement les intérêts et les objectifs de l'État et non spécifiquement les intérêts des parties doit être fait avec précaution car cela peut avoir un impact négatif sur les informations transmises aux tribunaux et sur les problèmes sociaux. Mais aussi, tous les intérêts du litige ne coïncident pas avec l'intérêt social et une compréhension attentive de ces questions est essentielle pour avoir un système judiciaire de qualité.

## Perspective comparative

Du point de vue comparatif, nous avons pu observer que même quelques exemples de ce type d'analyse du système judiciaire démontrent sa nécessité. Les tribunaux doivent être examinés minutieusement. Les complexités au niveau de l'appel sont accentuées du fait que chaque élément de la machine judiciaire doit être ajusté en conséquence. Cela implique que la tâche en appel est considérablement plus complexe et requiert une analyse approfondie dans une publication future.

Il a également été démontré que l'utilisation de règles différentes pour permettre l'accès aux tribunaux peut entraîner des distorsions dans la façon dont le système judiciaire et, par conséquent, la société fonctionne.

De l'analyse organisationnelle comparative, il est devenu évident que le niveau d'appel d'un système judiciaire donné est étroitement lié aux événements politiques et à l'histoire plutôt qu'un choix pragmatique. Ce fut donc l'ancienne influence de la *common law* qui redevint à la mode à la fin du XX^e^ et au début du XXI^e^ siècle en Angleterre, déplaçant la possibilité illimitée d'appel qui caractérisait le processus d'équité. Le rationnel d'un droit d'appel plus restreint a été prouvé être des mesures d'austérité du gouvernement et pas tellement une approche utilitaire ou autre.

En France, au contraire, le gouvernement révolutionnaire a choisi un vaste système d'appel afin de fidéliser son nouveau régime. Cette règle était optimale à l'époque pour le régime et même pour la société parce que la loyauté populaire envers le régime signifierait moins d'événements politiques tumultueux. Bien sûr, la stabilité politique s'est révélée difficile à atteindre et l'une des raisons qui pourrait être trouvée est l'extrême régulation des solutions aux leviers de la machine judiciaire que ce gouvernement a construite dans le système judiciaire français. Néanmoins, cette règle d'appel extrêmement généreuse a survécu à de multiples changements de régime et il a été soutenu que c'était maintenant l'un des rares exemples de règles qui empirent tout le monde dans la société française : les contribuables, les juges et même les parties au processus. Procédures prolongées pouvant durer jusqu'à 10 ans.

Cependant, le problème ne s'arrête pas là. Des restrictions timides et peu réfléchies du droit d'appel peuvent également avoir un effet négatif sur les intérêts sociaux. Un exemple est la vaste sélection de cas qui est faite maintenant au niveau de la Cour de Cassation en France. Le critère extrêmement vague qui permet à la cour de limiter leur charge de travail n'aide pas à améliorer la qualité de la justice. Il confère simplement aux juges un vaste pouvoir discrétionnaire pour décider des causes à entendre et des cas à rejeter. Leurs critères peuvent être bons mais ils peuvent aussi être contradictoires parce que cela signifie qu'une version de la théorie de la justice complète est appliquée. Cela signifie que le nombre de cas refusés ou permis pour des raisons opposées est probablement considérable. Il se peut que les effets négatifs et positifs de cette règle s'annulent. Mais ce n'est pas une définition d'un système judiciaire qui fonctionne bien et qui fournit la qualité de la justice. C'est tout simplement embrouillé.

En somme, le droit d'appel a été un exemple utile qui nous a permis de parcourir quelques-uns des thèmes principaux de ce livre en raison de sa complexité qui a impliqué toutes les questions discutées dans ce travail.

# Bibliographie

**Livres**


Ugo Matei, *Comparative Law & Economics* (Ann Arbor: University of Michigan Press, 1998).

Damaska, Mirjan R. The faces of justice and state authority: a comparative approach to the legal process. New Haven: Yale University Press, 2005.

Sorabji, John. English civil justice after the Woolf and Jackson reforms: a critical analysis. Cambridge : Cambridge University Press, 2014.

Lawrence S. Wrightsman, *Oral Arguments before the Supreme Court* (Oxford, UK : Oxford University Press, 2008)

Alasdair Macintyre, *After Virtue: A Study in Moral Theory* (South Bend, IN: University of Notre Dame Press, 2007).

Mathias Reimann and Reinhard Zimmermann (Eds), *Oxford Handbook of Comparative Law* (Oxford, UK : Oxford University Press, 2006)

Mitchel Lasser, *Judicial Deliberations* (Oxford, UK : Publisher, 2004).

Geoffrey Samuels, An Introduction to Comparative Law Theory and Method Hart Publishing Oxford Portland Oregon 2014.

Konrad Zweigert and Hein Kotz, *Introduction to Comparative Law* (City: Oxford New York Publisher, Oxford University Press 3rd edition 1998),

Kaplow and Shavell, Fairness vs. Welfare (Boston : Harvard University Press, 2006).

Friedrich Hayek, Law Legislation and Liberty (Chicago : University of Chicago Press, 1978).

Sytse Douma and Hein Schreuder, *Economic Approaches to Organization* (London : Pearson Education Limited, 2016),

Alasdair MacIntyre, *Whose Justice? Which Rationality?* (South Bend: University of Notre Dame Press, 1989).

Paul Hurley, *Beyond Consequentialism* (London, UK : Oxford University Press, 2011),

Jeremy Bentham "An Introduction to the Principles of Morals and Legislation" (1789),

Mulgan, Tim. Understanding utilitarianism. Routledge, 2014. .

F.A. Hayek, *The Road to Serfdom* (Chicago : University of Chicago Press, 2007).

Posner, "The Economics of Justice."

Posner, *Economic Analysis of Law* (Aspen Publishers, 1986), 321-322.

Amartya Sen, *The Idea of Justice* ( Boston : Belknap Press, 2011).

Chaim Perelman. *Justice* (New York: Random House Publishing, 1967).

Aristotle, *Nicomachean Ethics, Book V* (London, UK: Cambridge University press, 2004), p. 81 1129a.
Iredell Jenkins, "Justice as Ideal and Ideology," in *Nomos VI,* ed. Carl J. Freidrich and John Chapman (New York: Atherton Press, 1963)
Michael J. Sandel, *Liberalism and the Limits of Justice* (London, UK : Cambridge University Press, 1998).
Simon Bishop and Mike Walker *Economics of E.C. Competition Law: Concepts, Application and Measurement* (Sweet & Maxwell, 2007
Ejen Mackaay, *Economics of Information and Law* (Kluwer Nijhoff Publishing, 1980),
Sytse Douma and Hein Schreuder, *Economic Approaches to Organization* (London : Pearson Education Limited, 2013
Pascal Mbongo (Ed.), *La Qualite des Decisions de Justice* (Council of Europe, 2007). Retrieved from http://www.coe.int/t/dghl/cooperation/cepej/quality/poitiers2007final.pdf
Robert G Bone, *Civil Procedure: The Economics of Civil Procedure* (Foundation Press, 2003).
Julius Byron Levine, *Discovery: A Comparison between English and American Civil Discovery Law with Reform Proposals* (Clarendon Press, 1982).
Martineau as well first citation Robert Martineau Appellate Justice In England and the United States A Comparative Analysis
William S Hein & co inc Bufallo New York 1990
Peter F. Drucker, *Management Challenges for the 21st Century* (Harper Business, 2001),
J. A. Jolowizc, *Civil Procedure* (London : Cambridge University Press, 2000)
Mikhail Andreev, *Roman Private Law (Sofia* University Press 1976)
*Théorie générale du procès*, avec J. Normand et S. Amrani Mekki, Paris, PUF, coll. Thémis, 2010.
James Buchanan, "The Demand and Supply of Public Goods," *Library of Economics and Liberty* (1999). Retrieved April 26, 2015 from the World Wide Web: http://www.econlib.org/library/Buchanan/buchCv5.html
Debra Satz *Why Some Things Should Not Be for Sale* (Oxford University Press, 2010).
Todd Sandler and Richard Cornes, *The Theory of Externalities, Public Goods and Club Goods* (Cambridge University Press, 1986)
Polynsky and Shavell (Eds), *Handbook of Law and Economics* 1(2007)
Edward P. Stringham, *Anarchy and the Law: The Political Economy of Choice* (Transaction Publishers, 2007)
Ian Grainger and Michael Fealy, *Civil procedure: Rules in Action* (Cavendish Publishing, 2000)
Van Rhee ed. "European Traditions in Civil Procedure," *Intersentia Antwerpen* (Oxford, 2005),
Audrey Guinchard and Simon Wesley, "The French Approach to Access to Justice," in *Access to Justice: Beyond the Policies and Politics of Austerity* (Hart Publishing, 2016)
H. Motulsky, *Prolégomènes pour un futur Code de procédure civile : la consécration des principes directeurs du procès civil par le décret du 9 septembre 1971*, Paris, Dalloz, Chronique, XVII, No. 6 (1972).
A. Jolowicz, on Civil Procedure (2000). *The Option of Litigating In Europe*, D.L. Carey Miller & Paul R. Beaumont eds. (1993): 57-61.

Buchanan and Gordon Tullock, *The Calculus of Consent: Logical Foundations of Constitutional Democracy* (1962).
Robert Stevens, « The English Judges: Their Role in the Changing Constitution » (Oxford : Hart Publishing, 2005)
Yves Charnier « Cour de cassation, » *Dalloz Paris* (2001) 2nd ed.
Louis Vogel eds., « Cours Suprêmes : Comment le filtrage des recours révèle le pouvoir des juges, » *Pantheon Assas Paris* (2003/2004) :
A.W.B. Simpson, A History of the Common Law of Contract: The Rise of the Action of Assumpsit 292-95 (Oxford 1975)
Wallis, J. J., & North, D. C. "Measuring the Transaction Sector in the American Economy, 1870-1970," in *Long-Term Factors in American Economic Growth* (University of Chicago Press, 1986).

**Articles**

Ronald Coase, "The Lighthouse in Economics." *Journal of Law and Economics* 17, no. 2 (1974): 357–376.
Susan Peck MacDonald, "The Erasure of Language," *College Composition and Communication* 58, no. 4 (2007): 619.
Feld, Lars P. and Voigt, Stefan, Making Judges Independent - Some Proposals Regarding the Judiciary (August 2004). CESifo Working Paper Series No. 1260. Available at SSRN: https://ssrn.com/abstract=597721
Michael Dorff, "Why Welfare Depends on Fairness: A Reply to Kaplow and Shavell," *Southern California Law Review* 75 (2002):847.
William Graham Sumner, « Purposes and Consequences, » 1902. Available at http://www.nlnrac.org/critics/social-darwinism/documents/purposes-and-consequences
Franceso Ferraro, "Direct and Indirect Utilitarianism in Bentham's Theory of Adjudication," *Journal of Bentham Studies* (2010): 12
Mark A. Sargent, "Utility, The Good and Civic Happiness: A Catholic Critique of Law and Economics," available at: https://papers.ssrn.com/sol3/papers.cfm?abstract_id=700684
Herbert Hovenkamp, « Coase, Institutionalism, and the Origins of Law and Economics, » Indiana Law Journal 86, no. 2, Article 3.
Michael De Dora, "On Utilitarianism and Consequentialism," *Rationally Speaking,* November 18, 2010 http://rationallyspeaking.blogspot.fr/search?q=bentham
H.L.A. Hart, "American Jurisprudence Through English Eyes: The Nightmare and the Noble Dream," *Sibley Lecture Series,* 33 (1977).
John Stuart Mill, "On Bentham" and "On Coleridge." First published separately in 1838 (Bentham) and 1840 (Coleridge)
Mark Galander, *Why the Haves Come out Ahead: Speculations on the Limits of Legal Change* (Quid Pro, LLC, 1974).
Owen Fiss, "Against settlement," *Yale Law Review* 1073 (1984).
Gillian Hadfield, "The Price of Law: How the Market for Lawyers Distorts the Justice System," *Michigan Law Review* 98, no 4 (February 2000), 953-1006.
Heinz and Laumann, *The Changing Character of Lawyers' Work* (Chicago Press, 1975/1995).
Theodore Eisenberg and Henry S. Farber, "The Litigious Plaintiff Hypothesis Case Selection and Resolution," 28 *Rand Journal of Economics* (1996).

Eisenberg, Theodore, and Henry Farber. "The Litigious Plaintiff Hypothesis: Case Selection and Resolution." 1996.

Songer, Donald R., and Reginald S. Sheehan. "Who Wins on Appeal? Upperdogs and Underdogs in the United States Courts of Appeals." The Social Organization of Law, 1999, 323-41.

Robert Cooter and Daniel Rubinfeld, "An Economic Model of Legal Discovery," *Journal of Legal Studies* XXIII (January 1994)

Steven Shavell, *Economic Analysis of Litigation and the Legal Process* (Working Paper 9697), 2003.

Harold J. Leavitt, "Why Hierarchies Thrive," *Harvard Business Review* (March 2003). Available at https://hbr.org/2003/03/why-hierarchies-thrive

Lewis Kornhauser, "Modeling Collegial Courts," *Journal of Economics and Organization* 441 (1992).

Lewis Kornhauser, « Adjudication by a Resource-Constrained Team: Hierarchy and Precedent in a Judicial System. » *California Law Review*, no. 1605 (1994).

Patricia M. Wald, « The Problem with the Courts: Black-robed Bureaucracy, or Collegiality under Challenge? » *Maryland Law Review* 42 no. 4 (1983) Available at: http://digitalcommons.law.umaryland.edu/mlr/vol42/iss4/8.

Pauline T. Kim, "Beyond Principal–Agent Theories : Law and The Judicial Hierarchy," *Northwestern University Law Review* 105, No. 2 (2015): 535

Tracey E. George and Albert H. Yoon, "The Federal Court System: A principal- Agent Perspective," *Saint Louis University Law Journal,* 47 (2003):819.

Jean Tirole and Eric Maskin, "The Politician and the Judge." *The American Economic Review* 94, no. 4(2004): 1034-1054.

Posner, Richard A. « What Do Judges and Justices Maximize? (The Same Thing Everybody Else Does). » Supreme Court Economic Review 3 (1993): 1-41.

Martin Shapiro, "Appeal is an expensive legal mechanism," *Contemporary Issues in Law & Social Science* 14, no. 3(1980): 629-66.

Shapiro, Martin. "Appeal." Law & Society Review 14, no. 3 (1980): 629.

Shavell, Steven. "The Appeals Process as a Means of Error Correction." The Journal of Legal Studies 24, no. 2 (1995): 379-426.

Shavell, Steven, "On the Design of the Appeals Process: The Optimal use of Discretionary Review versus Direct Appeal" (2009).Harvard Law School John M. Olin Center for Law, Economics and Business Discussion Paper Series. Paper 650. http://lsr.nellco.org/harvard_olin/650

Niv, Moshe Bar, and Zvi Safra. "On the Desirability of Appellate Courts." Review of Law & Economics 2, no. 3 (2006).

Klerman, Daniel M. "Jurisdictional Competition and the Evolution of the Common Law." SSRN Electronic Journal, 2007.

Burton Atkins, "Interventions and Power in Judicial Hierarchies: Appellate Courts in England and the United States," *Law & Society Review* 24, No. 1 (1990).

Ronald Dworkin, "No Right Answer?" *Yale Law Journal* (1977).

Richard A. Posner, "Economic Approach to Legal Procedure and Judicial Administration," *Journal of Legal Studies* 399 (1973).

Klerman, "The Economics of Civil Procedure." *The Annual Review of Law and Social Science* 11 (2015): 353-71.

Damaška, Mirjan, "A Continental Lawyer in an American Law School: Trials and Tribulations of Adjustment." University of Pennsylvania Law Review 116, no. 8 (1968): 1363.
No Right Answer? JAMES Q WHITMAN yale law journal https://www.yalelawjournal.org/images/documents/whitman.pdf
R Dworkin, 'No Right Answer?' in PMS Hacker & J Raz (eds), Law, Morality, and Society: Essays in Honour of HLA Hart (Oxford, Clarendon Press, 1977) 58, 58–84
Kaplow and Shavell, "Accuracy in the Determination of Liability." *Journal of Law and Economics* 37 (1994): 1-15.
Marc Ancel, "From the Unification of Law to Its Harmonization," *Tulane Law Review* 108 (1976-1977)
Souichirou Kozuka, « The Economic Implications of Uniformity in Law, » *Revue de droit uniforme* 12, no. 4 (2007) : 683.
Stephan, Paul B. « The Futility of Unification and Harmonization in International Commercial Law. » SSRN Electronic Journal, 1999.
Keith N. Hylton, "Fee Shifting and Predictability of Law," *Kent Law Review* 427 (1995).
Earnest Metzger, *Outline of Roman Law Procedure Roman Legal Tradition* 9.. Available at http://chicagounbound.uchicago.edu/cgi/viewcontent.cgi?article=5713&context=uclrev
Ronald H. Coase, "The Lighthouse in Economics," *Journal of Law and Economics* 17, No. 2 (1974): 357–376.
David E. Van Zandt "The Lessons of the Lighthouse: 'Government' or 'Private' Provision of Goods," *Journal of Legal Studies* 22, No. 1(1993): 47–72.
Elodie Bertrand, « The Coasean Analysis of Lighthouse Financing: Myths and Realities, » *Cambridge Journal of Economics* 30, No. 3 (2006) : 389–402.
William Barnett and Walter Block, "Coase and Van Zandt on Lighthouses," *Public Finance Review* 35, No. 6 (November 2007): 710–733.
William M. Landes and Richard A. Posner, "Adjudication as a Private Good," *The Journal of Legal Studies* (August 1978).
Dyson, "The Application of the Amendments to the Civil Procedure Rules," 18th Lecture in the *Implementation Programme District Judges' Annual Seminar Judicial College*, 22 March 2013.
Anna Klimaszewska, "The Ordinance of 1667: Ideology of Modern Codification as a Political Tool of Louis XIV," *Wroclaw Review of Law, Administration & Economics* 5 (2015):1
Catherine Roussel « Aide juridictionnelle : un échec ou encore un espoir ? » Available at http://www.village-justice.com/articles/Aide-juridictionnelle-echec-encore,17376.html last visited September 29th 2016
Gillian Hadfield, "Exploring economic and democratic theories of civil litigation." *Stanford Law Review* (2005).
Wouter Le R De Vos, « French Civil Procedure Revisited, » *STELL LR* (1998), 2.
A. Tissier, « Le centenaire du Code de procédure », *R.T.D.civ.* (1906), p. 625/652.
James Beardsley, "Proof of Fact in French Civil Procedure," *Journal of Comparative Literature* 459 (1986), 34 AM .
William Schwarzer, "Comment on Burbank and Silberman," *American Journal of Comparative Literature* (1997): 45.

Schwarzer, "The Federal Rules, the Adversary Process, and Discovery Reform," University of Pittsburg Literature Review 703 (1988-1989).
Stephen B. Burbank & Linda J. Silberman, "Civil Procedure Reform in Comparative Context: The United States of America." The American Journal of Comparative Law 45, no. 4 (1997): 675.
Posner and Landes, "The Independent Judiciary in an Interest Group Perspective," *Journal of Law and Economics* 18, No. 3 (December, 1975).
Stephan, Paul B., The Futility of Unification and Harmonization in International Commercial Law (June 1999). University of Virginia School of Law, Legal Studies Working Paper No. 99-10. Available at SSRN: https://ssrn.com/abstract=169209 or http://dx.doi.org/10.2139/ssrn.169209
E.L. Glaser, A. Shleifer, "Legal Origins," *Quarterly Journal of Economics*, Nov (2002).
Serge Dauchy, « » La conception du procès civil dans le code de procédure de 1806.» 2015 available at https://hal.archives-ouvertes.fr/hal-01135224/document
Stephen L Wasby, "Intercircuit Conflicts in the Courts of Appeal," *Mont. L. Rev.* 63 (2002)
J Clifford Wallace, « The Nature and Extent of Intercircuit Conflicts: A Solution Needed for a Mountain or a Molehill, » *Cal. L. Rev.* 913 (1983), p. 71.
Eric Maskin and Jean Tirole, "The Politician and the Judge: Accountability in Government," *The American Economic Review* 94, No. 4 (Sep., 2004).
Hadfield, Gillian. "Legal Infrastructure and the New Economy." I. S. Journal of Law and Policy for the Information Society 8, no. 1 (2012).

**Livres et articles non utilisés directement dans ce travail**

Alex Carroll, Constitutional and Administrative Law, (Pearson Education Limited 5th edn, 2009)
Robert Stevens, The English Judges, Their Role in Changing Constitution, (Hart Publishing, 2005)
David Robertson, The Judge as Political Theorist (Princeton University Press, 2010)
David Robertson, Judicial Discretion in the House of Lords, (Oxford University Press, 1998)
E.W. Thomas, The Judicial Process (Cambridge University Press, 2005)
Mitchel Lasser, 'Judicial Deliberations', Oxford University Press, 2009
Brice Dickson ed., Judicial Activism in Common Law Supreme Courts (Oxford University Press, 2007)
William Lucy Explaining and Understanding Adjudication ( Oxford, New York, 2008)
Dworkin, R. Law's Empire (Harvard, Massachusetts, 2002)
Brown, C., A Common Law of International Adjudication ( Oxford New York, 2009)
Dworkin, R. Taking the Rights Seriously (5th edn.Harvard, Massachusetts, 2002)
Harris J.W, Legal Philosophies(2nd edn. Oxford, New York, 2004)
Hart, H.L.A., The Concept of Law( 2nd edn. Oxford, New York, 1994)
Merrills, J.G., International Dispute Settlement(3rd edn. Cambridge 1998)
William Lucy Explaining and Understanding Adjudication ( Oxford, New York, 2008)
Daniel Terris, Cesare Romano, Leigh Swigard The International Judge, (Oxford, New York, 2007)
Cooper, L., The Judicial House of Lords: 1876-2009 (Oxford, New York, 2009)

Mary L. Volcansek, Jacqueline Lucienne Lafon, Judicial Selection, The Cross-Evolution of French and American Practices, Grennwood Press New York, 1988
Robin Paul Malloy, 'Law in Market Context' Cambridge University Press, 2004
Martin Shapiro, 'Courts A Comparative and Political Analysis', The University of Chicago Press 1981
Alec Stone Sweet, 'Governing with Judges', Oxford University Press, 2000
Patrick Glenn, Legal Traditions of the World, Oxford University Press, 2000
C Neal Tate & Torbjorn Vallinder eds. 'The Global Expansion of Judicial Power' New York University Press
Benoit Garnot, Histoire de la justice, Gallimard 2009
Jean Philippe Colson, Pascale Idoux « Droit Publique Economique » 6e edition L. G. D.J. 2012
Camille-Julia Guillemet, La motivation des décisions de justice L'Harmattan, 2006
Antoine Lyon Caen, Quentin Urban, eds. « Le juge et la décision de la gestion » Dalloz 2006
Jean-Marie Carbasse, Histoire du Parquet, Presses Universitaires de France, 2000
Jean Marie Carbasse, Laurance Depampour- Tarride edts, La Conscience du Juge dans la Tradition Juridique Européenne
Belanger Hardy Aline Grenon eds. Eléments de common law canadienne ; comparaison avec le droit civil québécois Thomson Carswell 2008
Nicolas Molfessis, *La Cour de cassation et l'élaboration du droit*
Lee Epstein, Advice and Consent Oxford University Press 2005
Lee Epstein, Jack Night, The Choices Justices Make Congressional Quarterly 1998
David E Klein, Making Law in the United States Courts of Appeal Cambridge University Press 2002
John Bell Policy Arguments in Judicial Decisions, Clarendon Press 1980
Arbitration Cases and Materials 3 different books I'm reading only the chapters on court enforcement of arbitral awards
Perelman, La motivation des décisions de justice
Francesco Parisi Vincy Fon, The Economics of Lawmaking Oxford University Press

**Articles**
Anthony Lester, *« English judges as law makers » PL 1993*
Anthony Mason, *'Envoi to the House of Lords - a view from afar' LQR 2009*
Luc B. Tremblay, *« General legitimacy of judicial review and the fundamental basis of constitutional law » OJLS 2003*
Jeff A. King, *'Institutional approaches to judicial restraint' OJLS 2008*
Aileen Kavanagh, *'Judging the judges under the Human Rights Act: deference, disillusionment and the "war on terror"' PL 2009*
T.R.S. Allan, *'Judicial deference and judicial review: legal doctrine and legal theory' LQL 2011*
T.R.S. Allan, *'Human rights and judicial review: a critique of 'due deference'' CLJ 2006*
Fiss, Owen *'The Forms of Justice'*
Alvarez, J.*' The New Dispute Settlers Half Truths and Consequences'*(2003)
Anne Peters *'International Dispute Settlement : A Network of Cooperation Duties'*

Thomas Buergenthal, '*Proliferation of International Courts and Tribunals: Is It Good or Bad?*'(2001)
Charney, J. '*The Impact on The Internatioanal Legal System of The Growth of International Courts and Tribunals*' (1999)
Jenny Martinez *'Towards International Judicial System'* (2003)
Keohane, Moravcsik *'Legalized Dispute Resolution Interstate and Transnational'*(2000)
Noemi Gal-Or '*The concept of appeal of International dispute settlement*'. (2008)
Anne-Charlotte Martineau '*The rhetoric of fragmentation: fear and faith in international law*' (2009)
Yuval Shany, '*No longer a weak department of power? Reflections on the emergence of a new international judiciary*' (2009)
Ernst-Ulrich Petersmann, '*Human rights, international economic law and "constitutional justice"*' ( 2008)
Carolyn B. Lamm, '*The new frontier of investor-state arbitration: annulment of NAFTA awards*' (2008)
Berman, *' A Pluralist Approach to International Law'* (2007)
Harding, '*Comparative Reasoning and Judicial Review*'(2003)
Martin Shapiro *'Towards a Theory of Stare Decisis'* Oxford University Press (2002)
Martin Shapiro *' Political Jurisprudence'* Oxford University Press (2002)
Paul Berman '*A Pluralist Approach to International Law*' 32 Yale J. Int'l L. 301(2007)
Dworkin R, *Law as Interpretation* 60 Tex. L. Rev. 527 (1981)
Slaughter, Ann Marie *'A global Community of Courts'* 44 Harv. *Int'l L.J. 191 (2003)*
Jeffrey Jowell, *'Judicial deference: servility, civility or institutional capacity?' C-PL 2003*
Mitchel de S.O.L. Lasser, *' Judicial Deliberations: A Comparative Analysis of Judicial Transparency and Legitimacy' ELR 2005*
Aharon Barak, *'Judicial discretion' LQR 1989*
Mauro Cappelletti, *« Judicial process in comparative perspective » CJQ 1990*
Horacio Spector, *'Judicial review, rights, and democracy' L&F 2003*
Ronald C. Den Otter, *« Judicial Review in the Age of Moral Pluralism » PL 2011*
Murray Hunt, *» The impact of the Human Rights Act on the legislature: a diminution of democracy or a new voice for Parliament?' EHRLR 2010*
Kate Malleson, *'The new judiciary: the effects of expansion and activism' PL 2000*
*Marie-Claire Belleau 'The' Juristes Inquietes' Legal Classicism and Criticism in Early Twentieth-Century France Utah Law Review 2 1997*

# Indice

**Table des matières**

PARTIE II :
ANALYSE COMPARÉ

## Structures éditoriales du groupe L'Harmattan


**L'Harmattan Italie**
Via degli Artisti, 15
10124 Torino
harmattan.italia@gmail.com

**L'Harmattan Hongrie**
Kossuth l. u. 14-16.
1053 Budapest
harmattan@harmattan.hu

**L'Harmattan Sénégal**
10 VDN en face Mermoz
BP 45034 Dakar-Fann
senharmattan@gmail.com

**L'Harmattan Cameroun**
TSINGA/FECAFOOT
BP 11486 Yaoundé
inkoukam@gmail.com

**L'Harmattan Burkina Faso**
Achille Somé – tengnule@hotmail.fr

**L'Harmattan Guinée**
Almamya, rue KA 028 OKB Agency
BP 3470 Conakry
harmattanguinee@yahoo.fr

**L'Harmattan RDC**
185, avenue Nyangwe
Commune de Lingwala – Kinshasa
matangilamusadila@yahoo.fr

**L'Harmattan Congo**
219, avenue Nelson Mandela
BP 2874 Brazzaville
harmattan.congo@yahoo.fr

**L'Harmattan Mali**
ACI 2000 - Immeuble Mgr Jean Marie Cisse
Bureau 10
BP 145 Bamako-Mali
mali@harmattan.fr

**L'Harmattan Togo**
Djidjole – Lomé
Maison Amela
face EPP BATOME
ddamela@aol.com

**L'Harmattan Côte d'Ivoire**
Résidence Karl – Cité des Arts
Abidjan-Cocody
03 BP 1588 Abidjan
espace_harmattan.ci@hotmail.fr


## Nos librairies en France


**Librairie internationale**
16, rue des Écoles
75005 Paris
librairie.internationale@harmattan.fr
01 40 46 79 11
www.librairieharmattan.com

**Librairie des savoirs**
21, rue des Écoles
75005 Paris
librairie.sh@harmattan.fr
01 46 34 13 71
www.librairieharmattansh.com

**Librairie Le Lucernaire**
53, rue Notre-Dame-des-Champs
75006 Paris
librairie@lucernaire.fr
01 42 22 67 13

www.ingramcontent.com/pod-product-compliance
Lightning Source LLC
LaVergne TN
LVHW011436061026
849535LV00004BA/829